Alexander Demandt
Kleine Weltgeschichte

Alexander Demandt KLEINE
WELTGESCHICHTE

Verlag C. H. Beck 2003

Mit 113 Abbildungen, davon 90 in Farbe, und 9 Karten, davon 5 in Farbe, sowie zwei farbigen Weltkarten im vorderen und hinteren Vorsatz

(vorderer Vorsatz: «Nova totius terrarum orbis geographica ac hydrographica tabula». Weltkarte von Jodocus Hondius (1563–1611) nach Gerhard Mercator (1512–1594). Kupferstich, koloriert, 1630; hinterer Vorsatz: moderne Weltkarte)

Alle Abbildungen in diesem Buch stammen aus dem Archiv für Kunst und Geschichte, Berlin.

akg / Photo
Berlin London Paris

2., durchgesehene Auflage. 2004

© Verlag C. H. Beck oHG, München 2003
Druck: Appl, Wemding
Bindung: Großbuchbinderei Monheim
Gedruckt auf säurefreiem, alterungsbeständigem Papier
(hergestellt aus chlorfrei gebleichtem Zellstoff)
Printed in Germany
ISBN 3 406 50821 9

www.beck.de

Inhalt

Vor- und Nachwort — 7

1. Das Erwachen der Menschheit — 13
Die Kosmogonie 13 – Das Leben 18 – Der Mensch 18 – Erste Kulturen 22 – Das Neolithikum 24 – Die Indogermanen 26 – Die Metallzeit 28 – Steinzeit heute? 30

2. Der Alte Orient — 33
Das Zweistromland 33 – Ägypten 36 – Israel 40 – Persien 44

3. Die Kultur der Griechen — 49
Mykene 49 – Die archaische Zeit 51 – Athen 58 – Der Hellenismus 62

4. Das Imperium Romanum — 69
Die etruskische Frühzeit 69 – Die Verfassung der Res Publica 70 – Roms Aufstieg zur Weltmacht 73 – Die Römische Revolution 74 – Das Prinzipat 79 – Die Spätantike 83

5. Die Völker Europas — 89
Italien 90 – Hispanien 91 – Frankreich 93 – Britannien 98 – Skandinavien 102 – Osteuropa 104 – Byzanz 107 – Die Juden 109

6. Die Welt des Islam — 113
Mohammed 113 – Der Islam 116 – Die Omajaden 118 – Die Abbasiden 121 – Ägypten 123 – Die Türken 126

7. Kaiser und Papst im Mittelalter — 133
Der Adel 133 – Die Kirche 135 – Die Städte 138 – Karl der Große 139 – Das römisch-deutsche Kaisertum 142 – Das Spätmittelalter 148

8. Die Großreiche Asiens — 153
Indien 153 – China 162 – Die Mongolenzeit 166 – Japan 168

9. Renaissance und Reformation — 175
Italien 176 – Luther 181 – Die Gegenreformation 188

193	**10. Das Zeitalter der Entdeckungen**
	Die Seidenstraße 193 – Die Entdeckung Amerikas 194 –
	Azteken und Maya 196 – Das Inkareich 199 – Protestantische Seemächte 203
207	**11. Vom Absolutismus zur Aufklärung**
	Frankreich 209 – England 213 – Preußen 215 – Österreich 219 –
	Die Französische Revolution 222
229	**12. Rußland und Amerika**
	Das frühe Rußland 229 – Peter der Große 231 – Rußland als Großmacht 235 –
	Die Kolonisierung Amerikas 239 – Die amerikanische Revolution 243 –
	Kanada 246 – Weltmacht Washington 247
253	**13. Nationalstaat und Imperialismus**
	Napoleon 253 – Der Vormärz 257 – Die achtundvierziger Revolution 261 –
	Wer führt Europa? 263 – Die Industrialisierung 270 – Der Kolonialismus 271 –
	Die Polarzonen 274
277	**14. Die Weltkriege**
	Der Erste Weltkrieg 277 – Die Weimarer Republik 284 –
	Die Russische Revolution 288 – Die faschistischen Bewegungen 291 –
	Der Nationalsozialismus 294 – Der Zweite Weltkrieg und der Holocaust 296
305	**15. Demokratisierung global?**
	Die Vereinten Nationen 305 – Die Entkolonialisierung 307 –
	Der Kalte Krieg 311 – Das geteilte Deutschland 317 – Das Ende des Ostblocks 319 –
	Die Europäische Integration 323
329	**16. Aus der Gegenwart in die Zukunft**
	Kosmopolis 329 – Fundamentalismus 332 – Die Weltbevölkerung 334 –
	Die Kulturen 335 – Zivilisation 337 – Die Ressourcen 339 – Summa Saeculi 341
343	Literatur
348	Register

Für Duchessa von Heiligensee

Vor- und Nachwort

Im Jahre 1919 vermerkte Emile Gautier: *Pour se risquer à de la synthèse historique, il faut n'avoir aucune réputation d'historien à perdre.* Diese Einsicht hat die Herren vom Hause Beck nicht abgehalten, mich zum intellektuellen Abenteuer dieser Kleinen Weltgeschichte zu überreden. Das war im Kastaniengarten des Dahlemer Dorfkrugs am 11. Mai 2001. Obwohl ich den Kopf noch voller Bäume hatte, habe ich zugesagt, hat doch München für jene Reputation, die nun auf dem Spiel steht, Erhebliches beigetragen!

Natürlich ist es schmeichelhaft, wenn andere Menschen uns Dinge zutrauen, mit denen wir wohl einmal geliebäugelt haben, an die wir uns *motu proprio* aber kaum herangewagt hätten. Die Glocke tönt alleine nicht. Gelehrte werden mit den Jahren entweder selbstkritisch oder schreibselig. Mich trifft beides. Meine Bedenken konnten die Herren aus Schwabing mit dem Hinweis auf meine früheren thematischen Längsschnitte durch die Geschichte und die ebenso angelegten, von mir herausgegebenen Ringvorlesungen beschwichtigen. Sie bilden in der Tat gewisse Vorarbeiten. Am 26. Juli 2002 habe ich mit dem Schreiben begonnen und der Thematik täglich etwa fünf Stunden gewidmet.

Zur Vorbereitung habe ich im Winter 2002/03 ‹Die Epochen der Weltgeschichte› in der Berliner Freien Universität einem großen Auditorium vorgetragen. Das Wort «Weltgeschichte» erscheint in den Berliner Vorlesungsverzeichnissen 1895 bis 1939 unter den Namen von Hans Delbrück, Kurt Breysig, Hermann Oncken und anderen für die Darstellung von Ausschnitten vom Typ «Weltgeschichte des 16. Jahrhunderts». Komprimiert auf ein Semester ist der gesamte Stoff nur einmal, 1919 durch Eduard Meyer, dargeboten worden. Kriegsbedingt ausgefallener Schulunterricht war nachzuholen. In friedlichen Zeiten hätte ein solcher Durchgang damaligen Studenten kaum Neues gebracht. Zudem huldigten die Professoren seit langem der Spezialisierung. Mommsen hat sie schon am 4. Juli 1895, am Leibnizschen Gedächtnistage vor der Berliner Akademie beklagt: «Die Besten von uns empfinden es, daß wir

Fachmänner geworden sind.» Konsequent erklärt die Brockhaus-Enzyklopädie 1999: «Infolge der Ausdifferenzierung der Geschichtswissenschaft und angesichts der Komplexität von Geschichte hat die Darstellung der Weltgeschichte ihre Bedeutung verloren.»

Müssen wir über den Teilen das Ganze vergessen? Während Geographiestudenten nach wie vor alle Kontinente, Mediziner alle Organe kennen müssen, ist in der Geschichtswissenschaft die Forderung nach Grundwissen aus den universitären Prüfungsanforderungen verschwunden. Sie sind der zugespitzten Forschungspraxis schon so weit angeglichen, daß ein Kandidat sein Examen mit Sehrgut ablegen kann, ohne den Namen Perikles, Kolumbus oder Mao Tse-tung[*] je gehört zu haben. Sie zählen zur historischen Allgemeinbildung, wo aber hört sie auf?

So lange es Geschichtsschreibung gibt, stellt sich die Frage nach dem Berichtenswerten. Um Übersicht zu gewinnen, muß man Manches übersehen. Herodot, der *pater historiae*, wollte um 440 v. Chr. die «großen und erstaunlichen Taten» der Griechen und Barbaren in den Perserkriegen vor dem Vergessenwerden bewahren und die Ursachen aufdecken, derenthalben sie gegeneinander Krieg geführt haben. Bei Thukydides war es dann die im Kampf sich offenbarende menschliche Natur (*anthrōpeia physis*), die den Peloponnesischen Krieg erzählenswert machte. Polybios im 2. Jahrhundert v. Chr. wollte seinen Lesern erklären, wie die Römer die Herrschaft über die Mittelmeerwelt gewinnen konnten. Sofern hier die Entwicklung der Menschheit ihr Ziel erreicht zu haben schien, wurde eine Konzeption von Weltgeschichte möglich.

Auf der Basis hellenistischer Chroniken, die mit dem Fall von Troja oder der Assyrer einsetzten, versuchte unter Augustus der Grieche Diodor sich als erster an einer Universalgeschichte. Für die Zeit von der

---

[*] Neuerdings «Mao Zedong». Im Hinblick auf ein breites Publikum habe ich in der Schreibweise der Personen die eingeführten Formen den wissenschaftlich korrekten vorgezogen, weil hier Verständlichkeit wichtiger ist als philologische Exaktheit – die sich ohnedies mit dem Fortschritt unseres Wissens ändert. Daher schreibe ich Montezuma statt Motecuhzoma, Nofretete statt Nefertiti, Konfuzius statt K'ung Tsch'iu. Aus demselben Grund verwende ich bei Ortsnamen die traditionelle Bezeichnung anstelle der gegenwärtig amtlichen und schreibe Peking statt Beijing, Damaskus statt Dimaschk esch-Scham, Auschwitz statt Oswiecim. Diakritische Zeichen ignoriere ich, da sie in verschiedenen Sprachen Unterschiedliches besagen und die Kenntnis ihrer Bedeutung nicht vorausgesetzt werden kann. Jahreszahlen in Klammern bedeuten bei Herrschern die Regierungsdauer, sonst die Lebenszeit.

Entstehung der Welt aus dem Wirbel des Urschlamms bis zu Caesar benötigte er vierzig Bücher. In der Spätantike bevorzugte man Kurzfassungen. Polemius Silvius (5. Jahrhundert n. Chr.) präsentierte in seinem ‹Breviarium temporum› die Weltgeschichte seit dem Diluvium auf einer Druckseite, vergaß aber nicht mitzuteilen, daß Constantin eine nach ihm benannte Pomade erfunden habe.

Den lateinischen Historikern Livius, Sallust und Tacitus ging es darum, *exempla* für nachahmenswerte und verabscheuungswürdige Taten darzubieten. Von Cicero (De oratore II 36) stammt das Wort *historia magistra vitae*. Es blieb in verändertem Sinne auch noch für die christliche Historiographie gültig. Von Eusebius bis Luther wollte sie Vergeltung für frommes und unfrommes Verhalten, das Handeln Gottes am Menschen zeigen und den Weg von der Schöpfung über die Inkarnation zum Jüngsten Gericht verfolgen. Als Gliederung bot sich die beim Propheten Daniel verwendete Abfolge der Weltreiche an. Aufstieg und Niedergang erschienen als Lohn und Strafe nach dem Willen Gottes. Das Imperium Romanum Christianum galt als letzte irdische Ordnung bis zum Ende der Zeiten – so schon bei Augustinus und noch bei Bossuet, dem Lehrer Ludwigs XIV.

Im 18. Jahrhundert gewann eine progressive Vorstellung von Weltgeschichte Raum: die Erziehung des Menschengeschlechts zur Humanität. War das Christentum bisher von der seit Adam verderbten Natur des Menschen ausgegangen, so glaubte man nun, daß durch Aufklärung ein Weg aus diesem Jammertal (*vallis fletus*, Psalm 84,7), ein Fortschritt auf Erden zu erreichen sei. Diese 1777/90 von Lessing und 1789 von Schiller vertretene, von Herder seit 1784 in seinem Ideen-Werk ausgeführte Konzeption begründete Kant, ebenfalls 1784 «in weltbürgerlicher Absicht». Angesichts der «sonst rühmlichen Umständlichkeit», mit der man die Geschichte der Gegenwart abfaßte, stimmte ihn bedenklich, «wie es unsere späteren Nachkommen anfangen werden, die Last von Geschichte, die wir ihnen nach einigen Jahrhunderten hinterlassen möchten, zu fassen.» Deswegen empfiehlt er, als Leitfaden einer Weltgeschichte das zu wählen, «was Völker und Regierungen in weltbürgerlicher Absicht geleistet oder geschadet haben.»

Kant war überzeugt, daß die Natur «auf die vollkommene bürgerliche Vereinigung in der Menschengattung abziele», und das bisher in diesem Sinne Erreichte darzustellen, schien ihm «selbst für diese Naturabsicht beförderlich.» Anderenfalls bliebe die Geschichte ein «planloses Aggregat menschlicher Handlungen». Kant erblickte einen «regelmäßigen Gang der Verbesserung der Staatsverfassung in unserem Weltteile (der wahrscheinlicher Weise allen anderen dereinst Gesetze geben wird)» und entdeckte in den Rückschlägen der Barbarei doch immer einen «Keim der Aufklärung». 1798 erklärte Kant, daß aus dem Gang der Geschichte immerhin so viel Hoffnung auf eine humane Zukunft der Menschheit zu gewinnen wäre, «als nötig sei, an diesem ihrem Fortschreiten zum Besseren nicht zu verzweifeln, sondern mit aller Klugheit und moralischer Vorleuchtung die Annäherung zu diesem Ziele (ein jeder, so viel an ihm ist) zu befördern.»

Zur Ausführung seiner kosmopolitisch motivierten Historie forderte Kant einen «philosophischen Kopf, der übrigens sehr geschichtskundig sein müßte.» Einen solchen bringe ich nun gewiß nicht mit. Gleichwohl leuchtet mir die Grundidee Kants ein. Angesichts der wachsenden Probleme der globalen Zivilisation ist eine friedliche Zusammenarbeit der Völker nötiger denn je. Meine Absicht war es, ein Bild der Weltgeschichte zu skizzieren, wie es sich einem Mitteleuropäer heute darstellt – ein Bild, das, wie jedes andere, perspektivisch gebunden ist, an vielen Stellen ergänzt und berichtigt zu werden lohnt und eben dadurch, so hoffe ich, zum Weiterdenken anregt.

Ein völliges Einvernehmen dürfte unerreichbar sein. Erhebliche Diskrepanzen bestehen in den chronologischen Daten für die Frühzeit, selbst zwischen Standardwerken zu Kosmologie, Geologie und Urgeschichte. Ebenso strittig sind statistische Angaben aller Art: die Zahl der Sklaven im antiken Athen, der Einwohner im kaiserzeitlichen Rom, die Größe der Kreuzfahrerzüge, der Goldexporte Lateinamerikas und immer wieder die Menge der Opfer von Seuchen, Kriegen und sonstigen Katastrophen. Daher können auch die von mir gegebenen Zahlen nur die Größenordung andeuten.

Unterschiedlich beurteilt wird sodann die wünschenswerte Ausführlichkeit. Das Gesetz der distanzbedingten Verkürzung beherrscht auch den historischen Blick. Das was räumlich und zeitlich näher liegt, fällt früher ins Auge, erlaubt eine genauere Kenntnis, weckt höheres Interesse. In diesem Sinne war ein global erweiterter Eurozentrismus unvermeidlich. In der chronologischen Disposition wird man einem Althistoriker nachsehen, daß er anders gliedert als der Große Ploetz in der letzten Bearbeitung von 1980. Dort beginnt in der Mitte des Buches das Viktorianische Zeitalter 1837. Die letzten 150 Jahre erhielten denselben

Raum wie die gesamte Menschheitsgeschichte zuvor. Dabei kommt die frühere Geschichte doch entschieden zu kurz.

Die jüngste Vergangenheit kennen wir zwar viel genauer als die früheren Phasen, doch fehlt der zeitliche Abstand, der das Wesentliche vom Unwesentlichen, das Begrüßenswerte vom Fatalen zu unterscheiden erleichtert. Ob die Gewalttakte der letzten hundert Jahre die Bestialität des Menschen bloßlegen oder deren Überwindung fördern, ob die invasive US-Politik der Bush-Doktrin das Böse vermindert oder vermehrt, muß sich erst noch erweisen. Und ob die Erschließung der Atomenergie oder der Gentechnik ein Fluch oder ein Segen für die Menschheit war, zeigt sich erst nach dem Gebrauch, den sie davon macht. Ähnliches gilt für die gesamte technische und ökonomische Entwicklung, deren Ambivalenz ihren gegenwärtigen Nutznießern kaum in voller Klarheit vor Augen tritt. Aber eben diese Gefahren unterstreichen die Mahnung Kants zum Ewigen Frieden und Goethes Forderung nach distanzierter Sicht:

> Wer in der Weltgeschichte lebt,
> Dem Augenblick sollt er sich richten?
> Wer in die Zeiten schaut und strebt,
> Nur der ist wert, zu sprechen und zu dichten.

Zu danken habe ich für Hilfe, Kritik und Korrektur: Harry Falk, Julian Führer, Britta Garstka, Reimer Hansen, Friederike Herklotz, Andreas Islebe, Detlef Junker, Sven Kellerhoff, Rudolf Kippenhahn, Dietrich Kurze, Franz List, Erling von Mende, Klaus Meyer, Angelika Neuwirth, Michael Redies, Hans-Dietrich Schultz, Monika Schuol und Andreas Unger. Mein Bruder Ecke las das Ganze mit wachsamem Auge, Kai Holland vom Archiv für Kultur und Geschichte erfüllte mir bei der Bebilderung manch anspruchsvollen Wunsch. Die Digitalisierung meines mit der Feder geschriebenen, wohl zwanzigmal umgearbeiteten Textes übernahm Hiltrud Führer. Ohne ihre unermüdliche und selbstlose Hilfe wäre das Buch nicht zustande gekommen. Ich verabschiede mich von meinem Manuskript mit der Bitte des jüngeren Plinius (Brief IX 19,5) an den Leser: «Du weißt, welche Verläßlichkeit man der Geschichtsschreibung schuldet; wenn du in meinem Werk etwas anderes liest, als du es wünschst, so verzeih, bitte!» – *Scis, quae historiae fides debeatur; proinde, si quid in historiis meis legis aliter ac velis, rogo ignoscas!*

Lindheim, 26. Juli 2003   Alexander Demandt

1. Das Erwachen der Menschheit

Am Ende seiner Schrift über den Staat erzählt Cicero den Traum Scipios. Von der Höhe der Milchstraße blickt Scipio auf die Erde herab und erkennt voller Staunen, wie winzig sie ist. Das riesige Imperium Romanum schrumpft auf einen Punkt zusammen. Sodann wird ihm die Kürze des erreichbaren Ruhmes klar – ein Moment, der in kosmischen Zeiten untergeht. Angesichts dessen, was heute über Größe und Alter des Kosmos bekannt ist, wußte Cicero gar nicht, wie Recht er hatte. Im Vergleich zu den gigantischen Dimensionen des Universums verschwände unser irdischer Winkel geradezu, wenn er uns nicht eben diese Erkenntnis ermöglichte. Findet doch in unserem Kopf das gesamte Universum Platz – wenigstens begrifflich. Unser Gehirn hat ebensoviele Nervenzellen wie der Kosmos Galaxien, Hunderte von Milliarden. Dennoch muß uns das Mißverhältnis zwischen den Teilen, die wir kennen, und dem Ganzen, das wir fassen wollen, immer vor Augen stehen, wenn wir pathetisch von Welt, von Geschichte, von Menschheit reden.

Die Kosmogonie

Die Frage nach Ursprung und Anfang ist alt. Sie wurde zunächst von archaischen Schöpfungsmythen beantwortet, sodann mit rationalen Spekulationen und endlich durch wissenschaftliche Kosmologien. Das Problem der Kosmogonie enthält aber eine Paradoxie. Alles, was entspringt, das entspringt aus etwas – woraus aber sollte die Welt entsprungen sein? Zwei Lösungen boten sich an, beide ihrerseits paradox. Die Griechen rechneten mit einer periodischen Vernichtung durch Flut (*kataklysmos*) oder Feuer (*ekpyrōsis*) und einer anschließenden Neuentstehung. Auf die Frage, was jenseits liege, antworteten sie: dasselbe noch einmal, und zwar unendlich oft. Unsere Welt schien eingebettet in eine endlose Folge von Welten, und in diesem Sinne war die Welt für sie ewig. Juden, Christen und Moslems hingegen glaubten an eine Erschaffung der Welt durch Gott und an ein Jüngstes Gericht, an einen Anfang und ein Ende der Zeiten. Auf die

Abb. I: Die 10,5 cm hohe «Venus von Willendorf» (Wien, Naturhistorisches Museum) aus der Zeit vor 35 bis 20 000 Jahren gehört zu eiszeitlichen Fruchtbarkeitsamuletten, mit denen die Rundskulptur beginnt; vgl. S. 23.

Frage, was jenseits liege, antworteten sie: das völlig andere, die Unendlichkeit Gottes. Unsere Zeit erschien eingeordnet in die göttliche Ewigkeit, die sich jeder Vorstellung entzieht.

Es ist nicht selten, daß die Menschheit zu Erkenntnissen und Leistungen gelangt, die uralte Visionen vorweggenommen haben: Denken wir an den fliegenden Dädalus der griechischen Sage, an die Atomtheorie des Demokrit, an das automatische Weberschiffchen bei Aristoteles oder die Kontinente jenseits des Atlantik, deren Entdeckung schon Seneca zur Zeit Neros vorausgesagt hat. So verwundert es nicht, wenn die beiden antiken Weltmodelle ihrer Grundstruktur nach bis in unsere Zeit vertreten wurden. Einstein war noch 1917 von der Ewigkeit unserer Welt überzeugt. Inzwischen vertritt die Forschung die Endlichkeit und die Einheit von Zeit und Raum. Die Endlichkeit wird nicht durch eine Außengrenze zu einer Überzeit, einem Umraum hergestellt, sondern dadurch, daß jeweils das Ganze zeitlich wie räumlich meßbar ist, d. h. in einem bestimmten Zahlenverhältnis zu seinen Teilen steht.

Verlängern wir die gegenwärtig beobachteten Bewegungen am Himmel gedanklich in die Vergangenheit zurück, so enden sie beim Urknall vor über zwölf Milliarden Jahren. Er zeigt einen minimalen Kosmos mit maximaler Energie, der explosionsartig expandiert und dabei Raum und Zeit, Licht und Astralkörper bildet. Diese versammeln sich zu Galaxien. Jede entfernt sich von jeder anderen wie die Punkte auf einem sich blähenden Ballon, der jedoch kein Innen und kein Außen hat, dessen Oberfläche den gekrümmten Raum darstellt. Auf ihm gibt es keinen absoluten Ruhepunkt, kein objektives Zentrum.

Dem irdischen Beobachter erscheint das Universum als Hohlkugel. Der uns umgebende Nachthimmel zeigt uns nicht die Gegenwart, sondern die Vergangenheit der Sternenwelt. Jedes Licht, das auf unsere Erde fällt, ist um so älter, je weiter dessen Quelle von uns entfernt, je näher sie dem Urknall, je jünger sie ist, gemessen am Alter des Kosmos. Der längste denkbare Strahl ist seit zwölf Milliarden Jahren unterwegs, ausgehend von der Geburt des Lichts, sehr bald nach dem Urknall. An ihm endet unser gedachter Blick, gleichgültig in welcher Richtung. Der Urknall bildet mithin einen schwarzen Mantel, der die Chronosphäre umschließt. Das Ende des Raums ist der Anfang der Zeit. Räumlich sehen wir uns – so wie jeder andere Beobachtungsort – im Mittelpunkt des Alls; zeitlich sind wir, wie «jetzt» auch alle anderen Raumpunkte, am weitesten vom Urknall entfernt, leben somit gewissermaßen unsererseits auf der Haut der Chronosphäre. Sie ist im ganzen gesehen gleichmäßig bestirnt.

Bei Stephen Hawkins werden beide Modelle, Innenraum und Außenhaut, verbunden durch das Bild einer wachsenden Trompete. Sie steht auf dem Mundstück, das den Urknall darstellt. Die Wand des Schalltrichters ist der gekrümmte Raum. Alle gleichaltrigen Sterne, gemessen in kosmischer Geschichte, sitzen auf demselben «Meridian»; wir, wie alle «jetzt» existierenden Sterne, auf dem flachen oberen Rand. Unsere Blickrichtung verläuft senkrecht an der Trompetenwand abwärts auf den Urknall zu. Alles, was wir wahrnehmen, liegt in der Vergangenheit, auf Erden wie im All. Gegenwart gibt es als Erfahrung nur in unserem Gehirn. Die räumliche Entfernung von «hier» entspricht der zeitlichen Distanz von «jetzt». Wir sehen unsere Zimmertür Bruchteile von Lichtsekunden, die Sonne acht Lichtminuten, das fernste sichtbare Sternsystem 10 Milliarden Lichtjahre näher am Urknall. Umgekehrt erschiene die Erde Beobachtern von anderen Sternen zwischen diesen und dem Urknall.

Unsere Sternwarten zeigen indes nur einen winzigen Ausschnitt des Kosmos und gewinnen ihre Daten nur aus einer minimalen Beobachtungszeit. Die Folgerungen auf das Ganze der Welt beruhen auf der unbeweisbaren, aber auch unvermeidlichen Annahme konstanter und universaler Naturgesetze. Sie erfordern Materie und Energie, Raum und Zeit und gelten für jede Materie oder Energie, für jede Zeit, jeden Raum, jeweils gleicher Art. Ohne diese Kategorien, d. h. jenseits des Urknalls verlieren sie ihren Sinn.

Während der Expansion des Kosmos bildeten und bilden sich durch Unregelmäßigkeiten beim Auseinanderfliegen der interstellaren Materie aufgrund der Gravitation Sterne, Gaskugeln in der Art der Sonne, bestehend hauptsächlich aus Wasserstoff und Helium, die durch Kernfusion Energie erzeugen und leuchten. Sterne vergesellschaften sich zu Sternsystemen: zu Sternwolken und linsenförmigen Spiralnebeln, die sich zu Galaxienhaufen zusammenfinden. Etwa eine Billion Sternsysteme ist erkennbar. Sie sind unterschiedlich alt und verbinden sich zu Gruppen. Die Drehbewegung der Galaxien resultiert aus dem Gegeneinander von Fliehkraft und Gravitation. Die Milchstraße rotiert um ein «Schwarzes Loch», dessen Masse das Ganze zusammenhält.

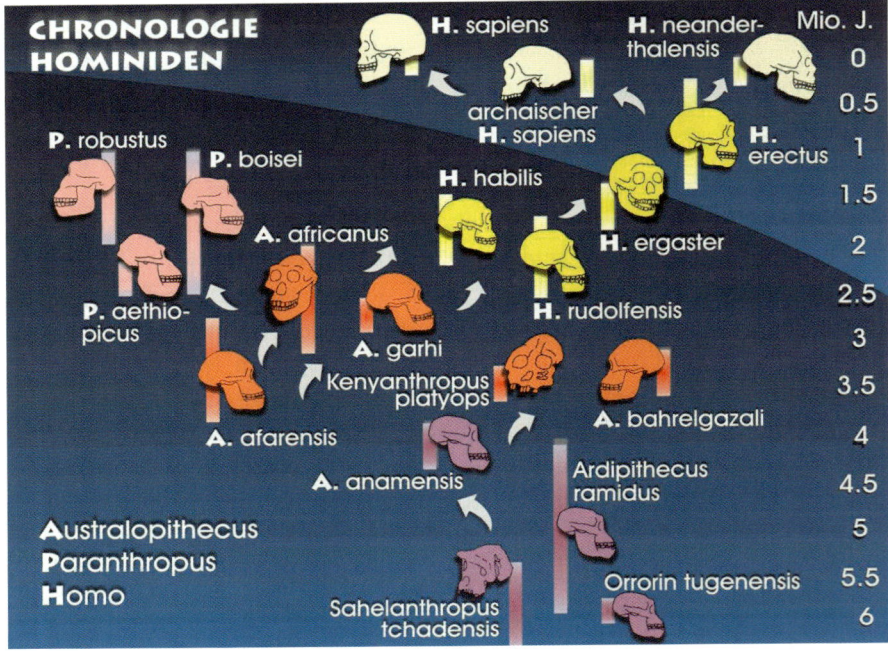

Abb. 1: Der heutige Mensch hat sich nicht gradlinig aus dem Südaffen (Australo-Pithecus) entwickelt. Es bedurfte einer Reihe von Experimenten der Natur, bis sich mit dem Cro-Magnon-Menschen vor 60 000 Jahren der Homo sapiens herausgebildet hat; Schema von F. Schrenk; vgl. S. 18 ff.

Unsere Sonne ist ein kleiner Fixstern, entstanden vor 5,5 Milliarden Jahren. Sie befindet sich in einem Spiralnebel, der Milchstraße, zu der alle mit bloßem Auge sichtbaren Sterne gehören. Das sind etwa 6000, während die Gesamtzahl der galaktischen Sonnen auf Hunderte von Milliarden geschätzt wird. Die Milchstraße hat einen Durchmesser von knapp 100 000 Lichtjahren. Die Sonne wird umkreist von den scheinbar «umherirrenden» Planeten. Auch die Erde ist ein irrender Stern. Die Planeten verstrahlen kein eigenes Licht und sind, ebenso wie deren Monde, vor 4,5 Milliarden Jahren durch Verdichtung aus schweren Elementen der Sonnenmaterie entstanden, während deren Rotation sich verlangsamte.

Der Erdkern besteht aus Eisen und Nickel, umgeben von einem schmelzflüssigen Mantel; darauf «schwimmen» die aus leichteren Mineralien zusammengesetzten Kontinente. Radioaktive Vorgänge im Innern verändern durch Hitze die hauchdünne Erdkruste: kurzfristig

Abb. 2: Der 1856 bei Düsseldorf entdeckte Neandertaler (Modell in Darmstadt), eine Frühform des Homo sapiens, gehört nicht zu unseren Vorfahren. Er verbreitete sich in der Mittleren Altsteinzeit (300 000 bis 40 000) nach Osten bis Israel, Kurdistan und Usbekistan und lebte als Jäger und Sammler zu wenigen Tausenden in einer Umwelt, die heute – vom geschwundenen Wildbestand abgesehen – dem nördlichen Lappland entspricht. Er jagte mit Holzspeer und Faustkeil Elefanten, Nashörner und Auerochsen. Trotz seines Hirnvolumens, das mit 1550 cm³ größer war als das unsere mit 1400 cm³, ist er vor 27 000 Jahren ausgestorben; vgl. S. 22.

durch Vulkanausbrüche und Erdbeben, langfristig durch die Verschiebung von Festland und die Bildung von Gebirgen. Durch Plattentektonik zerbrach der Urkontinent Pangäa in eine durch das Tethys-Meer (die Mutter des Mittelmeers) geteilte Nord- und eine Südhälfte, die dann der Atlantik zerriß. Afrika und Südamerika hingen einmal zusammen, wie schon das Kartenbild vermuten läßt. Die Alpen steigen noch, Norddeutschland verliert an Höhe.

Geologische Beobachtungen haben bereits die ionischen Naturphilosophen gemacht. Xenophanes, der um 540 v. Chr. vor den Persern aus Kolophon in Kleinasien nach Sizilien floh, entdeckte in Steinbrüchen Abdrücke von Fischen und Muscheln. Daraus schloß er – entsprechend der griechischen Sintflutsage von Deukalion und Pyrrha – auf eine frühere Überflutung der Erde, die er als periodisches Phänomen deutete. Tatsächlich sind große Teile des heutigen Festlands einmal Meeresboden gewesen und werden es irgendwann wieder, unter anderem Europa. Die geologisch jungen Kalkalpen haben sich im Tertiär aus dem Tethys-Meer aufgefaltet. Das Wasser zeichnet die Erde unter den Planeten aus, es ist die Heimat des Lebens.

Das Leben

Lebewesen erweisen sich als solche durch Stoffwechsel, durch Vermehrung und durch Änderung des Erbguts. Kleinste Einheit ist die Protoplasma-Zelle, die überwiegend aus Eiweiß besteht. Experimentell hat sich Leben bisher nicht herstellen lassen. Seine Entstehung ist noch unklar. Die ersten Mikrofossilien waren Blaugrünalgen, die in 3,5 Milliarden Jahren alten Sedimentgesteinen entdeckt wurden. Sie gehören zur ältesten geologischen Formation, dem Präkambrium. Von ihnen stammen alle Lebewesen ab, deren Geschichte daher als Stammesgeschichte, als Phylogenese bezeichnet wird. Griechisch *phylē* heißt «Stamm», *genesis* «Entstehung». Aus Einzellern entstanden die ersten Pflanzen und niederen Tiere. Im Kambrium vor 570 Millionen Jahren entstand eine reiche Fauna wirbelloser Wasserbewohner. Die ersten Wirbeltiere waren Fische im Silur (440 Mio). Im Devon (360 Mio) folgten die Landpflanzen, sie bereicherten die Atmosphäre mit Sauerstoff und ermöglichten den Lurchen das Leben. Aus den tropischen Sumpfwäldern des Karbon (300 Mio) wurde Steinkohle. Das Perm endete vor 240 Mio Jahren mit einem Faunenschnitt: Über neun Zehntel aller Arten fielen einer Klimakatastrophe zum Opfer. Die Trias (220 Mio) brachte die ersten Dinosaurier und mausgroße Säugetiere. Dem Jura (170 Mio) verdanken wir die Vögel; die Kreidezeit (140 Mio bis 65 Mio) gehörte den Farnen und Sauriern. Letztere verendeten mit der Hälfte aller Tierarten in einem zweiten umweltbedingten Faunenschnitt. Insgesamt sind 99 Prozent aller Arten wieder ausgestorben. Im baumreichen Tertiär (65 bis 2 Mio) besetzten die Säuger den frei gewordenen Lebensraum. Einblick bietet die Grube Messel bei Darmstadt.

Der Mensch

Die Entstehung der Arten wurde 1859 durch Charles Darwin aus der Geschichte der Natur erklärt. Gemäß der – nach ihm weiterentwickelten – Abstammungslehre vermehren sie sich durch Mutation im Erbgut. Im «Kampf ums Dasein» setzt sich – wie zu erwarten – die stärkere, anpassungsfähigere oder fruchtbarere Art durch. Die abgestufte Ähnlichkeit zwischen Lebewesen, derenthalben der Schwede Karl von Linné schon 1766 den von ihm so genannten *Homo sapiens* neben den Schimpansen stellte, führte Darwin auf Verwandtschaft zurück, und damit war klar, daß Mensch und Affe zur gleichen Familie, zu den Primaten, gehören. Das bewies Darwin 1871 in seinem Buch ‹The Descent of Man›. Die «Abstammung des Menschen vom Affen» verstimmte bibelfromme Kreise; im amerikanischen Bundesstaat Kansas wurde sie 1999 von den Prüfungslisten an höheren Schulen gestrichen. Die Ebenbildlichkeit des Menschen mit dem Schöpfer hat eine fatale Folge: Gott ist affenartig.

Der Widerstand gegen diese Annahme erwächst aus dem Stolz des Menschen auf seine Sonderstellung. «Gemeinsam ist allen das Denken» heißt es bei Heraklit (fr. 113). Den Menschen kennzeichnet der Logos als Vernunft und als Sprache. Beides ist zwar von Natur angelegt, bedarf aber der Ausbildung. Die Vernunft vermittelt Einsicht in Zusammenhänge, Voraussicht auf Kommendes und Rücksicht auf Andere. Das deutsche Wort «Mensch» hängt zusammen mit lateinisch *mens* – «Gedächtnis, Sinn, Denkfähigkeit» und beruht auf derselben Wurzel, wie *metiri* – «messen». Auch unser Wort «Mond» stammt daher; er ist der Zeitmesser. Lateinisch *homo* ist verwandt mit *humus* – «Erde» und bezeichnet die Menschen als die «Irdischen», während das griechische Wort *anthrōpos* den aufrechten Gang des Menschen betont. So war der Mensch für die Römer weniger als ein Gott, für die Griechen mehr als ein Tier.

Der Übergang vom Tier zum Menschen vollzog sich nicht gradlinig. Im Tertiär, vor 60 Millionen Jahren lebte auf afrikanischen Bäumen ein Insektenfresser, ähnlich dem indischen Spitzhörnchen. Von ihm stammen die affenartigen Vorfahren der Herrentiere ab, pflanzenfressende Baumbewohner. Auf diese gehen die vor sechs Millionen Jahren in Afrika entstandenen Vormenschen (Prähominiden) zurück. Der Fachname *Australopithecus* kommt von lateinisch *australis* – «südlich» und griechisch *pithēkos* – «Affe». Die Australopithecinen kennzeichnet ein größeres Gehirn – bis 650 cm^3 gegenüber 411 cm^3 beim Orang-Utan und 394 cm^3 beim Schimpansen – und vor allem seit 3 Millionen Jahren der aufrechte Gang. Damals wurden die Hände frei zum Gebrauch von Stöcken, Steinen und Knochen, die schon im unbearbeiteten Zustand als Werkzeug dienen können. Dies erwies sich als nützlich in der sich öffnenden Landschaft, die tropischen Regenwälder gingen zurück. Der Lebensraum der ersten Menschen war die Savanne in Afrika und später im südlichen Eurasien.

Während der Australopithecus bis vor einer Million Jahren fortlebte, entstand aus ihm am Ende des Tertiär vor zwei Millionen Jahren der Urmensch, der «geschickte» *Homo habilis*. Sein Hirn war auf 800 cm³ gewachsen. In der Zeit zwischen 1,6 Millionen bis vor 300 000 Jahren trat wiederum, zunächst in Java und Afrika, ein neuer Typus auf, der Frühmensch, *Homo erectus*. Ernst Haeckel erblickte in ihm das *missing link* in der Primatenkette und nannte ihn 1891 Pithecanthropus. Sein Hirnvolumen betrug bis zu 1200 cm³. Zerspaltene Flußkiesel mit scharfen Kanten erweisen den Gebrauch von bearbeiteten Werkzeugen – ein erster Schritt aus dem Stadium der Tierheit (Abb. 1). Diese Steingeräte eröffnen die Altsteinzeit, das Paläolithikum. Gefunden wurden sie in Ostafrika zusammen mit zerschlagenen Tierknochen von Flußpferd, Elefant, Nashorn, Rind, Schwein und Giraffe.

Bei vielen Völkern ist die Sage verbreitet, daß ein göttlicher Kulturheros den Menschen das Feuer gebracht habe – sie wußten mithin, daß sie es nicht schon immer besaßen. Nach dem griechischen Mythos hat Prometheus dem blitzeschleudernden Zeus das Feuer gestohlen und den Menschen gebracht – zur Strafe wurde er an den Kaukasus geschmiedet.

Abb. 3: Die eindrucksvollsten Höhlenmalereien der Eiszeit (21 bis 13 000 v. Chr.) finden sich in Altamira (Nordspanien). Mit Ocker, Kohle und Manganerde sind höchst naturgetreu Tausende von Jagdtieren an die Wände gemalt, teils in Umrissen, teils ganzflächig koloriert: Wisent, Auerochs, Mammut, Nashorn, Wildpferd, Rentier, Hirsch, Raubkatze, Bär usw. So sorgsam die Ausführung der einzelnen Tiere ist, so wenig wurde auf Komposition geachtet. Vielfach sind die Bilder halb oder ganz übereinander gemalt. Da die Höhlen finster und unbewohnt waren, sich zuweilen auch Einschüsse auf den Tierkörpern zeigen, ist klar, daß es nicht um den Schmuck heiliger Orte, sondern um Jagdzauber ging; vgl. S. 23.

Abb. 4: Ein Bild der 1916 entdeckten Pyrenäen-Höhle Trois-Frères zeigt neben zahllosen Tieren einen als Hirsch verkleideten Schamanen oder Jäger (15 bis 10 000 v. Chr.); vgl. S. 23.

Das erste gehegte Feuer stammt fraglos aus einem Blitzschlag. Die ältesten Feuerstellen fanden sich in Afrika und reichen über 1 Million Jahre zurück. Erzeugt wurde das Feuer später an Zunder durch Reibungswärme mit dem Drillbohrer oder durch Funkenschlag von Feuerstein (Flint), eine Technik, mit der bis etwa 1850 das Schießpulver der «Flinten» gezündet wurde. Das Feuer hat in nahezu allen Religionen eine sakrale Bedeutung, seine Beherrschung unterscheidet den Menschen definitiv vom Tier.

Der Übergang vom Tertiär zum Quartär vor zwei Millionen Jahren entspricht dem Beginn der Eiszeit in Europa. Hier erscheint der *Homo erectus* vor 800 000 Jahren – so der *Homo heidelbergensis*. In seinem Umfeld fanden sich Spuren von Mammut, Nashorn und Flußpferd, Tiere einer Warm- oder Zwischeneiszeit. *Homines erecti* lebten seit 500 000 Jahren in China. Der Pekingmensch war Kannibale, wie zerschlagene Menschenknochen an seinen Feuerstellen dartun. Im späten

Altpaläolithikum kamen die ersten Menschen nach Japan, so daß seit 300 000 Jahren die gesamte Alte Welt bewohnt war.

Während des Mittelpaläolithikums, das mit der zweiten Inlandvereisung beginnt und von 300 000 bis 40 000 v. Chr. gerechnet wird, erscheint neben dem *Homo erectus* eine Frühform des *Homo sapiens* in Afrika und Ostasien. In Europa ist es der Neandertaler, entdeckt 1856 bei Düsseldorf (Abb. 2). Das Typenspektrum der Steingeräte erweiterte sich. An Orten, wo Silex oder Quarzit vorkommt, entstanden regelrechte Werkstätten, wo Tausende von Artefakten gefunden wurden – so in der Flur Reutersruh beim hessischen Ziegenhain. Aus Eigenbedarf ist das kaum zu erklären, irgendeine Form des Handels ist anzunehmen. Das älteste über weite Strecken verbreitete Handelsgut ist vermutlich der Bernstein, geschätzt für Schmuck und Amulette.

Einen weiteren Schritt zur Humanität zeigt die Anlage von Gräbern. Der Neandertaler bestattete Tote. Sie liegen in Höhlen mit Blumen und anderen Grabbeigaben: ein Straußenei, ein Geweihstück vom Damhirsch, rote und schwarze Farbstücke. Dies läßt auf Religiosität schließen und setzt den Gebrauch von Sprache voraus. Steinkisten mit Schädeln von Höhlenbären oder Wisentknochen werden als Opferplätze gedeutet.

Erste Kulturen

Bereits vor 40 000 Jahren erschien überall, wo es den *Homo erectus* gab, der *Homo sapiens* von Cro-Magnon, unser unmittelbarer Vorfahr. Mit ihm gelangen wir in die jüngere Altsteinzeit, die zum ersten Male im vollen Sinne des Wortes eine Kultur geschaffen hat. Das Jungpaläolithikum von 40 bis 10 000 v. Chr. brachte zunächst eine weitere Ausdehnung des Lebensraums. Die unterschiedlichen Umweltbedingungen führten zur Bildung der heutigen Menschenrassen, der Australiden, Europiden, Negriden und Mongoliden. Infolge der Vereisung war der Meeresspiegel gesunken, so daß Landbrücken entstanden von Asien nach Nordamerika und von Hinterindien nach Australien, über die möglicherweise schon vor 40 000 Jahren die ersten Menschen kamen.

In Europa erreichte um 18 000 die Vergletscherung ihren Höhepunkt, sie drang bis an die Mittelgebirge vor, während England und Irland eisfrei über ein breites Vorfeld im Atlantik bis vor 10 000 Jahren untereinander und mit dem Festland verbunden waren.

Die Wirtschaftsweise änderte sich nicht. Die Männer gingen auf die Jagd, die Frauen sammelten Früchte, Kräuter und Wurzeln. Die Zivilisation aber erreichte eine neue Stufe: Es gab neben kurzfristig besetzten Lagerplätzen an Flußufern über längere Zeit bewohnte Siedlungen mit festen Behausungen: Rechteck-, Rund- und Langbauten mit Feuerstellen, in Osteuropa mitunter aus Mammutknochen errichtet. Die Menschen trugen Kleidung, besetzt mit Perlen aus Elfenbein, Schmuckschnecken und durchbohrten Tierzähnen. Angefertigt war sie mit Hilfe von Nadeln aus Knochen mit Öhr. Die Steingeräte wurden differenziert und perfektioniert, Harpunen aus Knochen oder Geweih mit Widerhaken dienten dem Fischfang, Speerschleuder und später Schießbogen erleichterten die Jagd. Man benutzte Fallgruben, Fanggatter und Schlingen oder trieb Wildpferde über einen Steilabfall.

Die Bestattungen in Einzel- oder Sammelgräbern weisen weiterhin Beigaben auf, seltsam ist die Sitte der Kopfbestattung in sogenannten Schädelnestern. Der Schmuck und die Blickrichtung nach Westen erweisen Ritualcharakter. Wie aus der Zeit zuvor gibt es Zeugnisse für Tieropfer, die nun ins Wasser versenkt wurden.

Mit der jüngeren Altsteinzeit beginnt die Geschichte der Kunst, sowohl der Skulptur wie der Malerei. Als älteste Kunstobjekte gelten auf Knochen eingeritzte Tierbilder und vollplastische, aus Knochen, Bernstein oder Elfenbein gearbeitete Tierfigürchen aus der Zeit um 30 000 v. Chr. Etwas jünger sind weibliche Statuetten mit ausgeprägten Geschlechtsmerkmalen, fraglos Objekte der Magie (Abb. I). Dazu zählen ebenso Wandbilder mit Tieren; eingebohrte Grübchen und eingeritzte Kreuze markieren offenbar erwünschte Schußstellen, die durch Analogiezauber Jagdglück sichern sollten – eine Denkweise, die noch Leo Frobenius 1911 aus Afrika bezeugt: Bevor der Eingeborene auf die Jagd geht, malt er das Tier in den Sand und erlegt es *in effigie*.

Grandios sind die vor 40 000 Jahren einsetzenden, magisch motivierten Höhlenmalereien und Felsbilder in Nordspanien, namentlich von Altamira (Abb. 3), und in Südfrankreich, vor allem Lascaux, Trois-Frères und Tuc d'Audoubert. Außer Jagdtieren sind Fallgruben und jagende Menschen dargestellt, einmal erscheint ein als Hirsch verkleideter Schamane oder Jäger (Abb. 4). Auch Abklatsche von Händen kommen vor. Rötel gibt es als Grabbeigabe; vermutlich hat der Mensch zuerst sich selbst bemalt, bevor er sich den Wänden widmete. Vergleichbare Naturtreue ist erst zehntausend Jahre später im alten Ägypten wieder erreicht worden.

Das Neolithikum

Die mittlere Steinzeit, im Orient seit 10 000 v. Chr., war ereignisarm. Nomaden folgten den Rentierherden und jagten mit Pfeil und Bogen. Die Pfeilspitze, der Mikrolith, ist das «Leitfossil» des Mesolithikums. Als erstes Haustier erscheint der Hund. Er wurde als Jagdgehilfe geschätzt und zuweilen mit ins Grab genommen.

Um so bedeutsamer war dann die Jungsteinzeit, spricht man doch geradezu von einer «neolithischen Revolution». Sie reicht von 5000 bis 3000, im rückständigen Nordeuropa bis etwa 2000 v. Chr. Geologisch treten wir in die gegenwärtige Nacheiszeit, aus dem Diluvium (Pleistozän) ins wieder wärmere Alluvium (Holozän), die zweite Phase des Quartär, die nach erdgeschichtlichen Rhythmen aber nur eine Zwischeneiszeit darstellen dürfte. Sie umfaßt kein halbes Hundertstel der gesamten Eiszeit. So gehören der Ur- und der Altsteinzeit mehr als 99 Prozent der gesamten Menschheitsgeschichte.

Das Neolithikum ist gekennzeichnet durch den Übergang von der jagenden und sammelnden Lebensweise nomadisierender Stämme zu Ackerbau und Viehzucht seßhafter Gemeinschaften. Angebaut wurde vor allem Getreide: Emmer und Einkorn, daneben Linsen, was eine Vorratshaltung erlaubte. Gezüchtet wurden Schafe und Ziegen; Rinder waren anfangs selten, drängten später aber gemeinsam mit dem Schwein das Kleinvieh zurück. Gegen Ende des Neolithikums breitete sich in Europa die Pferdezucht aus, die um 3000 v. Chr. schon in Südrußland gelungen war.

Aufgrund der verbesserten Lebensgrundlagen vermehrte sich die Bevölkerung rasch. Ausgangsregion war der «fruchtbare Halbmond»: Mesopotamien, Syrien und Palästina. Von dort beeinflußt wurden Ägypten, Kleinasien und Indien, während in China sich ähnliche Lebensformen anscheinend selbständig herausbildeten. Es entstanden Siedlungen mit Tausenden von Einwohnern in gleichartig aus Lehmziegeln gebauten Häusern, die nicht sehr haltbar waren und an Ort und Stelle erneuert wurden, so daß durch den Kulturschutt markante Siedlungshügel, sogenannte Tells, emporwuchsen. Daneben wurde Natur-

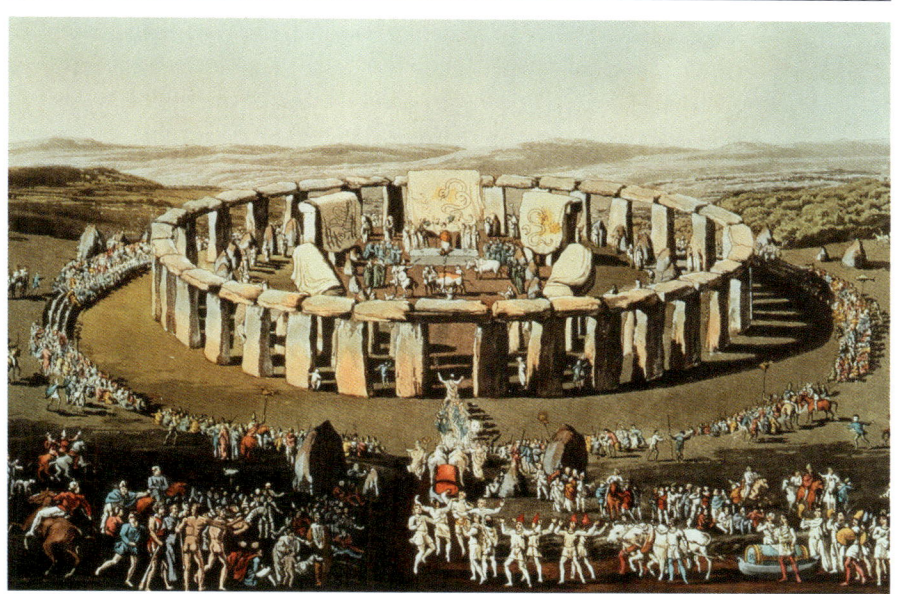

Abb. 5: Das kreisförmige Heiligtum von Stonehenge bei Salesbury (Rekonstruktion von R. Havell 1816, Paris) in Südengland berücksichtigt den Sonnenverlauf. Es wurde angelegt um 2800 v. Chr., weitergebaut um 2100 und später nochmals umgestaltet, offenbar aber nie fertiggestellt; vgl. S. 26.

stein verwendet. Die Befestigungen von Jericho aus der Zeit um 7000 lassen auf kriegerische Konflikte schließen. Die Steingeräte wurden nicht mehr bloß zugehauen, sondern glattgeschliffen – besonders sorgsam, wenn es sich um Waffen oder um Kultobjekte handelt. Krieger und Priester, die Inhaber weltlicher und geistlicher Gewalt, rangierten stets über Handwerkern, Händlern und Bauern.

Seit rund 6500 v. Chr. setzte sich im Nahen Osten die Keramik durch. Gebrannte Tongefäße, bald reich mit Ornamenten verziert, wurden namengebend für Kulturkomplexe. Denn nichts ist so zerbrechlich wie ein Topf, nichts so haltbar wie eine Scherbe. Die erste, durch Tonkrüge definierte Kultur ist die Bandkeramik. Sie breitete sich in der Zeit von 5000 bis 3000 v. Chr. von Ungarn bis zur Nordsee aus. Manchmal 30 m lange, nach Nordwest ausgerichtete rechtwinklige Häuser, nach gleichem Schema gegliedert in Wohn-Schlafbereich, Werkstatt, Stall- und Vorratsraum, bildeten die auf Lößboden angelegten Dörfer, deren größere mit Wall und Graben oder mit Palisaden befestigt waren. Gegen Ende der Jungsteinzeit wurden auch schon Höhensiedlungen und in Ufernähe Pfahlbaudörfer angelegt. Knochenfunde in Massengräbern bezeugen Kriegshandlungen, Schnittspuren auf Menschenknochen lassen Kannibalismus vermuten. Außerhalb gelegene Friedhöfe weisen reiche Beigaben auf, der Tote soll im Jenseits wohl versorgt sein und nicht als Wiedergänger die Lebenden beunruhigen. Anzeichen für einen Adel oder Fürsten fehlen.

In demselben Raum wie die Bandkeramik und darüber hinaus erstreckte sich seit dem 3. Jahrtausend die erste über ganz Mitteleuropa verbreitete Kultur, die der Schnurkeramiker. Sie bestatteten ihre Toten als Hocker in Gruben oder Baumsärgen unter Erdhügeln in West-Ost-Richtung mit dem Blick nach Süden. Männer liegen auf der rechten, Frauen auf der linken Seite; Statussymbol der Männer ist die facettierte Streitaxt. Dies deutet auf eine patriarchalische Gesellschaftsordnung, weibliche Idole verschwinden.

Eindrucksvoll sind die Großsteinbauten der Megalith-Kultur aus gigantischen, behauenen oder auch unbehauenen Steinblöcken. Megalithbauten aus der Zeit vom 5. bis ins 2. Jahrtausend haben sich erhalten auf Malta, in Portugal, in der Bretagne, in Südengland, Südskandinavien und Norddeutschland. Es gibt Tempel, Galerien, Steinkreise, namentlich Stonehenge (Abb. 5), Einzelsäulen (Menhire) und verschiedene Formen von (Hünen-) Gräbern. Ähnliche zeitnahe Großsteinbauten in Ägypten sind die Pyramiden (s. Kap. 2), in Griechenland die mykenischen Kyklopenmauern (s. Kap. 3).

Die Indogermanen

Die Ausbreitung der Streitaxt-Leute, die als schmalnasig und langschädlig einen eigenen Typ darstellen, hat man mit der Indogermanisierung in Verbindung gebracht. Es handelt sich um die Entstehung und Verbreitung eines verlorengegangenen Idioms, das den Sprachen der Inder, der Germanen und der meisten Völker zwischen ihnen zugrunde liegt. Nachdem schon 1786 in Britisch Indien die Ähnlichkeit vieler Sanskritwörter mit europäischen Wortformen entdeckt worden war, hat der Berliner Philologe Franz Bopp 1816 die These von einer indogermanischen oder indoeuropäischen Ursprache verfochten. Auffällig war zunächst die Klangnähe zwischen Wörtern für «Vater», «Mutter» und «Bruder» oder bei Zahlwörtern bis zehn. Gemeinsame Wörter für 100 und 1000 erweisen das hohe Alter des Dezimalsystems, das sich an den zehn Fingern orientiert. Der Name des Himalaya ist verwandt mit lateinisch *hiems* (Winter), der des Fünfstromlandes Pandschab erinnert an griechisch *pente* (fünf), im Wort «Maharadscha» stecken die Wurzeln von lateinisch *magnus* (groß) und *rex* (König).

Die Übereinstimmungen, die desto auffälliger sind, je höher das Alter der verglichenen Wörter ist, verweisen auf einen indogermanischen Grundwortschatz. Daraus entstand die Denkfigur eines Stammbaumes. Ihm gehören alle europäischen Sprachen an außer dem Baskischen, dem Etruskischen, dem Kaukasischen und dem Finnisch-Ugrischen: nämlich das Keltische, die italischen Sprachen nebst dem Latein, das Germanische, das besonders archaische Baltische, das Slawische, die Balkansprachen, das Griechische, weiterhin mehrere kleinasiatische Sprachen, das Persische, Altindische und das Tocharische an der Grenze zu China.

Als Urheimat der Indogermanen gilt aufgrund kulturgeographischer Indizien das östliche Mitteleuropa innerhalb des Raumes, in dem «Buchen» wachsen, denn dieses Wort gibt es in allen indogermanischen Sprachen, wurde indessen dort, wo keine Buchen wachsen, auf andere Bäume übertragen. Der indogermanische Begriff für die Siedlungsgemeinschaft der patriarchalischen Großfamilien *teuta* steckt in unserem Wort «deutsch». Gemeinsamkeiten betreffen ferner die Haustiere,

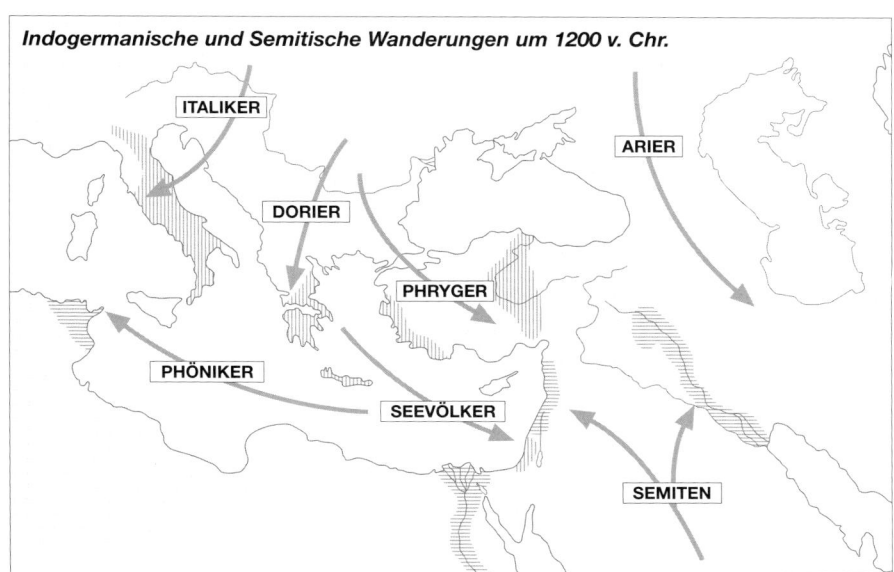

die Religion, sogar die Dichtersprache. Indogermanische Wortstämme enthalten die ältesten Flußnamen Mitteleuropas. Vorkeltisch «Rhein» ist verwandt mit griechisch *rheuma* (Strömung), «Elbe» mit lateinisch *albus* (hell), Neckar mit lateinisch *niger* (dunkel). «Weser» kommt von deutsch *Wasser*.

Die Metallzeit

Der Übergang von der Steinzeit zur Bronzezeit veränderte das Zusammenleben. Verfügung über Metall brachte Herrschaft über Natur und über Menschen. Waffen waren stets so wichtig wie Werkzeuge. Die Metallherstellung erfordert Arbeitsteilung und gewährt zuvor unbekannten Reichtum; sie fördert soziale Differenzierung, und diese verlangt politische Organisation. Prunkvolle Einzelgräber finden sich zuerst in den Regionen der frühesten Metallverarbeitung. Metall wurde weithin gehandelt, und das intensivierte die Kommunikation.

Schon im 5. Jahrtausend gab es in Bulgarien Kupfergerät und überreichen Goldschmuck, gefunden in einem Gräberfeld bei Warna am Schwarzen Meer. Einzelne Gegenstände wurden weit nach Westen exportiert. Ebenso gelangten der Pflug und der Wagen mit Scheibenrädern noch im 3. Jahrtausend aus dem Orient nach Europa. Die in Warna erkennbaren Ansätze zu einer Hochkultur führten jedoch nicht weiter, vielleicht infolge einer Invasion von Nomaden aus der Steppe Südrußlands. Kupfer wurde als Gebrauchsmetall in Ägypten und im

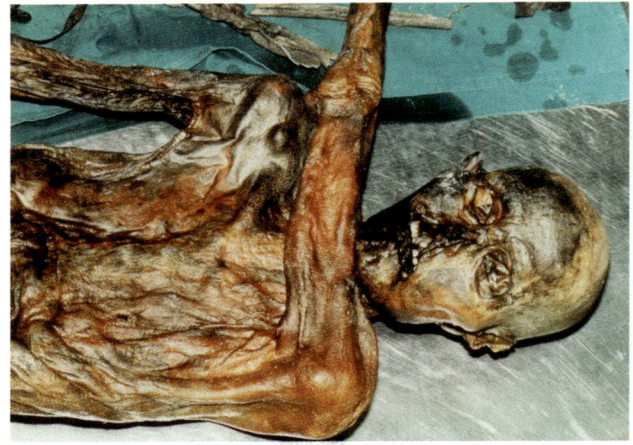

Abb. 6: 1991 wurde im Gletschereis der Ötztaler Alpen ein etwa 45 Jahre alter tätowierter Mann gefunden, der um 5500 v. Chr. die Alpen überqueren wollte (Museum Bozen). Der «Ötzi» trug einen Umhang aus Leder und Flechtgras, führte einen Eibenbogen, 14 Pfeile und eine geschäftete Kupferbeilklinge mit; vgl. S. 29.

Abb. 7: Der Sonnenwagen von Trundholm in Dänemark (Kopenhagen, Nationalmuseum) aus der Zeit um 1400 v. Chr. gehört zu den kunstvollen Bronzeobjekten kultischer Bedeutung. Scheibe Ø 24 cm.

Orient seit 4000 v. Chr. abgebaut, teilweise unter Tage, wurde verhüttet, gegossen und gehämmert, doch fanden Kupfergeräte in Europa nur spärlich Verwendung (Abb. 6). Der Name verweist auf das kupferreiche Cypern.

Die Herstellung der Bronze, des durch Zinn gehärteten Kupfers wurde um 2500 v. Chr. in Anatolien entdeckt und im ganzen Nahen Osten sofort genutzt. Seit etwa 2000 v. Chr. verstand man die Technik auch in Europa. Während der älteren und mittleren Bronzezeit wurden viele Tote reich ausgestattet unter künstlichen Hügeln beigesetzt. In der jüngeren Bronzezeit, seit etwa 1300 ging man dazu über, Leichen zu verbrennen und auf Urnenfeldern beizusetzen. Manche weisen mehrere tausend Gräber auf. Weiterhin gibt es sehr reiche Bestattungen.

Eine eigene Kulturprovinz ist der Nordische Kreis. Moorfunde aus Schleswig-Holstein und Dänemark bewahrten Kleidung, Geräte und einzelne Kultobjekte, sämtlich aus importiertem Metall: Schwerter, Speerspitzen, Streitäxte, Rasiermesser, Gürtelplatten, Fibeln und allerlei Gefäße. Die ältesten erhaltenen Musikinstrumente Europas sind Luren: 2 bis 3 m lange, s-förmig geschwungene Hörner, gefunden als Opfergaben des 12. bis 7. Jahrhunderts in Mooren. Um 800 v. Chr. geht die europäische Bronzezeit in die Eisenzeit über.

Während die historische Erinnerung im Nahen Osten bis weit in die Bronzezeit, ja darüber hinaus zurückreicht – in Ägypten bis zur Reichseinigung unter Menes um 3000 v. Chr., in Mesopotamien bis zu Gilgamesch von Uruk um 2600, bei den Griechen bis zum Fall Trojas um 1200 – bleibt unser Wissen über das schriftlose Europa bis zu den griechischen Nachrichten seit dem 7. Jahrhundert anonym. Die Bodenfunde zeigen, wie die Gewinnung und Verarbeitung des Eisens, ausgehend von den Hethitern in Kleinasien um 1300 sich nach Osten und Westen verbreitet hat. In Griechenland fand es um 1000, in Mitteleuropa um 800 v. Chr. mit der Hallstattkultur Eingang. Ihre Träger waren die Kelten, die sich von Süddeutschland über «Gallien» nach Britannien und Spanien ausbreiteten, um 400 die Po-Ebene besetzten und 387 v. Chr. Rom eroberten (*vae victis!*). Um 300 stießen sie zunächst donauabwärts bis nach «Galatien» um Ankara vor. Archäologisch sind sie durch die prunkvoll ausgestatteten Hügelgräber ihrer Stammesfürsten (Vix, Hochdorf, Glauberg) faßbar.

In der um 500 v. Chr. anschließenden La Tène-Zeit entstanden stadtartige Siedlungen, deren Namen – durch die Römer vermittelt – fortleben (Paris, Lyon, Bonn, Mainz, London, York, Mailand, Wien, Zürich). Die Germanen als östliche Nachbarn verdanken den Kelten, wie die Wortgeschichte lehrt, das «Eisen» und ihren seit Caesar bezeugten Namen; er ist eine keltische Fremdbezeichnung, die indes bereits die germanischen Leibwächter der ersten Kaiser aus dem Stamm der Bataver sich zu eigen machten, wie die Inschriften lehren.

Steinzeit heute?

Die Geschichte der Zivilisation ist sehr ungleichmäßig verlaufen. Das wußte schon Thukydides (I 5f), als er bemerkte, daß in den Bergen Griechenlands noch immer Waffen getragen wurden, so wie bei den nördlichen Barbaren, während doch die Athener sie längst abgelegt hätten. Diese «Gleichzeitigkeit des Ungleichzeitigen» steht heute hinter dem Begriff von «Entwicklungsländern», zumal sich deren Abstand zu den modernsten Staaten erheblich vergrößert hat. Naturvölker – das

Wort setzte Herder für «Wilde» oder «Primitive» – haben sich als steinzeitliche Wildbeuter, teilweise auf präkeramischer Stufe in unzugänglichen Gebieten bis in die jüngste Zeit behauptet. Vorzüglich an die Umwelt angepaßt – Armut muß nicht Elend bedeuten – leben sie als Jäger und Sammler in patriarchalischen Familienverbänden unter Häuptlingen oder Ältesten, ohne Metall und Geld, ohne Schrift und Steinbau. Sie glauben an Götter und Geister, verehren ihre Ahnen und suchen durch Zauber und Rituale den Naturlauf zu lenken. Die Eskimos in der Polarzone haben ihre Tradition weitgehend aufgegeben; bei den Amazonasindianern soll es noch Kannibalismus und Kopfjagd geben, sie sind ebenso bedroht wie die Pygmäen im Kongo, wie Hottentotten und Buschleute in der Kalahari, die Papua auf Neuguinea und die Aborigines in Australien. Stärker als der Schutz in Reservaten mit Staatspension und Tourismusbetrieb wirkt der Lockruf der Missionare und die Bedrängnis durch Modernisierung, die allzu oft ein Leben in Lumpen bedeutet.

*

Die Zeitabstände der kosmischen Geschichte verdeutlicht deren Übertragung auf einen Jahreslauf (P. Kafka). Jeder Monat stehe für eine Milliarde Jahre. Am Ende der ersten Sekunde nach dem Urknall entstand aus und neben der Energie die Materie, die sich im Laufe der Explosion abkühlte. Ende Januar bildeten sich erste Galaxien, Mitte August folgte unser Sonnensystem. Im September verdichteten sich die Gesteine auf der Erde, die Einzeller erschienen. Seit Anfang Oktober gab es Algen, seit dem 16. Dezember Wirbeltiere. Drei Tage später besiedelten Pflanzen das Erdreich, am 20. Dezember wurde alles waldgrün, die Atmosphäre saugte sich voll Sauerstoff. Nach zwei Tagen waren aus Fischen Molche, Heilig Abend aus diesen Dinosaurier geworden. (Auch in der Evolution gilt: aller Anfang ist klein.) Tags darauf kamen die Warmblütler, dann die Säuger, am 28. Dezember erschien der Urlöwe. In der Nacht zum 30. erhoben sich die Alpen. Silvester in der Frühe mutierte sich der Affe heraus. Zwanzig Generationen auf die Sekunde schufen fünf vor Zwölf den Neandertaler, und fünfzehn Sekunden vor Zwölf wurde Christus geboren. Mitternacht ist unsere Zeit.

2. Der alte Orient

In seinen ‹Ideen zur Philosophie der Geschichte der Menschheit› von 1787 beschreibt Johann Gottfried Herder den Alten Orient als die Wiege der Kultur. Außer Griechenland und Rom gebe es keine Weltgegend, die «für Europa und durch dies für alle Nationen der Erde so viel erfunden und vorgearbeitet» habe. Herder listet Aberdutzende von Fertigkeiten und Errungenschaften auf, die von den Völkern Vorderasiens stammen, obschon doch die Hauptquellen, die Keilschrift-Tafeln, noch gar nicht entziffert waren. Die Kunst des Schreibens eröffnet nach der Prähistorie die eigentliche Geschichte. Schrift ist die Sprache der Toten. Sie vermittelt Aussagen über Generationen hinweg und vermehrt das Wissen, wie es mündliche Überlieferung nicht leisten kann. Die Entzifferung der Keilschrift geht zurück auf den jungen Gymnasiallehrer Georg Friedrich Grotefend aus Göttingen, der 1802 eine Lesung der altpersischen Inschriften aus Persepolis vorschlug. Grotefend suchte und fand die bei Herodot überlieferten Königsnamen auf den Steinen. Mit den Lautwerten erschloß sich die Sprache, die zum Indogermanischen zählt und daher Wortverwandtschaften aufweist.

Das Zweistromland

Die altpersische Keilschrift steht am Ende einer langen Entwicklung. Sie beginnt bald nach 3000 v. Chr. mit den Sumerern, einem Volk unbekannter Sprachzugehörigkeit, das im unteren Mesopotamien lebte. Dort traten Tontafeln zutage, in die mit Rohrgriffeln keilförmige Zeichen eingeprägt waren. Ursprünglich bildhaft, bald aber stilisiert wurden Sachbegriffe ausgedrückt. Schwierig war die Bezeichnung von Tätigkeiten: Das Verbum «trinken» bestand aus den Zeichen für «Mund» und für «Wasser». Die unpraktisch hohe Zahl von anfangs 2000 Zeichen verringerte sich auf wenige hundert, als man begann, Silben darzustellen, indem man beispielsweise (mutatis mutandis) die Zeichen für «Ei» und für «Meer» zum Wort «Eimer» zusammenfügte. Dazu kamen sogenannte Determinative, die besagen, daß – um

Abb. II: Die 2,25 m hohe Diorit-Stele mit der Gesetzeskodifikation von Hammurabi (um 1700 v. Chr.) fand sich, von einem Gegner aus Babylon verschleppt, in Susa. Sie zeigt den König vor dem thronenden Sonnengott Schamasch (Louvre); vgl. S. 34.

beim Beispiel zu bleiben – das Zeichen für «Ei» etwas Eßbares bedeutet und nicht einen Ausdruck der Verwunderung.

Von den Sumerern verbreitete sich die Keilschrift zu den übrigen Völkern des Nahen Ostens. Seit etwa 2500 gibt es nicht nur Warenlisten, sondern auch Königsinschriften; um 2000 beginnen die literarischen Texte: Gebete, Rituale, Hymnen und Dichtung, darunter das in vielen Fassungen, aber nur bruchstückhaft erhaltene Gilgamesch-Epos. Es erzählt, wie dieser Fürst aus der Stadt Uruk gemeinsam mit seinem Freund Enkidu den Waldschrat Chumbaba erlegt, dann aber die Göttin Ischtar erzürnt und den Freund verliert. Gilgamesch sucht nun das Kraut, das Unsterblichkeit gewährt, findet es auf dem Grunde des Meeres, doch wird es ihm von einer Schlange gestohlen. Gegen den Willen der Götter sind die Menschen machtlos. Das Gilgamesch-Epos enthält bereits den Kern der biblischen Sintflutsage.

Die Sumerer bauten auch die ersten Städte. Sie lebten unter Priesterkönigen in Häusern aus Lehmziegeln in Ur, Lagasch und Kisch, in Uruk mit 30 000 Einwohnern. In der Mitte stand ein Tempelturm, eine Zikkurat, Tempel waren Wirtschaftszentren. Die Sumerer schufen die erste Großplastik, sie benutzten Geräte aus Kupfer und Bronze, verwendeten kunstvoll gravierte Rollsiegel, die Töpferscheibe und das Wagenrad. Das mesopotamische Flachland war arm an Bäumen, aber lieferte bei sorgsamer Bewässerung durch «dendritisch» verästelte Kanäle reiche Ernten, vor allem Weizen und Gerste. Wichtigstes Ausfuhrgut war Schafwolle.

Um die Mitte des 3. Jahrtausends erscheinen aus Arabien Semiten in Mesopotamien. Ihre Sprache war das Akkadische oder Assyrische. Sie führten die vorgefundene Kultur fort. Um 2300 schuf Sargon I von Akkad das erste Großreich in Babylonien. Er eroberte in Nordsyrien den Stadtstaat Ebla, wo 1976 ein Archiv mit 15 000 Keilschrift-Tafeln ausgegraben wurde. Um 2000 florierte die dritte Dynastie von Ur, berühmt durch ihre Königsgräber. Die Stadt Babylon verdankt ihren Aufstieg dem König Hammurabi um 1700, der, ähnlich wie der Sumerer Urukagina von Lagasch um 2400, die Gesetze kodifizierte (Abb. II), sodann das gesamte Mesopotamien unterwarf und den Kult des Stadtgottes Marduk, des Sonnengottes Schamasch und der Liebesgöttin Ischtar förderte. Eine orientalische, dann auch in Korinth bezeugte Sitte ist die Sakralprostitution, bei der freie Frauen oder auch Hierodulen im Dienste der Göttin den Pilgern ihre Keuschheit opferten.

Nach Hammurabi kam es zu Einfällen von Norden, 1530 wurde Babylon von den indogermanischen Hethitern aus Zentralanatolien geplündert. Um 2000 waren sie eingewandert und hatten ein Reich um Hattusa, das heutige Boghazköy östlich von Ankara errichtet. Sie waren gefährlich durch ihre Streitwagen, die bald von allen Nachbarn übernommen wurden und sich bei Griechen und Römern hielten, solange Triumphe gefeiert und Wagenrennen abgehalten wurden.

Die nächste Großmacht schufen um 1200 die Assyrer um Assur am oberen Tigris, ein kriegerisches, kulturell vom Süden abhängiges Volk. Ihre Eroberungszüge führten bis nach Ägypten. Die Paläste von Khorsabad, Nimrud und Ninive sind durch ihre naturnah erzählenden Reliefs bemerkenswert. Der Titel ihres Königs «Herrscher der vier Weltteile» bringt zum ersten Mal die Idee eines Weltreiches zum Ausdruck. Es reichte zeitweilig nach Norden bis Armenien, nach Westen bis Cypern, im Osten an den Persischen Golf und umfaßte um 660 v. Chr. sogar das Niltal. Die Untertanen waren dienstpflichtig, Söldner kämpften als Reiter und auf Streitwagen. Die assyrischen Belagerungsmaschinen entsprechen schon denen des europäischen Mittelalters. Die Kriege wurden im Namen des Gottes Assur geführt und waren wegen ihrer Grausamkeit gefürchtet. Unterlegene wurden in Massen gepfählt, Städte zerstört und ausgemordet, ganze Bevölkerungen verschleppt. 612 v. Chr. vernichteten die Meder aus Iran und die Chaldäer aus Babylon die Assyrerherrschaft.

Babylonien stand seit dem frühen ersten Jahrtausend unter dem Einfluß der nordsyrischen Aramäer, deren Sprache unter der Chaldäer-Dynastie zur *lingua franca* aufstieg und noch die Muttersprache Jesu war. Unter der glänzenden Regierung von Nebukadnezar (605 bis 562) erstand das Babylon, wie die Griechen es kennenlernten. Der König sicherte sich Palästina durch die Einnahme Jerusalems 597, das er nach einer Abfallbewegung elf Jahre später zerstörte. Nebukadnezar errichtete den im Alten Testament erwähnten babylonischen Turm Etemenanki, die Zikkurat für Marduk (Abb.1), weiterhin die «hängenden Gärten der Semiramis», die gewaltige Stadtmauer, sowie das mit farbig glasierten Ziegeln geschmückte Ischtar-Tor – heute im Berliner Pergamon-Museum – und einen riesigen Palast. Der letzte Feldherr der Chaldäer war Prinz Belsazar, der im Buch Daniel des Alten Testaments als König erscheint. Er unterlag 539 den Persern unter Kyros.

Die Nachrichten der Bibel über die Könige von Assur und Babylon, der Griechen über Ninus, «den ersten Städtebauer» und Semiramis, die

Abb. 1: Abgestufte Tempeltürme kennzeichnen die altmesopotamische Kultarchitektur. Alexander d. Gr. wollte den von Nebukadnezar um 570 v. Chr. für den Stadtgott Marduk errichteten Turm zu Babel (90 m hoch) erneuern, wurde jedoch durch seinen frühen Tod daran gehindert; Rekonstruktion von H. Schmid und H. Hallmann, Berlin, Pergamon-Museum; vgl. S. 35; 63.

das Kastrieren von Knaben erfunden haben soll, bleiben schemenhaft. Um so aussagekräftiger sind die Tontafeln, die zu Tausenden in Ninive in der Bibliothek des Assurbanipal, des griechischen Sardanapal (668 bis 627), gefunden wurden. Sie enthalten Texte aller Art, auch solche von hohem Alter. Nur Teile sind bisher erschlossen.

Ägypten

1822 entzifferte Jean François Champollion die Hieroglyphen. Soldaten Napoleons hatten 1799 in Rosette an der Nilmündung einen Stein mit drei Schriftarten gefunden: ein Dekret aus der Ptolemäerzeit um 200 v. Chr. in Hieroglyphen, Demotisch und Griechisch. Damit erschloß sich eine ganze Kultur, denn die Tempelwände Ägyptens sind bedeckt mit Texten. Die Hieroglyphen sind Bildzeichen und stehen ursprünglich für einzelne Wörter. Wie bei der Keilschrift haben dann aber die Lautwerte den Sinn übernommen, so daß die Hieroglyphen Wörter, Silben und Konsonanten ausdrücken können. Die ältesten Zeugnisse sind wenig jünger als die frühesten Schriftdokumente der Sumerer. Stammt die Anregung zum Schreiben von dort, so geschah die Ausführung doch in Ägypten selbst.

Aus den Hieroglyphen hat sich das Hieratische, eine vereinfachte Kursive entwickelt. Im 7. Jahrhundert v. Chr. entstand das Demotische. Diese Schrift findet sich auf Papyri, dem für Ägypten typischen Beschreibstoff aus Blättern der Papyrus-Staude. Der Name bedeutet «das dem Pharao Gehörige» und erinnert an ein ursprüngliches Monopol. Papyrus wurde zwar auch exportiert, hat sich aber aus der Frühzeit nur im Sand Ägyptens erhalten. Zehntausende von Texten belehren uns über das private und öffentliche Leben.

Die ältesten Hochkulturen sind in Stromtälern entstanden, deren fruchtbarer Boden durch Bewässerung gute Erträge lieferte. Ägypten galt als «Geschenk des Nils», die Nilschwemme war das wichtigste Ereignis des Jahres und wurde als dessen Beginn bestimmt. Das Niltal ist tausend Kilometer lang, zumeist aber nur zehn bis zwanzig Kilometer breit: dahinter dehnt sich Wüste. Dadurch war Ägypten sehr viel stärker isoliert als Mesopotamien, konnte einen eigenen Stil entwickeln und war politisch auf Einheit angelegt.

Die erste Vereinigung des Landes wird dem bei den Griechen Menes genannten Pharao zugeschrieben. Der Titel bedeutet «großes Haus», der Name «Ägypten» soviel wie «Haus des in Memphis verehrten Schöpfergottes Ptah». Memphis, die «weiße Mauer» südlich von Kairo, war die Hauptstadt. Die erste Blütezeit, das «Alte Reich», währte von 2700 bis 2200. Die Herrscher galten als Söhne des Sonnengottes Re, mit dem sie nach ihrem Tode eins wurden. Der straff organisierte Beamtenstand der «Schreiber» wurde von einem Großwesir aus dem Königshause geleitet, die

Abb. 2: Die Entdeckung des unberaubten Grabes von Tutanchamun von 1337 v. Chr. im Tal der Könige durch Howard Carter 1922 war eine Sternstunde der Archäologie (Kairo, Nationalmuseum); vgl. S. 38.

Gaufürsten hießen «Kanalvorsteher». Sie wurden mit Land belehnt, das in der Regel auf den Sohn überging, so daß ein Erbadel entstand, eine Feudalgewalt, die der Königsmacht immer wieder bedrohlich wurde. Die Untertanen waren zu Frondiensten und zur Abgabe von Korn und Vieh verpflichtet. Es gab neben dem Adel, der in reichen Gräbern beigesetzt wurde, eine mächtige Priesterschaft in den begüterten Tempeln. Jeder Wechsel der Herrschaft wurde als Wiederherstellung der göttlichen Weltordnung, der Ma'at gefeiert. Das Alte Reich endete in landesweiten Unruhen, bei denen zahlreiche Gräber zerstört wurden.

Um 2000 wurde das in Gaufürstentümer zerfallene Land von Oberägypten aus wieder geeinigt. Während des Mittleren Reiches entstand in Theben (Karnak und Luxor) für den Reichsgott Amun eine gigantische Tempelanlage, der mächtigste Herrscher dieser Periode war Sesostris III. Um 1700 erschienen aus dem Norden die Hyksos, die durch ihre Streitwagen gefährlichen «Fremden», und eroberten Unterägypten. Sie brachten das Pferd ins Niltal. Die Hyksos sind die Ausläufer einer großen Völkerbewegung, in der indogermanische Stämme den Nahen Osten beunruhigten. Um 1550 wurden die Hyksos vertrieben, und es entstand das Neue Reich, das bis 1085 v. Chr. währte. Der Stiefsohn der als Mann dargestellten Königin Hatschepsut Thutmosis III weitete um 1450 die Macht Ägyptens aus bis zum 4. Katarakt in Nubien und nach Syrien bis an den Orontes. Aus dieser Zeit stammen die von den Griechen bewunderten sogenannten Memnons-Kolosse bei Theben.

Die interessanteste Gestalt unter den Pharaonen ist Amenophis IV, der sich selber Echnaton («dem Aton wohlgefällig») nannte, der Mann der schönen Nofretete. Er verehrte Aton, die Sonne, als höchste Gottheit, bekämpfte den alten Reichsgott Amun, ließ dessen Bilder zerstören und entmachtete dessen Priester. Echnaton gründete in Amarna eine neue Residenz und führte einen realistischen Stil in die Kunst ein. Sein Sonnenhymnus ist der berühmteste Text der vielseitigen altägyptischen Literatur. Echnatons Schwiegersohn und Nachfolger Tutanchamun – «Das lebende Abbild des Amun» brach die Reform des «Ketzerkönigs» 1345 v. Chr. ab und kehrte nach Theben zurück (Abb. 2). In Amarna fand sich 1888 ein umfangreiches Tontafel-Archiv, die in babylonischer Keilschrift auf Akkadisch abgefaßte Korrespondenz von Echnaton und seinem Vater mit den Herrschern Syriens, Mesopotamiens und Kleinasiens. Sie redeten einander mit «Mein Bruder» an, so wie noch Kaiser Wilhelm II und Zar Nikolaus.

Konflikte gab es im syrischen Raum, so unter Ramses II, der 1287 bei Kadesch mit den Hethitern unter Muwatallis zusammenstieß. Wir besitzen die Berichte beider Könige, und beide behaupten, gesiegt zu haben. Es folgte ein Vertrag über die Abgrenzung der Interessenzonen. Ramses III hatte um 1200 mit den Seevölkern zu tun, einer weiteren von Indogermanen ausgelösten Wanderung aus dem Ägäisraum, bei der die nach Kleinasien vorstoßenden Phryger Troja und das Hethiterreich zerstörten. Spätere Wirren erlaubten um 670 den Assyrern, das Niltal zu erobern. Psammetich I, der sie mit griechischen Söldnern vertrieb, begründete die 26., die letzte Dynastie mit der Hauptstadt Saïs, doch wurde das Land durch die Perser 525 v. Chr. ein erstes Mal und endgültig 342 unterworfen.

Obschon Ägypten fortan seine Selbständigkeit verlor – wiedergewonnen wurde sie erst mit dem Abzug der Briten nach dem Letzten Weltkrieg – bewahrte es seine Kultur unter den Persern, den Makedonen und den Römern. Die Religion war ein vielgestaltiges Pantheon, in dem Götter auch als Tiere erscheinen, so der heilige Apis-Stier, der jeweils ein Prachtgrab erhielt. Mumifiziert wurden ebenso heilige Krokodile, Katzen, Ibisse usw. Diese Riten erregten bei anderen Völkern Anstoß. Anders der Unterweltgott Osiris mit seiner Frau Isis und ihrem Sohn Horus, der als Falke dargestellt wurde. Isis und Osiris wurden in der Römerzeit auch außerhalb Ägyptens verehrt und spielten in der Freimaurerei wieder eine Rolle, wie Mozarts «Zauberflöte» dartut.

Schon in der Antike wurde die Kunst der Ägypter allseits bewundert. Deren seit dem Neolithikum erstaunliche Kunstfertigkeit zeigt sich vorrangig im Totenkult, der bei keinem anderen Volk mit ähnlichem Aufwand betrieben wurde. Aus dem Hausgrab für die Gottkönige erwuchsen die gigantischen Pyramiden des Alten Reiches (Abb. 3). Die Sitte der Mumifizierung hielt sich bis in spätrömische Zeit und überliefert uns zahlreiche individuelle Privatportraits. Alle bildenden Künste florierten: in Stein, Ton, Glas, Holz und Metall; die Rundplastik, das Relief und die ebenso dekorative wie naturnahe Wandmalerei. Die Meister bleiben namenlos. Der Stil behauptete sich gegen den seit dem Hellenismus sonst allmächtigen griechischen Einfluß; erst mit der Christianisierung änderte sich alles. Die nun Kopten genannten Ägypter fanden ihre Vergangenheit in der des Volkes Jahwes und begannen während des 4. Jahrhunderts n. Chr., die Zeugnisse der altägyptischen Religion zu vernichten.

Abb. 3: Die Pyramiden westlich von Kairo für Cheops (146,6 m hoch), Chefren und Mykerinos wurden in zwanzig Jahren von 100 000 Arbeitern errichtet und gehörten zu den Sieben Weltwundern. Den Königskopf der Sphinx (in Ägypten männlich) benutzten die Mameluken als Schießscheibe. Gemälde von Carl Werner 1870; vgl. S. 39.

Israel

Wann immer die Propheten das Volk Israel zum Gehorsam gegenüber ihrem Gott zurückführen wollten, erinnerten sie daran, daß ER sie aus dem «Diensthause Ägyptenland» herausgeführt und ihnen das Land Kanaan, wo «Milch und Honig floß», zugewiesen habe. Diese Überlieferung vom Knechtsdienst unter dem Pharao ist das früheste Zeugnis für das Verfolgtsein in der Fremde, wird aber durch Hieroglyphentexte nicht bestätigt. Einzig der ägyptische Name Moses, der «Sohn» bedeutet, läßt darauf schließen, daß Beziehungen bestanden.

Das Land Kana'an (so spricht man es) lag zwischen der Wüste im Osten und dem Meer im Westen, zwischen Assyrern im Norden und Ägyptern im Süden, dies begründete seine kulturelle und politische Abhängigkeit. Seit der Steinzeit von Arabien aus besiedelt, hat sich hier eine frühe Stadtkultur entwickelt, getragen von hebräisch sprechenden Semiten. Die jebusitischen Fürsten von Jerusalem korrespondierten mit Echnaton. Die wenigen Mittelmeerhäfen lockten die gleichfalls semitischen Phönizier im 3. Jahrtausend zur Anlage von Städten, unter denen Tyros, Sidon und Byblos herausragen. Der Name der Phönizier verweist, ebenso wie der Name «Kanaan» auf den Purpur, der aus Meeresschnecken gewonnen wurde und ein wichtiges Exportgut darstellte.

Die Phönizier waren große Seefahrer. Sie errichteten Stützpunkte auf Cypern, Malta, Sizilien und in Südspanien; 814 v. Chr. gründeten sie Karthago (Neustadt). Sie erfanden neue Schiffstypen und wagten Seefahrt bei Nacht, indem sie sich am Polarstern orientierten. Um 600 v. Chr. umsegelten sie im Auftrage des Pharao Necho Afrika; sie starteten im Roten Meer, gingen im Herbst jeweils an Land, säten, warteten die Ernte ab und kehrten im dritten Jahr durch «die Säulen des Herakles» zurück. Herodot, der das berichtet, hielt die Phönizier indes für Lügner, da sie behaupteten, auf ihrer Fahrt die Sonne zur Rechten gesehen zu haben. Die phönizischen Karthager trieben Seehandel mit den Zinninseln, d. h. Britannien, erforschten und besiedelten die afrikanische Westküste. Dort kämpften sie gegen Eingeborene, die behaart waren, sich mit den Zähnen verteidigten und «Gorillas» hießen. Dem Bericht darüber verdankt der Affe seinen Namen. 1881 wurde der Text einer phönizischen Inschrift aus Brasilien bekannt, deren Echtheit umstritten ist. Karthagische Münzen sind auf den Azoren gefunden worden.

Aus Phönizien stammen die Buchstaben. Während die Keilschrift und die Hieroglyphen teils Dinge, teils Silben bezeichnen und daher zahlreich und schwer zu erlernen waren, setzten die Phönizier ursprünglich als Bildzeichen verwendete Symbole als Äquivalente für Konsonanten, also Lautwerte ein und kamen so mit zwei Dutzend Zeichen aus. Aus dem phönizischen Alphabet sind alle Buchstabenschriften abgeleitet: die hebräische und arabische, die griechische, lateinische und kyrillische Schrift. Die älteste phönizische Inschrift stammt aus der Zeit um 1200 v. Chr. und steht auf dem Sarkophag eines Königs von Byblos («Berg»). Diese Stadt verhandelte Libanonzedern nach Ägypten und brachte von dort Papyrus nach Griechenland. Daher nannten die Griechen die Papyrus-Rolle nach der Stadt: *biblion* – Buch, wovon «Bibel» und «Bibliothek» ihren Namen haben.

Gleichfalls um 1200 kamen aus dem Ägäis-Raum die Philister, die, von den Ägyptern zurückgeschlagen, Stadtkönigtümer um Gaza und Askalon gründeten. Sie gaben dem Land Philistaea – Palästina den Namen. Von Südosten drangen die Israeliten ein, halbnomadische Stämme, die eine Stadt nach der anderen in Besitz nahmen. Zusammengehalten wurde das Volk Israel («für die Gott kämpft») durch den bildlosen Kult ihres Stammesgottes Jahwe («ER offenbart sich»), aus dem der «höchste» und später der «einzige» Gott wurde. Die Gegenwart Gottes verkörperte die Bundeslade, die an wechselnden Orten aufgestellt wurde. Als Bundeszeichen galt die Beschneidung, wohl ein steinzeitliches Fruchtbarkeitsopfer, geübt noch von den Ureinwohnern Australiens. Nach jüngerer Überlieferung bestanden die Israeliten aus zwölf Stämmen, benannt nach den zwölf Söhnen Jakobs. Er war der dritte Erzvater, ein Sohn Isaaks und Enkel Abrahams. Die Stämme bestanden aus patriarchalisch geführten Sippen, die durch Polygamie und Sklaverei teilweise sehr groß waren.

Im Kampf gegen die einheimischen Kanaanäer und die dominanten Philister bildeten die Stämme oft Bündnisse, geführt von sogenannten Richtern, unter denen der streitbare Gideon und der Löwenbezwinger Simson herausragen. Soweit die Vorbewohner nicht samt ihren Kultstätten «auf Jahwes Befehl» von den Israeliten vernichtet wurden, sind sie nach und nach zum Jahwe-Glauben übergetreten. Trotzdem erwies sich die ungesicherte Herrschaft der Richter im Kampf mit den Nachbarn als ungünstig. So glückte es um 1000 v. Chr. dem Benjaminiter Saul, sich durch den Gottesmann Samuel zum König salben zu lassen. Die Vorherrschaft der Philister vermochte jedoch erst sein Schwiegersohn David zu brechen. Er wurde in Bethlehem geboren, gehörte zum Stamm Juda, und deswegen ist dieser Stammesname später für das ganze Volk Israel üblich geworden. David erscheint als Krieger und Sänger, doch die ihm zugeschriebenen Psalmen sind jüngeren Datums. Der König eroberte mit Krethi und Plethi, seinen kretischen und philistäischen Söldnern, das jebusitische Jerusalem, baute hier auf Zion seinen Palast und seinen Harem und sicherte sich die Bundeslade. Eine zeitweilige Schwäche sowohl bei den Ägyptern als auch bei den Assyrern erlaubte David Eroberungen bis zum Roten Meer und bis Damaskus.

Durch eine blutige Palastintrige des Hof-Propheten Nathan und der von David verführten Ehefrau seines Feldhauptmanns, der schönen Bathseba, gelangte deren Sohn Salomo (965 bis 926) auf den Thron. Dessen Ruhm begründeten die umfangreichen Bauten, namentlich der nach kanaanäischen Vorbildern mit phönizischer Hilfe errichtete Tempel für Jahwe in Jerusalem. Er stand über einer älteren Kulthöhle, die unter dem heutigen Felsendom liegt (s. Kap. 6). Außerdem entstanden Palast- und Festungsbauten, sowie ein Park von Streitwagen mit importierten Pferden in Megiddo. Salomo duldete fremde Religionen, bedrückte das Volk mit Abgaben und verlor die Außenprovinzen. Wie keinen anderen König verklärt ihn die Legende: durch den Besuch der Königin von Saba in Süd-Arabien, durch die Sprüche und Lieder der Bibel und durch seinen Ruf als Herrn der Geister. Dieser durch die Erzählungen von 1001 Nacht bekannte Zug führt zurück auf das spätantike phantastische ‹Testament Salomos›.

Nach dem Tode Salomos forderten die zehn Stämme im Norden auf dem Landtag zu Sichem von Salomos Sohn Rehabeam Erleichterung der Frondienste. Als er dies verweigerte, erhoben sie in Jerobeam einen eigenen König. Fortan gab es den Südstaat Juda mit Benjamin um Jerusalem und den Nordstaat Israel. Dort regierten Könige aus wechselnden Dynastien, zuletzt in Samaria beim heutigen Nablus (Neapolis). Die Regierungswechsel vollzogen sich teilweise äußerst blutig. Der von Gott erwählte Usurpator Jehu ließ sich die Köpfe der siebzig Söhne seines Vorgängers in Körben anliefern. Der Baalskult und seine Anhänger wurden ausgerottet.

In Juda herrschten die Nachkommen Davids, das Verhältnis zwischen beiden Reichen schwankte. Die sozialen und religiösen Probleme spiegeln sich in den Lehren und dem Leben der Propheten: im Norden Elias und Amos, im Süden Hosea, Jesaja und Jeremia. Sie forderten soziale Gerechtigkeit, Wahrung des reinen Glaubens, Vernichtung des Heidentums und drohten mit Gottes Strafgericht. Schließlich werde am Ende der Zeiten ein Retterkönig aus Davids Stamm das Volk Israel über alle Völker erhöhen. Dies ist der Messias, der «Gesalbte», griechisch: *christos*.

Um 830 v. Chr. geriet Israel in Abhängigkeit von Assyrien. Nach wiederholten Erhebungen eroberte Sargon II im Jahre 721 Samaria und verschleppte 30 000 Israeliten nach Mesopotamien, das Land wurde assyrische Provinz. Juda lag im Machtbereich der Pharaonen, bis Nebukadnezar im Kampf gegen Ägypten 587 Jerusalem samt dem Tempel zerstörte. 50 000 Juden führte er in die babylonische Gefangenschaft. Diese erlebten dort den Sturz der Chaldäer durch den Perser Kyros 539. Er gestattete den Juden die Rückkehr und wurde dafür vom Propheten (Deutero-) Jesaja als Messias gefeiert. Ein großer Teil von ihnen verblieb jedoch im Lande. Kyros ließ den Tempel in Jerusalem auf seine Kosten erneuern, Esra und Nehemia errichteten einen Vasallenstaat. Die Berührung mit der persischen Religion hatte Auswirkung auf den jüdischen Glauben, der nun vom nationalen zum universalen Gottes- und Messiasbegriff fortschritt, einen Dualismus von Jahwe und Satan ausprägte und die Endzeitlehre präzisierte.

Die im Alten Testament gesammelten Schriften sind in Jahrhunderten verfaßt, überarbeitet und kanonisiert worden. Die ältesten Stücke, so das Debora-Lied, könnten schon unter Salomo entstanden sein, der größere Teil stammt aus der Zeit zwischen 800 und 500 v. Chr. Unter Hiskia soll 621 bei Tempelarbeiten das Deuteronomium, das

5. Buch Mose gefunden worden sein, das die religiösen Vorschriften enthält. Wahrscheinlich sind diese damals niedergeschrieben und in die Vorzeit zurückdatiert worden, wie so viele Texte der hebräischen Bibel. Der Deuteronomist hat die ihm vorliegenden Schriften im Sinne der «Rechtgläubigkeit» bearbeitet. Das gesamte Kompendium wurde im Auftrag des Perserkönigs Artaxerxes I um 440 durch Nehemia kodifiziert, doch gibt es spätere Stücke, so das Buch Daniel aus dem Jahre 164 v. Chr. Es enthält die Lehre von den Weltreichen, deren viertes, gegenwärtiges durch den nahen Messias beendet werde. Das wurde die am weitesten verbreitete Geschichtsdeutung des Mittelalters.

Persien

Die Geschichte des Alten Orients endet mit dem persischen Achämeniden-Reich. Um 1000 v. Chr. sind indogermanische Stämme, die sich selbst «Arier» nannten – davon stammt der 1934 gewählte Staatsname «Iran» – über den Kaukasus in das Hochland zwischen Euphrat und Indus eingedrungen. Zu ihnen gehörten die Skythen, die Kurden, die Sanskrit-Inder, die Meder und die Perser. Die namengebende Landschaft Persis wurde um 700 den Elamitern abgenommen. Die Perser waren zunächst den Medern um Ekbatana

Abb. 4: Der Abdruck des als Kristallzylinder erhaltenen Rollsiegels im Britischen Museum nennt den Inhaber «Ich bin Darius, der König» auf Altpersisch, Elamisch und Babylonisch; über dem Wagen der geflügelte Himmelsgott Ahuramazda. Private und amtliche Siegel gibt es seit der mesopotamischen Frühzeit, bei Griechen und Römern; vgl. S. 45.

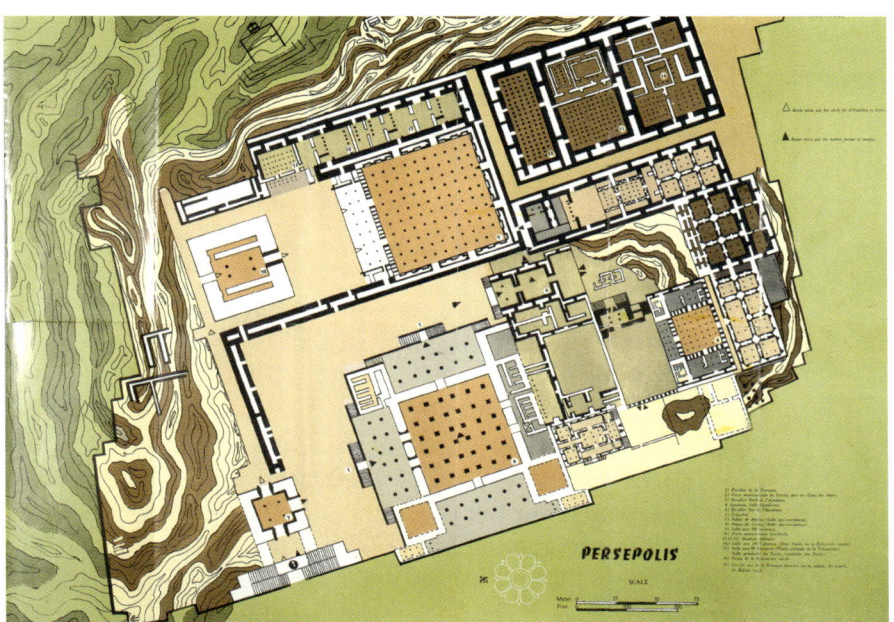

Abb. 5: Das größte Bauwerk der Perserzeit ist der von Darius angelegte, von Xerxes erweiterte Palast von Persepolis. Typisch ist der quadratische Säulensaal (Apadana) und der reiche Reliefschmuck. Unter Alexander dem Großen brannte er 330 v. Chr. ab; Iran National Tourist Organisation 1967; vgl. S. 46.

tributpflichtig. Diese schlugen am 28. Mai 585 jene Schlacht gegen die kleinasiatischen Lyder am Halys, die, wie Herodot berichtet, bei einer Sonnenfinsternis abgebrochen wurde. Der griechische Philosoph Thales soll sie berechnet haben.

Um 550 erhob sich der Perser Kyros und schüttelte die medische Herrschaft ab. 547 besiegte er, wieder am Halys, den reichen Lyderkönig Kroisos und unterwarf die ionischen Städte. 539 gewann er Babylon. Kyros baute sich einen Palast in Pasargadae und fiel 530 im Kampf gegen die Steppenvölker am Aralsee. Die Griechen verliehen ihm als erstem Staatsmann den Beinamen des Großen; Xenophon schildert ihn in seiner ‹Kyropädie› als das Muster eines Königs.

Sein Sohn Kambyses eroberte 525 Syrien, Phönizien und Ägypten, das reichste Land der Welt; hier wurde der persische Großkönig als Pharao betrachtet, so wie er in Babylon Stadtkönig des Gottes Marduk war. Die Abwesenheit des Kambyses nutzte Darius (Abb. 4) zu einem Staatsstreich. Den regierenden Bruder des Königs, Bardiya-Smerdis, erklärte er für einen falschen Prinzen und brachte ihn um.

Kambyses starb 522 auf dem Rückweg aus Ägypten. Darius stammte aus der Familie des Achaimenes, der, wie Darius – wohl zu Unrecht – behauptete, bereits Kyros angehörte. Zur Selbstlegitimation heiratete Darius zwei Töchter des Kyros und warf die im ganzen Reich gegen ihn ausgebrochenen Aufstände der «Lügenkönige» nieder. Darius gliederte das Industal seinem Reich an, machte Makedonien tributpflichtig und unterwarf das rebellische Jonien, doch scheiterte die Strafexpedition gegen Athen bei Marthon 490 (s. Kap. 3).

Großes leistete Darius als Organisator. In Persepolis erbaute er einen gewaltigen Palast (Abb. 5), doch waren ebenso Susa, Ekbatana und Babylon Residenzen. Der Name des bei den Persern beliebten Jagdgartens *pardes* liegt dem Wort «Paradies» zugrunde. Die Verwaltung erfolgte schriftlich, wie Zehntausende von Tontafeln bezeugen. Darius ließ Münzen prägen und schuf eine staatliche Post, «schneller als die Kraniche.» Der schon von Pharao Necho begonnene Kanal zwischen Nil und Rotem Meer wurde vollendet. Vertreter der unterworfenen Völker berieten und bedienten den König, zumal Griechen, die als Ärzte, Steinmetzen, Philosophen, Seefahrer und vor allem als Söldner geschätzt wurden. Führende Positionen bekleideten auch Israeliten. Die im Buch Esther des Alten Testaments beschriebene Judenhetze in Persien ist ebenso unhistorisch wie die anschließende noch brutalere Rache der Juden, die das Purimfest erklären soll.

Darius teilte das Reich in 20 Satrapien, deren Gouverneure absetzbar waren. In der Regel waren es Perser, ebenso wie die Kerntruppen des Königs. Die Völker leisteten Heeresfolge und Abgaben, doch behielten sie ihre Gesetze, ihre Religion und ihre Sprache. Die monumentalen Inschriften waren dreisprachig: persisch, elamisch und babylonisch. Verkehrssprache war das Aramäische. In Grenzgebieten und Gebirgsgegenden regierten abhängige Erbfürsten. Die persische Religion, von Zarathustra (7. Jahrhundert?) reformiert, war ein toleranter Monotheismus. Der Himmelsgott Ahuramazda («Der Herr der Weisheit») beschützte den König; die Magier hegten das heilige Feuer. Ahuramazda galt als Schöpfer der Welt, er verkörperte das Gute im Kampf gegen Ahriman, den Bösen, der am Ende der Zeiten überwunden werde. Zuvor erscheine der Weltenheiland, der Saoschyant – so lehrt es die heilige Schrift des Avesta. Sie enthält Hymnen, Gebete, Mythen und Rechtsvorschriften. «Zarathustra» steht hinter dem «Sarastro» von Mozarts ‹Zauberflöte›, uraufgeführt 1791.

Der Sohn und Nachfolger des Darius, Xerxes, wiederholte den Angriff auf Griechenland, wurde aber besiegt und verlor die ionischen Städte (s. Kap. 3). In der Folgezeit unterstützten die Perser jeweils die zweitstärkste Stadt in Griechenland gegen die dortige Hegemonialmacht und konnten so 386 die Städte Kleinasiens wieder untertan machen. In der Spätzeit schwächten Aufstände in Kleinasien und Ägypten, Haremsintrigen und Eunuchenwirtschaft den Hof. Artaxerxes III setzte seine Zentralgewalt noch einmal durch, aber Alexander der Große besiegte Darius III 331 und machte sich selbst zum Großkönig.

*

Der Okzident hat sein Selbstverständnis in der Gegenüberstellung zum Orient gewonnen: *Ex Oriente lux!* Seit Hekataios um 500 v. Chr. wurden Abend- und Morgenland, Europa und Asien, paarweise gedacht. Es waren urprünglich die «einzigen» Erdteile. Die Entführung der phönizischen Königstochter Europa durch Zeus als Stier nach Kreta, beschrieben in Ovids ‹Metamorphosen›, symbolisiert den Weg der Sonne und der Kultur. Er verlief umgekehrt wie der des Namens «Asien»: ursprünglich bezeichnete er nur Kleinasien und wanderte dann mit wachsender Landeskenntnis nach Osten.

Wenn die Griechen vier der Sieben Weltwunder im Orient lokalisierten: die Pyramiden, die Mauern von Babylon, die Hängenden Gärten der Semiramis und den Palast des Kyros, so relativiert dies die ihnen zugeschriebene Verachtung der Barbaren. Überwunden hat sie Alexander der Große mit seiner Idee der Völkerverschmelzung.

Die Griechen wußten, was sie dem Orient verdankten. Dazu zählen Ziegelbau, Gewölbetechnik und Siegelwesen, das Duodezimalsystem der Monate, der Tierkreiszeichen und Tagesstunden, weiterhin die nach den Planeten benannte Siebentagewoche, die schon im 2. Jahrtausend bezeugt ist, sowie Grundbegriffe der Astrologie und der Astronomie, nicht zuletzt das Alphabet (s. Kap. 3).

In der Römerzeit kamen zahlreiche Erlösungsreligionen aus dem Osten, am erfolgreichsten war das Christentum. *Ex Oriente crux!* Das altmesopotamische Substrat in der Bibel wurde von der modernen Assyriologie aufgedeckt, so kam es um 1900 zu einem «Panbabylonismus». Stammt auch nicht alles aus dem Zweistromland, hat sich doch Herders Bild von der Wiege der Kultur im Alten Orient bestätigt.

3. Die Kultur der Griechen

Wilhelm von Humboldt und Karl Marx haben wenig gemeinsam – eines aber verband sie: die Liebe zu den Alten Griechen. Während die übrige Geschichte lediglich unsere Erfahrung bereichere, schrieb Humboldt 1807, «so schöpfen wir aus der Betrachtung der Griechen etwas mehr als Irdisches, ja beinah Göttliches». Und in Marxens Doktorarbeit über Demokrit und Epikur von 1841 lesen wir: «Die Griechen werden ewig unsere Lehrer bleiben,» und zwar wegen ihrer «grandiosen objektiven Naivität, die jede Sache gleichsam ohne Kleider im reinen Lichte ihrer Natur ... leuchten läßt.» Diese Stellungnahmen sind kennzeichnend für die humanistische Geistesrichtung, die in der Philosophie, der Kunst, der Demokratie der Griechen vorbildliche Züge, ja ein Ideal erkannte.

Mykene

Die Griechen haben sich selbst nie als «Griechen» bezeichnet. Diesen Namen haben die Europäer von den Römern übernommen, die in Anlehnung an die Etrusker von *Graeci* sprachen, nachdem sie mit Bewohnern aus dem Ort Graia auf Euböa in Berührung gekommen waren. Die Selbstbezeichnung der Griechen *Hellenes* geht zurück auf den Namen der Gefolgsleute des Achilleus aus Thessalien und wurde erst von Hesiod nach 700 v. Chr. auf alle Griechen ausgedehnt. Homer nannte die Griechen Achäer, Danaer, Argiver oder auch schon: Panhellenen. Gleichwohl bedeutet Homer für die Griechen nicht weniger als die Bibel für die Juden: das Gemeinschaft stiftende Buch. In beiden Fällen haben wir es mit der kanonisierten Überlieferung eines Volkes zu tun.

Homer schrieb die beiden großen, in Hexameter-Versen abgefaßten Epen Ilias und Odyssee (Abb. 1). Sie sind die ersten Dokumente der griechischen Schrift. Bis in die Spätantike war Homer Schulbuchautor. Es entstanden Legenden über ihn, doch gab es keine Zweifel an der Historizität seiner Person. Auch der Kampf um Troja galt stets als geschichtliches

Abb. III: Die unter Perikles zum Kultzentrum umgestaltete Akropolis (Peter Conolly), kündet gemäß Plutarch den ewigen Ruhm Athens. Die Propyläen, der Niketempel, das Erechtheion und vor allem der Parthenon mit der Athena-Statue des Phidias aus Gold und Elfenbein sind von den Byzantinern beraubt, von Türken und Venezianern schwer beschädigt worden. Die schönsten erhaltenen Skulpturen sind die Elgin Marbels im Britischen Museum; vgl. S. 60.

50 Die Kultur der Griechen

Abb. 1: Homers Ilias (um 750 v. Chr.), benannt nach Ilion, d. h. Troja, behandelt den Zorn des Achill während der Belagerung Trojas. Der trojanische Prinz Páris hatte den Schönheitswettbewerb zwischen den Göttinnen Hera, Athena und Aphrodite zugunsten der letzteren entschieden, nachdem diese ihm Helena, die schönste Frau der Welt, versprochen hatte. Helena aber war bereits in Sparta verheiratet und mußte entführt werden. Das traf die Griechen insgesamt in ihrer Ehre, so daß sie unter dem König von Mykene Agamemnon gegen Troja zogen. Dabei zerstritten sich Agamemnon und der Held Achilleus wieder über den Besitz einer schönen Frau, und erst nach ihrer Versöhnung gelang die Eroberung mit Hilfe des von Odysseus ersonnenen hölzernen Pferdes. Homers Odyssee (um 720) beschreibt die Abenteuer des Helden auf dem Heimweg nach Ithaka, den er glücklich vollendete, während Agamemnon in Mykene von seiner Frau und deren Liebhaber umgebracht wurde. In beiden Epen spielen die Götter eine wichtige Rolle. Sie nehmen Partei, werden durch Frevel beleidigt und durch Opfer besänftigt, greifen ein in das Geschehen, aber auch sie können nur den Willen des Schicksals erfüllen. Homer wurde ins Altpersische und Altindische übersetzt. Büsten standen in vielen Schulen. Die römische Kopie nach hellenistischem Original (Neapel, Nationalmuseum) stammt aus Herculaneum; vgl. S. 49.

Ereignis. Eratosthenes in hellenistischer Zeit datierte es über eine Generationenrechnung auf, umgerechnet, 1182 v. Chr. Die Skepsis des 19. Jahrhunderts glaubte dann Heinrich Schliemann beheben zu können, als er 1870 Troja und 1876 Mykene ausgrub.

Die Bodenforschung ergab zudem, daß bald nach 2000 v. Chr. die Vorfahren der Griechen aus dem Donauraum eingewandert sind, von dort ihre indogermanische Sprache, ihre patriarchalische Stammesstruktur und ihre höchsten Götter mitgebracht haben. Im Kontakt mit den Vorbewohnern, den Pelasgern und dem minoischen Kreta errichteten sie ihre Burgen auf dem Festland. Namengebend wurde Mykene in der Argolis, ebenso wie das benachbarte Tiryns von Zyklopenmauern aus riesigen Steinblöcken geschützt. Weitere Herrensitze entstanden bei Pylos, wo Nestor regiert haben soll; bei Sparta, wo Helena und Menelaos, der Bruder Agamemnons, residierten, auf der Akropolis von Athen und an anderen Orten Süd- und Mittelgriechenlands.

Um 1400 besetzten die Mykenäer Kreta, wo im 2. Jahrtausend unter orientalischem Einfluß eine blühende Palastkultur entstanden war. Mit Fresken geschmückte, unbefestigte Residenzen standen in Mallia, Phaistos und vor allem in Knossos. Der Palast, seit 1900 von Arthur Evans ausgegraben, lebte fort in der Sage vom seebeherrschenden Minos und dem Labyrinth mit dem Minotaurus. Minoische und mykenische Funde gibt es auf Cypern und in der Levante, in Kleinasien, zumal in Milet, auf Sizilien, Sardinien und in Unteritalien. 1952 gelang Michael Ventris die Entzifferung der Linear-B-Tafeln: Inventare, Quittungen, Schuldregister und ähnliche Listen. Genannt werden Gebrauchsgüter aller Art und Nutztiere, aber auch Orts- und Götternamen, soziale Funktionen wie Verwalter, Sklaven, Krieger. Die Sprache ist eine Frühform des Griechischen.

Die archaische Zeit

Sehr bald nach 1200 geriet die gesamte östliche Mittelmeerwelt in Bewegung. Die mykenischen Paläste wurden zerstört, ebenso Troja und Hattusa, sowie zahlreiche weitere Städte auf Cypern und in Syrien. In den dunklen Jahren zwischen 1100 und 800 v. Chr. ging die Kenntnis des Schreibens wieder verloren, die Kultur versank. Zu den aus dem Ägäis-Raum kommenden Seevölkern zählten die Philister (s. Kap. 2). Sie pochten an die Tore Ägyptens. In Griechenland drangen die Dorier nach Süden vor und besiedelten die östliche und südliche Peloponnes, Kreta, Rhodos und die gegenüberliegende Küste Anatoliens. In Attika, auf Euböa, den Ägäis-Inseln und auf dem mittleren Abschnitt der kleinasiatischen Westküste setzten sich die schon mit den Mykenäern eingewanderten ionischen Griechen fest.

Um 800 war die Landnahme im Kerngebiet abgeschlossen. Aber schon um 750, zu Beginn der Eisenzeit, begann die Große Griechische Kolonisation. Ausgehend vom Mutterland, von Kleinasien (namentlich Milet) und der Ägäis (insbesondere Euböa) wurden Hunderte von Tochterstädten gegründet, bis die Griechen (nach einem Wort Platons) um das Mittelmeer herumsaßen wie Frösche um einen Teich. Ausgespart blieben die Machtbereiche der Phönizier und der Karthager.

Die dominante Siedlungsform war die Polis, der befestigte Stadtstaat. Jede besaß einen Markt (*agora*), einen Tempel und ein Gymnasium, eine Sportschule. Hafenlage wurde bevorzugt. Die zugehörigen Dörfer waren Teil der Polis. Die Ämter wurden von den führenden

Familien besetzt, doch gab es auch Volksversammlungen. Eine politische Einheit aller Griechen wurde selbst von den panhellenisch Gesinnten wie Platon und Aristoteles nie angestrebt.

Das was die Griechen verband, war außer der Sprache die Götterwelt, zumal die zwölf Olympier unter dem blitzeschleudernden Zeus und Hera, der Göttin der Ehe. Vorgriechischen Ursprungs sind der Musenführer Apollon, die Mondgöttin Artemis und die ebenfalls jungfräuliche Athena mit der Eule und dem Helm, die Patronin der Stadt Athen. Erst später wurde Dionysos, der Gott des Weines kanonisiert. Man verehrte die Götter durch Trankspenden und Tieropfer. Die Altäre standen in heiligen Hainen, später vor dem Tempel, der das Kultbild beherbergte. Die seit dem 8. Jahrhundert steinernen Tempel bewahrten die ältere Holzform. Klassisch ist die einfache dorische Säule, das Kapitell der ionischen Säule hat Schnecken, das der korinthischen Ordnung trägt Akanthus-Schmuck.

Die Götterbilder bestanden ursprünglich aus Holz, später aus Marmor oder Bronze, bisweilen auch aus Gold und Elfenbein. Die unter ägyptischem Einfluß entwickelte Rundplastik war die angesehenste Kunst; die urtümliche blockhafte Steifheit gewann zunehmend naturalistische Züge. Idealtypen waren der nackte Jüngling, der Kuros, und die bekleidete junge Frau, die Kore. Man stellte sie gern in die Tempelbezirke. Die Statuen waren, so wie auch die Tempel, bunt bemalt. Ungemein lebendig ist die schwarz- und dann rotfigurige Vasenmalerei des 6. und 5. Jahrhunderts. Zahlreiche Kunstwerke sind signiert.

Überregionale Bedeutung besaßen Heiligtümer, bei denen Orakel eingeholt und gesamtgriechische Feste gefeiert wurden. Zu ihnen zählen die Apollontempel auf der Insel Delos und in Delphi, wo die Pythia die Zukunft verkündete, die Zeustempel von Dodona in Epirus und von Olympia auf der Peloponnes. Alle vier Jahre versammelte sich hier die griechische Welt für fünf Tage bei Wagenrennen, Wettläufen, Ringkämpfen und einer wachsenden Zahl weiterer Disziplinen. Auch musische Wettkämpfe gab es. Angeblich schon seit 776 wurden die Sieger aufgezeichnet; in hellenistischer Zeit dienten die Olympiaden der Zeitrechnung. Die Griechen turnten nackt und trugen auch keine Bedenken, Männer und später ebenso Frauen unbekleidet darzustellen (Abb. 2). Der Name *gymnasion* kommt von griechisch *gymnos* – «nackt».

Ursprünglich kultischen Charakter hatte auch das Theaterwesen. Es ist seit dem 6. Jahrhundert in Attika bezeugt. Der runde Tanzplatz für

Abb. 2: Der Diskuswerfer des Erzgießers Myron (5. Jh. v. Chr.) ist in mehreren römischen Marmorkopien erhalten, die beste ist der Diskobol Lancelotti, gefunden 1781 auf dem Esquilin, heute, nach einem Umweg über München 1938 bis 1948, im Thermenmuseum Rom. Die Statue zeigt den Moment der höchsten Spannung, den «fruchtbaren Augenblick» (Lessing). Der Diskus symbolisiert die Sonnenscheibe, zuerst soll sie Phöbus Apollo geschleudert haben. Dabei tötete er versehentlich seinen Liebling Hyakinthos, den er als Frühjahrsblume auferweckte. Der von Ovid in den ‹Metamorphosen› gestaltete Stoff liegt Mozarts Oper ‹Apollo et Hyacinthus› von 1767 zugrunde. Als Wettkampf erscheint der Diskuswurf bereits in der Odyssee (VIII 186), seit 1896 ist er olympische Disziplin; vgl. S. 52.

Dionysos, die *orchestra*, wurde ergänzt durch eine am Hang gelegene halbrunde Zuschauertribüne. Führend war Athen, wo im 5. Jahrhundert Aischylos, Sophokles und Euripides die klassischen Tragödien schufen. Der Stoff entstammte in der Regel dem Mythos, einem literarischen Kosmos von beispielloser Vielfalt und unerschöpflichem Tiefsinn. Die Heldentaten von Herakles zu Lande, die Abenteuer der Argonauten zu Schiff, von Dädalus und Ikarus in der Luft, die Schicksale von Ödipus und Antigone, der ganze trojanische Komplex boten Stoff für immer neue Bearbeitungen bis in unsere Zeit.

Anders als in anderen Kulturen ist bei den Griechen der Mythos nicht nur immer weiter ausgestaltet worden, sondern hat auch früh Kritik erfahren. Die Erzählungen über den Ursprung der Welt und der

Menschen, über das Wesen der Götter und die Taten der Heroen enthielten so viel Wundersames, daß sich Skepsis erhob. Sie zeigt sich im 6. Jahrhundert bei den vorsokratischen Philosophen, den ionischen Aufklärern. Sie widersprachen der Überlieferung mit rationalen Argumenten und bemühten sich um ein wissenschaftliches Weltbild. «Wenn die Kühe Hände hätten, dann würden sie ihre Götter wie Kühe gestalten», meinte Xenophanes (fr. 15); er stellte der anthropomorphen Gottesauffassung der Dichter und Künstler ein ewiges Prinzip entgegen, eine höchste Potenz, *hen kai pan* – ein und alles. Die Menschen verdankten die Kulturgüter nicht den Göttern, sondern selbst fänden sie im Laufe der Zeit suchend das Bessere (fr. 18) – eine erste Formulierung des Fortschrittsgedankens. Xenophanes polemisierte ebenso gegen die Bewunderung der Olympiasieger: besser als Kraft sei Wissen (*sophia*), Kenntnis der Natur.

Die Vorsokratiker waren Naturphilosophen. Ihre Ausgangsfrage galt dem Urstoff, dem Grundelement, der *archē*. Thales fand ihn im Wasser, Anaximenes in der Luft, Heraklit im Feuer. Empedokles fügte die Erde hinzu und rechnete mit vier Elementen: Wasser, Luft, Feuer und Erde. Heraklit erklärte: *panta rhei* – «alles fließt» und begriff die Welt als ein System von Gegensätzen: «Der Krieg ist der Vater aller Dinge» (fr. 53). Daraus hat Hegel seine Dialektik entwickelt. Leukipp und Demokrit verstanden im frühen 5. Jahrhundert die Welt mechanisch-materialistisch – das interessierte Karl Marx. Alles Bestehende sei aus «unteilbaren» Atomen zusammengesetzt, im turbulenten Urchaos sei durch einen zufälligen Querschläger (lateinisch *clinamen*) die erste Zusammenballung erfolgt – ein ganz moderner Gedanke. Die Vorsokratiker fanden natürliche Erklärungen für Blitz und Donner, für Mondphasen und Sonnenfinsternisse. Pythagoras lehrte die Kugelgestalt der Erde, Anaximander die Abstammung der Lebewesen aus dem Urschlamm, von den Fischen über die Tiere zuletzt zu den Menschen. Darwin war nicht der erste Vertreter der Deszendenztheorie.

Seit etwa 600 v. Chr. verbreitete sich das Geldwesen. Die ersten Münzen prägte der reiche Lyderkönig Kroisos, sie verbreiteten sich rasch über die griechische Welt und beflügelten die allenthalben aufblühende Wirtschaft. Führende Industrien waren die Töpferei und die Metallverarbeitung – seit dem 8. Jahrhundert zunehmend Eisen –, in der Sklaven beschäftigt wurden. Diese stammten überwiegend aus Kleinasien, dem Pontos- und dem Balkanraum. Griechische Kriegsgefangene wurden gewöhnlich freigekauft. Gegen den grundbesitzenden Adel stemmte sich einerseits die in Abhängigkeit geratene Bauernschaft, andererseits die aufstrebende Schicht von Handwerkern und Händlern. Im Kriegswesen verlor die adlige Reiterei an Bedeutung zugunsten der schwerbewaffneten Hoplitenphalanx der Bürger, die nun Mitsprache in der Politik einforderten. Es kam zu Spannungen, in denen Volksführer aus dem Kreis der Sieben Weisen Einfluß gewannen. Ihnen wurden Sinnsprüche zugeschrieben wie: Erkenne dich selbst! Nichts im Übermaß! Erfasse die Gelegenheit!

In vielen, zumal reicheren Hafenstädten ergriffen sogenannte Tyrannen die Macht, zuerst in Korinth, dann in Syrakus, in Milet, auf Samos und in Athen. In der Regel folgte ein wirtschaftlicher Aufschwung, ein Bauboom und eine kulturelle Blüte. Die Außenpolitik der Stadtherren war zumeist friedlich, abgesehen von den Konflikten mit Karthago auf Sizilien. Der Versuch, Dynastien zu gründen, erreichte nur selten die zweite Generation, so in Korinth (Kypseliden), Athen (Peisistratiden) und später in Syrakus (Deinomeniden). Die Tyrannis schwächte die Aristokratie, und bereitete der Demokratie den Boden.

Von inneren Erschütterungen verschont blieb Sparta in Lakonien, im Eurotas-Tal. Die Spartaner siedelten in fünf offenen Dörfern im Binnenland, regiert von einem verfassungsgeschichtlich singulären Doppelkönigtum. Auf den sagenumwobenen Lykurg, der vielleicht im 8. Jahrhundert gelebt hat, wird die spartanische Verfassung, die Große Rhetra, zurückgeführt. Vollbürger waren die Spartiaten, die sich ganz der Kriegsübung widmeten und in kleinen Männergruppen gemeinsam speisten. Die außerhalb wohnenden Perioken waren zivilrechtlich, nicht aber politisch gleichgestellt. Jede Spartanerfamilie besaß ein unveräußerliches Landlos, bewirtschaftet von Heloten, überwiegend messenischen Bauern in sklavenähnlichem Status.

Die Volksversammlung der Spartiaten (Apella) entschied über Krieg und Frieden, wählte den «Rat der Alten» (Gerusia) und die fünf Jahresbeamten (Ephoren). Diese führten die Geschäfte und konnten sogar die Könige anklagen, wenn diese als oberste Heerführer gegen die Verfassung verstoßen hatten. Mehrfach sind Könige verurteilt, ja hingerichtet worden. Insofern haben wir es mit einer konstitutionellen Monarchie zu tun.

Lebensweise und Erziehung waren in Sparta von einer sprichwörtlichen Härte. Die jungen Männer wurden zu Kriegern herangebildet,

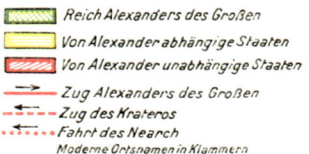

Reich Alexanders des Großen
Von Alexander abhängige Staaten
Von Alexander unabhängige Staaten
→ Zug Alexanders des Großen
--→ Zug des Krateros
••••• Fahrt des Nearch
Moderne Ortsnamen in Klammern

Die archaische Zeit 57

Das Alexanderreich

und dem diente auch die Homo-, nein Bisexualität, die in ganz Griechenland verbreitet war, in Sparta aber gefördert wurde. Die Erziehung unterstand öffentlicher Aufsicht, das Familienleben trat zurück. Es gab keinen Luxus, kein Geldwesen, keinen Verkehr mit dem Ausland. Sparta bot das Muster einer geschlossenen Gesellschaft und genoß wegen seiner Kriegszucht das höchste Ansehen in Hellas.

Die nach den Siegen über die Perser 479 v. Chr. und über die Athener 404 (s. u.) gewonnene Hegemonie konnte Sparta indes nicht behaupten, nach zwei Niederlagen gegen Theben unter Epaminondas 371 bei Leuktra und 362 bei Mantineia verlor es in der Alexanderzeit seine Bedeutung. Die Zahl der Vollbürger schrumpfte. Bewundert wurde Sparta wegen seines Gemeinsinns 1762 von Rousseau, abgelehnt wegen seiner Kulturlosigkeit 1790 von Schiller.

Athen

So wie Sparta die geschlossene, so verkörpert Athen die offene Gesellschaft. Ihre Selbstauffassung bietet die Totenrede des Perikles aus dem ersten Jahr des Peloponnesischen Krieges 431 v. Chr. (Thukydides II 34 ff). Es ist ein Hymnus auf die Demokratie, jenen Staat, der die Sache aller Bürger ist und jedem (außer Fremden, Frauen und Unfreien) erlaubt, sich in Freiheit zu entfalten.

Die Athener glaubten, daß Theseus als König auf der Akropolis residierend die Halbinsel Attika politisch geeinigt habe. Tatsächlich ist wohl Eleusis, das Mysterienheiligtum der Demeter, einmal selbständig gewesen, während der Hafen Piräus immer zu Athen gehört hat. Vermutlich im 8. Jahrhundert wurden die Könige von Archonten abgelöst, die der Areopag, der Adelsrat, aus seiner Mitte wählte. Sie regierten zuerst einzeln und lebenslang, dann zehn Jahre und seit 682 je ein Jahr. Der Kreis der Wählbaren wurde größer, das Kollegium erweiterte sich auf zehn.

Gegen adlige Blutrache und willkürliche Rechtsprechung richtete sich die Aufzeichnung der «drakonischen Gesetze» durch Drakon 621. Epochale Bedeutung gewann Solon, einer der Sieben Weisen. 594 wählte man ihn zum Schiedsmann in einem Konflikt zwischen Adel und Bürgerschaft. Solon befreite die verschuldeten Bauern, begrenzte den Grundbesitz, förderte das Handwerk und reformierte die Maßeinheiten. Das passive Wahlrecht wurde von der adligen Geburt auf ein Mindesteinkommen übertragen, das in vier Klassen gestaffelt war. Dem

Areopag stellte Solon den Volksrat (bulē) gegenüber, bestehend aus 400 erlosten Bürgern der drei oberen Schätzklassen. Alle wehrfähigen Bürger hatten Zugang zur Ekklesia, zur Volksversammlung, die das aktive Wahlrecht und die Gesetzgebung ausübte. Als die drei «demokratischsten» Maßnamen Solons bezeichnete Aristoteles die Einrichtung des Volksgerichts (hēliaia), der höchsten Instanz im Staat, weiterhin die Verpflichtung zur Parteinahme bei einem Bürgerkrieg und schließlich die Zulassung der Popularklage: Geschah jemandem Unrecht, konnte jeder Anzeige erstatten, nicht nur Angehörige.

Die Weiterentwicklung der Demokratie ist dann unterbrochen worden durch die Tyrannis des Peisistratos 560, der sich mit der Volkspartei gegen die informelle Adelsherrschaft wandte. Er förderte Handwerk und Landwirtschaft und sammelte die Gesänge Homers. Unter seinem Sohn und Nachfolger Hippias kam es 514 zum Attentat gegen dessen Bruder durch die «Tyrannenmörder» Harmodios und Aristogeiton. Der Sturz der Tyrannis gelang jedoch erst 510 mit spartanischer Hilfe dem Kleisthenes. Seine Phylenreform verband unterschiedliche Wohnbezirke, so daß adlige Gefolgschaften

Abb. 3: Der Marmorkopf des Perikles (Britisches Museum London) trägt den Helm des Strategos. Das von Kresilas um 430 geschaffene, als römische Kopie erhaltene beschriftete Portrait ist idealisiert; vgl. S. 60.

und regionale Interessengruppen nicht mehr entstehen konnten. Auf Kleisthenes zurückgeführt wurde auch das Scherbengericht, der Ostrakismos. Er erlaubte es, einen Möchtegern-Tyrannen oder sonst einen mißliebigen Bürger auf zehn Jahre zu verbannen, wenn 6000 Bürger dies verlangten. Bei vielen Ämtern spielte das Losverfahren eine Rolle: neben den Mitgliedern des Rats und der Gerichte bei den Aufsehern des Straßenbaus, der Marktpolizei, des Gefängnisses und der Müllabfuhr. Seit 487 wurden auch die Archonten ausgelost, damit verlagerte sich die Staatsführung auf die zehn jährlich vom Volk gewählten Strategen.

Als sich 499 v. Chr. die ionischen Städte Kleinasiens gegen die Perser erhoben und Athen, wenn auch erfolglos, Hilfe leistete, war die Rache der Großmacht im Osten zu fürchten. Die persische Expeditionsarmee wurde jedoch, wie Herodot berichtet, 490 von den Athenern unter Miltiades bei Marathon geschlagen. Die Erzählung vom Marathonläufer Thersippos, der den Sieg in Athen gemeldet habe und dann tot zusammengebrochen sei, ist Legende. Die Strecke von 42,196 km, die heute gelaufen wird, ist nicht die Entfernung zwischen Marathon und Athen, sondern die zwischen Windsor und London, 1908 in England festgelegt. 480 erschienen die Perser erneut, diesmal mit ihrem König Xerxes, besiegten den Spartanerkönig Leonidas in den Thermopylen (Wanderer, kommst du nach Sparta ...) und zerstörten Athen, doch unterlag ihre Flotte bei Salamis den vereinten Griechen unter Themistokles, der in kluger Voraussicht ein großes Schiffsbauprogramm aufgelegt hatte. Nachdem der Spartaner Pausanias 479 auch das persische Landheer geschlagen hatte, war die Freiheit der Griechen «für die Menschheit» gerettet, wie Plutarch notierte.

Zur Sicherung gegen einen neuen Angriff stifteten die Athener den Delisch-Attischen-Seebund. Die meisten Städte der Ägäis und Kleinasiens, zuletzt 400, traten bei, stellten Schiffe oder zahlten Beiträge für die Flotte. Allerdings holten die Athener 454 v. Chr. die Bundeskasse von Delos nach Athen, bedrückten die Mitglieder und ahndeten Austrittsversuche militärisch. Sich großflächig zu organisieren ist den Griechen nie gelungen.

Die fünfzig Jahre nach den Perserkriegen, die Pentekontaëtie, brachten die Blüte der griechischen Klassik. Es ist die Zeit des Theaters und der Geschichtsschreibung, der Statuen von Phidias, Myron und Polyklet. Unter der Führung des Perikles (Abb. 3) entstanden die Bauten der Akropolis (Abb. III). Die Kulturblüte überdauerte den von Thukydides beschrie-

Abb. 4: Die geläufigste griechische Silbermünze war die Tetradrachme Athens, vorn mit dem behelmten Kopf der Göttin und der Aufschrift ATHE(NAION), hinten mit der ihr geweihten Eule (die man nicht nach Athen tragen muß), ihrem heiligen Ölzweig und dem Halbmond, der auf die Schlacht bei Salamis bezogen wird. Das vorliegende Stück (Karlsruhe, Antikensammlung) ist eine Nachprägung der Zeit um 412 v. Chr., womit der Perserkönig Darius, dessen Kopf neben der Eule erscheint, den Spartanern Subsidien zahlte (P. R. Franke); vgl. S. 61.

benen Peloponnesischen Krieg mit Sparta. Perikles hat ihn provoziert, starb aber bereits im dritten Kriegsjahr 429 v. Chr. an der Pest. Seine unfähigen Nachfolger machte Aristophanes zu Spottfiguren der Komödie. Dominant unter den Demagogen war der unwiderstehliche Alkibiades, der die Athener 415 zu der verlustreichen Expedition gegen Syrakus überredete, die Fronten wie die Frauen wechselte und schließlich vergeblich warnte, als die Flotte Athens 405 in der Falle saß. Sparta hatte durch seine Vermittlung mit persischen Geldern eine Seemacht aufgebaut, der Athen 404 erlag.

Alkibiades war Schüler des Sokrates, jenes Steinmetzen, der auf der Agora die führenden Männer Athens mit philosophischen Fragen belästigte. Das delphische Orakel hatte ihn für den weisesten Griechen erklärt, obschon oder weil er behauptete: «Ich weiß, daß ich nichts weiß» (Abb. 5). Seine Gegner waren die Sophisten, die Rhetorik lehrten und dabei Subjektivismus, Geld- und Machtstreben legitimierten. Gegen den Satz des Protagoras, der Mensch sei das Maß aller Dinge,

Abb. 5: Sokrates suchte durch seine «mäeutische» Dialektik geistige Geburtshilfe zu leisten und seinen Gesprächspartnern bewußt zu machen, was sie eigentlich selber meinten. Sein Einfluß auf die intellektuelle Jugend war den Etablierten ein Ärgernis und führte 399 v. Chr. zu seiner Hinrichtung durch das Volksgericht. Die von Platon im ‹Phaidon› beschriebene Szene, wie Sokrates den Schierlingsbecher nimmt, hat Jacques Louis David 1787 gemalt; New York, Metropolitan Museum of Art.

verwies Sokrates auf die unverfügbaren Sachverhalte, auf den Gott als Maß aller Dinge. Unrecht leiden sei besser als Unrecht tun. Fast alle späteren Philosophen beriefen sich auf Sokrates, namentlich sein Meisterschüler Platon, der in seinen Dialogen stets Sokrates sprechen läßt. Platon gründete um 386 seine Philosophenschule, die Akademie, aus der unter anderen der Universalgelehrte Aristoteles hervorging. Platons Schrift über das Gerechte, die ‹Politeia›, entwirft «den» Idealstaat, wogegen die ‹Politik› des Aristoteles sich kritisch mit bestehenden Staatsformen auseinandersetzt.

Der Hellenismus

Während des 4. Jahrhunderts v. Chr. erbrachten die Künstler noch klassische Leistungen, so die Bildhauer Lysipp und Praxiteles. In der Politik aber zerrieben sich die Städte im Kampf gegeneinander. Dies erlaubte es König Philipp II von Makedonien, durch eine Modernisierung von Heer und Verwaltung und eine Verbindung von Diplomatie und Kriegsführung die Vormacht in Hellas zu gewinnen. Sein Programm eines panhellenischen Friedens und eines Rachekrieges gegen Persien fand in Athen Unterstützung bei dem Redner Isokrates, während Demosthenes, um die Freiheit der Polis besorgt, mit Unterstützung Persiens eine Koalition gegen Makedonien zusammenbrachte. Sie aber unterlag 338 in der Schlacht bei Chaironeia. Philipp stiftete darauf den gesamtgriechischen Bund von Korinth, wurde aber 336 ermordet.

Nachfolger wurde sein Sohn Alexander, den die Römer später «den Großen» nannten. Er war ein Schüler des Aristoteles und hatte sich bei Chaironeia ausgezeichnet. Alexander wurde in Korinth als Führer der Griechen anerkannt, warf eine Erhebung an der Donau nieder und eroberte das rebellische Theben. Er überquerte die Dardanellen, besiegte die persischen Satrapen am Granikos 334 und befreite die ionischen Städte. Die Parteigänger Persiens wurden vertrieben und Demokratien eingerichtet. Den gordischen Knoten «löste» Alexander mit dem Schwert, darauf verhieß ihm das Orakel die Herrschaft über Asien. 333 besiegte er Darius III bei Issos und betrachtete sich fortan als Herrn des Perserreiches. Anschließend stürmte er Tyros und nahm Ägypten in Besitz. Er besuchte das Orakel des Zeus Ammon in der Oase Siwa, gründete Alexandria und ließ sich in Memphis zum Pharao krönen. Inzwischen hatte Darius ein neues Heer aufgestellt. Bei Gaugamela kam es 331 zur Entscheidung (Abb. 6). Alexander schlug die Perser und gewann Babylon, Susa und Ekbatana. Persepolis aber setzte er in Brand als Rache für die Zerstörung der Akropolis. Darius wurde von seinen Leuten ermordet. Während der langwierigen Kämpfe in Nordost-Iran heiratete Alexander die persische Prinzessin Roxane. 326 besiegte er jenseits des Indus den König Pōros und seine Elefanten, doch meuterte dann das Heer; Alexander mußte umkehren. Er fuhr den Indus hinunter, die Schiffe erreichten den persischen Golf. Nach dem entbehrungsreichen Marsch durch die Gedrosische Wüste zog Alexander 323 in Babylon ein, starb jedoch wenig später mit 33 Jahren im Palast Nebukadnezars an der Malaria.

Sein beispielloser Siegeszug hatte in Alexander die Vorstellung genährt, göttlicher Natur, ja ein Sohn von Zeus zu sein – eine Idee, die auf das Gottkönigtum bei seinen Nachfolgern, den Diadochen, und den römischen Kaisern vorausweist. Er sah sich als Friedensbringer. Ein riesiger Verkehrs- und Wirtschaftsraum war entstanden. Die von Alexander ausgemünzten Königsschätze vervielfachten den Geldumlauf, mehrere der 70 von ihm gegründeten Städte entwickelten sich zu florierenden Metropolen. Griechisch wurde Weltsprache und machte als solche später die ursprünglich aramäische Botschaft Jesu verständlich. Die christliche Menschheitsidee hat Alexander vorweggenommen. Gegen den Rat des Aristoteles behandelte er die Perser nicht als Barbaren; Menschen seien allein nach ihrer *aretē*, ihrer Haltung und ihrer Leistung zu beurteilen. Gegen den Widerstand aus altmakedonischen Kreisen ergänzte Alexander sein Heer aus persischen Freiwilligen und stellte sie den Griechen gleich. Nach seiner Rückkehr gab es in Susa die größte Hochzeit aller Zeiten, als Alexander die Verbindung von 10 000 Soldaten mit ihren orientalischen Frauen durch ein königliches Brautgeschenk legalisierte.

Alexander ist neben Jesus die einzige historische Gestalt, die sowohl in der Bibel als auch im Koran vorkommt. Der anonyme Alexander-Roman, eine phantastische Ausgestaltung der Geschichte des Makedonen, verbreitete sich bis Island und Rußland, nach Äthiopien, nach Turfan an der chinesischen Grenze und in den malaiischen Archipel. Es war während des Mittelalters das neben der Bibel am weitesten verbreitete Buch.

Nach dem Tode Alexanders ging die Reichseinheit verloren. In langen Kämpfen unter den Generalen, den Diadochen (Nachfolgern), bildeten

Abb. 6: Das 1832 in Pompeji entdeckte große Fußbodenmosaik mit der Alexanderschlacht (Neapel, Nationalmuseum) ist die Kopie eines hellenistischen Wandgemäldes, das den kritischen Moment in der Schlacht bei Gaugamela zeigt. Alexander stürmt von links heran, Darius versucht mit dem Wagen zu fliehen, muß jedoch auf das herangeführte Pferd umsteigen; vgl. S. 63.

sich drei Großreiche heraus: Mesopotamien und Syrien unter den Seleukiden mit der Hauptstadt Antiochia, Ägypten unter den Ptolemäern mit der Hauptstadt Alexandria und Makedonien unter den Antigoniden mit der Hauptstadt Pella. Das eigentliche Persien wurde um 250 von den nordiranischen Parthern besetzt, wobei die gräko-baktrischen Diadochenreiche in Ostiran ohne Verbindung zum Westen bis um 50 v. Chr. fortbestanden und Einfluß auf die indische Kultur gewannen (s. Kap. 8).

Unter den kleineren hellenistischen Reichen ragen zwei hervor: das Hasmonäer-Reich um Jerusalem, das im Makkabäer-Aufstand 164 seine Freiheit erkämpfte und dann unter Herodes dem Großen eine Blüte erlebte, und das von Pergamon, das sich gegen die keltischen Galater Zentralanatoliens behaupten mußte. Dies ist das Motiv für den Gigantenkampf auf dem Fries des Berliner Pergamon-Altars, neben dem «Laokoon» (Abb. 7) ein Beispiel für den «pergamenischen Barock». Zwischen den drei großen Diadochenreichen gab es stets Spannungen, weil jeder König gern ein neuer Alexander gewesen wäre. Sie alle umwarben Griechenland, wo

Abb. 7: Der von drei Künstlern aus Rhodos geschaffene Laokoon zeigt den trojanischen Apollonpriester mit seinen Söhnen, erwürgt von Schlangen, die Poseidon geschickt hat, nachdem Laokoon vor dem hölzernen Pferd gewarnt hatte. Die aus dem Besitz des Kaisers Tiberius stammende Skulptur im Vatikan hat Lessing 1766 zu einer Schrift über die griechische Kunst angeregt; vgl. S. 50, 64.

mit dem Ätolischen und dem Achäischen Bund der neue Staatstyp der föderativen und repräsentativen Demokratie entstand, regiert durch einen Strategen, eine Bundesversammlung aus den Mitgliedsstädten und einen Bundesrat aus Abgeordneten.

Droysen hat 1843 den Hellenismus als die «moderne Zeit» des Altertums bezeichnet, zu Recht. Das Weltbild weitete sich. In der Alexanderzeit ging Pytheas von Massilia auf Nordlandfahrt, umschiffte Britannien und erreichte anscheinend die bernsteinreiche Weichselmündung. Unter Seleukos I (306 bis 281) reiste Megasthenes mehrfach als Gesandter nach Pataliputra/Patna in Nordindien (s. Kap. 8). Ptolemaios II (283 bis 246) sandte Expeditionen nach Afrika und pflegte ebenfalls diplomatische Beziehungen mit Indien.

Im Hellenismus wurde griechische Zivilisation wie Münzwesen, Schrift und Städtebau von fast allen Nachbarvölkern übernommen, von Arabern, Persern und Indern im Osten, von Skythen und Kelten im Norden, von Karthagern, Etruskern und Römern im Westen. Der zwischenstaatliche Verkehr vollzog sich in festen diplomatischen und rechtlichen Formen. Ein ausgedehnter Handel verband die Hafenstädte und führte zu einem bisher unbekannten Wohlstand. In allen Metropolen gab es ein blühendes Vereinswesen und größere Kolonien von Fremden, ähnlich den Metöken im klassischen Athen; Frauen erschienen vor Gericht und im Geschäftsleben, im Bildungswesen und in der Politik. Religion wurde Privatsache. Orientalische Glaubensrichtungen und griechische Philosophenschulen bestanden nebeneinander. Epikur sorgte sich um den Seelenfrieden des Einzelnen, die Stoa um ein gelungenes Leben in der Gemeinschaft und mit der Natur.

In Ägypten finden wir ein erstes Beispiel für merkantilistische Planwirtschaft und eine staatliche Bank für bargeldlosen Geschäftsverkehr. In Alexandria entstand das Museion, die erste «Universität», mit besoldeten Professoren und einer Bibliothek von 500 000 Buchrollen. Die gesamte griechische Literatur wurde gesammelt, gesichtet und abgeschrieben. Zum ersten Male nahm man auch orientalische Traditionen durch Übersetzung zur Kenntnis. Manetho erschloß ägyptische, Berossos babylonische Quellen, die ‹Septuaginta› machte die Bibel auf Griechisch zugänglich.

Daneben florierte die Wissenschaft. Um den Meister der Mechanik, Archimedes von Syrakus, bildeten sich Legenden (*heureka!*). Erfunden oder verbessert wurden Katapult und Ballaste, Sonnen- und Wasseruhr, Kolben- und Schraubenpumpe, Zahnrad und Flaschenzug, Theodolit und Hohlspiegel, die Orgel und allerlei Theater-Automaten.

Hipparch verfaßte einen Sternkatalog, entdeckte Präzession und Parallaxe. Euklid begründete Mathematik und Geometrie, Aristarch beschrieb die Erdrotation und das heliozentrische System, Eratosthenes entwarf ein geographisches Gradnetz und berechnete den Erdumfang mit einer Fehlerquote von drei Prozent. Indien sei, schrieb er, über den Atlantik erreichbar. Die Ärzte sezierten Leichen, ja lebende Verbrecher. Begründer der wissenschaftlichen Medizin – in Alexandria führend bis in die Spätantike – war Hippokrates von Kos (um 400), seine Schriften wurden im 2. Jahrhundert n. Chr. durch Galen von Pergamon gesammelt und blieben bis ins 17. Jahrhundert maßgebend. Nach dem Lehrbuch des Euklid über Mathematik wurde in England, Rußland und Schweden bis ins 19. Jahrhundert unterrichtet.

Die Literatur des Hellenismus – über 1100 Autoren sind namentlich bekannt – ist weitestgehend verloren, wie wir überhaupt vom antiken Schriftgut weniger als ein Zehntel besitzen. Erhalten blieben große Teile des Geschichtswerkes des Polybios, der den Aufstieg Roms und den Niedergang des Griechentums dargestellt hat, und zahlreiche Stoffe in römischer Überarbeitung, so die von Ovid in seinen ‹Metamorphosen› gestalteten Verwandlungsmythen. Die aus der Kaiserzeit überlieferten Romane des Petron (Satyrikon), Apuleius (Eselsroman) und Longos (Daphnis und Chloe) griffen hellenistische Anregungen auf.

Typische Gattungen der Spätzeit sind fernerhin das Epigramm, das Lehrgedicht und das Idyll, namentlich die Schäferpoesie. Ihr Meister war Theokrit (um 270 v. Chr.), übersetzt 1855 von Mörike. Da spielt im Schatten eines Ölbaums der Hirte seinen Ziegen und Rindern auf der Pansflöte seine Liebesklage zum Gezirpe der Zikaden, während sein Hund von der Bärenhatz träumend im Gras mit den Läufen zuckt – das Bild des Großstädters vom einfachen Leben im glücklichen Arkadien, wie es bei Watteau und Marie Antoinette wieder lebendig wurde.

*

Die Bedeutung der Griechen für die Menschheit spiegelt sich in Begriffen wie Demokratie und Politik, Philosophie und Kritik, Technik und Hygiene, die in viele Sprachen eingegangen sind und bezeugen, daß die damit gemeinten Sachen griechischen Ursprungs sind. Die ionischen Aufklärer haben die Grundlagen für ein rationales Weltbild gelegt, die Forscher der hellenistischen Zeit Bahnbrechendes für Technik und Naturwissenschaft geleistet. In den Stadtstaaten der klassischen Zeit des 5. Jahrhunderts entstand zum ersten Mal ein selbstbewußtes Bürgertum; Literatur und Kunst hinterließen als mustergültig empfundene Werke. Was Athen für Griechenland bedeutete, das bedeutete Griechenland für die Welt. Insofern hatte Karl Marx nicht Unrecht, als er die Griechen als Lehrmeister bezeichnete.

4. Das Imperium Romanum

In seiner Schrift ‹Über das Imperium Romanum› von 1942 bemerkt Ortega y Gasset: «Rom repräsentiert in der Geschichte den Geist des Rechts.» Tatsächlich wurde die europäische Staats- und Rechtsgeschichte durch nichts stärker geprägt als durch die römische Tradition. Die Aufgabe, das Zusammenleben unter den Menschen und Völkern zu ordnen, haben die Römer sich selbst zugeschrieben. Vergil formulierte in der ‹Aeneis›, dem römischen Nationalepos, die Aufforderung des Göttervaters Juppiter an die Römer, Kunst und Wissenschaft anderen Völkern zu überlassen – gemeint sind die Griechen – selbst aber den Erdkreis zu regieren und zu richten, die Unterworfenen zu schonen, die Übermütigen zu unterwerfen und für Frieden und Sittlichkeit zu sorgen: *paci imponere morem* (VI 847 ff).

Die etruskische Frühzeit

Die Römer gehörten zum Stamm der Latiner in der Landschaft Latium. Sie zählten zu den Italikern, jenen Indogermanen, die um 1200, etwa gleichzeitig mit der Dorischen Wanderung aus dem Donauraum über die Adria in Italien eingedrungen sind und die Vorbevölkerung überlagert haben. Der Name «Italia» ist abgeleitet von *vitulus*-Kalb und bedeutet «Rinderland», ähnlich wie Böotien oder Euböa. Ursprünglich bezeichnet er nur die Südspitze der Halbinsel, er wurde seit dem 5. Jahrhundert von den Griechen bis Mittelitalien und erst unter Caesar auf ganz Italien ausgedehnt.

Im 8. Jahrhundert begannen die Griechen das östliche und südliche Sizilien sowie die Küsten Süditaliens zu besiedeln. Sie gründeten Syrakus und Messina; Tarent, Kroton, Sybaris und Neapel, die «Neustadt». Gleichzeitig entstand in der Toskana die etruskische Kultur. Ausgehend von dem Erzreichtum Elbas und der gegenüberliegenden Küste breitete sie sich ins Binnenland aus, bezeugt durch Nekropolen mit reicher Grabausstattung. Herodot erzählt, daß die Etrusker aus Kleinasien eingewandert seien, und dafür sprechen orientalische Züge ihrer Religiosität, namentlich die Weissagung aus der Leberschau. Ihre

Abb. IV: Unter dem energischen, aus Spanien stammenden Trajan (98 bis 117) pries der jüngere Plinius das Imperium als universalen Wohlfahrts- und Rechtsstaat, in dem man sogar erfolgreich gegen den Fiskus prozessieren könne; Ostia, Nase digital ergänzt; vgl. S. 83.

Sprache ist nicht indogermanisch; die mit griechischen Buchstaben geschriebenen Inschriften sind nur teilweise gedeutet.

Die Etrusker standen unter Stadtkönigen, so in Tarquinia, Caere (Cerveteri), Veji und Volaterra. Zentralheiligtum war Volsinii, das heutige Orvieto. Dort versammelten sich die Vertreter der Städte zu einem Jahresfest und wählten den Priester. Einzelne Götter, der Tempeltyp und das Münzwesen sind griechischen Ursprungs. Aus den Gräbern kommen Tausende von bemalten attischen Vasen des 6. und 5. Jahrhunderts, die gegen Eisenerz importiert wurden.

Unter etruskischem Einfluß gewann Rom städtischen Charakter. Die ältesten Siedlungsspuren auf dem Palatin reichen bis 900 v. Chr. zurück. Der Name *Roma* geht wahrscheinlich auf eine etruskische Familie *Rumlinna* zurück, abgeleitet von einem Wort für «Mutterbrust», was später zur Sage von der Romulus und Remus säugenden Wölfin geführt hat. Nach römischer Tradition stammen die Zwillinge von Äneas, der aus dem brennenden Troja über Karthago nach Latium geflohen sei. Romulus, der die Stadt 754/3 v. Chr. gegründet haben soll, trägt ebenso wie zwei weitere der frühen Könige einen etruskischen Namen. Die Königsburg (*arx*) stand auf dem capitolinischen Hügel. Wesentliche Elemente der römischen Religion einschließlich des Tempels auf dem Capitol und das Staatszeremoniell sind etruskisch.

Die Verfassung der Res Publica

Nach der unter Augustus kanonisierten Legende wurden die Könige im Jahr 510 v. Chr. von Junius Brutus vertrieben und durch Jahresbeamte ersetzt. Aus dem *regnum* wurde eine *res publica*, ihre Selbstbezeichnung lautete bis in die Spätantike *Senatus Populusque Romanus*, SPQR. Die Beamten, wie auch den noch aus der Königszeit stammenden Senat, stellten die Patrizier, der Erbadel, in dessen Klientel sich die meisten Plebejer befanden. Diese erstritten sich in den «Ständekämpfen» den Zugang zu den Staatsämtern. 450 wurden die Zwölftafelgesetze aufgezeichnet, angeblich im Blick auf die solonischen Gesetze Athens. Kurz darauf entfiel das Eheverbot zwischen beiden Ständen, aber erst 287 v. Chr. war mit der *Lex Hortensia* die Gleichberechtigung erreicht. Der neue Amtsadel, die Nobilität, bestand aus den Familien, die einen Oberbeamten gestellt hatten.

Nach antiker Auffassung besaß das frühe Rom eine Mischverfassung, bestehend aus einem monarchischen Element, den Oberbeamten; einem aristokratischen Element, dem Senat; und einem demokratischen Element, der Volksversammlung. An der Spitze der Beamtenschaft, der Magistratur, standen die beiden Konsuln. Sie gaben dem Jahr den Namen, präsidierten dem Senat, führten das Heer – die Befugnis dazu heißt *imperium* – und leiteten den Staat. Unter ihnen rangierten die sechs Prätoren. Sie beaufsichtigten die Schöffengerichte und verfügten ebenfalls über das *imperium*. Konsuln und Prätoren besaßen eine Ehrengarde in den Liktoren, die mit Rutenbündeln, den *fasces*, vor ihnen hermarschierten. Jeder Konsul hatte zwölf, jeder Prätor sechs. In Notzeiten wurde vom Senat für ein halbes Jahr ein *dictator* gewählt, der allen Magistraten übergeordnet war und 24 Liktoren führte.

Das nächst tiefere Amt war das der vier Ädilen, ihnen oblag die Markt-und Bauaufsicht und die Abhaltung von Circus-Spielen. Die aus dem Totenkult hervorgegangenen Gladiatorenkämpfe wurden von human Denkenden wie Cicero und Seneca als beschämend empfunden. Ranggleich waren die Volkstribunen mit ihrem Veto-Recht, die Vertreter der Plebejer zum Schutz gegen Beamtenwillkür. Das unterste Amt, das wie die zuvor genannten den Inhaber zum Senatoren machte, war das der Quästoren, denen die Staatskasse unterstand. Einnahmen brachten Markt-, Hafen- und Brückenzölle, sowie Tribute aus den Provinzen.

Alle Beamten wurden vom Volk gewählt. Der Bewerber benötigte das Bürgerrecht, ein Mindestalter – beim Konsul 43 Jahre – und eine zehnjährige Militärzeit, die allerdings nur sommers geleistet wurde. Normalerweise wurde – anders als in Athen – der *cursus honorum* beachtet, man durchlief die Magistraturen von unten nach oben. Amtsantritt und Jahresanfang war seit 153 v. Chr. der 1. Januar; die Amtszeit betrug ein Jahr. Erst danach konnte ein Beamter angeklagt werden. Die Kollegialität aller Magistraturen diente der Kontrolle. Kein Beamter bezog Gehalt oder Spesen, man bereicherte sich nicht auf Kosten des Gemeinwohls. Ein Mindestvermögen wurde für das passive Wahlrecht nicht gefordert. Lange blieben die hohen Ämter bei wenigen Geschlechtern; Aufsteiger aus unbekannten Familien, *homines novi*, waren Cato, Marius und Cicero.

Das aristokratische Element in der römischen Verfassung verkörperte der Senat. Er bestand aus den gewesenen Amtsträgern, zuletzt 600, und genoß höchste Autorität. Sie verlieh den Senatsbeschlüssen Gewicht, denn diese hatten nur Empfehlungs-Charakter. Die lebenslang amtierenden Senatoren trugen einen breiten Purpurstreifen an der Toga und wurden von den jeweils leitenden Oberbeamten oder den Volkstribunen ihrer Rangordnung nach befragt. Das Rangdenken unterscheidet Römer und Griechen. Zwei Censoren ergänzten alle fünf Jahre die Körperschaft und überwachten die Lebensführung der Senatoren. Der Senat tagte zweimal monatlich bei offenen Türen; wer fehlte, mußte Strafe zahlen. Zu allen wichtigen Fragen, namentlich der Außenpolitik, nahm der Senat Stellung und beanspruchte das Notstandsrecht, das im Ernstfall den Konsuln freie Hand ließ.

Das demokratische Element bildete die Volksversammlung der in den Legionen dienenden Bürger. *Populus* bedeutet ursprünglich «Heer», ebenso wie das deutsche Wort «Volk». Die Centuriatscomitien gliederten sich nach der Bewaffnung, die jeder selbst stellen mußte. Man stimmte nicht wie in Athen nach Köpfen, sondern nach Centurien ab. Das führte dazu, daß die Begüterten in den oberen Centurien ein Übergewicht über die unteren hatten, obschon diese personell sehr viel stärker waren. Die vornehmsten Centurien waren die der Ritter, der *equites*; sie trugen einen schmalen Purpurstreifen an der Toga. Die unterste Centurie, die der *proletarii*, war nur durch ihre *proles*, ihre Nachkommenschaft für den Staat interessant, aber zuletzt zahlreicher als die höheren 192 Centurien zusammen. Die Centuriatscomitien entschieden über die Gesetzesvorlagen, über Krieg und Frieden und wählten in geheimer Abstimmung Konsuln und Prätoren, d. h. die Imperiumsträger.

Die Tributcomitien stimmten nach *tribus* (Wohnbezirken) über die künftigen Unterbeamten, die Ädilen und Quästoren, ab. Hier hatte die Landbevölkerung ein Übergewicht. Der dritte Versammlungstypus war das *concilium plebis*, von dem die Patrizier ausgeschlossen waren. Es wählte die Volkstribunen, diese leiteten es. Die hier beschlossenen Plebiszite besaßen seit 287 v. Chr. Gesetzeskraft. Vor jeder Abstimmung gab es Diskussion, doch meist nur kurz, da man – wieder anders als in Athen – im Stehen tagte.

Während in der griechischen Demokratie das Volk die uneingeschränkte Macht besaß und auch über die eigenen Gesetze hinweggehen konnte, war das Volk von Rom durch die *auctoritas* des Senats und die *potestas* der Magistrate gebunden. Polybios sprach vom Gleichgewicht der Kräfte. Dieser griechische Historiker des 2. Jahrhunderts v. Chr. war aus einem Feind zu einem Bewunderer Roms geworden. Er sah in der Verfassung den Grund für die Überlegenheit der Römer, wußte natürlich auch, daß Institutionen nur Instrumente sind, die sinnvoll gehandhabt werden müssen. Die Römer waren stolz auf die *mores maiorum*, die Vätersitten: *virtus* – die Tugend im weitesten Sinne, *fides* – die Verläßlichkeit, *disciplina* – die Zucht, *pietas* – die Ehrerbietung, *clementia* – die Güte, *iustitia* – die Gerechtigkeit, usw. Durch Staatskunst und Lebensform, meinte Polybios, habe Rom die Mittelmeerwelt zu einem einzigen Organismus zusammengefügt.

Roms Aufstieg zur Weltmacht

Cicero formulierte die Theorie vom *bellum iustum*, vom gerechten Krieg, der nur zur Verteidigung oder zur Wiedergewinnung von Geraubtem geführt werden darf und mit einer Kriegserklärung, einer Forderung eingeleitet werden muß. Er glaubte, das Imperium Romanum sei in einer Folge von Verteidigungskriegen entstanden. Idealtypisch vollzog sich dies so, daß die Römer einen Angreifer besiegten und ihn dann in ihr Bündnis aufnahmen. Wenn dieser *socius populi Romani* dann seinerseits angegriffen wurde, kam Rom zu Hilfe. Ein Staat nach dem anderen wurde so eingemeindet, zunächst in loser Abhängigkeit, später als Provinz.

Der römische Kriegserfolg beruhte auf drei Gegebenheiten. Die Römer hatten nie einen überlegenen Gegner, scheuten kein Opfer, um den Sieg zu erringen, und nutzten jede Gelegenheit, ihre Wehrgemeinschaft auszuweiten. Sie überzeugten ihre Bündnispartner davon, daß ein Leben im Schutz der römischen Waffen einer außenpolitischen Unabhängigkeit vorzuziehen sei. Die Selbstverwaltung blieb den Bündnern zumeist erhalten, unannehmbar erschien dem Senat nur die radikale Demokratie und die Tyrannis, zwei unberechenbare Staatsformen.

Als größte Stadt in Mittelitalien gewann Rom früh die Führung in Latium, im Kultbund für den Juppiter Latiaris. Im 4. Jahrhundert wurde Etrurien und dann ganz Mittelitalien römisch; nach dem Sieg über den König Pyrrhos von Epirus 272 auch Süditalien. Widerstand leisteten die Samniten im Sabinerland, die sich zuletzt 91 v. Chr. gegen Rom erhoben. Die *socii* waren durch unterschiedlich enge Verträge an Rom gebunden, die stets unbefristet waren und den Römern die Militärhoheit sicherten. An wichtigen Punkten, zuerst in der Hafenstadt Ostia, gründeten sie Bürgerkolonien, die – anders als die Tochterstädte der Griechen – von Rom abhängig blieben.

Im Ersten Punischen Krieg (264 bis 241) besiegte Rom Karthago, die stärkste Seemacht im westlichen Mittelmeer. Regiert wurde sie von einer reichen Kaufmannsschicht unter zwei alljährlich gewählten Sufeten. Der Konflikt entzündete sich, als die Römer von Messina gegen die Karthager zu Hilfe gerufen wurden. Durch den Sieg gewann Rom die Inseln Sizilien, Korsika und Sardinien. Sie wurden Provinzen unter Prätoren als Statthaltern. Den Zweiten Punischen Krieg eröffnete Hannibal von Spanien aus. Als er 218 mit seinen Elefanten über die Alpen kam, fand er Unterstützung bei den Kelten in der Po-Ebene (s. Kap. 1). Seit der Eroberung Roms unter Brennus 387 v. Chr., den Camillus, der «zweite Gründer der Stadt» dann vertrieb, waren sie dort gefürchtet. Hannibal schlug die Römer 216 in der Umfassungsschlacht bei Cannae, unterlag aber 202 bei Zama in Nordafrika dem älteren Scipio Africanus. Dieser begründete die Hegemonie Roms über Spanien und das westliche Mittelmeer.

Anschließend dehnten die Römer ihre Herrschaft nach Osten aus. Anlaß bot gewöhnlich der Hilferuf eines Kleinstaates gegen den Angriff einer Großmacht. So schlugen die Römer die Könige von Makedonien (197, 168) und Syrien (190) sowie den Achäischen Bund (146). Damals wurden Korinth und – nach Catos *ceterum censeo Carthaginem esse delendam* – Karthago zerstört, Africa und Griechenland Statthaltern unterstellt. Das Seleukidenreich liquidierte Pompeius 64 v. Chr., die Ptolemäerherrschaft beendete 30 v. Chr. Augustus. Angesichts der römischen Erfolge haben fünf hellenistische Kleinkönige, darunter 133 v. Chr. der von Pergamon, in vorauseilendem Gehorsam den Römern ihr Reich durch Testament vermacht.

Die Römische Revolution

Die Sommer für Sommer geführten Kriege, zumal die in Nordspanien, ruinierten viele römische Bauern, da sie nicht mehr dazu kamen, ihre Felder zu bestellen. Diese wurden zu großen Teilen von Rittern und Senatoren aufgekauft, die mit kriegsgefangenen Sklaven wirtschafteten. Darum forderte der Volkstribun Tiberius Gracchus 133 v. Chr. eine Bodenreform. Einer der zehn Volkstribunen erhob jedoch im Interesse der Grundherren Einspruch, darauf ließ Tiberius ihn verfassungswidrig absetzen und brachte das Ackergesetz im *concilium plebis* durch. Um einer Anklage zu entgehen, ließ er sich wiederwählen, was abermals illegal war. Daraufhin wurde er von empörten Senatoren im Straßenkampf erschlagen. Zehn Jahre später wiederholte sein Bruder Gaius Gracchus den Reformversuch und fand ebenfalls ein gewaltsames Ende. In der Folgezeit standen in Rom Volkspartei (Popularen) und Senatspartei (Optimaten) einander feindlich gegenüber.

Die inneren Probleme überschatteten sodann zwei Kriege. Aus Jütland waren die Kimbern und Teutonen eingefallen und hatten 113 v. Chr. in den Ostalpen ein römisches Heer geschlagen. Zur selben Zeit ließ in Numidien der König Jugurtha die italischen Kaufleute ermorden. Gegen ihn übertrug die Volkspartei dem Marius den Oberbefehl. Er nahm zum ersten Mal besitzlose Proletarier ins Heer auf, bewaffnete sie auf Staatskosten und stellte ihnen Entlöhnung in Aussicht. Damit linderte er das soziale Problem, schuf aber eine Heeresklientel, eine persönliche Bindung der Legionäre an den Feldherrn, der ihre wirtschaftlichen Interessen vertrat – ein Schritt in Richtung auf das Prinzipat. Marius beendete den von Sallust beschriebenen Jugurthinischen Krieg, wurde Jahr für Jahr zum Konsul gewählt und besiegte 101 die Kimbern und Teutonen.

Ein weiterer Konflikt brach auf in der Erhebung der Italiker, die für ihren Kriegseinsatz volles Bürgerrecht verlangten. Dies wurde 88 v. Chr. gewährt. In ganz Italien setzte sich das Latein durch, die Stammessprachen starben aus, und Rom verlor seinen Charakter als Stadtstaat. In ihrer Bürgerrechtspolitik waren die Römer großzügig: Fremde Adlige, wie die Claudier, wurden Patrizier, freigelassene Sklaven Plebejer. So ist die Zahl der *cives Romani* kontinuierlich gewachsen.

Im gleichen Jahre 88 erhob sich in Kleinasien Mithradates, der König von Pontos, und ließ angeblich 80 000 Italiker ermorden. Diesen Krieg beendete Sulla, ein Vertreter der Senatspartei, der nach seiner Rückkehr durch Proskriptionen mit den Anhängern des Marius blutig abrechnete, deren Besitz seinen Veteranen überschrieb, als Dictator eine konservative Reform durchführte und 79 abdankte. Der nächste starke Mann war Pompeius. Als Sullaner hochgekommen, überwand er einen marianischen Rebellen in Spanien und in Italien den Sklavenführer Spartacus. Pompeius beseitigte die Seeräuberplage und sicherte 64 Roms Herrschaft im Orient. Die Vielzahl der Konflikte war nur noch mit verlängerten Imperien, mit Prokonsulaten und Proprätüren zu lösen. Schließlich griff man zu verfassungswidrigen Ausnahmegewalten. Das Imperium benötigte eine starke Exekutive, die zur Monarchie führen mußte, wenn das Reich nicht zerfallen sollte.

Die innere Krise verdeutlicht die – wiederum von Sallust dargestellte – Verschwörung des Catilina gegen die Senatspartei. Cicero als Konsul

Die Römische Revolution

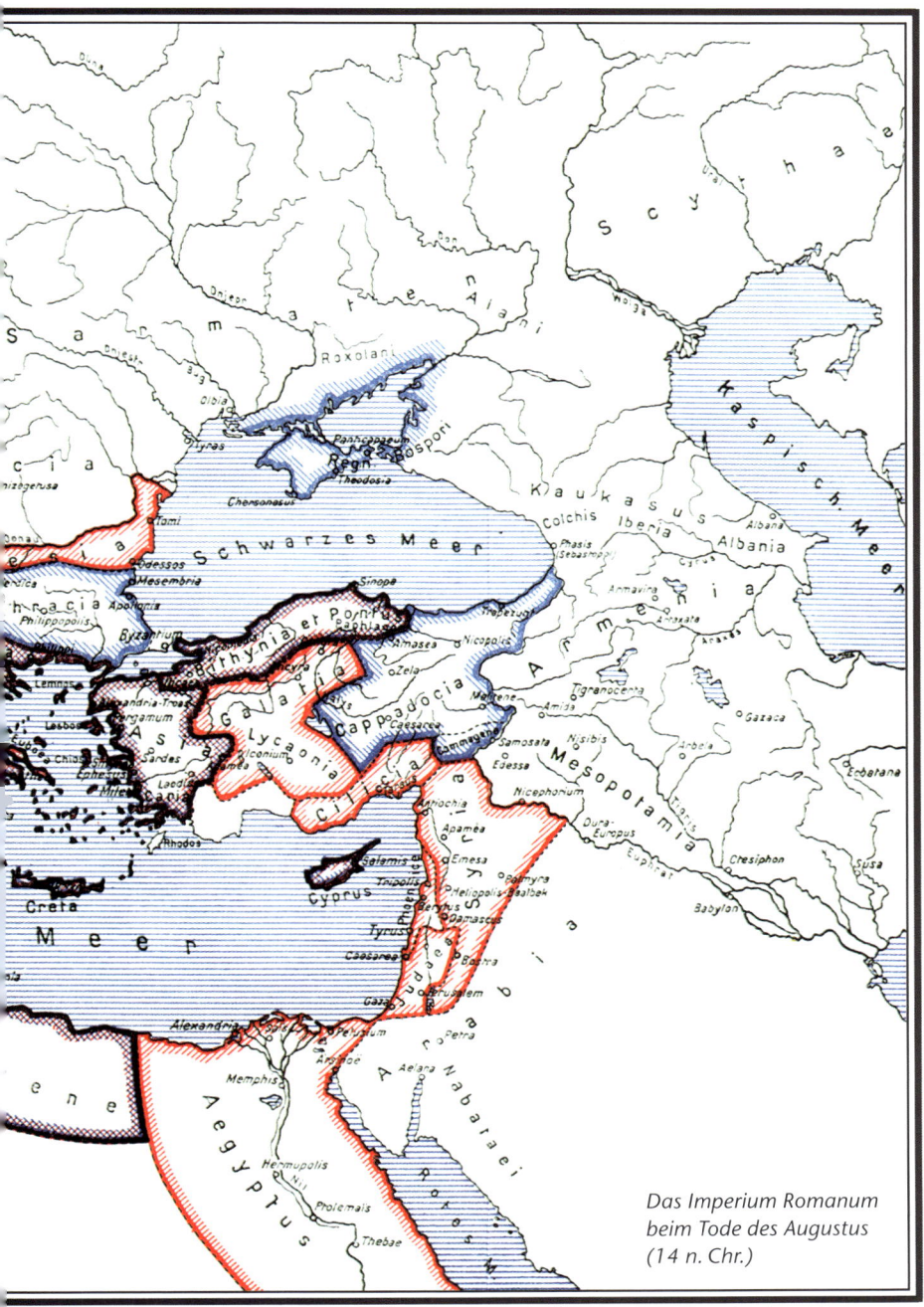

Das Imperium Romanum beim Tode des Augustus (14 n. Chr.)

deckte sie im Jahre 63 v. Chr. auf. Er war Roms größter Redner und Sprachmeister, lavierte aber ungeschickt zwischen den Parteien. In seinen philosophischen Schriften verarbeitete er griechisches Geistesgut. Überhaupt haben die Römer von den Griechen unendlich viel übernommen und sie stets als ihre Lehrer geachtet.

In Rom hatte inzwischen Caesar die Gunst der Massen gewonnen. Er entstammte zwar dem patrizischen Uradel, vertrat politisch aber die Popularen. Seine außerordentliche, nur von Cicero übertroffene Redegabe, unerhört prächtige Spiele und gigantische Bestechung verschafften ihm die populäre Würde des *pontifex maximus*. Als Statthalter im Rang eines Proprätors sanierte er sich in Spanien und schloß mit Pompeius und dem reichen Crassus 60 v. Chr. das Erste Triumvirat, eine Absprache zur Zusammenarbeit. In seinem Konsulat 59 peitschte er eine Reihe von Reformen durch und ging 58 als Prokonsul in die Provence, die seit 121 römisch war. Hier benutzte er die Bedrohung der mit Rom befreundeten Häduer an der Rhône durch die ebenfalls keltischen Helvetier als Vorwand zum Einmarsch. Er besiegte sie und eroberte Gallien in einer siebenjährigen Polizei-Aktion. Zweimal überquerte er den Rhein auf einer Holzbrücke, zweimal landete er in Britannien. Seine immensen Beutegelder verteilte er großzügig in Rom.

Caesars Popularität mobilisierte seine Gegner, sie bauten Pompeius gegen ihn auf, der unterdes als alleiniger Konsul Rom regierte. Als der Senat von Caesar die Entlassung seines Heeres forderte, Pompeius aber das seine beließ, überschritt Caesar 49 v. Chr. den Rubikon, der die Provinz von Italien schied, und eröffnete damit den Bürgerkrieg. In Rom wurde er zum Dictator erhoben. Pompeius floh mit den meisten Senatoren nach Griechenland, dort aber schlug ihn Caesar 48 bei Pharsalus. In Alexandria, wo Pompeius ermordet wurde, fand Caesar bei der schönen jungen Königin Kleopatra Erholung, er unterwarf seine Gegner in Kleinasien (*veni, vidi, vici*), in Nordafrika und Spanien und entfaltete in Rom eine stürmische Reformtätigkeit. Er verlieh der *Gallia Cisalpina* römisches Bürgerrecht, erweiterte den Senat um Nichtrömer, versorgte die Veteranen, begrenzte die Zahl der Getreideempfänger Roms auf 150 000, ordnete das Gerichtswesen, gründete Kolonien in allen Teilen des Reiches, u. a. in Karthago und Korinth. Caesar schuf den Julianischen Kalender, der mit der gregorianischen Korrektur von 1582 bis heute gilt, und schrieb seine *Commentarii de Bello Gallico*, die noch immer Schullektüre sind.

Abb. 1: Römische Münzen erinnern vielfach in propagandistischer Absicht an historische Ereignisse. So hat Marcus Iunius Brutus auf seinen Silberdenaren vorn seinen Kopf mit der Beischrift BRUT(US) IMP(ERATOR) und dem Namen seines Quästors Cestianus und hinten zwischen Dolchen die Freiheitsmütze abgebildet, die auf die Ermordung Cäsars an den Iden des März EID(IBUS) MAR(TIIS) anspielt.

An den Iden, dem 15. März 44 v. Chr. wurde Caesar ermordet. Brutus, Cassius und andere Senatoren konnten sich mit seiner Herrschaft nicht abfinden. Die erste Senatssitzung amnestierte die Mörder, aber bestätigte alle Maßnahmen Caesars. Ein fünfzehnjähriger Bürgerkrieg folgte. Der von Caesar adoptierte Großneffe Gaius Octavius, genannt Octavian, besiegte gemeinsam mit Caesars General Antonius die Mörder in Griechenland bei Philippi 42 v. Chr.. Dann entzweiten sich die Sieger. Bei Actium, 31 v. Chr. siegte Octavian über die Flotte von Antonius und Kleopatra. Beide nahmen sich in Alexandria das Leben. Octavian wurde Pharao und damit der reichste Mann im Staat.

Das Prinzipat

27 v. Chr. schuf Octavian das Prinzipat. Fortan hieß er nicht nur Caesar, wie sein Adoptivvater, der unter die Götter versetzt wurde, sondern auch Augustus, der «Erhabene», er war *imperator* – einziger Feldherr und *princeps* – erster Bürger, kurz: Kaiser. Der Senat behielt die Verwaltung der befriedeten Provinzen, die Grenzprovinzen mit den Legionen unterstanden Augustus, ebenso der Fiskus und die Stadt Rom. Neben den senatorischen *cursus honorum* trat der ritterliche im Dienste des Kaisers. Die republikanischen Magistrate und der alte Staatsname SPQR blieben bestehen, doch haben wir es faktisch, durch die Kumulierung und Perpetuierung der höchsten Funktionen, mit einer Monarchie zu tun.

Augustus gilt als Friedenskaiser (Abb. 2). Rom, die Stadt aus Ziegeln, wurde zur Stadt aus Marmor; eine geordnete Verwaltung ließ die Provinzen aufblühen. Das Heer wurde auf die Hälfte reduziert. Gegenüber den Parthern am Euphrat begnügte sich Augustus mit der durch Drohung erreichten Rückgabe der 53 v. Chr. verlorenen Feldzeichen, doch gab es noch Kämpfe in Spanien und in Dalmatien, bis die Donau in ganzer Länge Reichsgrenze war. In seinem testamentarischen Tatenbericht behauptet Augustus, auch Germanien bis zur Mündung der Elbe befriedet zu haben. Er verschweigt die *clades Variana*, die Niederlage des Quinctilius Varus gegen den Cherusker Arminius im Teutoburger Wald 9 n. Chr., die ihn bewog, die Grenze bis an den Rhein zurückzunehmen, wo zeitweilig ein Drittel des gesamten Heeres stationiert war.

Über die Sitten der Germanen unterrichtet uns Tacitus in seiner um 100 n. Chr. abgefaßten ‹Germania›. Er definiert die Germanen primär durch ihre Sprache, die sich, wie Jakob Grimm 1820 erkannt hat, um 500 v. Chr. in der ersten «Lautverschiebung» aus dem Indogermanischen herausgebildet hat. Ursprungsland ist Norddeutschland mit Südskandinavien. Die Germanen lebten auf einer tieferen Kulturstufe als die verwandten Kelten, waren diesen aber als Krieger überlegen. Schon Caesar hatte in Gallien mit dem Swebenkönig Ariovist seine Not. Die zahlreichen kleinen Stämme waren untereinander verfeindet, doch gab es gemeinsame Kulte. Die Stämme wurden jeweils vom Thing, der Kriegerversammlung, «regiert». Unter dem Verdacht, nach dem Königtum zu streben, starb Arminius 21 n. Chr., von sei-

Abb. 2: 9 v. Chr. errichtete Augustus in Rom die Ara Pacis, den Friedensaltar, mit dem er das Ende der Kriege feierte. Das Relief mit Terra Mater, den Personifikationen von Himmel (links) und Meer (rechts) feiert Glück und Gedeihen in ländlicher Umgebung. Die Pax Augusta wurde ebenso durch die von Maecenas, dem reichen Freund des Kaisers, geförderten Dichter verherrlicht, durch Vergil (Aeneis, Hirtengedichte), Horaz (Römeroden, Carmen Saeculare) und Ovid (Metamorphosen, Liebeskunst); vgl. S. 79.

nen Leuten umgebracht, nachdem seine Frau Thusnelda 15 n. Chr. von Germanicus gefangengenommen worden war.

Dies geschah bereits unter Tiberius, dem Stiefsohn des 14 n. Chr. verstorbenen Augustus. So wie Augustus als Adoptivsohn Caesars aufgestiegen ist, hat auch er durch Adoption von Verwandten seinen Nachfolger designiert. Die so begründete julisch-claudische Dynastie endet mit Nero, der sich selbst als Künstler verstand, aber durch Grausamkeit in Verruf geriet. Nach seinem erzwungenen Selbstmord 68 n. Chr. verfiel er der *damnatio memoriae*.

Abb. 3: Das Volk von Rom verlangte panem et circenses, Brot und Spiele. Leichte Muse bot das Theater, Wagenrennen der Hippodrom, Gladiatoren- und Tierkämpfe die Arena. Die größte war das um 85 n. Chr. fertiggestellte Amphitheatrum Flavianum (Colosseum) für 50 000 Zuschauer. Zur Einweihung wurden an hundert Tagen 9000 wilde Tiere gehetzt und getötet.

Es folgte das kriegerische Vierkaiserjahr. Sieger blieb Vespasian, dessen Sohn Titus 70 n. Chr. das rebellische Jerusalem eroberte. Unter ihm wurde 79 n. Chr. das Colosseum eingeweiht. Im gleichen Jahr verschüttete der Vesuv Pompeji. Sein Bruder und Nachfolger Domitian errichtete in den achtziger Jahren den obergermanisch-rätischen Limes.

Die Zeit der Adoptivkaiser 98 bis 180 nannte Edward Gibbon 1776 die glücklichsten Jahre der Menschheit. Unter Trajan (Abb. IV) erreichte das Reich seine weiteste Ausdehnung. Der friedliebende Hadrian (117 bis 138) besuchte die Provinzen und förderte die allseits überaus rege Bautätigkeit. Als er Jerusalem wieder aufbauen wollte und die Beschneidung verbot, erhoben sich die Juden unter Bar Kochba, einem Messiasanwärter. Marc Aurel, der stoische Philosoph auf dem Kaiser-

Abb. 4: Von einem verschwundenen Triumphbogen stammt das Relief Marc Aurels im Eichenwald (Rom, Konservatorenpalast), die Unterwerfung zweier Germanenfürsten entgegennehmend, um 176 n. Chr. Er starb 180 auf dem Krankenbett durch Nahrungsverweigerung im Lager an der Donau, nachdem er die Grenze für Generationen gesichert und Tausende von Germanen im Reich angesiedelt hatte. Rechts neben dem Kaiser sein Gardepräfekt und Schwiegersohn Pompeianus, der die Nachfolge ablehnte.

thron (161 bis 180), mußte gegen Markomannen und Quaden an der Donau kämpfen und hinterließ in seinen tagebuchartigen ‹Selbstbetrachtungen› einen zeitlosen Katechismus der Humanität.

Unter den Severern um 200 wirkten die größten römischen Juristen: Papinian, Ulpian und Paulus, an die Ortega dachte, wenn er vom «Geist des Rechts» sprach. 212 erhielten alle freien Provinzialen das römische Bürgerrecht. Danach litt das Reich unter Mißregiment und Kriegswirren. In der Reichskrise unter den Soldatenkaisern von 235 bis 284 traten insgesamt 70 Kaiser oder Usurpatoren auf. Im Osten gingen die Perser unter den Sassaniden in die Offensive. Diese Dynastie hatte 226 die Parther abgelöst und einen straffen Militärstaat aufgebaut, in dem der Glaube Zarathustras Staatsreligion war. Neben dem König stand ein Obermagier, der auch politischen Einfluß besaß. Die Perser bedrohten die Euphratgrenze, während die Goten die Donauprovinzen und die Heruler Griechenland plünderten. Zur gleichen Zeit griffen die Westgermanen an: am Niederrhein die Franken, am Oberrhein die Alamannen und zur See die Sachsen. Unter Gallienus (260 bis 268) schien das Imperium zu zerfallen. Aurelian (270 bis 275) mußte Rom ummauern. Das Reich drohte zur Beute der Barbaren zu werden.

Die Spätantike

Auf die Wirren der Soldatenkaiser folgt mit Diocletian 284 nochmals ein stabiles Jahrhundert. Er begründete in der Tetrarchie (Abb. 5) das legale Mehrkaisertum mit je einem Augustus und einem Caesar als Unterkaiser in den beiden Reichshälften. Alle Staatsakte erfolgten im Namen der vier Kaiser. Ins Hofzeremoniell wurden persische Rituale übernommen, so der Saumkuß des kaiserlichen Purpurmantels bei der Begrüßung, die Proskynese. Diocletians Nachfolger trugen als erste Kaiser das Diadem. Die Zahl der Provinzen wurde durch Teilung vermehrt, die Verwaltung gestrafft, das inflationär verwilderte Münzwesen reformiert. Der Versuch einer Kostendämpfung durch das Höchstpreisedikt von 301 scheiterte. Diocletian residierte in Nikomedien, im Westen stiegen Mailand und Trier zu Metropolen auf, Rom blieb Ehrenhauptstadt. Der Senat hatte längst keine politische Bedeutung mehr. 305 dankte Diocletian ab und zog sich in seinen Alterspalast nach Spalato (Split) in Dalmatien zurück.

In den folgenden Kämpfen setzte sich Constantin durch, der Sohn eines der Tetrarchen. Er besiegte 312 seinen Gegenkaiser Maxentius an der Milvischen Brücke vor Rom und bekannte sich zum Christentum, nachdem ihm am Himmel das Staurogramm (⳨), aus dem später das Christogramm (☧) wurde, mit der Beischrift: «Hierdurch siege» erschienen war. Schon 311 hatte Kaiser Galerius ein Toleranz-Edikt erlassen. Der neue Glaube verbreitete sich von Osten nach Westen,

Abb. 5: Das Porphyrmonument der Tetrarchen (Diocletian mit Galerius, Maximian mit Constantius) kam als Beutekunst im 4. Kreuzzug 1204 aus Konstantinopel nach Venedig, dort an San Marco; vgl. S. 83.

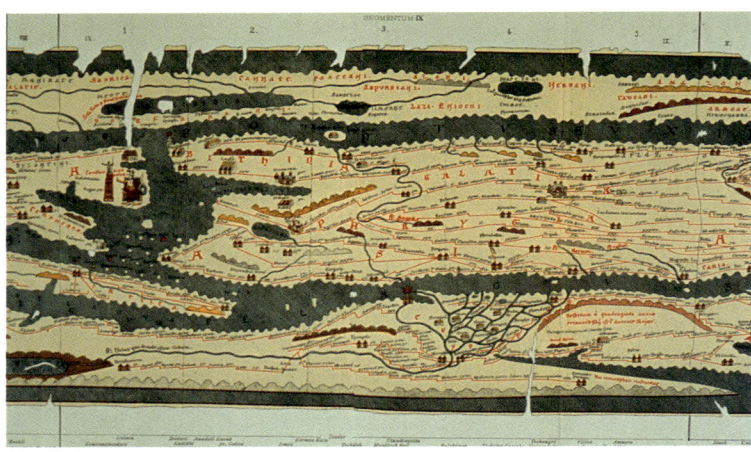

Abb. 6: Die Tabula Peutingeriana (Wien, Hofbibliothek) ist eine über 7 m lange und 34 cm hohe römische Straßenkarte mit Herbergen und Entfernungsangaben. Segment IX zeigt Konstantinopel, Kreta, Kleinasien und das Nildelta. Die erhaltene Abschrift des verlorenen Originals aus dem 4. Jh. n. Chr. wurde um 1200 angefertigt. Das Fernstraßennetz des Imperium Romanum hatte eine Gesamtlänge von 80 000 km; vgl. S. 85.

von den Städten aufs Land und verdrängte die anderen orientalischen Erlösungsreligionen, einschließlich des Mithraskultes. Unter Tiberius hatte Jesus, der Sohn von Maria und Joseph aus Nazareth, in Galiläa das Jüngste Gericht und das Reich Gottes verkündet, zur Buße und zur Nächstenliebe aufgerufen. Kernstück des Evangeliums ist die Bergpredigt bei Matthäus (Kap. 5 bis 7). Die Anhänger Jesu betrachteten ihn als Messias, den Gesalbten, griechisch *Christos*. Das erregte Ärgernis bei den Hohen Priestern und Verdacht bei den Römern. Am 7. April 30 ließ der Statthalter Pontius Pilatus Jesus bei Jerusalem kreuzigen. Er hatte sich als «König der Juden» bezeichnen lassen und rückte so in die Nähe der messianischen Rebellen, die das Land beunruhigten. Gleichwohl bildeten sich Gemeinden des «Auferstandenen», die unter Nero der Apostel Paulus auf seinen Missionsreisen auch für Nichtjuden öffnete. Nach dem Fall Jerusalems 70 n. Chr. wurden die Evangelien, Biographien Jesu, niedergeschrieben, so wie die Briefe des Paulus zuvor auf Griechisch.

Die Missionserfolge beruhen auf der literarisch vermittelten Lehre, auf der Sympathie für den Stifter, der Hoffnung auf das Paradies und der Organisation der Gemeinden unter Bischöfen mit ihrer vorbildlichen Liebestätigkeit. Eine gleichwohl verbreitete Abneigung gegen die Christen, die sich nicht am öffentlichen Leben beteiligten und alle an-

deren Götter als Teufelstrabanten betrachteten, führte zu wiederholten Verfolgungen, so unter Nero 64 aus kriminellen, unter Decius 250 aus politischen und unter Diocletian 303 aus religiösen Gründen. Dagegen wandten sich die Kirchenväter, im Westen Tertullian, im Osten Clemens, Origenes und, unter Constantin, Euseb von Caesarea, der Vater der Kirchengeschichtsschreibung und der christlichen Weltchronistik. 325 berief Constantin das erste ökumenische Konzil nach Nicaea, wo die Arianer verdammt, Christus und Gott gleichgestellt wurden. Auf dem Totenbett ließ sich der Kaiser taufen. Bestattet wurde er in seiner neuen Hauptstadt Konstantinopel (Abb. 6), dem alten Byzanz.

Abb. 7: Die von Theoderich in Ravenna erbauten Kirchen wurden unter Justinian erweitert und verschönert. Zwei Mosaiken in der Apsis von San Vitale (um 545) zeigen den Kaiser und die Kaiserin Theodora mit ihrem Gefolge, rechts vom Kaiser Geistliche, links Senatoren und Leibwächter; vgl. S. 87.

Die Christianisierung schritt schnell voran, doch gab es Hader um Bischofsstühle und Glaubensrichtungen. Auf regionalen oder reichsweiten Konzilien suchte man vergeblich ihn beizulegen. Nachdem Julian (355 bis 363) nochmals ein philosophisches Heidentum begünstigt hatte, behauptete sich das Credo des Bischofs von Rom, der als Papst zum Haupt der Kirche aufstieg. Die durch Athanasios von Alexandria für kanonisch erklärten Heiligen Schriften wurden 382 vom Papst Damasus zum Neuen Testament zusammengefaßt. Zwei Jahre zuvor hatte Kaiser Theodosius den orthodoxen Katholizismus Roms zum Staatsgesetz erhoben. Die Tempel wurden geschlossen oder zerstört, das Orakel von Delphi, die eleusinischen Mysterien, die olympischen Spiele abgeschafft, gegen Ketzer und Heiden wurde Militär eingesetzt. Die einzig erlaubte, wenn auch ungeliebte Religion neben dem Christentum war das Judentum. 451 nannte das Vierte ökumenische Konzil von Chalkedon die Naturen Christi als Gott und Mensch «ungetrennt und unvermischt», bis heute gültig für Orthodoxe, Katholiken und Protestanten. Die Monophysiten akzeptierten nur die göttliche Natur Jesu.

Die christliche Lehre breitete sich im Reich und außerhalb aus, ebenso das in Ägypten entstandene Mönchtum. Es bildeten sich ganze Klosterlandschaften aus größeren und kleineren Zellen und Eremitagen. Säulenheilige, Eisenträger, Inklusen und andere Asketen «bekämpften in der Wüste die Dämonen» und faßten in den Städten Fuß, auch in Konstantinopel. Hier erschien 438 der ‹Codex Theodosianus›, eine Sammlung der Kaisergesetze seit 312, angelegt von Theodosius II. *Codex* ist die Bezeichnung für das Blätterbuch, das im 4. Jahrhundert die Buchrolle, das *volumen*, verdrängte.

Constantins Söhne und Nachfolger kämpften gegen die Perser am Euphrat, gegen die Franken und Alamannen am Rhein und gegen die Goten an der Donau. Diese waren im 2. Jahrhundert aus Schweden ans Schwarze Meer gewandert und standen seit Mitte des 4. Jahrhunderts unter dem Druck der Hunnen, einem mongolischen Reitervolk aus Innerasien. 378 vernichteten die Westgoten das oströmische Heer bei Adrianopel. Seither war die Donaugrenze offen. Eine Provinz nach der anderen ging verloren, selbst Italien wurde unsicher. Die Kaiser zogen sich um 400 in das durch Sümpfe geschützte Ravenna zurück. 410 eroberten die Westgoten unter Alarich zum allgemeinen Entsetzen Rom. Nach ihrer Landnahme in Aquitanien besiegten sie gemeinsam mit den Römern unter dem Heermeister Aëtius 451 auf den Katalaunischen Feldern in Gallien Attila und seine Hunnen, doch die Zentralmacht verfiel. Nach einer turbulenten Kaiserfolge versetzte der germanische Heerführer Odovacar 476 den letzten Kaiser im Westen, Romulus Augustulus in den Ruhestand. Er war damals neun Jahre alt.

Der lateinische Westen war fortan in der Hand der Germanen. Im Verlauf der Kaiserzeit hatte der Druck auf die Grenzen zugenommen. Kinderreichtum, Kriegsgeist und verbesserte Bewaffnung machten die Germanen gefährlich. Wiederholte Aufnahme ins Reich, wo sie als Siedler und Söldner willkommen waren, führten zu einer Germanisierung des Heeres und des Offizierskorps. Seit dem späten 4. Jahrhundert bestimmten germanische Heermeister wie Arbogast, Stilicho und Rikimer die Politik. Sie besaßen ein bewaffnetes Gefolge, das sowohl für als auch gegen den Kaiser kämpfte. Sie verschwägerten sich untereinander, mit den Germanenkönigen, aber auch mit dem Kaiserhaus. Die genealogische Kette des Militäradels beginnt mit Diocletian und führt über Karl den Großen ins Mittelalter und in die Neuzeit. Während die Sklaven an Zahl und Bedeutung verloren, lebten die meisten Bauern als halbfreie Kolonen unter dem Patrozinium der Grundherren, die in präfeudaler Manier Hoheitsrechte übernahmen und ihre Villen befestigten.

Im griechischen Osten konsolidierte sich das byzantinische Imperium um die uneinnehmbare Stadt Konstantinopel. Nach einer kritischen Phase um 500 führte Justinian (527 bis 565) nochmals eine glänzende Zeit herauf. Zwar mißlang sein von Prokop beschriebener Versuch, Italien, Nordafrika und Spanien dem Reich zu sichern, doch bezeugen die Kirchen von Ephesos, Paros, Ravenna (Abb. 7) und vor allem die Hagia Sophia in Konstantinopel die Blüte der Baukunst. Auf dem Sinai entstand das Katharinenkloster. Das von Justinian 534 publizierte ‹Corpus Iuris Civilis› enthält die Summe der römischen Jurisprudenz, die Basis der PAX ROMANA.

*

Rom war die Schule Europas. Sie hat uns Gesittung vermittelt. Vieles wirkt kontinuierlich fort, anderes wurde in periodischen Renaissancen wieder aufgegriffen: das Städtewesen und der Steinbau, die Geldwirtschaft und die Zeitrechnung, zahllose technische Fertigkeiten, die Kategorien der Kunst, der Literatur und der Musik. Rom blieb das Zentrum der katholischen Christenheit, die Bibel das meistgelesene Buch. Bis die Aufklärung die Vernunft inthronisierte, verband Europa das Bekenntnis zur Frohen Botschaft.

Den Römern verdanken wir die Münzen, die Schrift und das Latein, es lebt fort in Wörtern wie Kultur und Zivilisation, Humanität und Rationalität, Staat und Republik, sowie Hunderten von Fremdwörtern aus Wissenschaft, Verwaltung und Technik bis zum Computer, von lateinisch *computare* – «rechnen». Die Römer übermittelten der Nachwelt zugleich die Errungenschaften des griechischen Geistes (s. Kap. 3). Ihr ureigenster Beitrag aber war das römische Recht. Durch differenziertes Urteil und Gespür für Gerechtigkeit hat es zeit- und grenzübergreifend Anerkennung gefunden. Es wurde, wie Ortega bemerkte, die Grundlage der europäischen Rechtskultur, obschon es seine volle Wirkung erst tausend Jahre später entfaltete. Geschichte verlangt Geduld.

Das Wikingerschiff

Einzelpreis 35 Pfg.

Monatsschrift für unsere Deutsche Jugend

Lengerich i. W. Jahrgang 4

5. Die Völker Europas

«Man kann sagen, daß alle alte Geschichte in die römische sich hineinergießt, gleichsam in einem Strom, der in einen See mündet, und daß die ganze neuere Geschichte wieder von der römischen ausgeht.» Mit diesem Bild verdeutlichte Leopold von Ranke 1854 die Stellung Roms in der Völkergeschichte Europas. Roms Einfluß auf die Nachwelt steht außer Frage, doch schwankt die Bewertung. Glaubten die Aufklärer, daß die römische Zivilisation zur Entstehung der Nationen Wesentliches beigetragen habe, so erklärten die Romantiker, daß der römische Imperialismus die Herausbildung nationaler Kulturen erschwert oder gar verhindert habe.

Beide Auffassungen lassen sich belegen. Mehrere Völker sind unter der Herrschaft Roms verschwunden. So in Italien, wo bereits im 1. Jahrhundert v. Chr. viele Sprachen erloschen: das Etruskische, Ligurische, Venetische, Oskische usw. Das Latein verdrängte ebenso das Keltische in Norditalien und das Griechische im Süden. In der Kaiserzeit erloschen das Keltiberische und das Lusitanische in Spanien, das Illyrische und das Thrakische in den Donauprovinzen.

Die größeren Sprachen, wie Punisch und Keltisch wichen dem Latein bei der Christianisierung. Wo die Nationalsprachen im Gottesdienst Verwendung fanden, überlebten sie – so das Koptische und das Griechische, das Syrische und Armenische, sowie das im jüdischen Kult gebräuchliche Hebräische. Nur Rückzugsgebiete blieben von der Romanisierung unberührt: das keltische Wales mit dem Kymrischen; das heutige Albanien, wo sich eine indogermanische Balkansprache gehalten hat; und das Baskenland, dessen vorindogermanisches Idiom im Mittelalter zur Schriftsprache aufstieg.

In der Nachantike ist die lateinische Grammatik verwildert, die Kenntnis des Lesens und Schreibens ging zurück. Überhaupt hat die Völkerwanderung unendlich viel zerstört; es dauerte Jahrhunderte, bis das zivilisatorische Niveau Roms wieder erreicht war. Träger der Bildung war die Geistlichkeit; Aberhunderte von Heiligen-Viten bildeten die populärste Literatur. Die Bibel las man in der Übersetzung des Hieronymus, genannt ‹Vul-

Abb. V: Als gefürchtete Räuber und bewunderte Helden haben die Wikinger (Normannen) auf ihren Drachenschiffen vom 8. bis 11. Jh. die Küsten Europas heimgesucht; vgl. S. 102.

gata›. Latein war zudem die Sprache der Kanzleien, der Gelehrten und Universitäten zwischen Paris, Bologna und Prag. Noch der Friedensvertrag von Münster und Osnabrück 1648 ist lateinisch abgefaßt. Isaak Newton publizierte auf Latein. Wenn das Latein als *lingua franca* im 18. Jahrhundert den Nationalsprachen auf den Hochschulen unterlag, so lockerte dies zwar die internationale Verständigung, kam aber Bevölkerungsschichten zugute, die des Lateinischen nicht mächtig waren.

Latein ist die Mutter der romanischen Sprachen in Italien und Frankreich, in Spanien, Portugal und Rumänien, hat aber ebenfalls den Wortschatz der germanischen Sprachen erweitert, am stärksten das Englische durch die Normannen. Hunderte von Fremdwörtern in allen europäischen Sprachen stammen aus dem Lateinischen, zumal solche aus dem Bereich der Modernisierung – ist doch der Begriff *modernus* selbst, wenn auch spätantikes Latein.

Italien

Die Geschichte Italiens im Mittelalter ist eine seltsame Umkehrung der Vorgänge in der Antike. Griff damals Italien nach allen Himmelsrichtungen aus, um die Welt zu unterwerfen, so drangen nun von allen Seiten landfremde Mächte auf die Halbinsel ein. Italien wurde gleichsam vom Räuber zur Beute. 489 n. Chr. erschienen die Ostgoten (Abb. 1). Ihr König Theoderich der Große (gest. 526) besiegte im Auftrag des oströmischen Kaisers Zeno den Odovacar (s. Kap. 4) und bescherte von Ravenna aus Italien dreißig friedliche Jahre. Durch seine Heiratspolitik knüpfte er Verbindungen zu den übrigen Germanenreichen, auch zu den ostgermanischen Vandalen, die aus Südschweden kommend über Schlesien durch Germanien, Gallien und Spanien gezogen waren – «Andalusien» heißt nach ihnen – und 429 unter Geiserich in Nordafrika ihr Reich errichtet hatten. Zwist unter Theoderichs Nachfolgern erleichterte Justinian den Sieg im ‹Kampf um Rom›, so der Romantitel Felix Dahns von 1876. Die Ostgoten wurden von Belisar und Narses geschlagen und verschwinden nach 552 aus der Geschichte (s. Kap. 4).

568 rückten unter ihrem König Alboin die nordgermanischen Langobarden ein. Schwerpunkt ihrer Herrschaft war einerseits die «Lombardei» mit der Hauptstadt Pavia, andererseits Benevent und Spoleto, wo eigene Herzogtümer entstanden. Um 600 bekehrten sich die

arianischen Langobarden zum Katholizismus, bedrängten aber den Papst. Dieser rief die Franken zu Hilfe (s. Kap. 7). Von ihnen erhielt er das vergrößerte Latium als Kirchenstaat, das Patrimonium Petri. Dazu kam das Tibertal und die Romagna an der Adria, das byzantinische Exarchat Ravenna mit der im 7. Jahrhundert entstandenen Lagunenstadt Venedig. Um 1000 wurde die *Serenissima* unter einer Kaufmannsaristokratie selbständig (s. Kap. 9).

Von Tunis aus landeten die Araber 720 auf Sardinien und 827 auf Sizilien, wo sie Palermo zur Hauptstadt erhoben. Ihre Flotten plünderten Süditalien, der Seehandel auf dem Mittelmeer ging zurück. 1072 eroberten Normannen, die als Jerusalempilger ins Mittelmeer gekommen waren, Palermo und führten in Sizilien eine Kulturblüte herauf, von der die romanische Kathedrale von Cefalù sowie die byzantinischen Mosaiken von Monreale Zeugnis ablegen. Die aus Griechenland übernommene Seidenherstellung verbreitete sich nach Italien, Frankreich und Deutschland. Die Blütezeit Siziliens setzte sich unter dem Stauferkaiser Friedrich II fort (s. Kap. 7). Er war Erbe des Normannen Rogers II, der 1130 auch Neapel erworben hatte. Nach einem Zwischenspiel unter Karl von Anjou, dessen Herrschaft 1282 in der sizilianischen Vesper blutig endete, kam Sizilien an die Könige von Aragon. Seitdem war auch Spanien im Spiel, das sich gegen Frankreich im «Königreich beider Sizilien» 300 Jahre behauptete. Der wirtschaftliche, politische und kulturelle Schwerpunkt lag in «Reichsitalien», in der Lombardei, in der Toscana und im Kirchenstaat. Das hier aufblühende Städtewesen war führend in Europa. Der Entschluß Dantes, seine ‹Divina Commedia› um 1300 nicht auf Lateinisch, sondern in der Volkssprache, dem Volgare, abzufassen, erhob das florentinische Toskanisch zur italienischen Literatursprache. In seinem Gefolge schrieben Boccaccio (1313 bis 1375) sein ‹Decamerone› und Petrarca (1304 bis 1374) seine ‹Canzoniere›.

Hispanien

Die Westgoten konnten das 410 eroberte Rom nicht behaupten. Sie ließen sich in Südgallien nieder. Von dort griffen sie über die Pyrenäen hinüber und räumten nach ihrer Niederlage gegen die Franken 507 Gallien. Als erstes Germanenvolk hatten die Westgoten sich zum Christentum bekehrt, zur damals im Osten herrschenden arianischen Leh-

Die Völker Europas

Abb. 1: Aus dem Grab einer ostgotischen Fürstin um 500 stammt die goldene Adlerfibel von Domagnano in Italien. Zeittypisch ist die Zellenschmelztechnik mit Almandineinlagen. Original: Nürnberg, Germanisches Nationalmuseum; vgl. S. 90.

re. Wulfila alias Ulfilas hatte um 360 die Bibel ins Gotische übersetzt, sie wurde von den Ostgoten und den Vandalen übernommen. In Spanien lebten die Westgoten wie alle germanischen Stämme unter Königen, doch bildete sich keine Dynastie heraus. Ihre Hauptstadt war zunächst Barcelona, seit 589 Toledo. Für das Zusammenleben mit den romanisierten Keltiberern publizierte Eurich als erster Germanenkönig um 475 nach römischem Vorbild eine lateinische Gesetzessammlung, den ‹Codex Euricianus›. 585 gewannen die Westgoten das Reich der Sweben in Nordwestspanien, wo diese 411 Fuß gefaßt hatten.

589 traten die Westgoten wie zuvor die Franken zum katholischen Glauben über und vermischten sich mit der Vorbevölkerung. Die gotische Sprache verschwand zugunsten eines spätlateinischen Idioms, aus dem sich das Spanische entwickelte. Die herausragende Gestalt war der Bischof Isidor von Sevilla; er faßte um 630 das Wissen der Zeit in seinen ‹Origines sive Etymologiae› zusammen. Im Jahre 711 unterlag der letzte Westgotenkönig Roderich den Muslimen.

Während die Araber im Kalifat von Cordoba eine blühende Kultur entfalteten (s. Kap. 6), behaupteten sich im Norden gotisch-christliche Fürsten. Noch bevor Karl der Große in Katalonien die Spanische Mark errichtete, eröffneten die Könige von Asturien die Rückeroberung des Landes. 1085 wurde Toledo genommen und zur Residenz der Könige von Kastilien erhoben. Der Held der Reconquista war der Cid, so seine arabische Bezeichnung (gest. 1099), der abwechselnd auf beiden Seiten gekämpft hat, sich aber schließlich für die Christen entschied. Das spanische Epos über ihn übertrug Herder 1806 ins Deutsche. Santiago de Compostela stieg auf zum europäischen Pilgerzentrum.

1139 nahmen die Grafen von Portugal im ehemals römischen Lusitanien den Königstitel an. Noch im 13. Jahrhundert wurden durch die geistlichen Ritterorden Cordoba und Sevilla eingenommen, die Muslime auf Granada im Süden beschränkt. 1479 vereinigten sich Kastilien und Aragon, die letzten Muslime wurden 1492 vertrieben. Das eroberte Land erhielten die Ritter, die Hidalgos, zu Lehen; die grundbesitzenden Hochadligen, die Cortes wurden zum Machtfaktor neben König und Kirche. Nach den Muslimen wurden auch die Juden verjagt. Sie gingen teils ins Osmanische Reich, teils in die Niederlande.

Frankreich

Seit dem 3. Jahrhundert war Gallien den über den Oberrhein vorstoßenden Alamannen und den am Niederrhein wohnhaften Franken ausgesetzt. Nachdem diese das Gebiet zwischen Weser und Maas unterworfen hatten, gelang es dem Merowingerkönig Chlodwig (482 bis 511), seine Rivalen zu beseitigen, den römischen Statthalter von Mittelgallien zu schlagen, 497 die Alamannen und 507 die Westgoten zu besiegen.

Chlodwig trat um 498 zum Katholizismus über, seine Taufe durch Erzbischof Remigius von Reims begründete die Glaubenseinheit zwischen Franken und Romanen. Der Nationalheilige war Martin von

Abb. 2: 1653 fand man in Tournai (Belgien) das Grab von Chlodwigs Vater Childerich, der 482 im Kreise seiner Gefolgsleute bestattet worden war. Es wurde durch einen Siegelring mit dem Namen des Frankenkönigs identifiziert; J. J. Chiffletius, Anastasis Childerici I, 1655. Reste in Paris, Bibliothèque Nationale.

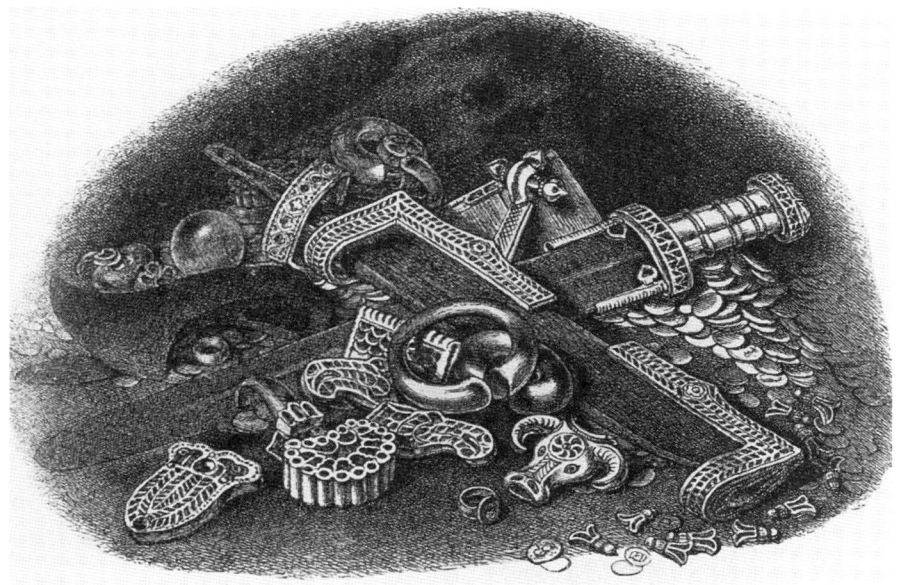

94 Die Völker Europas

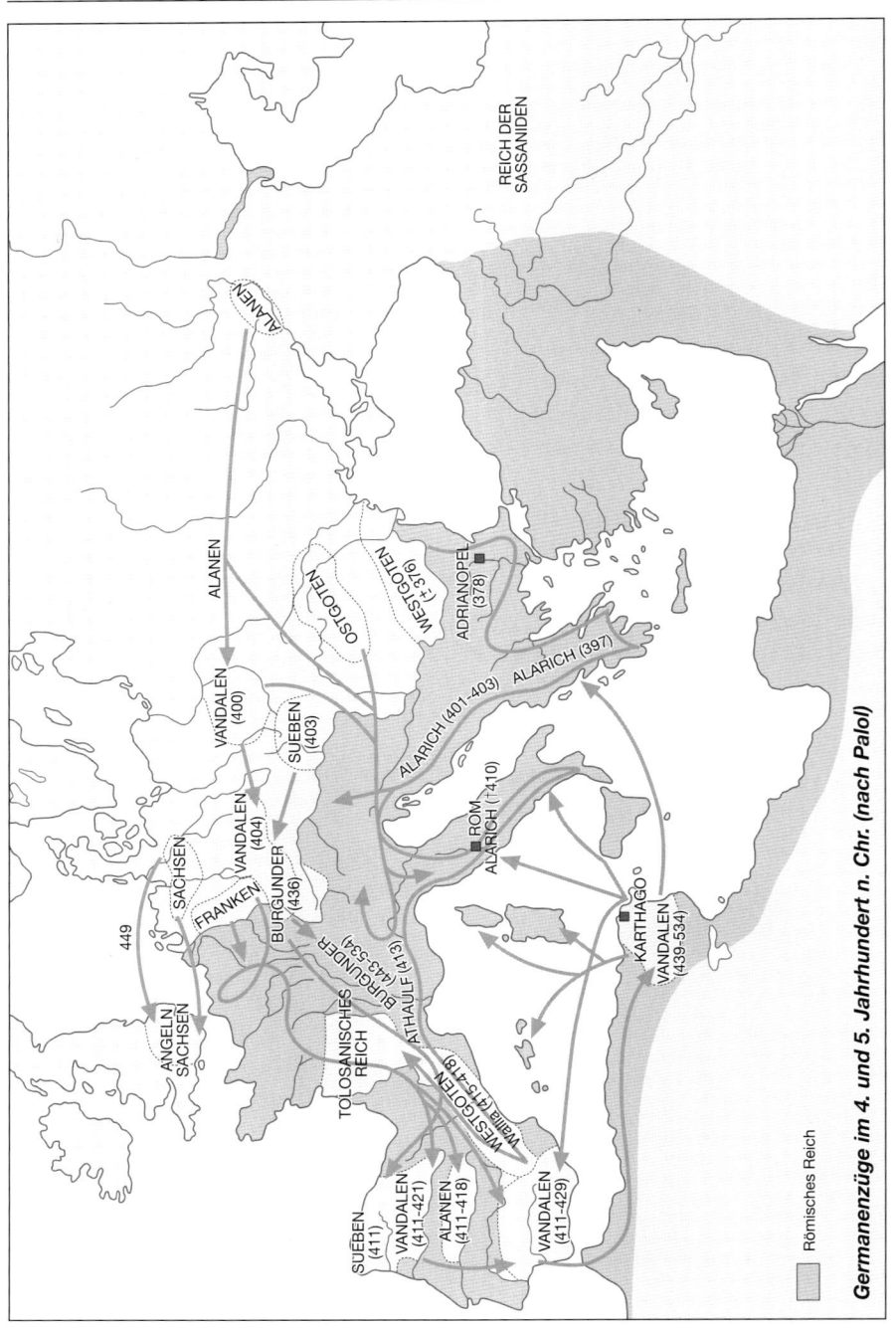

Germanenzüge im 4. und 5. Jahrhundert n. Chr. (nach Palol)

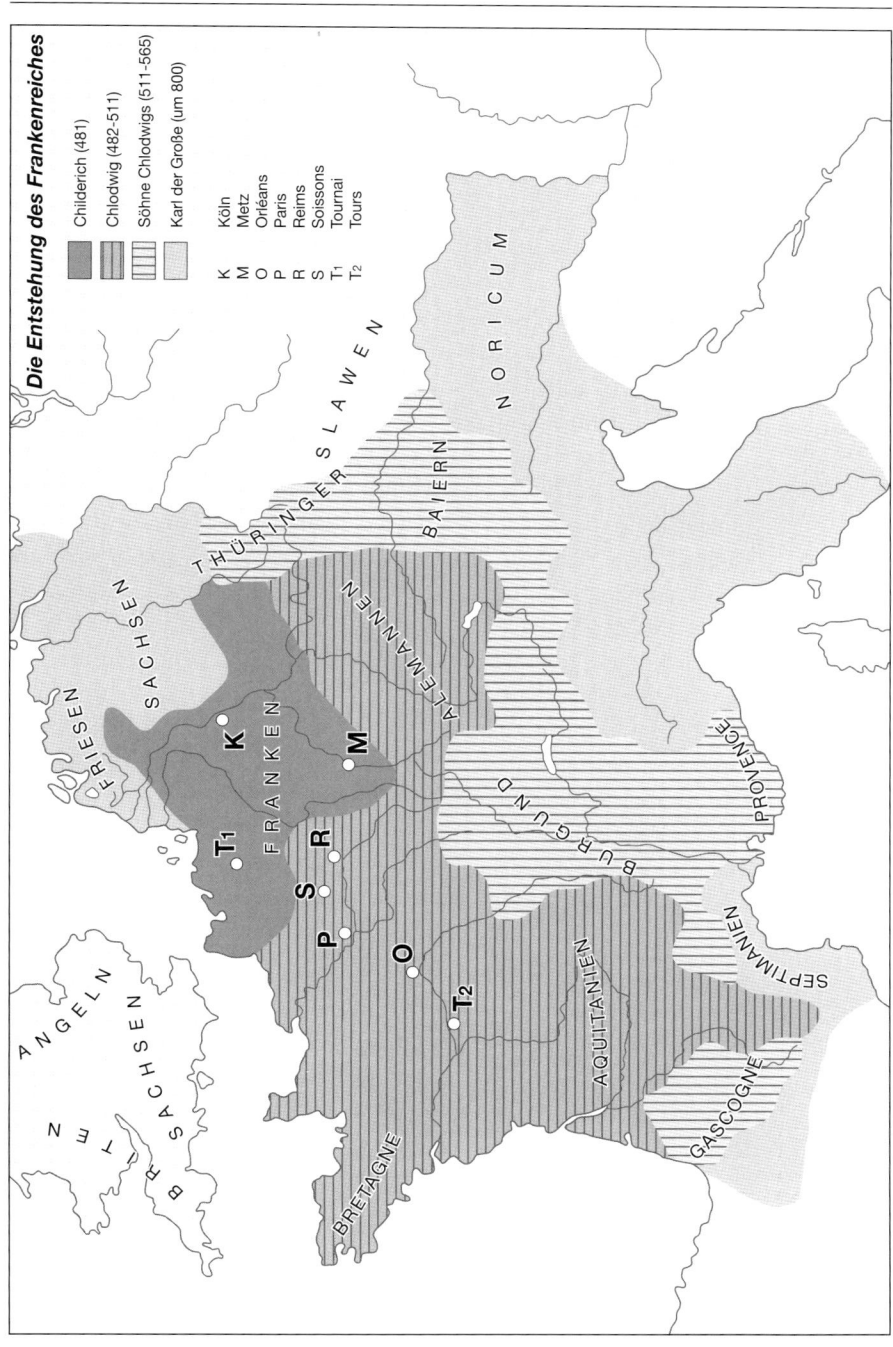

Tours, Patron von 4000 Kirchen; seinen geteilten Mantel (*cappa*) nahm man als Talisman mit in den Krieg und bewahrte ihn zwischendurch in der nach ihm benannten «Kapelle» auf. Der senatorische Adel blieb noch lange führend – erst 566 findet sich ein Bischof fränkischen Ursprungs in Paris –, aber die römische Zivilisation sank auf ein primitives Niveau. Die Verwaltung erhielt sich in stark reduzierter Form. Chlodwig residierte in Paris, schon 360 von Kaiser Julian besungen. Die verkümmerten Städte (*civitates*) wurden teils von Bischöfen, teils von königlichen Grafen (*comites*) regiert, in den Grenzgebieten herrschten Herzöge (*duces*). Das fränkische Recht wurde in einem barbarisierten Latein in der ‹Lex Salica› kodifiziert, die übrigen Volksrechte der Burgunder, Alamannen und Baiern folgten.

Chlodwigs Söhne gewannen das Burgunderreich an der Rhône und weiteten ihre Macht bis nach Thüringen aus. Trotz zahlreicher Erbteilungen, denen indes auch Wiedervereinigungen folgten, war das Frankenreich der mächtigste Staat in Europa; Theudebert (534 bis 548) annektierte Baiern und drang bis Venetien vor. Er prägte Goldmünzen, wie es nur der Kaiser in Konstantinopel tat. Dagobert (629 bis 639), der letzte starke Merowinger, stiftete die Kirche St. Denis nördlich von Paris, die Grablege der Könige.

Seit dem 7. Jahrhundert gewann der ostfränkische Adel an Bedeutung. Ihm entstammt der königliche Reichsfeldherr, der Hausmeier Karl Martell. Er besiegte 732 zwischen Tours und Poitiers die aus Spanien vordringenden Araber (s. Kap. 6). Sie machten zwar anschließend noch ganz Südgallien unsicher, gaben aber ihren Siedlungsplan auf. Daß eine Niederlage Karls zur Islamisierung Europas geführt hätte, wie Gibbon und Ranke meinten, ist nur anzunehmen, wenn die Araber zudem Italien und Konstantinopel gewonnen hätten, was sie mehrfach versucht haben.

Karls Sohn Pippin der Kurze (751 bis 768) wurde von den Franken zum König erhoben und von einem Gesandten des Papstes in St. Denis gesalbt. Den letzten machtlosen Merowinger schickte man in ein Kloster, fortan regierten die Karolinger. Die Sprache des Hofes und des Heeres war zunächst Fränkisch, die Kirchen- und Literatursprache Latein, das Volk in Nordfrankreich sprach Galloromanisch, im Süden Provençalisch. Der westfränkische Adel war um 700 romanisiert. Die Sprachgrenze zwischen Romanisch und Germanisch verlief westlicher als heute, von Tournai über Lüttich nach Metz.

Nach der Glanzzeit Karls des Großen (s. Kap. 7) und den Wirren unter seinen Nachfolgern stabilisierte sich das französische Königtum unter den Kapetingern (987 bis 1328). Da jeder König einen regierungsfähigen Sohn hinterließ, bildete sich eine Erbmonarchie heraus, zentriert in Paris. Unter Ludwig dem Dicken (1108 bis 1137) bahnte sich eine Allianz mit dem Papsttum an. Als Philipp II August 1214 bei Bouvines die Engländer und Welfen besiegt hatte, stieg Frankreich zur ersten Macht Europas auf.

Überschattet wird dies durch die Vernichtung der Albigenser (1209 bis 1229) in Südfrankreich, gegen die Papst Innozenz III zum Kreuzzug aufrief. Die asketisch-weltfeindliche Sekte geht zurück auf die bulgarischen Bogumilen, die einen manichäischen Dualismus zwischen Gott im Himmel und Satan auf Erden lehrten und sich über Bosnien nach Italien und Südfrankreich ausbreiteten. Ihre griechische Bezeichnung als «Katharer» (die Reinen) liegt unserem Wort «Ketzer» zugrunde. Die Kultur der provençalischen Troubadouren ging unter, aber wirkte nach: Die höfische Liebeslyrik der fahrenden Sänger Okzitaniens – an ihrer Spitze Bertran de Born – eröffnet die romanische Dichtung. Sie setzt sich fort im deutschen Minnesang. Noch einflußreicher war die französische Epik, das anonyme Rolandslied und die Artus-Dichtung. Frankreich ist ebenso der Ursprung der Gotik, ausgehend von St. Denis, kulminierend in Chartres, Reims und Notre-Dame von Paris, erbaut 1163 bis 1196.

Im Zwist zwischen den Staufern und den Päpsten in Italien (s. Kap. 7) war Frankreich der lachende Dritte. Als Papst Bonifaz VIII seinen Vorrang gegenüber den weltlichen Gewalten verkündete, überfiel ihn König Philipp IV der Schöne 1302 in Anagni und überführte die Kurie in die «babylonische Gefangenschaft», ins französisch dominierte Avignon (1309 bis 1377). Um an das Vermögen des papsttreuen Templer-Ordens zu kommen, brachte Philipp die Ritter unter dem Vorwand der Ketzerei auf den Scheiterhaufen (1307 bis 1312).

Eine nachhaltige Veränderung erfuhr die politische Landkarte durch den 1339 ausgebrochenen Hundertjährigen Krieg zwischen England und Frankreich. Nach wechselnden Erfolgen gelang es 1429 der gottbegeisterten Jeanne d'Arc, an der Spitze des französischen Heeres die Engländer vor Orléans – daher ihr Beiname – zu schlagen, doch geriet sie in Gefangenschaft und wurde 1431 als Hexe in Rouen verbrannt. 1453 verloren die Engländer alle Besitzungen auf dem Festland außer Calais.

Johanna wurde 1456 durch die Kirche rehabilitiert und 1920 heilig gesprochen. Schiller dramatisierte ihr Schicksal 1801.

Die Versuche Frankreichs, nach Norden vorzudringen, blieben weitgehend erfolglos. Die Niederlande (Hennegau, Brabant und Holland) gehörten zu Lothringen und damit seit 843 zum ostfränkisch-deutschen Reich, kirchlich zum Erzbistum Köln, ebenso die Grafschaft Flandern, die dem westfränkischen Reich zugefallen war. Brügge und Gent, Antwerpen und Amsterdam entwickelten sich zu bedeutenden Handelsstädten, führend in Tuchen. Im 15. Jahrhundert lösten die Holländer die Hanse in der Ost- und Nordseeherrschaft ab. Die Zugehörigkeit zum Herzogtum Karls des Kühnen von Burgund seit 1467 blieb Episode – die Erneuerung des Mittelreiches zwischen Frankreich und Deutschland mißlang –, doch beginnt in jener Zeit die Kulturblüte, der «Herbst des Mittelalters» (Huizinga), zumal in der Malerei, an ihrer Spitze die Brüder van Eyck und Rogier van der Weyden. Mit dem Buchdruck konsolidierte sich die niederländische Sprache, während südlich von Brüssel sich das Französische durchsetzte.

Britannien

Die Kelten auf den britischen Inseln hatten während der römischen Herrschaft ihre Sprache behauptet. Nach dem Abzug der Legionen um 400 breitete sie sich wieder aus. Die Gälen in Irland lebten unter ihren Stammesfürsten und wurden im 5. Jahrhundert durch einen in Gallien römisch erzogenen Briten, den heiligen Patrick (Patricius) zum Christentum bekehrt. Es entstand ein reiches Klosterleben, so in Armagh, Kildare und auf der Insel Iona (Hy). Gelehrsamkeit und Buchmalerei (Abb. 3) der Iren waren führend in Europa. Iroschottische Missionare predigten in Frankreich und Italien. Columban (550 bis 615) gründete die Klöster Luxeuil in Lothringen und Bobbio in Italien, sein Schüler Gallus wirkte in Sankt Gallen, Kilian in Würzburg. Der Held der britischen Frühzeit ist der sagenhafte König Artus, englisch Arthur, mit seiner Tafelrunde, der um 500 die eingedrungenen Sachsen besiegt haben soll. Geoffrey of Monmouth und Chrétien de Troyes haben ihn im 12. Jahrhundert zum Idealbild des höfischen Ritters erhoben und ihn mit der Sage vom Zauberer Merlin und mit der Grallegende verbunden.

Die Germanisierung Englands begann in der Mitte des 5. Jahrhunderts. Nachdem schon von den Römern die Ostküste durch das *litus*

Saxonicum, eine Militärgrenze, gegen die Nordseepiraten geschützt werden mußte, landeten um 450 Angeln, Sachsen und Jüten unter den Brüdern Hengist und Horsa. Ein Teil der Briten aus Cornwall wich über See in die nach ihnen benannte Bretagne aus. Im Südosten Englands entstanden sieben germanische Königreiche (Abb. 4). Das dort erloschene Christentum wurde um 600 von Rom aus wiederbelebt, die führende Gestalt der angelsächsischen Kirche war deren Historiker Beda Venerabilis (gest. 735).

Ende des 8. Jahrhunderts erschienen die Wikinger aus Dänemark. Sie plünderten die Küsten, gründeten Dublin und setzten sich in York fest. Der angelsächsische König Egbert von Wessex (Westsachsen), ein Zögling Karls des Großen, faßte die Kleinkönigtümer zusammen und erhob London zur Residenz. Im Widerstand gegen die Dänen zeichnete sich sein gelehrter Enkel und Nachfolger Alfred der Große (871 bis 899) aus, der Recht und Verwaltung reorganisierte, Bildung und Wirtschaft förderte. 1016 gelangte England unter die Herrschaft Knuts des Großen von Dänemark. König Eduard der Bekenner floh in die Normandie, kehrte aber 1042 zurück. Der damit einsetzende Einfluß aus Frankreich stieß auf Widerstand, doch unterlag der letzte Sachse, König Harold oder Harald, 1066 bei Hastings den Normannen aus der Normandie unter Wilhelm dem Eroberer (Abb. 5). Der Adel sprach Französisch, die Kirche Latein, Englisch blieb das Idiom des Volkes.

Wilhelm regierte England als Oberherr des gesamten Bodens, seine Vasallen vermochten ihre Lehen nicht zu Landesherrschaften auszubilden. Darauf beruhte die Macht der englischen Krone im Gegensatz zu Deutschland, das nie erobert wurde, nie verteilt werden konnte. Das 1086 angelegte *Domesday Book* verzeichnet die Grafschaften und deren Pflichten gegenüber der Krone; ein *Exchequer* amtierte als königlicher Schatzmeister. Heinrich II (1154 bis 1189) aus dem Hause Anjou-Plantagenet erbte das westliche Frankreich. Sein Hoheitsgebiet reichte von der schottischen Grenze bis zu den Pyrenäen. Im Streit um die Gerichtshoheit über den Klerus wurde 1170 Thomas Becket, Erzbischof von Canterbury, von Königsleuten erschlagen. Gegen die wachsende Zentralgewalt erhoben sich die Barone und nötigten Johann Ohneland 1215 zur Unterzeichnung der *Magna Charta Libertatum*, in denen die Rechte der Kirche, des Adels und der Kaufleute festgelegt wurden, namentlich im Hinblick auf die Steuern und das Gerichtswesen. Die Ba-

Abb. 3: Zu den Meisterwerken der irischen Buchkunst gehört das Buch von Kells aus dem 8. Jh. in Dublin, Trinity College Library. Die abgebildeten Buchstaben (CHRISTI GENERATIO) zitieren das Matthäus-Evangelium (1, 18). Irische Mönche pflegten die lateinische wie die goidelische Sprache. Sie verwendeten als erste den Endreim in der Dichtung. Neben sakralen Texten wurden altirische Mythen aufgezeichnet und durch Barden verbreitet, so die Sage vom Rinderraub in Ulster. Bekannter wurde die keltische Literatur aus Wales, so das ‹Mabinogion› mit der Artus-Legende und der Merlin-Sage aus dem 13. Jh.; vgl. S. 98.

rone sicherten sich sogar ein Widerstandsrecht. Die *Magna Charta* wurde zum Grundgesetz des englischen Parlaments, das schon im 13. Jahrhundert zur zweiten Kraft im Staate aufstieg.

Kulturell und zeitweise auch politisch von England abhängig war Schottland, das von den Römern nie eroberte Caledonia. Der Name geht zurück auf die keltischen Skoten, die im 5. Jahrhundert n. Chr. aus Irland eingewandert waren. Seit dem 9. Jahrhundert sind schottische Könige bezeugt; 1040 bemächtigte sich Macbeth des Throns, suchte als Pilger in Rom Absolution und wurde 1057 von Malcolm, dem Sohn seines Vorgängers Duncan besiegt. Das Drama Shakespeares wurde 1611 in London aufgeführt. Während der endlosen Kämpfe mit England standen die Schotten oft mit Frankreich im Bunde. 1371 bestieg der erste Stuart den Thron, der letzte wurde 1688 gestürzt (s. Kap. 11). Seit dem 15. Jahrhundert ist Edinburg Königsstadt. Die keltische Sprache ist inzwischen praktisch verschwunden, sie kümmert ebenso in der Bretagne, in Irland und Wales.

Britannien 101

Abb. 4: Das 1939 entdeckte reich ausgestattete Schiffsgrab von Sutton Hoo ist das Kenotaph für einen auf See gebliebenen angelsächsischen Fürsten um 630; es enthielt außer dem Helm ein Steinzepter, ein Schwert, einen Dolch, eine Hammeraxt, einen Schild, eine sechssaitige Leier, kostbare Beschläge und Schnallen, Trinkhörner, Kochkessel, reiches byzantinisches Tafelsilber und 37 fränkische Goldmünzen, heute im Britischen Museum, London. Aus jener Zeit stammt das altenglische Stabreimepos vom Gotenfürsten Beowulf, der die Dänen vom menschenfressenden Wasserdämon Grendel und anderen Ungeheuern befreite und dabei umkam; vgl. S. 99.

Abb. 5: Den Sieg der Normannen über die Angelsachsen 1066 zeigt der zeitgenössische, 70 m lange und 50 cm breite Teppich im Museum von Bayeux in der Normandie. Der Text (H)AROLD REX INTERFECTUS EST meldet den Tod König Harolds; vgl. S. 99.

Skandinavien

Der Name *Scandinavia* bezeichnet bei römischen Autoren eine große Insel im Norden, an deren Küsten man «Schaden» litt. Bewohnt war sie von den Svionen, den Schweden. Sie seien große Seefahrer, schreibt Tacitus, und stünden unter Königen. Ausgehend von Südschweden wurden die Lappen, bei Tacitus *Fenni* genannt, überschichtet und teilweise germanisiert. Seit dem 2. Jahrhundert n. Chr. verließ eine Auswanderungswelle nach der anderen das karge Land über die Ostsee bis hin zum Schwarzen Meer: Goten, Burgunder, Vandalen, Rugier und Heruler. Der byzantinische Chronist des 6. Jahrhunderts Jordanes nannte Skandinavien (*Scandza*) den Mutterschoß der Völker: *vagina nationum*.

Wikinger aus Schweden, Dänemark und Norwegen verunsicherten seit dem 8. Jahrhundert auf ihren «Wellenrossen» die Küsten Europas (Abb. V). Ihre «Seekönige» plünderten Köln, Mainz und Worms, eroberten dreimal Paris und setzten sich in der «Normandie» fest, wo sie die französische Kultur übernahmen. Als Staatengründer bewährten sie sich zudem in Rußland (s. Kap. 12) und Sizilien (s. o.). Selbstzeugnisse der Wikinger bieten ihre Runen-Inschriften (Abb. 6).

Der Name Dänemark stammt von der gegen die Dänen angelegten karolingischen Grenzmark an der Eider. Schon im 8. Jahrhundert entstand das Danewerk, eine nun umgekehrt von Dänen errichtete Befestigungslinie von der Ost- zur Nordsee. Nachdem König Harald von Dänemark sich 826 hatte taufen lassen, predigte Ansgar, der spätere Bischof von Bremen, in Dänemark und Schweden. Dennoch hielt sich das germanische Heidentum mancherorts noch lange. In Uppsala gab es noch im 11. Jahrhundert Menschenopfer. Geistliches Zentrum Dänemarks war Roskilde, von dort wurde im 12. Jh. Kopenhagen gegründet, Residenz seit 1445.

Als die Dänenkönige ihre Macht auf Norwegen ausdehnten, begann 874 eine Auswanderung nach Island. Iren hatten die unbewohnte Insel hundert Jahre zuvor entdeckt. Hier entstand der erste europäische Freistaat der Nachantike, geriet aber dann in Abhängigkeit, 1262 von Norwegen, 1380 von Dänemark. 982 wurde durch Erich den Roten das damals grüne Grönland entdeckt und besiedelt, sein Sohn Leif Erikson fand «Weinland» bei Boston in Amerika. Wikingerhäuser wurden in Neufundland ausgegraben.

Um 1000 traten die Isländer durch Thingbeschluß zum Christentum über. Der damit verbundenen Alphabetisierung verdanken wir die ‹Edda›, die germanischen Götter- und Heldenlieder. Einzelne reichen ins 8. Jahrhundert zurück, obschon die Niederschrift erst im 13. Jahrhundert erfolgte. Die Edda wurde 1922/23 von Felix Genzmer verdeutscht. Daneben gibt es aus Island die im 9. Jahrhundert einsetzenden Skaldenlieder,

Abb. 6: Das germanische Runenalphabet ist aus dem Nordetruskischen abgeleitet. Die ältesten Belege stammen aus der Zeit um 200 n. Chr. und finden sich vornehmlich in Skandinavien, wo sie bis weit ins Mittelalter gebräuchlich waren. Über 5 000, zumeist kurze Inschriften sind bekannt. Einige erinnern an Gefallene oder feiern Heldentaten. Der Runenstein von Rök (um 830) enthält den längsten Text und nennt Theoderich d. Gr.; vgl. S. 102.

die an den Höfen vorgetragen wurden, und seit dem 12. Jahrhundert die Sagas, die das altnordische Leben ungemein farbig wiedergeben und um Ehre und Treue, Ruhm und Rache kreisen. Die skandinavische Nationalliteratur beginnt, von einzelnen Ritterepen wie dem schwedischen Alexanderroman (1380) abgesehen, erst mit den Bibelübersetzungen der Reformation in 16. Jahrhundert und dann mit der Romantik im späten 18. Jahrhundert. Dänisch wurde Hof- und Literatursprache durch die Komödien des Baron Holberg (1684 bis 1754), das finnische Nationalepos ‹Kalevala› wurde 1835 von Elias Lönnrot in Form gebracht.

Die Schweden, seit der Gründung des Erzbistums Uppsala 1164 weitgehend christlich, unterwarfen und christianisierten Finnland im 13. Jahrhundert, doch stritten Krone und Adel und beide mit Dänemark. Um 1260 wurde die Handelsstadt Stockholm gegründet. Die Ostsee beherrschten die Koggen der Hanse (s. Kap. 7). 1397 schloß die Kalmarische Union die drei nordischen Länder zusammen, doch löste sich Schweden unter der Dynastie der Wasa 1523 wieder heraus. Vorausgegangen war das Stockholmer Blutbad von 1520, durch das Christian II von Dänemark den schwedischen Adel hatte einschüchtern wollen.

Nach der Einführung der Reformation, noch zu Luthers Lebzeiten, griff Schweden in die große Politik ein unter Gustav Adolf im Dreißigjährigen Krieg (s. Kap. 9) und unter Karl XII im Nordischen Krieg (s. Kap. 12), doch ließ sich die beide Male gewonnene Position in Mittel- und Osteuropa nicht behaupten. Die dänischen Handelsgewinne während des Dreißigjährigen Krieges bezeugen die prunkvollen Renaissance-Schlösser von König Christian IV.

Osteuropa

Die Völker im östlichen Mitteleuropa hatten es mit der Staatenbildung schwer. In sich und untereinander zerstritten, waren sie dazu dem Druck stärkerer Nachbarn ausgesetzt: kurzzeitig den Schweden im Norden, länger den Türken im Süden, dauernd den Russen im Osten und den Deutschen im Westen. Kulturell indessen bedeutete diese Nachbarschaft eine Bereicherung.

Der weitaus größte Teil der Bevölkerung gehört der slawischen Sprachfamilie an. Sie hat sich aus dem indogermanischen Sprachverband vergleichsweise spät herausgebildet. Um 360 n. Chr. erscheinen

Protoslawen als Gegner Roms an der mittleren Donau. Der Volksname der Slawen taucht im 6. Jahrhundert auf, als sie in Griechenland einwanderten. Auf die von den Byzantinern gefangenen *Sklavenoi* geht unser Wort «Sklave» zurück. Die deutsche Bezeichnung für die Slawen lautet «Wenden», abgeleitet vom Namen der Veneter im Hinterland von Venedig. Die Slawen besetzten die in der Völkerwanderung von Germanen und Römern geräumten Gebiete Serbien, Slowenien und Kroatien, um 600 auch Böhmen und Mähren und drangen bis an den oberen Main vor. Slawische Ortsnamen bezeugen dies: Dresden heißt «Stadt am Wege», Leipzig «Lindenstadt», Berlin «Ort am Sumpf». Im Osten erreichten die Slawen im 16. Jahrhundert den Ural.

Die größte der slawischen Nationen im östlichen Mitteleuropa ist die der Polen, der «Feldbewohner». Ihre Geschichte erwächst aus der legendären Frühzeit der Piasten-Dynastie zwischen Oder und Weichsel um Gnesen, östlich von Posen. Hier entstand ein Missionsbistum, das zur Erzdiözese Magdeburg gehörte. Kaiser Otto III besuchte Gnesen im Jahre 1000 und erhob es zum Erzbistum für die polnischen Diözesen Kolberg, Breslau und Krakau. Schon Otto stiftete ein polnisches Königtum; Boleslaw I der Tapfere übernahm es 1024, löste sich dann aber aus der Lehnshoheit. Es folgten wechselhafte Kämpfe, doch wuchs der deutsche Einfluß, zumal im Adel und in den Städten.

Gegen die heidnischen Preußen alias Pruzzen riefen die Piasten 1226 den Deutschen Orden zu Hilfe. Schon 1252 besaß er Memel. Die Preußen gehören mit den Litauern und den Letten zu den Balten, die sich eine urtümliche Form des Indogermanischen bewahrten. Die nördlich anschließenden Ostseevölker von Livland und Estland zählen sprachlich zu den Finnen, teilen aber das Schicksal der Balten. Riga in Livland ist eine deutsche, Reval (Tallin) in Estland eine dänische Gründung. 1386 kam es zur Union zwischen Polen und Litauen unter den litauischen Jagiellonen und zum «Goldenen Zeitalter» Polens. Der Deutsche Orden, dessen Hochmeister seit der Gewinnung Danzigs 1309 in der Marienburg residierte, verlor die Schlacht bei Tannenberg 1410 und im Frieden von Thorn 1466 seine Eigenstaatlichkeit, der polnische Einfluß reichte von der Ostsee bis ans Schwarze Meer.

Die 1364 gegründete Universität der damals deutschsprachigen Stadt Krakau entwickelte sich zum geistigen Zentrum Osteuropas. Nebeneinander wirkten italienische und deutsche Humanisten, Conrad Celtis schrieb ein Lobgedicht auf die Krakauer Astronomie – hier studierte

Kopernikus, der dann als Domherr zu Frauenburg seine Schrift ‹De revolutionibus orbium coelestium› verfaßte, veröffentlicht 1543 in Nürnberg. Den Gedanken, daß sich die Erde um die eigene Achse dreht, entnahm Kopernikus Ciceros ‹Academica› (II 123). Nach der Reformation übte Polen eine in Europa sonst unbekannte religiöse Toleranz. Die Geschichte der Tschechen in Böhmen und die der Slowaken in Mähren, sowie der Slowenen und Kroaten steht in enger Verbindung mit der des Deutschen Reiches und der Donau-Monarchie, während Serben, Makedonen und Bulgaren mit dem Geschick des Osmanenreiches verflochten sind, ebenso die nichtslawischen Albaner und Rumänen (s. Kap. 6).

Auch die Ungarn gehören nicht zu den Slawen. In die von ihnen heute bewohnte Tiefebene drangen um 400 die Hunnen ein und unterwarfen die dortigen Jazygen und Sarmaten, zwei iranische Nomadenvölker. Nach dem Untergang der Hunnen 454 dominierten die ostgermanischen Gepiden, die 567 von Langobarden und Awaren besiegt wurden. Die Awaren zählen zu den hunnischen Reitervölkern und bilden die zweite Welle von asiatischen Einwanderern. Sie behaupteten sich bis zu ihrer Niederlage gegen Karl den Großen 790. Nachdem die dritte Welle um 680 die turktatarischen Bulgaren von der Wolga über die untere Donau gebracht hatte, erschienen als vierte Woge aus dem Uralgebiet 890 die Magyaren unter ihrem Reiterführer Arpad. Sprachlich sind sie verwandt mit den Finnen und den Samojeden. Die ungarische Literatur beginnt um 1500.

Sechzig Jahre lang verwüsteten die Ungarn Norditalien, Süddeutschland und das östliche Frankreich. Erst der Sieg Ottos des Großen 955 über sie auf dem Lechfeld bei Augsburg beendete die Einfälle. Die Ungarn wurden seßhaft. Herzog Geza, getauft 974, und sein Sohn Stephan der Heilige betrieben die Christianisierung, Kaiser Otto III erhob Stephan 1001 zum apostolischen König. So wie viele Völker in Ostmitteleuropa waren auch die Ungarn zeitweilig vom römisch-deutschen Kaiser lehnsabhängig. Seit dem 12. Jahrhundert fanden sich deutsche Kolonisten ein, zumal als Handwerker und Bergleute geschätzt. Sie konzentrierten sich in Siebenbürgen (um Hermannstadt, Klausenburg und Kronstadt), das zeitweilig Selbstverwaltung genoß.

Von dem verheerenden Mongoleneinfall von 1241 (s. Kap. 8) erholte sich das Land langsam. Unter Ludwig dem Großen (1342 bis 1382) aus dem neapolitanischen Hause Anjou wurde Ungarn kurzzeitig

Großmacht an der Adria, unter Matthias I Corvinus (1458 bis 1490) blühte der Humanismus. 1526 unterlagen die Ungarn den Türken bei Mohacs, darauf lehnten sie sich an die Habsburger an, die das Land indes nicht wirksam schützen konnten. Der Übertritt des Adels und der Ungarndeutschen zum Protestantismus belastete das Verhältnis zu Wien. All dies erschwerte die Herausbildung eines ungarischen Nationalstaates, der erst 1918 entstand.

Während des 13. und 14. Jahrhundert dehnte sich der Einfluß Ungarns ostwärts auf das Gebiet des späteren Rumänien aus. Der Name verweist auf die Sprache, die sich gehalten hat, obschon die Römer Dakien nur in der Zeit von Trajan 107 n. Chr. bis Aurelian 271 besetzt hatten. In der Folgezeit siedelten dort verschiedene Slawen- und Turkstämme. Das rumänische Element vertraten die orthodoxen Fürsten der Moldau und der Walachei, die seit dem frühen 16. Jahrhundert in loser Abhängigkeit vom Osmanenreich standen.

Byzanz

Die bedeutendste Macht in Südost-Europa während des frühen Mittelalters bildete das oströmische Reich von Byzanz. Konstantinopel war die mit Abstand größte und reichste Stadt der christlichen Welt. Ihre Einwohnerzahl grenzte an die Million. Kirchen und Paläste, Säulenstraßen und Märkte, Häfen und Zisternen, der Hippodrom und die gewaltigen Landmauern – all das suchte seinesgleichen, nachdem Rom im 5. Jahrhundert in Verfall geraten war. Kernland war Kleinasien, daneben befanden sich Thrakien, Griechenland und Teile Italiens in kaiserlichem Besitz. Er war indes nicht unangefochten. So wie bereits das spätrömische Reich, so sah sich auch Byzanz Angriffen von allen Seiten ausgesetzt.

Griechenland erlebte vom 6. bis 8. Jahrhundert die Einwanderung der Slawen, vor denen sich die Griechen in die verkümmerten Küstenstädte und auf die Inseln zurückzogen. Soweit die Slawen den orthodoxen Glauben annahmen, hellenisierten sie sich. Albaner besiedelten unter anderem Attika und lieferten den Griechen im 19. Jahrhundert ihre Nationaltracht. An die byzantinische Zeit erinnern die Athos- und Meteora-Klöster sowie die Ruinen von Mistra bei Sparta. Die Griechen nannten sich selbst «Rhomäer», d. h. Römer, nicht «Hellenen», weil so Anhänger des altgriechischen Heidentums bezeichnet wurden. Das änderte sich erst im 19. Jahrhundert unter europäischem Einfluß.

Dauerhafte Probleme hatte Byzanz mit den Bulgaren. Der Kaiser, griechisch *basileus*, mußte 681 die Einwanderer anerkennen und zeitweise Tribut zahlen. 811 fiel der Kaiser Nikephoros I, aus seinem Schädel machte sich der Bulgarenkhan eine Trinkschale. Die Bulgaren vermischten sich mit den Slawen und übernahmen deren Sprache, 865 wurden sie orthodoxe Christen. Ihr Fürst Simeon (893 bis 927) besiegte die Ungarn und die Serben, belagerte vier Mal Konstantinopel und drang an die Adria vor. 913 erhielt er vom byzantinischen Patriarchen den Titel eines Basileus von Bulgarien, den Zarentitel. Um 1000 gelang es dem Kaiser Basileios Bulgaroktonos, dem «Bulgarentöter», Bulgarien zu unterwerfen.

Kriegszustand herrschte normalerweise ebenso mit den sassanidischen Persern. Immer wieder ging es um Armenien, das zwar christlich war, aber unter persischem Einfluß stand. Mehrfach wurde das Land zwischen den beiden Großmächten geteilt. 605 erschienen die Sassaniden am Bosporus, eroberten Syrien und Ägypten. Herakleios (610 bis 641), selbst armenischer Herkunft, gewann Jerusalem zurück und besiegte die Perser dann 627 so nachhaltig, daß sie 640 den Arabern nicht standhielten (s. Kap. 6).

730 untersagte der Kaiser Leon die traditionelle Verehrung der Ikonen, es kam zum Bilderstreit zwischen Ikonoklasten (Bilderfeinden) und Ikonodulen (Bilderdienern), bei dem die Mönche sich für die Heiligenbilder einsetzten und 843 die Wiederherstellung des Bilderkultes erreichten. Im Gegensatz zur jüdischen und islamischen Tradition haben in der heidnischen wie christlichen Religiosität des Mittelmeer-Raumes Bilder immer eine Rolle gespielt. Eine philosophische Richtung sah in ihnen bloß Objekte der Andacht, eine populäre Auffassung schrieb ihnen jedoch wundertätige Kräfte zu. Der Papst stellte sich damals auf die Seite der Bilderverehrer, doch wurde sein Suprematsanspruch in Byzanz durch den gelehrten Patriarchen Photios, der 858 die Slawenmission organisierte, abgewehrt.

Unschätzbares hat Byzanz für die Bewahrung altgriechischer Literatur geleistet. Photios, dessen Schüler Arethas und Konstantin VII Porphyrogennetos (945 bis 959) sorgten für die Sammlung und Vervielfältigung der erhaltenen Texte, der Philosoph Michael Psellos (1018 bis 1078) gilt als der Wiederentdecker Platons. In Konstantinopel schrieb Priscianus im 6. Jahrhundert die für die Sprachlehre überhaupt grundlegende lateinische Grammatik und Malalas gleichzeitig seine einflußreiche christliche Weltchronik. Unter den Geschichtswerken ragt die Darstellung der Taten von Kaiser Alexios (1081 bis 1118) durch seine Tochter Anna Komnena hervor, deutsch von Reinsch 1996. Führend war Byzanz zudem in der Kirchenkunst mit ihren Kuppelbauten, Malereien und Mosaiken: San Marco in Venedig zeigt es. Byzantinische Elfenbeinschnitzereien finden sich in allen größeren Kirchenschätzen.

Die neue Gesetzeskodifikation der Basiliken sicherte um 900 die Allgewalt des Basileus, sinnfällig durch ein hochkompliziertes Zeremoniell, wirksam durch eine wohlorganisierte Bürokratie, die indes durch die wachsende Macht der Großgrundbesitzer eingeschränkt wurde. Die Themenverfassung unterstellte die einzelnen Provinzen (Themata) mit ihren Soldatengütern der Aufsicht von Strategen. Seit 1000 etwa wurden normannische Söldner angeheuert, zunächst aus Rußland, dann aus England. Nach langen Spannungen mit dem Papst erfolgte 1054 der Bruch zwischen Katholizismus und Orthodoxie.

Den Abwehrkämpfen gegen die Araber folgten Kriege gegen die Türken (s. Kap. 6). Die Seemacht ging an die Venezianer über. 1204 dirigierten sie den Vierten Kreuzzug nach Konstantinopel. Die Stadt wurde geplündert, das Reich zerfiel in ein lateinisches Kaisertum und mehrere fränkische Herrschaften. Ein griechischer Reststaat hielt sich um Nicaea. Dem dort regierenden Geschlecht der Palaiologen gelang 1261 die Rückgewinnung der Hauptstadt, doch kam es nur noch zu einer kurzen Nachblüte.

Gegen den steigenden Druck der Osmanen suchten die Kaiser vergeblich Hilfe in Italien. Als 1453 die Türken vor Konstantinopel standen und ein Hilfsangebot des Westens an die Anerkennung der päpstlichen Suprematie geknüpft wurde, hieß es am Bosporus: Lieber den Turban des Sultans als den roten Kardinalshut! Unter den Osmanen (s. Kap. 6) haben die Griechen ihren Glauben, ihre Sprache und ihre Schrift bewahrt, bis sie 1830 ihre Selbständigkeit gewannen (s. Kap. 13).

Die Juden

Glaube, Sprache und Schrift kennzeichnen wie die Griechen so die Juden, die ältesten Völker der alten Welt. Seit dem Hellenismus lebten jüdische Gemeinden in allen größeren Städten zwischen Atlantik und Gelbem Meer. Die Juden beschnitten die Knaben, beachteten Reinheits- und Speisevorschriften, vermieden Tischgemeinschaft und Ehe mit Fremden und wahrten die Sabbatruhe. Im hellenistisch-römischen Judäa sprachen sie aramäisch, in der mediterranen Diaspora griechisch. Auch die jüdische Bibel, das Alte Testament, dessen Kanon im 1. Jahrhundert n. Chr. abgeschlossen war, lasen sie in griechischer Übersetzung, der Septuaginta. Kerntext sind die fünf Bücher Moses, sie bilden die Thora. Während die Oberschicht zur Assimilation tendierte, hielt das Volk an den alten Bräuchen fest. Sie stießen vielfach auf Unverständnis und waren der Anlaß zu Auseinandersetzungen, die oft in Pogrome übergingen. Das Wort ist russisch.

Unter den Römern genossen die Juden Schutz, ja Privilegien, hatten sie doch Caesar im Kampf um Alexandria unterstützt. Als einziges Volk waren sie vom Kriegsdienst befreit. Nach Konflikten mit den römischen Statthaltern kam es in Jerusalem unter Nero, Vespasian und Titus, 66 bis 74, und unter Hadrian, 132 bis 135, zu messianisch inspirierten Erhebungen, die von den Römern blutig unterdrückt wurden. 70 n. Chr. wurde der von Herodes erneuerte Tempel zerstört, Kultzentrum war hinfort die örtliche Synagoge. Die bedeutendsten jüdischen Autoren griechischer Zunge waren Philon von Alexandria (Anfang 1. Jahrhundert n. Chr.), der biblische Offenbarung und platonische Philosophie zu verbinden suchte, und Flavius Josephus (Ende 1. Jahrhundert n. Chr.), dessen Geschichtswerke unsere wichtigste Quelle für die jüdisch-römischen Auseinandersetzungen darstellen. Tausende von Juden lebten in Babylonien, wo unter den Sassaniden um 500 n. Chr. rabbinische Gelehrsamkeit den (babylonischen) Talmud schuf.

Während die Juden unter den Muslimen unbehelligt blieben, bedurften sie im christlichen Europa des besonderen Schutzes der Herrscher. Als «Mörder Christi» bei Paulus (1. Thess. 2, 15) und Johannes (8, 44) von den Kirchenvätern gebrandmarkt, vom Vierten Laterankonzil 1215 geächtet und als reiche Sklavenhändler und Geldgeber beneidet, wurden sie wiederholt enteignet und vertrieben: 1290 aus England, 1394 aus Frankreich, 1492 aus Spanien, 1497 aus Portugal. Vielerorts wurden aus Judenquartieren eingeschlossene Ghettos, zuerst in Venedig 1531.

Seit dem Ersten Kreuzzug mehrfach in den deutschen Reichsstädten verfolgt, wanderten viele Juden nach Osteuropa aus. Dort lag das Zentrum des Jiddischen, es ist eine oberdeutsche Mundart, hebräisch und slawisch durchsetzt. Die Pogrome im Zarenreich seit 1881 führten zu einer Massenauswanderung in die USA und weckten in Europa den Wunsch nach einer eigenen Heimstatt. Der Kopf des Zionismus und

«Vater des Staates Israel» wurde Theodor Herzl mit seiner Schrift von 1896 ‹Der Judenstaat›. Schockiert durch den Judenhaß in Wien (Schönerer, Lueger) und Paris (Dreyfus-Affaire) suchte er einen Ausweg. In Palästina sollte ein «Musterstaat» der Toleranz entstehen, der die Emanzipation der Menschheit vollende: «Und fügt es sich, daß Andersgläubige, Andersnationale unter uns wohnen, so werden wir ihnen einen ehrenvollen Schutz und die Rechtsgleichheit gewähren».

Eine Alternative zur Emigration hieß Integration. Mit der Aufklärung – führender Vertreter war der Berliner Philosoph Moses Mendelssohn (1729 bis 1786) – kam die bürgerliche Gleichstellung in Gang, in Preußen vollzogen 1812. Meyer Anselm (Amschel) Rothschild (1743 bis 1812) aus Frankfurt begründete das reichste Bankhaus Europas im 19. Jahrhundert. Viele, zumal gebildete Juden ließen sich taufen (Heine, Marx, Mendelssohn Bartholdy), auch Herzl, der alle Lösungen des Judenproblems durchspielte, empfahl noch 1893 eine Massenbekehrung zum Christentum. Im Zuge des rassistischen Nationalismus zielte die Judenfeindschaft im späteren 19. Jahrhundert nicht mehr auf die Religion, sondern auf die Herkunft und stärkte damit den Wunsch nach Eigenstaatlichkeit, die endlich 1948 erreicht wurde (s. Kap. 15).

*

Am Ende des Altertums hatte die Völkerwanderung das Imperium Romanum aufgelöst, die christliche Religion, die lateinische Sprache und die antike Kultur aber dem ganzen Kontinent erschlossen. Die Zivilisation verbreitete sich von Italien nach Spanien und Frankreich, von dort nach England und Deutschland und weiter zu den Skandinaviern und Slawen, während Byzanz zwar Rußland christianisierte, dann aber den Türken erlag. Zu Beginn der Neuzeit, als Kaiser und Papst durch den Kampf um die Universalmacht zermürbt waren (s. Kap. 7), hatten die großen Völker Europas ihre Form gefunden. Darum hat sich Ranke 1824 mit seinen ‹Geschichten der romanischen und germanischen Völker› eben jener Zeit zugewandt, die «das europäische Staatensystem begründete». Es war nicht friedlich. «Das Leben von Europa besteht in der Energie der großen Gegensätze», schrieb er, in denen «die Weltentwicklung weiter fortschreitet», doch wäre – so Ranke – die damals vorhandene Aussicht, «die Nationen romanischen und germanischen Ursprungs zu einer Einheit zu verknüpfen» nicht heilsam gewesen. Inzwischen wäre sie es.

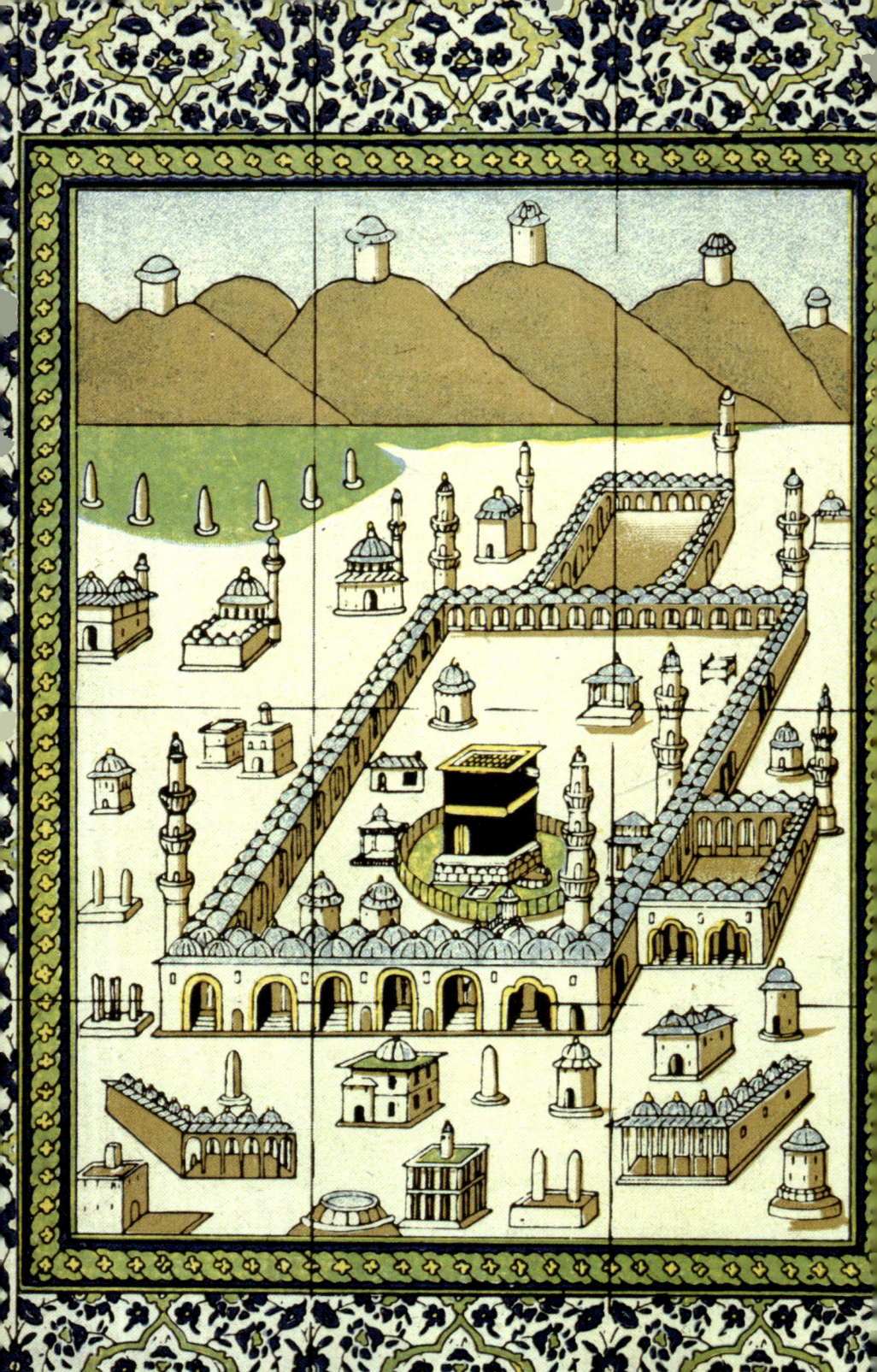

6. Die Welt des Islam

Im 14. Buch von ‹Dichtung und Wahrheit› erinnert sich Goethe an seine Absicht, ein Drama über ‹Mahomet› zu schreiben. Ihn habe er nie als Betrüger ansehen können, wie das zuvor üblich war. Bei Otto von Freising (VII 7) ist Mohammed ein lügnerischer Verführer, dessen Gebot: «Waschet euch, so werdet ihr sauber!» seine törichten Anhänger so ernst nehmen, daß sie sich täglich die Schamteile waschen. Dante begegnete dem Propheten im achten Kreis der Hölle, wo er mit gespaltenem Leibe büßte. Und Voltaire sah in ihm ein Opfer des Selbstbetrugs, der dann als religiöser Fanatiker auch andere betrog.

Dagegen konzipierte Goethe den Propheten als tragische Gestalt, von hohem Idealismus getragen, die aber um des Erfolges willen der elenden Welt Zugeständnisse machen mußte, sich in Schuld verstrickte und erst im Angesicht des Todes die «Wiederkehr zu sich selbst» erlebte. Goethe hat sich, vor allem im ‹West-Östlichen Divan› vom islamischen Orient beflügeln lassen und aus Mohammeds Grundidee eine Glaubenseinheit abgeleitet: «Närrisch, daß jeder in seinem Falle / Seine besondere Meinung preist! / Wenn Islam *Gott ergeben* heißt, / In Islam leben und sterben wir alle.»

Mohammed

Mohammed (der Gepriesene) wurde um 570 in Mekka geboren. Seine Familie gehörte zum Stamm der angesehenen Koraischiten, war aber verarmt. Mekka lag auf der ehemals bedeutsamen Weihrauch-Straße und war ein Wallfahrtsort durch den heiligen Brunnen Semsem und die angeblich von Abraham, arabisch *Ibrahim*, erbaute Ka'aba, einen «würfel»-förmigen Bau mit dem Schwarzen Stein, vielleicht einem Meteoriten, den die Pilger küssen (Abb. VI).

Mit sechs Jahren Waise, wuchs Mohammed bei seinem Vatersbruder Abu Talib in ärmlichen Verhältnissen auf, bis ihn die 20 Jahre ältere reiche Kaufmannswitwe Chadidscha zum Manne nahm. In ihrem Auftrag kam Mohammed auf Geschäftsreisen weit herum. Schon mit zwölf Jahren soll er einmal nach Syrien gelangt und mit einem christlichen Mönch zusammenge-

Abb. VI: Die Kaaba im Hof der Großen Moschee zu Mekka – hier auf einer Fayence-Wand des 16. Jhs. in Kairo (Palast des Kurschid-Pascha) – ist das Ziel der Wallfahrt jedes frommen Muslimen; vgl. S. 113.

troffen sein. Im Koran ist von einer Traumreise Mohammeds nach Jerusalem die Rede, wo er Abraham, Moses und Jesus traf. Mohammed schmerzte es, wie die Araber von den umwohnenden Völkern als rückständige Heiden betrachtet wurden – hatten sie doch alle ihre Propheten und heiligen Schriften: die Zoroastrier im persischen Mesopotamien, die Nestorianer in Syrien, die Kopten in Ägypten und Äthiopien und vor allem die zum Judentum bekehrten Araber, namentlich in Medina. Ob Mohammed Zugang zu den Schriften der Christen und Juden fand, ist sehr zweifelhaft. Was er an biblischen Geschichten kannte, hat er mündlich erfahren. Die Anziehungskraft der Offenbarungsreligionen bezeugt Mohammeds älterer Konkurrent, der Prophet Musailima, den man später als «Erzlügner» abstempelte. Auch er lehrte einen Monotheismus, das Weltgericht mit Auferstehung und Erlösung, er forderte dreimal tägliches Beten und das Einhalten der Fastenzeit. Die religiöse Gärung unter den Arabern bestätigen jene Stämme, die zum Christentum übergetreten waren.

Ähnlich wie Jesaja und Jeremia wurde Mohammed durch ein Berufungserlebnis zum Propheten. Schon längere Zeit hatte er über das Weltgericht und die Höllenqualen der Verdammten gegrübelt. Da vernahm er ums Jahr 610 auf dem Berge Hira in einer Nacht des Ramadan, der darum später Fastenmonat wurde, die Stimme des Engels Gabriel, die ihm eine Botschaft zu lesen befahl. Es ist die später als 96. Sure des Koran überlieferte Aufforderung, Mohammed solle Gott als den gütigen Schöpfer verkünden, der die Menschen durch Schriften unterwiesen habe. Mohammed glaubte an ein Urbuch im Himmel, aus dem die Völker belehrt würden.

Im Zustand der Verzückung empfing Mohammed in der Folgezeit Botschaften, die nach seinem Tode im Koran zusammengefaßt wurden (Abb. 1). Er schrieb nicht selbst, hatte aber einen Sekretär. Das Wort «Koran» bedeutet «Lesung». Der teilweise mystische Text gilt den Muslimen als Wort Gottes und besteht aus 114 Kapiteln, Suren genannt, angeordnet nach abnehmender Länge; es handelt sich um Liturgien und Mythen, Verheißungen und Gebote. Eine lateinische Übersetzung des Koran wurde 1543 auf Empfehlung Luthers mit einem Vorwort Melanchthons in Basel gedruckt, der Inhalt war im Westen bereits durch eine lateinische Paraphrase des 12. Jahrhunderts bekannt.

Als erste huldigte Chadidscha dem Propheten. Nach ihr fand Mohammed Anhänger zunächst in Ali, seinem Vetter, sodann bei Frauen,

Sklaven und Armen – das erinnert an Jesus. So wie dieser pries Mohammed die Güte Gottes: «Allah ist verzeihend und barmherzig» (Sure 2, 195), er ist dem Menschen «näher als die Halsschlagader» (50, 15). Den reichen Gegnern prophezeite Mohammed die höllische Verdammnis: Feuer und Frost, Schlangen und Skorpione, Jauche und kochendes Wasser. Die Paradieseswonnen hingegen bieten den Gläubigen alles, was Männern Spaß macht, in einem Garten der Lüste, wo die Helden Wein trinken, der nicht benebelt, und sich auf Polstern an schwarzäugigen Huris erfreuen (52, 20). Anders als Jesus war Mohammed den Wonnen dieser Welt, bis 627 n. Chr. auch dem Wein zugetan. Er konnte herzhaft lachen. Nach dem Tode der Chadidscha hatte er noch neun oder zehn Frauen, seine Lieblingsgattin war Aïscha. Mohammed verkündete das nahe Weltgericht und verdammte den Götzendienst. Die von Aberglauben überwucherte Religion Abrahams galt es wiederherzustellen. Das erregte Unmut, es formierte sich Widerstand in Mekka. Daraufhin nahm Mohammed Verbindungen mit Medina auf. Im Streit unter heidnischen und jüdischen Arabern bot sich Mohammed als gottgesandter Schiedsrichter an und fand zunehmend Anhänger.

Im Jahre 622 war Mohammeds Lage in Mekka unhaltbar geworden, er entwich mit seinem Gefolge und seinen Geldern nach Medina, wo mütterliche Verwandte und Anhänger seiner Lehre wohnten. Diese «Flucht» wurde als *Hedschra* später der Beginn der muslimischen Zeitrechnung. Da sie auf dem Mondjahr beruht, das elf Tage kürzer ist als das Sonnenjahr, wandert der Ramadan durch die Jahreszeiten. In Medina verwandelte sich der grübelnde Gottsucher in den bewaffneten Propheten und umsichtigen Organisator. Er löste die alten Stammesbindungen mit ihrer Pflicht zur Blutrache auf und schuf eine theokratisch geordnete Gemeinde. Die Juden wurden teils vertrieben, teils getötet. Daraufhin änderte Mohammed die Gebetsrichtung von Jerusalem nach Mekka. Mit den Götzendienern dort befand er sich im Zustand des heiligen Krieges (*dschihad*). Er fing die aus Syrien gekommenen Karawanen ab und besiegte 624 n. Chr. bei Bedr mit nur 300 gottbegeisterten Kriegern eine Übermacht aus Mekka. Das begründete seinen Ruf in der arabischen Welt; 630 fiel ihm die heilige Stadt ohne Schwertstreich zu. Mohammed beseitigte seine letzten Gegner, reinigte die Ka'aba von Götzenbildern, starb aber bereits zwei Jahre später in Medina und wurde dort begraben. Bei seinem Tode war fast die gesamte arabische Halbinsel für seine Botschaft gewonnen. Der damals persische Jemen folgte 640.

Islam

Der Islam ist die jüngste der Weltreligionen. Eine solche zu stiften war Mohammeds Absicht ebensowenig wie die von Jesus oder Zarathustra zuvor, von Luther oder Calvin hernach. Sie alle erstrebten nur eine Reform des verderbten Glaubens im Sinne der reinen Urzeit. Mohammed sah sich als «Siegel» der biblischen Propheten, deren vorletzter Jesus, der Sohn Marias war. Die Messiasverheißung im Neuen Testament gilt durch Mohammeds Sendung als erfüllt.

Mit den Juden teilten die Muslime den Stammvater Abraham, die auf diesen zurückgeführte Beschneidung – ein steinzeitliches, noch bei den Uraustraliern geübtes Fruchtbarkeitsopfer – das Schweinetabu, das Fastengebot, den Verzicht auf Instrumentalmusik im Gottesdienst, das Verbot, Allah darzustellen (Koran 16, 74), und die Polygamie. Mohammed gestattete vier Frauen und natürlich Umgang mit Sklavinnen *ad libitum*. Die erste Moschee in Medina war der Hof in Mohammeds Haus. Sie war jeden Freitag zu besuchen, so wie die Juden den Sabbat, die Christen den Sonntag

Abb. 1: Die muslimische Kunst pflegte die Kalligraphie. Die schönste Type entstand in Kufa (Irak), wie die Koranseite in kufischer Schrift aus dem 8. Jh. zeigt; vgl. S. 114.

feierten. Das Wort «Allah» ist mit hebräisch *el* verwandt und heißt schlicht «Gott».

«Islam» bedeutet «Ergebung in Gottes Willen». Das Bekenntnis lautet: «Es ist kein Gott außer Gott, und Mohammed ist sein Prophet.» Auf seinen strengen Monotheismus war der Islam stets stolz; den Christen wurde vorgeworfen, in der Trinität drei Götter zu verehren. Mohammed wurde nicht vergöttlicht. Er war und blieb Mensch, es gibt keine kanonischen Wunderberichte von ihm. Glaubensquelle der Moslems ist neben dem Koran die Überlieferung (*hadith*), in der die tradierten Gewohnheiten (*sunna*) Mohammeds niedergelegt sind. Später aufgekommene Bräuche blieben trotz ihrer Verbreitung umstritten: die Heiligenverehrung, der Gräberkult und das Amulettwesen, die Mystik der Sufis, das Mönchtum der Derwische und die Askese der Fakire. Es gab keinen islamischen Papst, der wie der römische die Schlüssel zum Paradies im Wappen führt (s. Kap. 7 Abb. 1), keine Hierarchie, keine Konzilien, keine Sakramente.

Der Islam ist eine Gesetzesreligion. Geboten ist – noch nicht im Koran – das täglich fünfmalige Ritualgebet, am Freitag in der Moschee, das mit einer Waschung beginnt. Fehlt Wasser, darf es Sand sein. Zu den frommen Pflichten gehört weiter das Almosengeben, das Fasten und die Wallfahrt einmal im Leben nach Mekka: Sie verleiht den Titel *hadschi*. Als wohltätig galt die Freilassung von Sklaven; solche gab es in der islamischen Welt bis weit ins 20. Jahrhundert. Es waren Schwarze. Frauen hatten – wie bei Juden und Christen – keine Stimme im Kult, auch eine Muttergottes ist nicht vorgesehen. Die im Koran (33, 59) verordnete Verschleierung war ebenfalls im antiken Rom, zumal bei ehrbaren Matronen, und im christlichen Mittelalter weithin gebräuchlich; der Apostel Paulus (1. Korinther 11, 4 ff) forderte sie im Gottesdienst.

Trotz des Spruches «Es sei kein Zwang im Glauben» (Koran 2, 257) sollten Götzenanbeter bekämpft werden; «Schriftbesitzer», d. h. Juden und Christen, Parsen und Hindus durften ihren Glauben behalten. Sie waren vom Kriegsdienst befreit, mußten aber eine Sondersteuer zahlen. Der Islam zerfiel später in mehrere Richtungen, und dies wurde nicht überall bedauert. Gab es doch die Auffassung, daß die Vortrefflichkeit einer Religion der Zahl ihrer Varianten entspräche. Danach soll das Judentum 70, das Christentum 71, der Islam aber 72 Sekten besessen haben.

Die Omajaden

Mohammeds Tod löste Verwirrung und Aufstände aus. Doch wurde beides durch die «vier rechtgeleiteten Kalifen», d.h. Nachfolger bzw. Stellvertreter, behoben, es war das Goldene Zeitalter des Islam. Der erste Kalif Abu Bekr sicherte die Einheit Arabiens und bestimmte, daß der Glaube der Untertanen an ihrer Kleidung kenntlich sein müsse. Der zweite Kalif Omar (634 bis 644) war als «Beherrscher der Gläubigen» militärischer Führer (*emir*), höchster Richter (*kadi*) und religiöses Oberhaupt (*imam*). Er nahm den schon von Mohammed geplanten Kampf gegen Byzanz auf, eroberte Damaskus (635), Jerusalem (637) und Ägypten (641). Legendär ist das Schicksal der Bibliothek von Alexandria. Nach Einnahme der Stadt soll Omar auf die Frage, was mit den griechischen Büchern geschehen solle, geantwortet haben: «Wenn sie mit dem Koran übereinstimmen, sind sie überflüssig; wenn sie ihm widersprechen, sind sie gefährlich.» Darauf hätten die Bademeister die Thermen der Stadt sechs Monate mit ihnen beheizt.

Den Arabern kam zugut, daß in Syrien und Ägypten der Monophysitismus herrschte, der von Byzanz als Häresie abgelehnt wurde (s. Kap. 4). 642 unterlag auch Persien in der Schlacht von Nihavend; das Sassanidenreich war durch den Krieg mit Ostrom erschöpft. Der letzte Schah wurde auf der Flucht nach China ermordet. Kalif Othman (644 bis 656), ein Schwiegersohn Mohammeds, redigierte den Koran; das Verbot, ihn zu übersetzen, förderte die Verbreitung des Arabischen. Othmans Nachfolger Kalif Ali, Mohammeds Vetter und Gatte seiner Tochter Fatima, wurde 661 wie sein Vorgänger ermordet.

Nach seinem Tode kam es zur Spaltung der Moslems in Schiiten und Sunniten. Die Schiiten erkennen als Imam nur Nachkommen Alis an, ihr Heiligtum ist Kerbela im Süd-Irak, wo Alis Sohn Hussein den Tod gefunden hatte. Die Schiiten dominieren seit 1500 in Persien und bilden heute etwa ein Zehntel aller Gläubigen. Ihre Dichter priesen den Wein, die Maler übertraten das Bilderverbot, doch taten die Sunniten desgleichen. Diese wählten ihr Oberhaupt aus den Koraischiten. Muawija (661 bis 680), der Begründer der Omajaden-Dynastie, verlegte die Hauptstadt von Medina nach Damaskus. In Jerusalem errichteten seine Nachfolger auf dem Tempelplateau 691 den Felsendom (Abb. 2) und in der Marienkirche Justinians die Al-Aksa-Moschee. Östlich von Jerusalem liegt das bekannteste der omajadischen Wüstenschlösser, Muschatta, berühmt wegen seiner Fassade, heute im Berliner Pergamonmuseum. Um 710 wurde in Damaskus aus der Johanneskirche eine Moschee. Die Künstler kamen aus Konstantinopel, das Muawija ab 674 vier Sommer lang vergeblich von der See aus bestürmt hatte. Unterdessen eroberte das Landheer den Maghreb, Nordafrika. 697 fiel Karthago, in dessen Nähe Tunis entstand. Die Stadt wurde im 9. Jahrhundert von Kairouan im Binnenland überflügelt.

Nachdem auch Algerien und Marokko gewonnen und die christlichen Berber bekehrt waren, überschritt der Feldherr Tarik 711 die Meerengen bei Gibraltar, dem nach ihm benannten Berg Dschebel-al-Tarik, und besiegte den letzten Westgotenkönig Roderich (Rodrigo). Die Araber drangen bis zu den Pyrenäen vor, nur im Nordwesten behauptete sich das christliche Asturien. Über die baskischen Pässe erreichten sie das Frankenreich und unterlagen erst 732 Karl Martell (s. Kap. 5). Damit hatte das Kalifat von Damaskus seine größte Ausdehnung gewonnen. Es grenzte im Norden an den Kaukasus, griff im Osten über den Indus (s. Kap. 8) und umfaßte ganz Nordafrika nebst den kleineren Mittelmeer-Inseln. Sizilien und Cypern waren nur teil- beziehungsweise zeitweise arabisch.

Je weiter sich das Omajadenreich ausdehnte, desto dünner wurde der Zusammenhalt. Innerer Zwist und äußere Mißerfolge schwächten die Regierung in Damaskus – so der letzte Versuch, 718 Konstantinopel zu nehmen. Kleinasien jedoch blieb alljährlich Raubzügen ausgesetzt. Die Städte befestigten sich notdürftig. In Pergamon verwendete man die Skulpturen des großen Zeustempels als Material für die Burgmauer, aus der sie Carl Humann 1878 ans Licht zog.

750 stürzte Abul Abbas die Omajaden und begründete die von seinem Urgroßvater, Mohammeds Vatersbruder, stammende Abbasiden-Dynastie in Bagdad. Von den 90 Omajadenprinzen entkam nur einer, er floh nach Spanien. Residenz der omajadischen Emire, die später den Kalifenrang beanspruchten, war Cordoba in Andalusien, genannt die «Stadt der Wunder». Wir hören von einer Million Einwohnern, 200 000 Häusern und 80 000 Stadtpalästen. Es war im 9. und 10. Jahrhundert die größte Stadt Europas nach Konstantinopel. Die später zur Kathedrale umgewandelte Hauptmoschee ruht auf 860 Säulen, eine 16-bogige Granitbrücke überspannt den Guadalquivir. Der Reichtum Cordobas beruhte auf der Silber- und Lederindustrie neben der florierenden Landwirtschaft, zu der die Araber die Dattelpalme beisteuerten. Die botani-

schen Gärten Andalusiens waren berühmt. Cordoba besaß angeblich 900 öffentliche Bäder, 600 Karawansereien, 300 Moscheen, 80 öffentliche Schulen, eine Bibliothek mit 600 000 Büchern und eine weitberühmte Universität.

Das Geistesleben war geprägt durch muslimische Gelehrsamkeit und griechische Philosophie, die hier eine erste Renaissance erlebte. Der bedeutendste Kopf war Averroes (1126 bis 1198), der Aristoteles kommentierte und sich dabei von den Dogmen des Koran befreite. Seine Schriften wurden ins Lateinische übertragen und an der Sorbonne gelehrt. 1277 hat sie der Pariser Bischof als ketzerisch verboten.

Abb. 2: Der Felsendom auf dem Jerusalemer Tempelberg, durch byzantinische Baumeister 691 für den Kalifen von Damaskus errichtet, beherbergt die Opferstätte Ibrahims, d. h. Abrahams, des gemeinsamen Vorfahren der Juden und Araber. Im Bogen davor hängt beim Jüngsten Gericht die Waage; vgl. S. 118.

Muslimische Kulturzentren neben Cordoba waren Sevilla mit seiner Stadtburg, dem Alcazar, und 400 000 Einwohnern, sowie das ebenso große Granada mit 70 Bibliotheken und 50 Schulen. Die «rote Burg» Alhambra aus dem 13. Jahrhundert mit dem Löwenhof ist das Kronjuwel maurischer Baukunst. In Granada lebte zeitweilig Ibn Khaldun (1332 bis 1406), der größte arabische Historiker und Geschichtsphilosoph. Die Kultur wurde untergraben durch dynastische Wirren, ausgehend von Toledo, denen 1008 die Omajaden zum Opfer fielen. Während von Norden die Reconquista heranrückte, geriet Südspanien um 1100 unter die Herrschaft der nordafrikanischen Almoraviden und Almohaden, bis schließlich 1492 Granada durch Isabella von Kastilien eingenommen wurde. Ihr Beichtvater Jimenez ließ Zehntausende arabischer Handschriften verbrennen.

Die Abbasiden

Was Cordoba unter den Omajaden für den Westen war, das bedeutete Bagdad unter den Abbasiden für den Osten. Dort lag ein halbes Jahrtausend das kulturelle und politische Zentrum des muslimischen Orients. Gegründet vom Kalifen Mansur 763 am Tigris, wenig nördlich von Babylon und der persischen Hauptstadt Ktesiphon, regierte hier der sagenumwobene Harun al-Raschid (786 bis 809). Die Stadt war damals wie noch im 19. Jahrhundert ein Sammelplatz von Kurden, Armeniern, Syrern und Juden, politisch dominiert von den eingewanderten Arabern und kulturell geführt durch die eingesessenen, aber längst islamisierten Perser. Zu ihnen gehörte der Großwesir, der mächtige, 803 enthauptete Barmakide Dschafar. Nationalität und Rasse spielten keine Rolle gegenüber dem gemeinsamen Glaubensbekenntnis.

Harun al-Raschid (Aron der Gerechte) und seine prunkliebende Gemahlin Zubeidah wurden berühmt durch die Erzählungen von ‹Tausend und eine Nacht›, die persische, indische und arabische Motive verarbeiten. Während das Gewerbe des Märchenerzählens eigentlich Männersache war, ist es hier die kluge Wesirstochter Scheherasade, die allnächtlich den König von Indien unterhält, um zu verhindern, daß sie – wie andere – nach der Hochzeitsnacht hingerichtet würde. Die Schlußredaktion erfolgte im späten 15. Jahrhundert in Kairo. Die 1814 in Kalkutta erschienene arabische Ausgabe wurde 1921 von Enno Littmann in der nicht *ad usum delphini* verstümmelten Form verdeutscht.

Die architektonischen Leistungen des abbasidischen Irak können mit denen Andalusiens nicht mithalten, abgesehen von Mansurs Wüstenschloß Ucheidir und der Mustansaria von Bagdad, der großen Koranschule von 1233. Die Ruinen von Samarra, Residenz von 836 bis 892 haben eine Ausdehnung von 33 km, ihre Minarette sehen aus wie Brueghels Turm von Babel. Führend war Bagdad in Literatur und Wissenschaft. Hier begann im frühen 9. Jahrhundert die Aneignung griechischer Werke zur Mathematik und Medizin, zur Geographie und Astronomie in syrischer Übersetzung. Einflußreich wurde die Himmelskunde des Claudius Ptolemaeus aus dem 2. Jahrhundert n. Chr., der Almagest. Um 900 wirkte in Bagdad Tabari, der den Koran kommentierte und nach persischem Vorbild Reichsannalen verfaßte.

Seit dem 9. Jahrhundert ruhte die Herrschaft der Abbasiden in Bagdad auf türkischen Söldnern. In Iran genoß der Kalif nur noch formal Anerkennung. Die Wiederentdeckung des Aristoteles wurde von keinem stärker gefördert als von dem um 1000 in Isfahan lehrenden Avicenna. Seine Werke hatten großen Einfluß auf die Scholastik. Weiter nordöstlich in Chorasan verfaßte um 1000 der Universalgelehrte Al Biruni seine ‹Gärten der Wissenschaft› und Firdusi das persische Nationalepos *Schahnameh*, das ‹Buch der Könige›. Darin wird in 60 000 Doppelversen die vorislamische persische Geschichte von Anbeginn der Welt verherrlicht, doch ist die Frühzeit reine Mythologie. Firdusis Held ist der Feldherr des letzten Schah, der elefantenleibige Rustem. Das Werk ist dem prachtliebenden Sultan Mahmud von Ghasni gewidmet, der türkischer Herkunft war.

Angeregt durch Firdusi, schrieb bei Derbent im Kaukasus Nisami (gest. 1202) unter anderem einen Alexander-Roman, der alle älteren Fassungen durch seine phantastische Pracht an orientalischen Märchenmotiven überragt (Abb. 3). Nachdem Alexander als der «Zweigehörnte» bereits im Koran (18. Sure) genannt wurde, entwickelte sich in der islamischen Welt eine reiche Legendenliteratur über den Makedonen Iskandar, die bis nach Turfan und Malaysia ausstrahlte. Alexander ist der jugendliche Held, der als Schüler des Aristoteles sich stets von der Philosophie leiten läßt, die Wunder der Welt erkundet, Ungeheuer und Dämonen besiegt, die Kulturwelt durch die Eisernen Tore im Norden vor den wilden Völkern Gog und Magog beschützt und am Ende die Kaaba vom Götzenkult reinigt – so wie Abraham zuvor und Mohammed hernach.

Als Astronom, Mathematiker und Freigeist glänzte Omar der Zeltmacher (gest. 1132) aus Chorasan, berühmt durch seine Vierzeiler auf Wein, Gesang und Lebenslust: «Ertönt der Ruf zum Gebet, so geht der Weise in die Schenke.» Omar war befreundet mit Nisam al-Mulk, dem Großwesir von Bagdad. Dieser gründete 1065 die dortige Universität, die Nizamiya, und schrieb ein anekdotenreiches Buch über die Staatskunst. 1091 wurde er Opfer der Assassinen, früher als «Haschisch-Esser» gedeutet, die durch Attentate todbereiter Fanatiker in der Kreuzzugszeit den Nahen Osten terrorisierten.

Das Kalifat der Abbasiden nahm ein plötzliches Ende durch die Mongolen (s. Kap. 8). Hulagu, ein Enkel Dschingis-Khans, zerstörte Bagdad 1258. Da seine schnellen Reiter keine Gefangenen machten, waren ihre Siege besonders blutig. Hulagu begründete die Mongolenherrschaft der Il-Khane in Iran, die 1295 zum Islam übertraten. Das Persische setzte sich wieder durch und war die Sprache des Dichters Hafis (gest. 1389) aus Schiras, der Rosenstadt. Seine daseinsfrohen Lieder haben Goethe zum West-Östlichen Divan angeregt, wobei er die Knabenliebe des Hafis in Frauenliebe umsetzte.

Ägypten

Nachdem der Kalif Omar 642 Alexandria gewonnen hatte, übernahmen die Moslems die Herrschaft am Nil samt der byzantinischen Verwaltung, weitgehend getragen von Kopten und Juden. Um 900 etablierte sich hier die Dynastie der schiitischen Fatimiden, die sich auf

Fatima, Mohammeds jüngste Tochter zurückführten. Sie gründeten 969 die «Siegesstadt» Kairo am rechten Nilufer gegenüber den Pyramiden. Unter den überwiegend friedlichen Herrschern ragt El Hakim hervor, der um 1000 eine religiöse Reform durchführte, die Christen verfolgte und dann in einem Gebirge geheimnisvoll verschwand. Die schiitischen Drusen im Libanon sehen in ihm den Mahdi, den islamischen Messias, der am Ende der Zeiten wiederkommen und die Gerechtigkeit wiederherstellen werde. Diese unter jüdisch-christlichem Einfluß entstandene Eschatologie ist mehrfach Nährboden revolutionärer Bewegungen geworden, zuletzt 1881 bis 1898 im Sudan (s. Kap. 13).

Die eindrucksvollste Gestalt des muslimischen Ägypten ist der Sultan Saladin (1169 bis 1193), Sohn des Kurden Aijub (Hiob) und Begründer der Aijubiden-Dynastie. Saladin (Heil des Glaubens) verdrängte 1171 die Fatimiden, unterwarf Syrien und den nördlichen Irak und war damit der Gegner der Kreuzritter, die 1099 Jerusalem erobert hatten

Abb. 3: Die Handschriften der persischen, arabischen und indischen, später auch türkischen Literatur sind vielfach durch anonyme Künstler bebildert. Der Schreiber wurde höher honoriert als der Maler. Der Stierkopf der Miniatur (16. Jh.) aus dem Alexanderbuch des Persers Nisami, deutsch 1991 von Ch. Bürgel, erinnert an den Namen von Alexanders Leibroß Bukephalos. Der Makedone wurde von den verschiedensten Autoren als einer der Ihren betrachtet, von den Ägyptern und Persern durch Abstammungslegenden, von den Juden und Moslems durch sein religiöses Verhalten, von den Malern durch eine nationale Physiognomie; vgl. S. 123.

Abb. 4: Mehmed II, der Eroberer Konstantinopels, umgab sich mit europäischen Meistern aller Art. Gentile Bellini aus Venedig porträtierte ihn 1480 (London, National Gallery). Seine Taten verherrlichte sein Sekretär, der Byzantiner Michael Kritobulos von Imbros, der in der Sprache des Thukydides Mehmed als neuen Alexander pries und die Türken mit den Trojanern, den Vorfahren der Römer in Verbindung brachte. Kritobul starb als Mönch auf dem Athos; vgl. S. 126.

(s. Kap. 7). 1187 besiegte Saladin die Christen bei Hattin und gewann die wichtigsten Stätten zurück, die er im Frieden mit Richard Löwenherz 1192 auch behauptete. Kaiser Friedrich II konnte zwar 1228 Jerusalem von Saladins Nachfolger nochmals erwerben, doch fiel die Stadt 1244 wieder an Ägypten. Saladin setzte den sunnitischen Islam im Nahen Osten wieder durch, seine Großherzigkeit verklärte Lessing in seinem ‹Nathan› (1779).

Eine neue Periode begann mit der Herrschaft der Mameluken 1250. Bei ihnen handelt es sich um ein von Saladins Nachfolgern angeworbenes Söldnerheer aus dem Schwarzmeer-Gebiet. Schon die Omajaden in Spanien hatten mit solchen Militärsklaven ihre Herrschaft gesichert. Der Mameluken-Sultan Baibars besiegte 1260 in Palästina die Mongolen unter Hulagu. Seine Nachfolger unterlagen dem Osmanen Selim 1517, doch blieben sie in Ägypten bestimmend bis zu Napoleon. 1806 bis 1849 regierte Mehmed Ali, nominell als osmanischer Pascha. Er ist der «Vater des modernen Ägypten».

Die Türken

Der Name der Türken, seit dem 6. Jahrhundert belegt, bezeichnet Stämme aus dem westlichen Zentralasien, die durch ihre agglutinierende Sprache verbunden sind. Vielleicht gehören die Hunnen zu ihren Vorfahren, wahrscheinlich die Awaren (s. Kap. 7). Um 1000 nahmen die Ogusen in Turkestan nördlich von Tibet den Islam an und drangen unter dem Fürstengeschlecht der Seldschuken in Persien ein. Zunächst als Söldner angeworben, machten sie sich in Chorasan selbständig und erschienen 1055 in Bagdad. Ähnlich den Germanen im spätrömischen Imperium waren sie *de iure* Hilfstruppen, *de facto* Machthaber. Neben ihrem Sultan hatte der abbasidische Kalif nur noch geistliche Autorität. Alp Arslan besiegte 1071 bei Mantzikert den Basileus von Byzanz und öffnete damit den Türken Anatolien. Hier entstand um Konya das Sultanat von Rum – d. h. (Ost) Rom – von dem prachtvolle Moscheen Zeugnis ablegen. In Konya lebte der persisch schreibende Mystiker (Sufi) Dschelal ed-Din Rumi, auf den sich der Orden der tanzenden Derwische zurückführt.

Im 13. Jahrhundert zerfiel das Reich der Seldschuken. Osman (1299 bis 1326), einer ihrer Lehnsleute, errichtete ein eigenes Sultanat in der westlichen Türkei um Bursa und wurde zum Stammvater der Osmanen. Seine Stütze waren die im Kampf mit Byzanz geschulten Glaubenskrieger (*gazi*). Das Heer ergänzte sich seit 1329 durch die Knabenlese aus christlichen Kindern, die beschnitten, türkisch erzogen und zu Janitscharen ausgebildet wurden. Einzelnen von ihnen gelang der Aufstieg, so dem Architekten Sinan (1489 bis 1588), der als oberster Militäringenieur eine vielfältige Bautätigkeit entfaltete und durch seine Moscheen in Istanbul und Edirne berühmt wurde. Später gab es auch christliche Truppen unter osmanischen Paschas, z. B. in der Artillerie.

Nachdem die Türken von den Byzantinern gegen die Serben zu Hilfe gerufen worden waren, setzte sich Murad I um 1370 in Europa fest und erhob Adrianopel, türkisch Edirne, zur Residenz. 1389 besiegte er die Serben auf dem Amselfeld, dem *Kosovo polje*. Rückschläge brachten Niederlagen gegen die Mongolen unter Timur bei Ankara 1402 und gegen Venedig zur See 1416.

1453 eroberte Mehmed II (Abb. 4) Konstantinopel, das längst nur noch eine schwach besiedelte Enklave im Osmanenreich war und von den genuesischen Söldnern Konstantins XI verteidigt wurde. Unter dem Namen Istanbul, aus griechisch *is tin polin* «in die Stadt», bisweilen auch «Islambul», wurde die Stadt Residenz. Die Kirchen wurden ihres Bildschmucks beraubt und in Moscheen verwandelt, so die Hagia Sophia; neue, teilweise großartige Moscheen entstanden, nach byzantinischem Vorbild überkuppelt und mit Minaretten umstanden. Die Dächer waren mit Blei- oder Kupferplatten bedeckt, die Böden mit persischen und armenischen Teppichen belegt, die Innenwände mit Fayencen geschmückt – die berühmtesten Werkstätten befanden sich in Iznik – Nicaea. Daneben entstanden Koranschulen, Basare, Brunnen und Badeanlagen, Kranken- und Armenhäuser, wo kostenlos Mahlzeiten ausgegeben wurden. Die prächtigsten Moscheen sind die Mehmediye für den Eroberer mit dessen Mausoleum und die spätere Blaue Moschee am Hippodrom. Der Topkapi Serail im alten Palastviertel erinnert mit seinen prachtvollen Pavillons an die Zeltbauweise der Nomadenzeit. Viele Griechen traten in türkische Dienste, der orthodoxe Patriarch hingegen wurde in den Norden der Stadt verwiesen. Dort lebten die teilweise reichen Griechen, die Phanarioten, benannt nach dem Leuchtturm Phanar um die Georgskirche.

Seine klassische Form fand das Osmanenreich unter Suleiman dem Prächtigen (1520 bis 1566), dem «Gesetzgeber». Der Sultan legitimierte sich durch Erbrecht. Aufgrund der Polygamie gab es stets zahlreiche Prinzen, unter denen die Garde üblicherweise den ältesten erhob. Die übrigen mußten sterben, um Usurpationen zu vermeiden; der Prinzenmord war im 16. Jahrhundert eine Regel. Der Sultan regierte absolutistisch (Abb. 5), er beanspruchte seit 1517 den geistlichen Kalifenrang. Die Bezeichnung «Hohe Pforte» für die Regierung erinnert an die orientalische Sitte, daß in den Städten, die ja keine Agora besaßen, vor dem Tore Recht gesprochen wurde. Wichtigster Mann neben dem Sultan war der Großwesir – nicht selten ein Renegat. Überhaupt erscheinen in den führenden Stellungen immer wieder Griechen, Albaner, Kroaten, Armenier und andere (ehemalige) Christen.

Die Provinzen wurden von ernannten Gouverneuren (*vali*) regiert, neben denen gewählte Ortsvertreter (*ayan*) standen. Steuerpflicht galt für alle Untertanen, auch die Geistlichen. Nichtmuslime zahlten zudem Herd- und Kopfsteuer, über die Buch geführt wurde. Die christlichen Untertanen genossen, ebenso wie die Juden, Selbstverwaltung nach dem *millet* (Volk)-System. Es herrschte Freizügigkeit und Gewerbefreiheit. Im 16. und 17. Jahrhundert florierten die großen Städte: Skopje,

Abb. 5: Schmucktitel (Tughra) Suleimans (Salomons) des Prächtigen am Beginn einer Urkunde (Ferman): «Süleyman Schah, Sohn des Selim Schah, Chan, immer siegreich» (Istanbul, Kalligraphie-Museum, Beyazid-Medrese); vgl. S. 127.

Edirne und Bursa; Aleppo, Damaskus und Kairo. In den Grenzgebieten regierten Vasallenfürsten; die Bindung an den Staat war differenziert. Das Ansehen der türkischen Justiz im Frankreich der Aufklärung bezeugt Montesquieu in seinem Werk ‹De l'Esprit des lois› (VI 2).

Die Expansion des Osmanenreiches erfaßte Griechenland, Anatolien und Aserbeidschan bis Täbris; der Khan der Krim unterwarf sich, so daß der gesamte Schwarzmeer-Raum gewonnen wurde. Der Widerstand von Skanderbeg in Albanien, von Venedig unterstützt, erlosch mit dessen Tod 1468. Selim I (1512 bis 1520) und Suleiman erwarben Mesopotamien, Syrien und Ägypten; Arabien und Nordafrika gerieten in lose Abhängigkeit. Das Reich umfaßte Serbien, Bosnien und Ungarn, das 1526 bei Mohacs unterlag, weiterhin die Walachei, die Moldau und Siebenbürgen. Die Belagerung von Wien 1529 aber scheiterte (s. Kap. 11).

Im Mittelmeer herrschte Chair ed-Din Barbarossa, Freibeuter und osmanischer Admiral. Karl V landete 1535 mit einer Flotte unter dem Genuesen Andrea Doria in Tunis, konnte aber die türkische Seeherrschaft nicht brechen. Die Genuesen verloren Lesbos 1462 und Chios 1566, die Johanniter Rhodos 1523, die Venezianer das von Bragadino in Famagusta heldenhaft verteidigte Cypern 1571 und mit Candia (Chania) die Insel Kreta 1645. Der Seesieg der Christen unter Don Juan d'Austria 1571 bei Lepanto (Naupaktos) beschränkte die Herrschaft des Sultans auf das östliche Mittelmeer. Die gelegentlichen Verbindungen der Osmanen mit den Feinden Habsburgs, mit Frankreich, Preußen und England, blieben politisch folgenlos, förderten aber den Handel. 1683 mißlang der zweite Angriff auf Wien, das Rüdiger von Starhemberg verteidigte. Der Großwesir Kara Mustafa wurde durch den Herzog von Lothringen und Johann Sobieski in der Schlacht am Kahlenberge besiegt und erhielt vom Sultan die seidene Schnur geschickt. Mit diesem Mißerfolg begann der äußere Niedergang der osmanischen Macht.

Der innere Abstieg drohte bereits um 1500. Denn der Seeweg nach Indien beraubte die Levante ihrer Schlüsselstellung für den Orienthandel, und die Entdeckung Amerikas wies nach Westen. Wie einst in Byzanz übernahmen Ausländer den Fernhandel mit Europa. Nur wenige Türken lasen lateinische Schrift, da Türkisch in arabischen Lettern geschrieben wurde; ein aufgeklärtes Bürgertum entstand nicht. Zusatzbelastung brachten eine ausufernde Korruption, ein immer prunkvolleres Hofleben, kulminierend in dem 1853 errichteten Palast Dolma Bagtsche am Bosporus, und das eigenmächtige Prätorianerregime der Janitscharen, bis der Sultan sie 1826 niedermetzeln ließ. Die Landstraßen waren unsicher; Provinzstatthalter verhandelten mit auswärtigen Mächten. Technologisch und wissenschaftlich längst im Hintertreffen, geriet das Osmanenreich in Abhängigkeit von Europa. Zur Heeresreform holte man 1835 den späteren Generalfeldmarschall Helmuth von Moltke aus Berlin. Dessen ‹Briefe aus der Türkei› 1835 bis 1839 beschreiben den erfolglosen Feldzug gegen den abtrünnigen Mehmed Ali von Ägypten und gewähren lebendige Einblicke in die Zustände des Landes und der maroden Verwaltung.

Die Modernisierung stand unter dem Stichwort Tanzimat (Ordnung), kam aber kaum voran. 1839 wurden die Minderheiten gesetzlich gesichert, 1856 formal gleichberechtigt, die Folter wurde abgeschafft.

Die Verfassung von 1876 erbrachte keine Fortschritte gegenüber der Kamarilla an der Pforte. Die Staatsschulden wuchsen.

Parallel vollzog sich trotz zähen Widerstandes der äußere Machtverlust. Das geflügelte Wort vom «kranken Mann am Bosporus» geht zurück auf ein Lied von 1683. Die Siege der Habsburger unter dem Prinzen Eugen um 1700, das Vordringen der Venezianer und vor allem der Russen (s. Kap. 12) führten zu territorialen Verlusten, die Mameluken in Ägypten machten ihre eigene Politik. Der wachsende Nationalismus der Völker im Reich und die Begehrlichkeit der Kolonialmächte ließen schon um 1800 das Osmanenreich reif zum Ausschlachten erscheinen.

Im 19. Jahrhundert setzte sich der Niedergang fort. Islamistische Erhebungen führten mehrfach zu Massakern an Christen und provozierten Interventionen der Mächte. Aufstände und Abfallbewegungen gab es an allen Grenzen: im Donauraum und in Armenien geschürt von Rußland, in Griechenland vom europäischen Philhellenismus. Sultan Abdul Hamid II hob 1878 die Verfassung auf, legte sich wieder einen Harem zu und fraternisierte mit Wilhelm II. Zu Beginn des Ersten Weltkrieges war der Großteil der europäischen Besitzungen verloren. Algerien und Tunesien standen unter französischer, Tripolitanien (Libyen) unter italienischer und Ägypten unter britischer Kontrolle. Der arabische Raum war nur noch nominell osmanisch.

*

Das Verhältnis des christlichen Europa zur islamischen Welt litt unter dem Absolutheitsanspruch der beiden Religionen. Aufklärung und Modernisierung haben ihn gemildert, doch nicht behoben. Der Islamismus unserer Tage ist ein Korrelat zur Globalisierung und zum *American way of life*, der bei der Oberschicht zunehmend Anklang findet und aus dem Einfluß der euro-amerikanischen Zivilisation erwächst. Doch gab es auch umgekehrte Einwirkungen.

Vielfältig profitierte der Okzident vom Kulturaustausch mit dem Orient. Von dort stammen, was in vielen Fällen schon die Wortgeschichte zeigt, Zierpflanzen wie Tulpe und Jasmin, Kastanie und Palme; Hausgeräte wie Teppich und Tapete, Sofa und Matratze; Musikinstrumente wie Laute und Gitarre. Orientalische Wurzeln haben die Bezeichnungen vieler Textilien wie Atlas und Damast, Gamasche und Gaze, Mohair und Musseline, Kittel und Watte. Vom Knebel der türkischen Zelte stammt unser Knopf.

Alle Gewürze kommen aus dem Nahen Osten, außer dem Salz. Der Zucker wurde in Europa durch die Kreuzzüge bekannt, die Johanniter pflanzten Zuckerrohr auf Cypern. Das Wort «Zucker» führt über das Arabische und Persische aufs Altindische zurück. Der (die oder das) Joghurt stammt aus der Türkei, der Kaffee heißt nach Kaffa in Südäthiopien, er verbreitete sich dann von Mekka aus in die Welt. Über arabische Vermittlung wurde das Schachspiel bekannt. Schon in vorchristlicher Zeit in Indien entstanden, erhielt es seinen Namen in Persien, wo es Firdusi beschrieb, und begegnet um 1000 in Spanien. Aus ihm hat sich das Kartenspiel entwickelt.

Die Wissenschaften verdanken den Moslems Bedeutendes. Arabische Chemie, abgeleitet aus Alchemie, hat den Alkohol entdeckt. In der Astronomie, lange verbunden mit der Astrologie, erinnern die Namen von Sternen an die Araber: Aldebaran und Algol, Beteigeuze und Rigel. Arabisch sind die Wörter «Algebra» und «Ziffer». Unsere Zahlzeichen sind von den Arabern aus Indien übernommen und im 10. Jahrhundert an spanische Christen weitervermittelt worden. Als letztes trat die Null hinzu, deren arabischer Name *schifr* (leer) unseren Wörtern «Chiffre» und «Ziffer» zugrunde liegt, in Indien seit dem 7. Jahrhundert gebräuchlich, in Europa erst Jahrhunderte später.

Die Übersetzerschule von Toledo erschloß dem Abendland die arabische Wissenschaft. In Konstantinopel ließ Lady Montague 1717 ihren Sohn gegen Pocken impfen und brachte diese im Orient längst bekannte, unendlich segensreiche Heilmethode nach Europa, wo sie sich nur gegen heftige Widerstände durchsetzte. Die Aufgabe, die Sprachen und Kulturen zu verbinden, hat der «Dolmetscher». Die Herkunft des Wortes aus dem Türkischen weist auf den west-östlichen Austausch, der beide Seiten bereichert. Denn:

Gottes ist der Orient!
Gottes ist der Okzident!
Nord- und südliches Gelände
Ruht im Frieden seiner Hände.

Keiser Heinrich.

7. Kaiser und Papst im Mittelalter

In seiner Berliner Vorlesung über die Philosophie der Geschichte gab Hegel 1832 ein vernichtendes Urteil über das Mittelalter ab. Der Gegensatz zwischen Staat und Kirche, zwischen germanischer Rauflust und christlicher Nächstenliebe sei das «widrigste und empörendste Schauspiel, das jemals gesehen worden, … das Vernunftwidrigste, Roheste, Schmutzigste durch das Religiöse begründet und bekräftigt». Hegel widersprach damit dem von der Romantik verklärten Mittelalterbild, gekennzeichnet durch Ritterlichkeit, Kaisertum und den geschlossenen Kosmos einer gottgewollten Lebensordnung, die noch nicht von der Vernunftkritik zersetzt gewesen sei, verklärt bei Novalis und Achim von Arnim, bei Walter Scott und Victor Hugo.

Der Adel

Die tragenden Elemente des Mittelalters waren Adel, Kirche und die Städte. Der Adel von Spanien bis Rußland war germanisch geprägt. Das bezeugen Vornamen wie Karl, Ludwig und Heinrich; Walter, Wilhelm und Friedrich in mehreren europäischen Sprachen. Merkmale des Adels waren Kriegertum und Wappenwesen, Standesbewußtsein und Ehrenkodex. Die Ritter lebten in Höhen- und Wasserburgen von der Arbeit ihrer Hintersassen. Sie widmeten sich ihren Reitpferden, der Jagd und Kriegsübungen, sie «pflagen der hohen Minne» und ließen sich bei festlichen Anlässen Heldenlieder vortragen. Literarische, handwerkliche oder musische Betätigung stand zurück, Frömmigkeit galt als hohe Tugend. Nationale Vorurteile gab es nicht, wie die zahlreichen, politisch motivierten Heiraten über die Landes-, Konfessions- und Sprachgrenzen hinweg dartun.

Der einzelne Adlige hatte, je nach Rang und Gut, seine Mannen, seine Gefolgschaft. Treue beruhte auf Gegenseitigkeit: der Gefolgsmann leistete Gehorsam, der Gefolgsherr bot Schutz und Geschenke. Der Ritter sollte dem Bürger den Frieden, dem König die Treue und dem Reich das Recht wahren. Das Reich war ein Personenverbandsstaat, im Unterschied zum antiken und neuzeitlichen Territorial-

Abb. VII: Die um 1320 in Zürich entstandene Manessische Liederhandschrift (Heidelberg, Universitätsbibliothek), das lebendigste Werk der deutschen Buchmalerei, zeigt 140 Minnesänger, als vornehmsten den Stauferkaiser Heinrich VI mit dem schwarz-rot-goldenen Adlerwappen; vgl. S. 147.

staat. Ehe und Erbschaft in Fürstenhäusern veränderten Landesgrenzen. Die letzte dynastische Erbteilung in Deutschland vollzog sich 1827 in Thüringen. Der sehr verbreitete niedere Adel unterstand, soweit er nicht zur Reichsritterschaft zählte, den Landesherren, die den höheren Adel bildeten. In der Stauferzeit entwickelte sich aus unfreien Königsleuten der Stand der Ministerialen, die in den Land- oder Stadtadel aufsteigen konnten.

Der König war der vornehmste Adlige, die Monarchie als biblisch beglaubigte Herrschaftsform stand ebensowenig in Frage wie die gestufte Ständegesellschaft. Das Wort «König» ist mit englisch *kin* verwandt und verweist auf seine Familie, die *stirps regia*. Daß ein Mann aus niederem Stande über den Heeresdienst Herrscher werden konnte wie im antiken Rom oder noch in Byzanz, das war im germanischen Mittelalter undenkbar. Normalerweise vererbte sich die Würde vom Vater auf den Sohn, doch beanspruchten die ranghöchsten Adligen zumeist ein Zustimmungs- oder Wahlrecht. Die Salbung war ein biblisches Ritual, Krone und Thron stammen aus Persien, ein Szepter führte schon Agamemnon. Der «Palast» geht auf das römische *Palatium*, der Reichsapfel auf den Globus der *Dea Roma* zurück. Er symbolisiert das All. Die Weihe durch einen hochrangigen Priester sollte den göttlichen Segen, das «Königsheil» verbürgen. Der König war eine geheiligte Person, er amtierte lebenslang, führte das Heer und war oberster Richter. Sein politischer Handlungsspielraum hing ab von seiner Durchsetzungskraft gegenüber seinen Großen, die ihn lediglich als *primus inter pares* ansahen, daher Mitsprache forderten und in ihrem eigenen Bereich als kleine Könige schalteten. Waren sie unzufrieden, so erhoben sie einen Gegenkönig, nicht selten den Sohn des Herrschers. Dessen Anspruch auf die Nachfolge wird schon in antiken Quellen als «Naturrecht» bezeichnet.

Die Gerichts- und Steuerhoheit der Fürsten und Grundherren ist neben dem Gefolgschaftswesen ein Kennzeichen des Feudalsystems. Der Begriff *feudum* – «Lehen» erinnert daran, daß bei der Landnahme der König die eroberten Güter seinen Leuten zu Lehen «auslieh» und dafür Waffenhilfe erwartete. Gewöhnlich vererbten sich Gut und Pflicht. Gab es keinen Erben oder wurde der Vasall wegen Felonie enteignet, konnte der König das Lehen erneut vergeben. Da der König stets selbst einer der Fürsten war, besaß er irgendwo seine Hausmacht, auf die er sich stützen mußte, denn im Laufe der Zeit wurden aus Lehen Eigengüter (Allodien). Die Fürsten erstarkten zu Landesherren.

Die Kirche

So wie die Höhen von Burgen gekrönt wurden, so überragten die Kirchtürme die Städte. Glocken läuteten zuerst im Frankenreich des 7. Jahrhunderts, den spätantiken und byzantinischen Kirchen fehlten sie. An der Göttlichkeit Jesu, am Jüngsten Gericht und am Offenbarungs-Charakter der Bibel zweifelte (öffentlich) niemand, obschon es unterschiedliche Auslegungen gab. Die Ausbreitung des Christentums war verbunden mit einer Alphabetisierung, einem zivilisatorischen Forschritt: Sie bot Anschluß an die mediterrane Kulturwelt. Der Klerus bildete den Laien gegenüber einen eigenen Stand, vom einfachen Priester über den Bischof und den Metropoliten hinauf zum Papst. Die hohen Kleriker entstammten dem Adel und lebten ehelos. Ihr Eigentum übernahm die Kirche.

Innerhalb des Imperium Romanum war die Christianisierung am Ende der Antike weitgehend vollendet. Britannien wurde nach dem Abzug der Legionen um 400 erst um 600 wieder christlich und sandte nun, so wie Irland zuvor, Glaubensboten auf den Kontinent. Im Jahre 719 wurde der edle Angelsachse Winfried, genannt Bonifatius, in Rom zum Missionsbischof geweiht. Die zwischen Salzburg und Utrecht errichteten Bistümer (Erfurt, Würzburg, Freising) und Klöster (Eichstätt, Fritzlar, Fulda) unterstellte Bonifatius dem Papst, der allgemein Anerkennung fand. Metropole war Mainz. Die kirchliche Erschließung wurde von den Franken nicht zuletzt deswegen gefördert, weil mit ihr die Einrichtung von Gerichtssprengeln (Zent und Grafschaft) und Rekrutierungsräumen (Heerbann) einherging. 754 wurde Bonifatius in Friesland erschlagen.

Wachsende Bedeutung besaßen die Klöster. Unter Karl dem Großen waren es bereits über tausend. Baugrund und Landbesitz stifteten gewöhnlich reiche Adlige aus Sorge um ihr Seelenheil, wie überhaupt das Kirchengut durch Schenkungen – vorwiegend von Todes wegen – ständig wuchs. Die ersten Mönche kamen aus dem Westen und Süden. Sie lebten arm, keusch und gehorsam nach der Mönchsregel des heiligen Benedikt von Nursia, der 529 in Süditalien das Kloster Monte Cassino gegründet hatte. Die Devise *ora et labora* ist zutreffend, aber nicht authentisch. An der Spitze stand jeweils ein Abt, bei Frauenklöstern eine Äbtissin; die grobe Arbeit verrichteten Laienbrüder auf Fronhöfen. Deren Schutz oblag adligen Vögten; sie sorgten dafür, daß die

Abb. 1: Der Kopfschmuck zeigt den Rang einer Person. Der Name «Tiara» führt in den Orient zurück, seit dem 4. Jh. bezeichnet er die Haube des Papstes. Bei Gregor IX (1227 bis 1241) war sie mit einer doppelten, hier bei dem machtbewußten Bonifaz VIII (1294 bis 1303) mit einer dreifachen Krone verbunden. Die Schlüssel verbildlichen die Macht der Nachfolger Petri (letzten Endes) über den Zugang zum Paradies gemäß dem Herrenwort an Petrus, er habe die Macht «zu binden und zu lösen», Matthäus 16, 19. Die zeitgenössische Skulptur befindet sich in den Grotten des Vatikan; vgl. S. 137.

Klöster dem König die schuldigen Gelder und bewaffnete Knappen stellten. Die Benediktinerklöster waren Orte der Bildung: so Sankt Gallen und Reichenau; Lorsch, Fulda und Hersfeld, Corvey und Maria Laach. In Italien gründete Cassiodor 540 Vivarium, Columban 612 Bobbio, ein fränkischer Wandermönch 681 Farfa. Bildungszentren in Frankreich waren Saint-Germain-des-Prés bei Paris, Stablo und Cluny.

Die cluniazensische Reform suchte seit Mitte des 10. Jahrhunderts die gelockerte Klosterzucht wiederherzustellen und den Einfluß der weltlichen Vögte auszuschalten – so unter Papst Gregor VII (1073 bis 1085). Reformierte Benediktiner waren die Zisterzienser. Ihren Aufstieg verdanken sie dem Mystiker Bernhard von Clairvaux (1091 bis 1153); sie sahen ihre Aufgabe wesentlich im Landesausbau und siedelten daher in der Einöde, z. B. in Brandenburg (Lehnin, Chorin, Himmelpfort). Im 13. Jahrhundert entfalteten sich die Bettelorden, die auf den heiligen Franziskus von Assisi (1182 bis 1226) und den Spanier Dominicus (gest. 1221) zurückgehen. Franziskaner und Dominikaner wirkten in den Städten und pflegten die *Studia generalia*, das Schulwesen.

An vielen größeren Kirchen entstanden geistliche Körperschaften – bei Bischofskirchen war dies Domkapitel – deren Mitglieder nicht besitzlos in Klöstern, sondern einzeln und komfortabel lebten. Diese meist adligen Kanoniker oder Stiftsherren hatten gewöhnlich studiert und genossen, wie alle Weltgeistlichen, ihre Pfründe. Vielfach wurden sie von den Königen als Diplomaten verwendet.

Die angesehensten Universitäten waren Paris, Oxford und Bologna. In Paris dominierten die Theologie und die aus ihr erwachsene scholastische Philosophie, vertreten durch Abaelard und Albertus Magnus, Bonaventura und Thomas von Aquino; in Oxford experimentierte der Physiker Roger Bacon; in Bologna wurde römisches Recht gelehrt, seitdem Ende des 11. Jahrhunderts das *Corpus Juris Civilis* wiedergefunden worden war. 1155 sicherte Barbarossa die dortigen Scholaren durch ein Privileg.

An der Spitze der geistlichen Hierarchie im lateinischen Westen stand der Bischof von Rom, der Papst. Er galt als Nachfolger des heiligen Petrus, der in Rom das Martyrium erlitten haben soll. Seinen Vorrang unterstrich Constantin, indem er 312 die Kirchen *San Giovanni in Laterano* und *San Pietro in Vaticano* stiftete. Papst Gelasius vertrat 494 die Lehre von den zwei durch Gott eingesetzten Gewalten, wonach die geistliche über der weltlichen rangiert. Politische Herrschaft beanspruchten die Päpste seit der Zeit Pippins (um 754) durch das ‹Constitutum Constantini›, die konstantinische Schenkung. Es handelt sich um einen in der Kurie, dem Hofstaat des Papstes, gefälschten Brief, in dem Constantin, durch die Taufe vom Aussatz geheilt, seinen Rückzug nach Konstantinopel ankündigt und den Päpsten bis ans Ende der Zeit die kaiserliche Autorität im Westen überträgt.

Gregor VII erklärte 1075 im ‹Dictatus Papae›, allein der Papst verleihe und entziehe die Kaiserwürde, alle Fürsten hätten ihm die Füße zu küssen. Rom habe immer Recht und bestimme, was «katholisch» sei. Zum letzten Male sodann forderte Bonifaz VIII (Abb. 1) 1302 in der Bulle ‹Unam Sanctam› Gehorsam von allen geistlichen wie weltlichen Personen, doch scheiterte er damit (s. Kap. 5). Erfolgreich arbeitete die von Gregor IX um 1230 geschaffene Inquisition; den Dominikanern wurde aufgetragen, die Ketzer als Satansdiener auf den Scheiterhaufen zu bringen. Tausende wurden zumal bei Kirchenfesten in Spanien unter dem Großinquisitor Jimenez (1495 bis 1517) «zum höheren Ruhme Gottes» verbrannt.

Die Städte

Neben dem Adel und der Kirche waren die Städte die dritte Kraft des Mittelalters – und die mit der größten Zukunft. Sie hatten, soweit sie römischen Ursprungs waren, durch die Völkerwanderung gelitten und brauchten Jahrhunderte, um sich zu erholen. Träger der Kontinuität war zumeist die Kirche, um die sich auf dem verfallenen Stadtgelände die Siedlung konzentrierte. Demgemäß war die Stellung des Bischofs, den jede römische Stadt besaß, mehr als ein bloß geistliches Amt.

Handwerk und Handel kamen langsam wieder in Gang, es entstand ein neues Bürgertum, die Geldwirtschaft gewann wieder an Bedeutung, doch gab es keine einheitliche Währung. Die Könige gestatteten Selbstverwaltung – Genua stand schon 1100 unter gewählten Consuln – und die Ausbildung eines Stadtrechts, das in Konkurrenz zu den Ansprüchen der Bischöfe und Landesherren stand. Oft mußten die Kommunen sich ihre Rechte erkämpfen. So gewann Augsburg 1250, Straßburg 1262, Köln 1288 durch den Sieg über die Truppen des Kirchenfürsten Selbstverwaltung. In Basel gelang es erst 1521. Die städtischen Freiheiten mußten vor jeder Huldigung vom neuen Landesherren beschworen werden.

Einfacher gestaltete sich das bei Neugründungen, deren Verfassung von vornherein festgelegt war. Musterhaft war das Magdeburger Stadtrecht, das im Osten über Krakau und Kiew hinaus hundertfach nachgebildet wurde. Der Stolz der Bürger waren ihre Rathäuser und ihre Kirchen. Die romanischen und gotischen Kathedralen verdienen um so mehr Bewunderung, als wir uns die Wohnverhältnisse ihrer Erbauer kaum ärmlich genug vorstellen können. Spannungen entstanden vielfach zwischen dem reichen, regierenden Patriziat und den Zünften, die Teilhabe an der Politik erkämpfen mußten. Als Herrschafts-, Wirtschafts- und Bildungszentren lösten die Städte im 14. Jahrhundert die Burgen und Klöster ab.

Gleiche Interessen stifteten Städtebünde. Es entstand der im Textilhandel tätige Schwäbische Städtebund um Ulm von 1376 und der Elsässische, später Süddeutsche Städtebund, der 1377 dem Aufgebot Karls IV trotzte. Auf 200 Mitglieder brachte es die Hanse um Lübeck, der nach Köln zweitgrößten deutschen Stadt. Nach ihrem Sieg über den Dänen Waldemar IV 1370 gehörte ihr der Ostseehandel. Hansekontore gab es in Nowgorod, Bergen, London, Breslau und Krakau. Auch Berlin war einmal Hansestadt. Eine Vorzugsstellung genossen die Freien Reichsstädte, die reichsunmittelbar nur den König über sich hatten.

Karl der Große

Als nach dem Ende der Römerzeit mit Chlodwig um 500 im Frankenreich eine neue Großmacht entstand, wurde sie, wie vom Kaiser in Konstantinopel, so von den gallischen Bischöfen als Obrigkeit anerkannt. Elemente der kaiserlichen Repräsentation begegnen lange vor der Krönung Karls des Großen (768 bis 814), die Papst Leo III zu Weihnachten 800 in der Peterskirche vollzog. Die Münzen und Urkunden nennen Karl *Augustus* und *Imperator Romanorum*, sein Siegel kündet die *renovatio Romani imperii*, die Erneuerung des vierten und letzten Weltreichs vor dem Jüngsten Gericht, gemäß der Vision des Propheten Daniel. Mittelalterliche Chronisten haben die Kaiser durchnumeriert. Bei Otto von Freising unter Barbarossa ist Augustus der erste, Karl der 69. Kaiser.

Voraussetzung für Karls Kaiserkrönung war sein Erfolg im Felde. Zu allen Zeiten bewies und bewährte sich ein Monarch durch seine Siege. Sie galten als Zeichen göttlicher Gnade, denn im jüdisch-christlichen Denken ist Gott der Schlachtenlenker. Über dreißig Jahre kämpfte Karl gegen die heidnischen Sachsen im heutigen Niedersachsen und Westfalen. Ihr Heiligtum, die Irminsul wurde zerstört, Aufständische wurden hingerichtet oder umgesiedelt. Herzog Widukind ließ sich 785 taufen, die Sachsen nahmen das Christentum an. Karls Reich erweiterte sich bis an die Eider zu den Dänen, bis zur Elb-Saale-Linie, ja darüber hinaus zu den Böhmen. Im heutigen Sachsen richtete Karl die sorbische Mark ein. Marken sind unsichere Grenzgebiete, von Markgrafen mit Sondervollmachten regiert.

788 bezwang Karl den abtrünnigen Baiernherzog Tassilo und gewann das von Kroaten besiedelte, zu Byzanz gehörige Istrien. Der Vorstoß gegen die Awaren erbrachte 796 ungeheure Goldschätze. Die Ostmark, die pannonischen Marken und die Mark Friaul um Aquileja gewährten Schutz gegen die Slawen. Auf sie machte Karl einen solchen Eindruck, daß sie aus seinem Namen ihr Wort für König, *kralj*, bildeten – ähnlich wie unser Wort «Kaiser» auf Julius Caesar zurückführt.

Im Nordwesten sicherte Karl die Bretagne. Der Präfekt der bretonischen Mark Roland fiel 778 als Führer der Nachhut Karls im Kampf gegen die Basken. Roland ist der berühmteste von Karls Paladinen, als Gegenstand der Sage gefeiert in Heldenliedern bis hin zum ‹Orlando Furioso›, dem «Rasenden Roland» des Ariost von 1516. Karls Feldzug nach Spanien folgte einem Hilferuf des Emirs von Barcelona, der sich gegen den Emir von Cordoba erhoben hatte. Die daraufhin eingerichtete spanische Mark reichte bis zum Ebro.

Am folgenreichsten war Karls Italienpolitik. Schon Pippin war dem Papst zu Hilfe gekommen und hatte als *patricius Romanorum* in zwei Feldzügen die Hoheit über die Langobarden in Norditalien errungen. Als diese nun dem Papst sein Patrimonium streitig machten, stürmte Karl 774 Pavia und übernahm die Eiserne Krone der Langobarden. Anschließend erneuerte er in Rom sein Schutzversprechen für den Papst, doch erst beim vierten Italienzug kam es zur Kaiserkrönung. Unmittelbar vorausgegangen war der Besuch Papst Leos III, der durch den stadtrömischen Adel bedrängt wurde, in Paderborn. Karl trug die neue Würde mit Stolz, zumal der Papst ihm anschließend huldigte. Das fortan schwebende Zweikaiserproblem stellte sich zunächst nicht, weil in Byzanz die Kaiserin Irene ihren regierenden Sohn, der mit einer Tochter Karls verlobt war, geblendet und abgesetzt hatte. 812 erkannte der Basileus Michael I den Franken als Kaiser an, der ihm dafür Venedig und Dalmatien überließ. Keiner der beiden «römischen» Kaiser konnte in der Folgezeit seine Alleingeltung durchsetzen; in Zeiten der Spannung blieb für die Gegenseite der Westkaiser nur König der Franken, der Ostkaiser bloß König der Griechen.

In Aachen, der Heimat der Franken, errichtete Karl seine Pfalz, sein *palatium*, und sein Münster, in dem er beigesetzt wurde (Abb. 2). Weitere Pfalzen entstanden in Nimwegen, Worms, Frankfurt, Ingelheim und Paderborn, wo Karl mit seinem Gefolge Aufnahme fand, wenn er, wie zumeist, mit seinem Kronrat, der Hofkapelle, unterwegs war oder jeweils im Frühjahr und Herbst Reichstage abhielt. Karl, der Latein und Griechisch verstand, aber erst im Alter schreiben lernte, versammelte Gelehrte in seiner Hofschule, an ihrer Spitze den Angelsachsen Alkuin; er richtete Schulen ein und schuf mit der karolingischen Minuskel eine gut lesbare, in ganz Westeuropa übernommene Schrift, in der u. a. 8000 Texte lateinischer Autoren erhalten sind. Daneben sammelte Karl germanische Heldenlieder. Im Bilderstreit (s. Kap. 5) verfügte Karl auf der Frankfurter Synode 794: Bilder seien weder zu verehren noch zu vernichten. Karls umfassendes Reformprogramm lautete: Irrtümer

Karl der Große 141

Abb. 2: Das Aachener Münster Karls des Großen, vollendet 805, war Teil der Königspfalz und orientiert sich an San Vitale in Ravenna, der Hauptstadt Theoderichs, dessen bronzene Reiterstatue Karl nach Aachen holte. Sie wurde 881 eine Beute der Wikinger, sofern nicht schon Ludwig der Fromme das Bild des arianischen «Ketzers» beseitigt hat. Aachen wurde als zweites Rom gepriesen. Der kunstlose Kaiserthron auf der Empore (Photo um 1930) besteht aus antiken Marmorplatten, auf einer ist ein Mühlespiel eingeritzt, auch die Säulen sind römische Spolien; vgl. S. 140.

berichtigen, Überflüssiges beseitigen, das Rechte bekräftigen. Königsboten überbrachten seine schriftlichen Anweisungen, die Kapitularien, und überwachten die vom Kaiser eingesetzten Grafen und Bischöfe. Das ‹Capitulare de Villis›, Karls Domänenordnung, regelte sogar die Verwendung überzähliger Hühnereier und Kohlköpfe.

Karls Ruhm drang bis in den Orient. Der Patriarch von Jerusalem übersandte ihm die Schlüssel zum Heiligen Grabe, der Kalif Harun-al-Raschid beglückte ihn mit einem lebenden Elefanten. Schon in zeitgenössischen Quellen trägt Karl den Beinamen des «Großen». Ihn feiert das sogenannte Paderborner Epos als Gipfel (*apex*), Leuchtturm (*pharus*) und Vater (*pater*) Europas, als *caput orbis* – Haupt der Welt. Der mit ihm verbundene Aufschwung setzte sich allerdings nicht unmittelbar fort. Es hat etwas Zeichenhaftes, wenn die erste feste Rheinbrücke seit der Römerzeit, die Karl errichten ließ, wieder abbrannte, vielleicht nicht ohne Zutun der Mainzer Fährleute – Fortschritt wurde oft mit Arbeitslosigkeit erkauft.

Die Erweiterung des Frankenreiches nach Osten verlieh den deutschsprachigen Gebieten ein solches Gewicht, daß die Reichseinheit darüber zerbrach. Karls Enkel teilten das Reich im Vertrag von Verdun 843. Karl der Kahle erhielt den Westen, Ludwig der Deutsche den Osten und Lothar, der älteste, mit der Kaiserwürde das nach seinem gleichnamigen Sohn benannte Lothringen mit den Niederlanden, sowie Italien. Nach zwei weiteren Teilungen kam das Zwischenreich zum Osten, Burgund und Italien verselbständigten sich. Mit dem Jahr 843 trennen sich die französische und die deutsche Geschichte.

Das Wort «deutsch» erscheint im Staatsnamen sehr spät. Die Formel «Heiliges Römisches Reich Deutscher Nation» begegnet erst im 15. Jahrhundert. Zuvor bezeichnet das Wort die deutsche Sprache als Volkssprache im Gegensatz zum Latein. Ein Kaplan Karls des Großen berichtete 786 an den Papst, auf einer Synode in England seien die Beschlüsse *tam latine quam theodisce* verlesen worden, sowohl lateinisch wie «theodisch», was hier die westgermanische Volkssprache meint. Das Wort leitet sich von einer indogermanischen Wurzel *teuta* – «Siedlungsgemeinschaft» ab, die sich schon bei Homer findet. Im 9. Jahrhundert geht die Sprachbezeichnung auf die Volksbezeichnung über, im 11. Jahrhundert sprechen päpstliche Urkunden vom *Regnum Teutonicum*, dem «deutschen Königreich». Deutsche Frauen, deutsche Männer und deutsche Zucht zwischen Rhein und Ungerland hat um 1200 Walther von der Vogelweide besungen.

Das römisch-deutsche Kaisertum

Als Beginn der deutschen Geschichte im engeren Sinne benannte Johannes Haller 1922 das Jahr 911, als die ostfränkischen Großen sich von den Karolingern in Paris lossagten und zu Forchheim in dem Franken Konrad I einen eigenen König erhoben. Dieser beherrschte die (Ost-)Franken, Schwaben, Baiern, Thüringer und Sachsen, die vom 8. bis ins 11. Jahrhundert althochdeutsch sprachen, sowie die Friesen, deren Idiom als eigene Variante des Westgermanischen gilt. Konrad bestimmte als Nachfolger seinen mächtigen sächsischen Gegner, Herzog Heinrich I den Vogler (919 bis 936). Dieser gewann Lothringen, nahm die Slawenpolitik wieder auf und verteidigte das Reich gegen die Ungarn. Nennenswerte Erfolge aber gelangen erst seinem Sohn, Otto dem Großen (936 bis 973). Er gründete die Slawenbistümer Havelberg und

Brandenburg und stützte sich gegen die Fürsten auf die von ihm eingesetzten Äbte und Bischöfe. Nachdem er auf dem Lechfeld bei Augsburg 955 die Ungarn geschlagen hatte und vom Heer zum Imperator ausgerufen worden war, erhielt er 962 als Schützer des Papstes in Rom die Kaiserkrone, die fortan bei den deutschen Königen verblieb (Abb. 3). Dreimal in Italien, geriet Otto mit Byzanz in Konflikt, der jedoch beigelegt wurde mit der Hochzeit Ottos II, seines Sohnes, und der byzantinischen Kaisernichte Theophano. Von dem Brautwerber, Liudprand von Cremona, besitzen wir eine anschauliche Schilderung Konstantinopels. Otto I wurde beigesetzt in Magdeburg, das durch ihn Erzbistum geworden war.

Eine faszinierende Persönlichkeit war Ottos frommer Enkel Otto III (980 bis 1002), der schon mit 21 Jahren starb. Zunächst regierten seine Mutter Theophano und seine Großmutter Adelheid für ihn, doch als Vierzehnjähriger nahm er selbst das Heft in die Hand. Nach dem großen Slawenaufstand von 983 in Brandenburg brachte Otto III das Ansehen des Kaisertums in Polen und Ungarn zur Geltung, konzentrierte sich dann aber auf Italien, wo er von Rom aus das Imperium erneuern wollte. Unter ihm wird 998 zum ersten Mal «Österreich» mit dieser Bezeichnung erwähnt. Sein Nachfolger Heinrich II gründete das Bistum Bamberg mit dem großartigen romanischen Dom.

Nach dessen Tod wählten die Großen des Reiches unter Führung des Mainzer Erzbischofs den Salier oder Salfranken Konrad II zum *rex Romanorum* (1024 bis 1039). Er eroberte Burgund, d.h. die heutige Westschweiz, wichtig für den Übergang nach Italien. Im übrigen herrschte Zwist um Territorien und Dynastien und die Hoheit des Kaisers im Reich, im Slawenland und Italien. Heinrich III (1039 bis 1056) konnte die Probleme meistern, doch sein junger Sohn Heinrich IV (1056 bis 1106) war zunächst Spielball der Großen und geriet dann über die Besetzung des Erzbistums Mailand in Konflikt mit Papst Gregor VII, der, verbündet mit den Normannen, die Opposition gegen Heinrich schürte, so daß dieser 1077 in Canossa Kirchenbuße tun mußte, um aus dem Bann gelöst zu werden. «Der Kaiser drei Tage barfuß im Schnee vor dem verschlossenen Burgtor» gehört zu den eindrucksvollsten Bildern des Mittelalters. In dem hier kulminierenden Investiturstreit ging es um die Einsetzung der Bischöfe. Da sie mit ihrem Kirchengut und ihren Verwaltungsfunktionen, den *temporalia*, neben den Städten die wichtigste Stütze der Kaiser waren, bestanden diese auf

Abb. 3: Die Krone als Herrschaftszeichen stammt aus Persien und gelangte über Byzanz zu den Germanen. Lateinisch «corona» bedeutet «Kranz». Die römisch-deutsche Kaiserkrone aus dem 10. Jh. ist das kostbarste Staatssymbol unter den in der Wiener Hofburg aufbewahrten Reichsinsignien; geschaffen für Otto d. Gr., vielleicht auf der Reichenau. Vier der acht Platten tragen Emailleschmuck mit biblischen Motiven: REX DAVID, REX SALOMON, ISAIAS PROPHETA EZECHIAS REX und die Jesaja-Vision (hier sichtbar). Seit 1300 galt sie als Krone Karls des Großen; vgl. S. 143.

dem Ernennungsrecht, während der Papst den Episkopat als geistliches Amt begriff, über welches er zu befinden habe. Eine Lösung erzielte Heinrich V mit dem Wormser Konkordat 1122, wonach dem Kaiser in Deutschland, dem Papst in Italien die letzte Entscheidung zukam. Die Salier sind in Speyer bestattet, das zu der wichtigen Städte-Achse an Rhein und Mosel gehörte.

Als Erben des salischen Hausguts kamen die schwäbischen Staufer an die Macht. Konrad III (1138 bis 1152) verheiratete eine Schwägerin an den Kaiser von Byzanz und nahm dann unter dem Eindruck einer Predigt Bernhards von Clairvaux das Kreuz. Die Kreuzzugsidee beruht auf den seit der Spätantike üblichen Wallfahrten, da ein Gebet in Jerusalem, Bethlehem oder Nazareth als besonders heilswirksam erachtet wurde. Das Pilgerwesen setzte sich fort, obwohl die zum byzantinischen Reich gehörenden heiligen Stätten 638 in die Hand der Araber gefallen waren. Als der Pilgerzug nach Jerusalem gefährdet schien und die cluniazensische Reformbewegung die Geister ergriff, propagierte Papst Urban II auf dem Konzil zu Clermont 1095 den Ersten Kreuzzug. Gott wolle das Heilige Land von den «Ungläubigen» befreit sehen. Das löste einen religiösen Massenrausch aus, der über hundert Jahre anhielt. Scharenweise legten die Ritter den mit einem Kreuz gezeichneten Mantel an und zogen zum Bosporus. Hier leisteten sie dem Basileus den Lehnseid für die noch zu erobernden Gebiete, kämpften sich durch

Anatolien und erstürmten 1099 Jerusalem. Das anschließende Gemetzel unter den Bewohnern beschreibt Wilhelm von Tyrus. Es entlarvt den Begriff «Kreuzzug» in der politischen Rhetorik bis in unsere Tage.

Führende Figur im neu errichteten Königreich Jerusalem war Gottfried von Bouillon aus Niederlothringen. Die Mehrzahl der Ritter kam aus Frankreich, weswegen bei den Arabern die europäischen Christen schlicht «Franken» hießen. Es entstanden mehrere kleine Kreuzfahrerstaaten: Antiochia, Edessa, Tripolis, Tiberias und gewaltige Burgen (Abb. 4). Erste Rückeroberungen der Muslime führten dann zum Zweiten Kreuzzug. Konrad III und Ludwig VII von Frankreich erschienen 1148 in Akkon, mußten aber ohne militärische Erfolge heimkehren. Der gleichzeitig vom sächsischen Adel auf päpstliches Geheiß durchgeführte Wendenkreuzzug sicherte den christlichen Glauben und die deutsche Vorherrschaft zwischen Elbe und Oder. Die Losung hieß: «Wer sich nicht taufen läßt, soll sterben.» Die Slawen in Holstein wurden ausgerottet.

Als Höhepunkt des deutschen Mittelalters gilt die Zeit Friedrich Barbarossas (1152 bis 1190). Er war als Neffe Konrads III Herzog von Schwaben und hatte sich auf dem Zweiten Kreuzzug ausgezeichnet. Nach seiner Wahl in Frankfurt und seiner Krönung in Aachen erwies er sich als tatkräftiger und selbstbewußter *Imperator Romanorum* in Deutschland wie in Italien, wo er sechsmal erschien. Seine Gegner dort wa-

Abb. 4: Die eindrucksvollste Kreuzritterburg ist der gotische Krak des Chevaliers im südlichen Syrien, ausgebaut durch die Johanniter nach 1142, gefallen 1271, bis ins 18. Jh. benutzt; vgl. S. 145.

ren die unter den Saliern aufgeblühten Städte, voran Mailand und der Lombardische Städtebund, der nach schweren Kämpfen 1183 seine Autonomie behauptete, aber den Kaiser anerkannte.

Der andere Gegner war der Papst. Zwar hatte er Barbarossa bereits 1155 bei dessen erstem Besuch in der Ewigen Stadt gekrönt, doch wollte er die Kaisergewalt im Kirchenstaat nicht gelten lassen. Barbarossa gewann die Toskana und erhob einen Gegenpapst, der 1165 Karl den Großen heiligsprach, sich aber nicht durchsetzen konnte. Zum Frieden mit der Kurie kam es erst nach dem Fall von Jerusalem 1187 (s. Kap. 6), als ein neuer Kreuzzug erforderlich schien und Einigkeit im christlichen Lager nottat.

Dynastische Ehen und diplomatisches Geschick begünstigten Barbarossas Außenpolitik. Er stand in Verbindung mit Frankreich, England und Byzanz, erwarb durch Heirat mit Beatrix 1178 die Krone von Burgund, wozu auch die Provence zählte, vermählte seinen Sohn Heinrich VI mit Konstanze, der Erbtochter des normannischen Sizilien, und empfing die Huldigung des Königs von Dänemark und des Herzogs von Pommern. Österreich wurde als eigenes Herzogtum von Baiern getrennt und an die Babenberger aus «Bamberg» vergeben.

Barbarossas Gegenspieler in Deutschland war sein Vetter, der Welfe Heinrich der Löwe. Ihm hatte der Kaiser zum Herzogtum Sachsen zwischen Rhein und Elbe noch das Herzogtum Baiern verliehen und war von ihm zunächst in Italien unterstützt worden. Dann aber wandte sich Heinrich dem Landesausbau zu, gründete München, Lübeck und Schwerin und unterwarf Mecklenburg. 1176 verweigerte er die Heeresfolge über die Alpen, der Kaiser erlitt eine Niederlage. Auf dem Reichstag zu Gelnhausen 1180 erhoben sich schwere Klagen gegen die rücksichtslose Territorialpolitik des Löwen, der darauf seiner Lehen verlustig erklärt wurde. Westfalen kam an Köln, Baiern an die Wittelsbacher, die Steiermark wurde ein eigenes Herzogtum. Heinrich und seine Erben behielten nur Braunschweig und Lüneburg, er selbst ging zum König von England, seinem Schwiegervater, ins Exil. 1184 gab Barbarossa das glänzende Hoffest zu Mainz mit der Schwertleite seiner nun mündigen Söhne. Vier Jahre später brach er auf zum Dritten Kreuzzug, aber ertrank 1190 im Saleph in der Türkei (Abb. 5).

Die Führung im Kreuzzug übernahm der Engländer Richard Löwenherz, er erstürmte 1191 die Hafenfestung Akkon. Viel Blut wurde vergossen, dann mußten die zerstrittenen Kreuzritter umkehren. Bleibende

Bedeutung gewann der vor Akkon gegründete Deutsche Orden, der dritte seiner Art. Der erste der geistlichen Ritterorden, die französischen Templer, folgte den ursprünglich zivilen italienischen Johannitern (1099). Sie schützten und betreuten die Pilger (*hospitalitas*).

Unter dem Sohn und Nachfolger Barbarossas, unter Heinrich VI (1190 bis 1197) brachen die alten Fronten wieder auf, doch konnte Heinrich sein sizilisches Erbe antreten, sogar die Lehnshoheit über Kleinarmenien und Cypern herstellen und Tribut vom Basileus erzwingen (Abb. VII). Nach dem frühen Tod Heinrichs stürzte die staufisch-welfische Doppelwahl von 1198 das Reich in eine Krise, aus der Heinrichs Sohn Friedrich II (1212 bis 1250) nicht mehr herausfand. Während der 1220 zum Kaiser gekrönte «Knabe von Apulien» in Sizilien und Unteritalien einen modernen Beamtenstaat aufbaute, 1225 in Neapel eine Universität und 1240 in Apulien das Castel del Monte errichtete, kam es mit dem machtbewußten Stellvertreter Christi Innozenz III (1198 bis 1216) und seinen Nachfolgern zu einem publizistischen Krieg ohne Beispiel. Friedrich, der nach dem Debakel des Kinderkreuzzuges von 1212 Jerusalem friedlich zurückgewann (s. Kap. 6), galt der päpstlichen Partei, den Guelfen, als der Antichrist, den kaiserlichen Ghibellinen als messianischer Endzeitkönig.

In Deutschland verlieh er unterdes 1220 den geistlichen Fürsten, 1231 auch den weltlichen, königsähnliche Hoheitsrechte und förderte damit die Entstehung der Landesherrschaft. Die Reichsgewalt verblaßte gegenüber den Territorialherren. Diese freilich konnten den Landesausbau wesentlich wirksamer betreiben als der ferne König. Seine letzte Ruhe fand der *stupor mundi*, «Staunen der Welt» genannte Kaiser neben seinem Vater in der Kathedrale von Palermo (Abb. 6).

Der bleibende Glanz der Salier- und Stauferzeit beruht auf ihren kulturellen Leistungen. In der Architektur stehen obenan die Kathedralen und Stiftskirchen Worms und Limburg, Quedlinburg und Hildesheim, Parma und Pisa. Die Goldschmiedekunst leistete Erstaunliches mit dem Marburger Elisabethschrein (Abb. 7) und der Aachener Karlsbüste. Aus der Literatur ragen die Geschichtswerke Ottos von Freising und Helmolds von Bosau heraus, ein Unikum ist Kaiser Friedrichs II Werk über die Falkenjagd. Das Beste, was die lateinische Poesie geschaffen hat, sind die Lieder des Archipoeta und die Carmina Burana, kongenial vertont durch Carl Orff 1942. Zur höfischen Dichtung gehört das deutsche Nationalepos: das anonyme Nibelungenlied, sowie der ‹Parzival›

Abb. 5: Der Sage nach ist Barbarossa nicht gestorben, sondern schläft im Kyffhäuser, um dereinst des Reiches Herrlichkeit zu erneuern. Dabei ist sein roter Bart durch den Steintisch gewachsen. Alle hundert Jahre erwacht er und fragt, ob die Raben noch um den Berg fliegen. Wenn, dann ist es noch zu früh. Das Motiv der Bergentrückung ist orientalisch (vgl. Kap. 6) und meinte zuvor Friedrich II. Das Monument (N. Geiger) von 1896 feierte in Wilhelm I die Erfüllung der Verheißung. Die Reiterstatue des Kaisers überstand die Metallsammlungen der Weltkriege und die Geschichtspolitik des Sozialismus. Es krönt noch immer das Denkmal; vgl. S. 146.

Wolframs von Eschenbach und das Liedgut Walthers von der Vogelweide. Er zählt neben Hartmann von Aue, dem Tannhäuser und vielen anderen zu den Minnesängern.

Das Spätmittelalter

Dem Tod Friedrichs II folgte das Interregnum, die «kaiserlose, die schreckliche Zeit». Italien geriet unter den Einfluß Frankreichs (s. Kap. 5), in Deutschland rissen sich Bischöfe und Fürsten, Städte und Thronanwärter um das staufische Erbe. Erst 1273 wurde in Frankfurt wieder ein starker deutscher König gewählt und in Aachen gekrönt, Graf Rudolf von Habsburg. Er gehörte zu den Gefolgsleuten der Staufer, sein reiches Hausgut lag in der Schweiz, im Elsaß und im Breisgau. Es gelang ihm, Frieden im Reich herzustellen, seinen Rivalen Ottokar von Böhmen 1278 zu stürzen und Österreich mit der Steiermark zu gewinnen. Italien ging allerdings verloren. Wien wurde Residenz der Habsburger bis 1918.

Einen Italienzug unternahm wieder König Heinrich VII aus dem Hause Luxemburg, von Dante und den Ghibellinen bejubelt. Heinrich

Das Spätmittelalter 149

wurde 1312 in Rom von zwei Kardinälen zum Kaiser gekrönt, da der Papst in Avignon saß, starb aber bald und liegt in Pisa begraben. An eine Erneuerung des alten Reiches war nicht zu denken. Der Papst blieb unversöhnlich, das erfuhr Ludwig der Baier (1314 bis 1347). Er erhielt die Kaiserkrone in Rom von städtischen Beamten. Ludwig starb im Konflikt mit der Kurie, die einen römisch-deutschen König jetzt nicht mehr entmachten konnte. Dessen Legitimität, so bestimmte der Kurverein zu Rhens 1338, erfordere nicht die Bestätigung durch den Papst.

Karl IV von Luxemburg (1346 bis 1378) gründete 1348 in seiner Residenzstadt Prag die erste Universität im Reich diesseits der Alpen; 1365 folgte die Universität Wien als habsburgische Gegengründung. An Karls Hof verkehrten Humanisten wie Rienzo und Petrarca, der Kaiser selbst verfaßte eine lateinische Autobiographie. In der Goldenen Bulle, 1356 auf den Hoftagen von Nürnberg und Metz erlassen, formulierte Karl ein Grundgesetz für das Reich. Das Kollegium der sieben für die Königswahl zuständigen Kurfürsten wurde festgeschrieben: die Erzbischöfe von Mainz, Trier und Köln, der Markgraf von Brandenburg, der Pfalzgraf bei Rhein, der Herzog von Sachsen und – als vornehmster – der König von Böhmen.

Diese Würde besaß Karl selbst. Seine Hausmacht erweiterte er um Schlesien und Brandenburg; zu den Kronen als König und Kaiser (1355) kamen die – politisch bedeutungslosen – von Italien und Burgund mit Arles und Avignon. Überschattet wird Karls Regierung durch den Schwarzen Tod, 1348 aus dem Nahen Osten eingeschleppt. Millionen star-

Abb. 6: Zu den Reichsinsignien zählt ebenfalls der Kaisermantel Friedrichs II, gemäß der arabischen Umschrift hergestellt (Hedschradatum umgerechnet) 1133 in Sizilien für Roger II. Die Löwen symbolisieren die Kriegsmacht des Herrschers, die Palme in der Mitte den Frieden; vgl. S. 147.

Abb. 7: Die ungarische Königstochter Elisabeth war mit Landgraf Ludwig IV von Thüringen vermählt, der 1227 auf dem fünften Kreuzzug starb. Von ihnen stammen die hessischen Landgrafen ab. Elisabeth widmete sich im Geiste des heiligen Franziskus den Armen und Kranken und starb mit 24 Jahren 1231. Die nach ihrer Heiligsprechung 1235 von Kaiser Friedrich II in Marburg errichtete Kirche ist die früheste gotische Hallenkirche in Deutschland und birgt ihren goldenen Schrein. Die Reliefs zeigen ihre teilweise legendäre Mildtätigkeit. Ihre «wundertätigen» Gebeine ließ Philipp der Großmütige in einem Ledersack anonym bestatten. Liszt komponierte 1862 ein Oratorium auf sie; vgl. S. 147.

ben. Priester predigten Buße, Geißler zogen durchs Land, Juden wurden in Massen als «Brunnenvergifter» totgeschlagen.

In Karls Todesjahr 1378 begann das Große Abendländische Schisma. Sowohl in Rom als auch in Avignon wurde ein Papst gewählt, beide exkommunizierten sich gegenseitig und die Anhänger des anderen. Da Frankreich Avignon anerkannte, entfiel Paris als Studienort – Deutschland brauchte eigene Universitäten. Solche entstanden in Heidelberg (1386), Köln (1388), Erfurt (1392) und Leipzig (1409). Bis zur Reformation erhöhte sich ihre Zahl auf 18, nirgends gab es mehr.

Karl IV gilt als bedeutendster Herrscher des deutschen Spätmittelalters. Gleichwohl verfestigte sich unter und nach ihm die Landeshoheit der Fürsten, die Reichseinheit lockerte sich weiter. An der Rhône gewann Frankreich Rechte, am Oberrhein die Eidgenossenschaft. Schon 1291 hatten sich die drei Urkantone Uri, Schwyz und Unterwalden zusammengeschlossen. Sie behaupteten sich gegen ihren Erbfeind Habsburg in den Schlachten am Morgarten 1315 und bei Sempach 1386. Der Apfelschuß von Wilhelm Tell am 18. November 1307 zu Altdorf ist

Legende. Vororte des wachsenden Bundes wurden Bern und Zürich. Als Herzog Karl der Kühne von Burgund versuchte, das lothringische Zwischenreich von den Niederlanden bis ins Oberelsaß wiederherzustellen, besiegten ihn die Schweizer bei Nancy 1477.

Im gleichen Jahre heiratete Maximilian, Erzherzog von Österreich, Maria, die Tochter Karls des Kühnen, und übernahm das burgundische Erbe, was die Feindschaft zwischen Habsburg und Frankreich begründete. Maximilian (1486 bis 1519), der «letzte Ritter», war Sohn und Nachfolger Kaiser Friedrichs III. Er sicherte die Habsburger Lande in dreißig Kriegen, erließ 1495 auf dem Reichstag zu Worms einen gutgemeinten Ewigen Landfrieden und schuf das vom König unabhängige, aber ineffektive Reichskammergericht in Speyer. Eine reichsweite Exekutive fehlte. Maximilians Sohn, Philipp der Schöne, heiratete Johanna die Wahnsinnige von Kastilien.

Erbe Spaniens und Österreichs wurde ihr Sohn Karl V (1516/19 bis 1557), von den deutschen Kurfürsten gegen Franz I von Frankreich für enorme, vom Bankhaus Fugger vorgestreckte «Handsalben» zum römischen König und Kaiser erwählt. Religiös ganz auf Seiten des Papstes, erklärte Karl diesem den Krieg, als Clemens VII sich politisch auf die Seite Frankreichs schlug. Kaiserliche Truppen belagerten den Papst 1527 in der Engelsburg und plünderten Rom. Der *Sacco di Roma* war eine letzte Demütigung des päpstlichen Herrschaftsanspruchs.

*

Hegel verband mit Karl V den Beginn der Neuzeit, als sich die weltliche Gewalt gegen die geistliche durchsetzte, als in Glaubensdingen die Selbstverantwortung durchdrang und überhaupt das «Prinzip des freien Geistes zum Panier der Welt» wurde. Kaiser und Papst, die beiden aus dem antiken Rom überkommenen höchsten Würdenträger der Christenheit, hatten sich gegenseitig entmachtet. Mit ihren Universalansprüchen war es vorbei. Die Staatsverwaltung modernisierte sich, Christentum, Alphabetisierung und Städtewesen breiteten sich nach Norden und Osten aus. Die Bevölkerung wuchs, die Dreifelderwirtschaft steigerte die Erträge, der Fernhandel brachte – nicht nur den Messeorten Frankfurt, Brügge und London – beträchtliche Gewinne. Träger der Zivilisation wurde zunehmend das Bürgertum in den Städten. Kulturell führend waren Italien und Frankreich, wo das römische Erbe die humanistische Bewegung wachsen ließ.

8. Die Großreiche Asiens

Christian Wolff, Professor für Philosophie in Halle, erhielt 1723 den Befehl vom preußischen König, bei Strafe des Stranges Universität und Land binnen 48 Stunden zu verlassen. Wolff, der gefeierte Aufklärer, hatte Konfuzius gepriesen und erklärt, die «alten Sineser» hätten die Ausübung der Tugend ohne göttliche Offenbarung allein auf Einsicht in die Natur gegründet. Daraufhin verklagten ihn die Pietisten in Berlin wegen Atheismus, und Wolff mußte gehen. Wären umgekehrt die Chinesen mit den Christen ebenso intolerant verfahren, so hätte Wolff von Konfuzius nichts gewußt. Denn seit dem 16. Jahrhundert standen Jesuiten am chinesischen Hof in hohen Ehren und vermittelten dem Westen die erste Kenntnis der Literatur des Fernen Ostens.

Die Hochkulturen Asiens bestehen aus dem indischen und dem chinesischen Kulturkreis. Einflüsse gingen von West nach Ost: Über den Indus kamen Arier, Perser und Griechen, später Araber und Türken. Indien empfing den Islam aus Persien und gab den Buddhismus weiter nach Siam und Indonesien, nach Tibet und Fernost, während die chinesische Kultur Korea und Japan prägte. Die Mongolen Dschingis-Khans entwickelten keine eigene Hochkultur, sondern übernahmen im Westen den Islam und wurden im Osten zu Chinesen.

Indien

Im Jahre 1922 entdeckten britische Archäologen auf den Spuren Alexanders Reste einer unbekannten Hochkultur. Während die ägyptische und mesopotamische Frühgeschichte immer irgendwie gegenwärtig geblieben war, hat sich von der Induskultur keine Überlieferung erhalten. So wie in Ägypten und Mesopotamien handelt es sich um eine Stromtalkultur. Die beiden wichtigsten der über tausend Fundorte sind Harappa und Mohenjo-Daro in Pakistan. Eine Zeitbestimmung gelang mit Hilfe von Speckstein-Siegeln, die Tiere und – bisher ungedeutete – Schriftzeichen aufweisen, denn einzelne Exemplare

Abb. VIII: Konfuzius (hier auf chinesischem Holzschnitt) wurde vom Moralphilosophen zum Heiligen. Das ‹Buch der Gespräche›, Lun-yü, rühmt seine Sittenstrenge, seine Genügsamkeit und seine Milde. Konfuzius lehrte das Zuträgliche : Güte vergelte man durch Güte, Unrecht durch Gerechtigkeit. Wer darüber hinaus Bösem mit Güte begegne, der erweitere seine Sittlichkeit. Das meinten auch Buddha, Sokrates und Jesus; vgl. S. 163.

gibt es aus mesopotamischen Fundschichten. Demnach fällt die Blüte der Harappa-Kultur in die Zeit zwischen 2500 und 2000 v. Chr. Mortimer Wheeler und Aurel Stein fanden große, aus gebrannten Ziegeln erbaute Städte auf künstlicher Plattform mit regelmäßigen Straßenzügen, mehrstöckige Häuser mit Innenhöfen, Getreidespeicher für Weizen, Kanalisation, Brunnen, angeblich sogar ein Schwimmbecken. Mohenjo-Daro hatte schätzungsweise 40 000 Einwohner, es gibt eine Stadtmauer, aber keine Kultbauten, nur eine als solche umstrittene Zitadelle. Zu den Kleinfunden zählen mit Tieren bemalte Keramik, Frauenfigürchen aus Terrakotta, Bronze- und Kupfergerät und Schmuck aus Gold und Karneol. Das Ende der Harappa-Kultur im frühen 2. Jahrtausend ist ebenso dunkel wie der Anfang.

Als um 1500 die Arier nach Persien einwanderten, stießen größere Gruppen nach Indien vor. Durch Pferde und Streitwagen, Bronzewaffen und Reflexbogen überlegen, besiedelten sie als viehzüchtende Dorfbewohner zunächst den Norden. Die Dravidas, dunkelhäutige Phallos-Verehrer, wurden teils nach Süden abgedrängt, teils durch die Kastenordnung ausgegrenzt. Kasten sind erblich definierte Gruppen, deren Angehörige nur untereinander heiraten und keine Tischgemeinschaft mit Kastenfremden pflegen. Die vier ältesten indischen Kasten sind die Brahmanen, d. h. die Priester; sodann die Krieger, danach Bauern und Handwerker, altdeutsch: Lehrstand, Wehrstand und Nährstand, und viertens die Knechte, die Vorbewohner. Sklaven standen außerhalb der Kastenordnung. Im Verlauf der Geschichte hat sich die Zahl der Kasten in Indien auf dreitausend erhöht, ausgeschlossen sind die Parias, die Unberührbaren.

Die Indoarier sprachen Sanskrit, die noch heute klassische Hochsprache. Der Name bedeutet «kunstvoll zurechtgemacht.» Die indische Schrift, Devanagari, ist um 250 v. Chr. unter hellenistischem Einfluß entstanden. Die älteste Literatur ist der Veda, das religiöse «Wissen» des Hinduismus. Der Rigveda enthält Hymnen von über 10 000 Versen, eingeteilt in zehn Mandalas (Kreise), die mündlich überliefert wurden und ins 2. Jahrtausend zurückreichen. Daneben gibt es Texte zur Kosmogonie und Mythologie, Opferrituale und Zauberlehren.

Die Religion ähnelt der griechischen: zahlreiche Götter, Verkörperungen der Naturgewalten, wurden durch Brandopfer des Hausvaters besänftigt. Am vornehmsten war das Pferde-Opfer, es blieb dem König vorbehalten. Geopfert wurden durch Ersticken getötete Rinder; heilige

Kühe gab es in der Frühzeit noch nicht. Die Götter – an ihrer Spitze der Götterkönig Indra, dann Vishnu, der Retter, und Shiva, der tanzende Zerstörer – unterstehen so wie die Menschen einer Schicksalsmacht. Der Weltbaumeister Brahma wird auch als Urwesen begriffen, als Kern alles Daseins, in dem sich die Vielfalt der Erscheinungen zusammenfindet.

Zu den Veden gehören die seit 800 v. Chr. entstandenen Upanishaden, «Geheimlehren», in denen die Wiedergeburt gemäß dem *Karma* verkündet wird. Jeder Mensch findet sich in derjenigen Existenz, die er entsprechend seinen Taten im früheren Leben verdient hat. So kann er auch als Pflanze, Tier oder Gott wiedergeboren werden, obschon eine daran anschließende Existenz moralisch kaum zu motivieren ist, bzw. sterbliche Götter voraussetzt. Der Kernsatz lautet: *Tat tvam asi* – das bist du! Er fordert, alle Dinge als Teil deiner selbst zu erkennen (Chandogya-Up. VI 8). Es ist die Lehre von der universalen Solidarität. Die Gesellschaftsordnung war, wie bei allen Indogermanen und Semiten patriarchalisch. Witwenverbrennung als Tugendbeweis der trauernden Frau ist in Indien schon aus der Zeit Alexanders bezeugt.

Während die Brahmanen immer kompliziertere Rituale und asketische Yoga-Übungen entwickelten, mit denen sie selbst die Götter meinten zwingen zu können, erlebte (der) Buddha sein «Erwachen». Er ist die früheste historisch faßbare Person im alten Indien, dessen überaus reiche Literatur keine Historiographie, keine Chronologie kennt. Der künftige Buddha, Prinz Siddhartha oder Gautama aus Kapilavastu in Nordindien soll um 560 v. Chr. von seiner Mutter Maya ungezeugt geboren sein. Die ersten 29 Jahre verlebte er in fürstlichem Luxus, dann begegnete ihm bei Ausfahrten ein Greis, ein Kranker, ein Toter und ein Asket, was ihn so erschütterte, daß er Palast und Familie verließ, sich in die Einsamkeit zurückzog und fastend unter einem Feigenbaum von Bodh-Gaya in Nordindien die Erleuchtung (*bodhi*) empfing. Der Feigenbaum (Ficus religiosa) ist der heilige Baum der Buddhisten. Indem man ihn mit einer Mauer umgab und diese über mehrer Stockwerke hochzog, entstand der Stupa, der Sakralbau des Buddhismus. Bei seiner Erleuchtung entsann sich Buddha seiner früheren Existenzen und erkannte das Gesetz der Wiederverkörperung, die aus der Begierde entspringt; sie stammt aus dem Leid und führt zum Leid. Nur wer die Triebe, den Haß und die Verblendung überwindet, erreicht die Erlösung im Nirvana, das «Erlöschen», das einzig Ewige.

Abb. 1: 1648 errichtete der Enkel des Großmoguln Akbar für seine Lieblingsfrau den Tadj Mahal (Kronenpalast) bei Agra in Nordindien, das prachtvollste Mausoleum aller Zeiten; vgl. S. 159.

Buddha hinterließ nichts Schriftliches, ähnlich wie Sokrates, Jesus und Mohammed, sondern setzte als Wanderprediger das «Rad der Lehre» in Bewegung. Er verstand sich als Lehrer und Reformator, lehnte die Autorität der Veden, den Vorrang der Brahmanen und das Kastenwesen ab. Buddhas lange nur mündlich tradierte Predigt wurde ausgestaltet durch eine humanitäre Sittenlehre und nahm dann, zumal in der Schule des «Großen Fahrzeugs», Elemente aus dem Volksglauben auf: allerlei Götter, gute und böse Dämonen, Zauber- und Segensformeln, heilige Orte, heilige Männer, einen ausgeprägten Reliquienkult, Belohnung im Himmel und Strafe in der Hölle. Der historische Buddha, für den Götter kein Thema waren, wurde als Heilsbringer selbst vergöttlicht. Aus dem Buddhismus stammt der Rosenkranz, der über den Islam in der Kreuzfahrerzeit nach Europa gelangte. Der Buddhismus ist die erste Religion, die systematisch missioniert und Klöster gegründet hat, wo Männer und Frauen keusch und arm sich der Kontemplation widmen. Durch Entsagung kann jeder zu einem Buddha aufsteigen und sich aus eigener Kraft erlösen. Der Buddhismus schließt die Zugehörigkeit zu anderen Religionen nicht aus.

Frei von buddhistischem Einfluß sind die beiden großen altindischen Heldensagen. Das Ramayana schildert das Leben des Prinzen Rama, seine Verbannung, den Verlust seiner Frau Sita und deren Wiedergewinnung mit Hilfe des Affenkönigs Hanuman. Rama besiegt den Dämonenfürsten Ravana und kehrt in sein Königtum zurück. Die ältesten Teile stammen aus dem 4. Jahrhundert v. Chr. Früher begonnen, aber später abgeschlossen wurde das Mahabharata, das mit seinen über 100 000 Doppelversen längste Gedicht der Welt. Die Ilias hat 15 700 Hexameter. Erzählt wird ein Bruderkampf, den der Gott Krishna entscheidet. Der populärste Teil daraus ist die Bhagavadgita, «des Erhabenen Gesang», das heilige Buch des Hinduismus. Der Prinz Ardschuna erblickt im feindlichen Heer seinen Vetter und verweigert den Kampf. Der als sein Wagenlenker verkörperte Gott Vishnu zerstreut diese Bedenken durch den Hinweis auf die Erlösung durch Pflichterfüllung.

Zu Lebzeiten Buddahs wurde Nordwest-Indien Teil des achämenidischen Persien (s. Kap. 2). Indische Hilfstruppen kämpften unter Xerxes 479 bei Plataä in Griechenland. Danach machten sich die Satrapien am Indus, in Gandhara und Sind selbständig. 326 erschien Alexander in Taxila und besiegte den König Pōros (s. Kap. 3). Damals kamen die ersten Brahmanen in den Westen, die sogenannten Gymnosophisten, die Aufsehen erregten durch ihre Selbstverbrennung. Bis etwa 250 v. Chr. gehörten die Satrapien in Baktrien und im Pandschab zum Seleukidenreich. In Gandhara entstand eine griechisch-indische Mischkultur, die bis Turfan ausstrahlte. Die Griechen heißen auf Indisch *Yavana* – Jonier, so wie schon bei den Persern und noch bei den Türken. Münzen von 44 griechischen Herrschern sind zweisprachig beschriftet oder zeigen indische Symbole, ein indisches Werk überliefert ‹Die Fragen des Milinda›, d. h. Menander. Die Buddha-Statue entstand nach griechischem Vorbild. Es gibt eine von einem Griechen gestiftete Inschrift für den Gott Vishnu, der Gebrauch des Griechischen erlosch im 2. Jahrhundert n. Chr.

So wie das religiöse, so lag auch das politische Zentrum Indiens am Ganges: das Reich von Magadha um Pataliputra. Es war aus Kleinkönigtümern und Stadtrepubliken um 360 v. Chr. von den Nanda-Königen errichtet worden. 322 begründete hier Sandrakottos (Tschandragupta) die Maurya-Dynastie. Sein Kanzler Kautilya schrieb ein Handbuch der Staatskunst, von dem Machiavelli hätte lernen können.

Zum griechischen Westen knüpften sich diplomatische Kontakte. Der Angriff von Seleukos I wurde abgewehrt, sein Gesandter Megasthenes berichtet um 300, es gebe keine Sklaven, der König habe eine Leibwache aus Frauen und wechsle aus Furcht täglich das Schlafgemach.

Einen Höhepunkt erlebte das Maurya-Reich unter dem Enkel des Sandrakottos, unter Ashoka um 250 v. Chr. Ihm gehörte fast ganz Indien, das er durch Vizekönige regierte. Er baute Straßen und Krankenhäuser und ernannte «Hohe Räte für Moral». Nach persischer Manier empfahl sich der «göttergeliebte König» der Mit- und Nachwelt durch Felsinschriften, in denen er religiöse Toleranz verkündete, Hilfsbereitschaft und Tierliebe forderte. Er wünschte Glück auf Erden wie im Himmel und allen Menschen «Wachstum im Wesentlichen». Bei Kandahar in Afghanistan fand sich eine aramäisch-griechische Bilingue, in der Ashoka für den Buddhismus warb und vom Fleischgenuß abriet. Seine Missionare seien, so sagt er, bis nach Makedonien und Kyrene gekommen.

Das Einfallstor nach Indien war zumeist das Pandschab. Eroberer erschienen, bauten ein Staatensystem auf, bis dies zerfiel und eine neue Invasionswelle folgte. Um 130 v. Chr. kamen aus Zentralasien die Saken, die man zu den Skythen zählte. Ihnen erlagen die letzten Griechenstaaten. Sodann folgten die Kuschan, deren bedeutendster Herrscher Kanischka ab 127 n. Chr. Afghanistan und Nordindien regierte und den Buddhismus förderte. Im 3. Jahrhundert zerfiel das Kuschan-Reich im Kampf mit den Sassaniden.

Südindien stand unterdes in regem Handelsaustausch mit den Römern. Der Verkehr ging durchs Rote Meer, seit der Seefahrer Hippalos um 100 v. Chr. die Monsune entdeckt hatte. Umschlagplatz war Alexandria. Römische Münzen sind in großer Zahl in Indien zutage getreten. Augustus empfing indische Gesandte. Der Name des damaligen Königs wurde über die armenische Vita des Indien-Apostels Thomas zu einem der drei Weisen aus dem Morgenland und schließlich zu einer deutschen Witzfigur: aus Gondophranes wurde Gudnaphar und daraus Kaspar.

Mit dem Niedergang der Kuschan stieg der Nordosten wieder auf, das Gupta-Reich von Magadha vom 4. bis 6. Jahrhundert. Es ist die klassische Zeit der Sanskritliteratur. Der Buddhismus weckte durch seine immer zahlreicheren Klöster mit ihren «Bonzen» Widerstand, langsam aber sicher wurde er aus Indien verdrängt durch die Verbindung der Brahmanen mit den Fürsten. Unter den Dichtern macht Kalidasa (4. Jh.) Eindruck. Sein Drama ‹Sakuntala› und sein Gedicht ‹Der Wolkenbote› – beide Male geht es um Liebe und Treue – faszinierten Goethe. Die Märchen des ‹Pantschatantra› bereicherten über persische und arabische Versionen noch die Sammlung der Brüder Grimm. Die ‹kluge Bauerntochter›, vertont von Carl Orff, ist ein ursprünglich indisches Märchen. Das Kamasutra lehrt die Liebeskunst, Sexualität ist in Schrift und Bild von keiner Kultur so unbefangen bejaht worden wie im Hinduismus. Im Tantrismus ist der Geschlechtsakt ein Sakrament. Die Gupta-Herrschaft endete mit dem Einbruch der Weißen Hunnen, der Hephthaliten über den Hindukusch im 6. Jahrhundert.

In der Folgezeit vollendete sich die indische Philosophie, der Vedanta, basierend auf den «von Gott ausgehauchten» Veden. Um 800 n. Chr. entwickelte der orthodoxe Brahmane Shankara seinen illusionistischen Theopantismus. Danach gibt es zwei Ebenen der Wahrheit. Die empirische Realität in ihrer Vielheit und Vergänglichkeit ist nur wertloses Blendwerk, nur Maya, so scheinhaft wie das Schauspiel des indischen Seiltricks. Wirklich ist allein das Brahma, die allumfassende Göttlichkeit. Sie bildet den Kern des Bewußtseins, unseres Selbst, das Einzige, an dem kein Zweifel möglich ist. Die Wörter «ich», «jetzt», «hier», und «sein» bedeuten im Grunde dasselbe. Indem der Weise diese Einsicht durch Yoga-Übungen verinnerlicht und auf alle Verlockungen der Maya verzichtet, verschmelzen in ihm Subjekt und Objekt, Seele und Gott, Zeit und Ewigkeit. Begriffe wie Glück und Leid, wie Gut und Böse verlieren ihre Geltung. Dieser Zustand der Versenkung im Absoluten ist die Erlösung aus dem Kreislauf der Wiedergeburten. Die Grundideen Shankaras berühren sich mit denen der christlichen wie islamischen Mystik und haben westliche Philosophen beeindruckt, namentlich Schopenhauer.

Schon in der Zeit Shankaras machte sich der Islam bemerkbar. Nach mehreren Raubzügen der türkisch-persischen Herrscher aus Afghanistan kam es zur Vertreibung der Buddhisten und zu kurzlebigen Staatsbildungen, die um 1200 zum Sultanat von Delhi führten. 1398 wurde die Stadt von Timur geplündert. Sein Nachkomme Babur begründete 1526 das glanzvolle islamische Reich der Moguln, d. h. der Mongolen in Nordindien. Hofsprache war das Persische. Unter dem toleranten Großmogul Akbar um 1600 umfaßte es den größten Teil des Subkontinents (Abb. 1). Sprichwörtlich wurde der Reichtum

von Golkonda, der Juwelenstadt. Einen Höhepunkt erlebte die Miniatur-Malerei, sie verherrlicht ebenso dekorativ wie naturnah das prunkvolle Hofleben (Abb.2). Die späteren Mogulkaiser gaben die von Akbar den Hindus gewährte Toleranz auf. Dies führte zu Zwist, der es den Engländern erleichterte, im 18. Jahrhundert ihre Kolonialherrschaft in Indien aufzubauen (s. Kap. 10).

Abb. 2: Unter den Moguln blühte die Miniaturmalerei; illustriert wurden die klassisch persische Literatur und die zeitgenössische Hof- und Gartenkultur. Der Großmogul Babur (gest. 1530) plante seine Anlagen persönlich; hier auf dem Babur-Nama von 1589 (London, Victoria und Albert-Museum); vgl. S. 161.

Die indische Kultur breitete sich schon früh über die Landesgrenzen aus. Seit dem 4. Jahrhundert gibt es Sanskrit-Inschriften in Indonesien, auf Sumatra, Borneo (Timor) und vor allem auf Java. Die malaiischen Fürsten übernahmen zunächst den Hinduismus, später den Buddhismus. Dessen schönstes Denkmal ist der Borobudur, ein Terrassentempel mit einem Stupa, überreich reliefiert, aus der Zeit um 800. Die altindischen Epen überdauerten in der Form des Schattenspiels (*wayang*) die Islamisierung durch arabische Händler um 1400. Der Hinduismus hielt sich nur auf Bali. Auch in Hinterindien dominierten die beiden indischen Religionen, bezeugt vor allem durch den grandiosen Vishnu-Tempel Angkor Vat im Urwald von Kambodscha, der nach 1970 ein Opfer des Vandalismus wurde.

Dauerhaft prägte der Buddhismus Tibet, von 600 bis 842 eine militärische Großmacht. Um 800 entstanden die ersten Klöster. Im Königspalast der Götterstadt Lhasa aus dem 7. Jahrhundert residierte seit 1642 der Dalai-Lama, dessen Amtsfolge durch Kinderinkarnation auf den Reformator Tsong-kha-pa (gest. 1418) zurückgeht. Der Dalai-Lama wurde das geistliche und politische Oberhaupt Tibets. Während er sich an Indien anlehnte, hielt es der zweite Großlama, der Pantschen-Lama mit China. Den Lamaismus, d. h. den tibetanischen Buddhismus, kennzeichnen die Verbreitung der von Tsong-kha-pa gestifteten Gelbmützen-Klöster, ein populärer Dämonenglaube und hochgradig ritualisierte Kulte. Die segenspendende Formel *om mani padme hum* «o Kleinod im Lotos» findet sich als magisches Mantra auf Papierfahnen und Gebetsmühlen, wo Wind und Wasser der Frömmigkeit nutzbar gemacht werden. 1951 okkupierte die «Volksbefreiungsarmee» Mao Tse-tungs Tibet, nach einem vergeblichen Aufstand 1959 floh der Dalai-Lama nach Indien ins Exil. Kultur und Religion wurden der systematischen Vernichtung preisgegeben.

In Persien endete die Mongolenzeit unter den Safawiden um 1500. Abbas der Große (1587 bis 1628) schmückte seine Residenz Isfahan mit farbenprächtigen Moscheen. Das geordnete Staatswesen bewunderte Montesquieu 1721 in seinen zeitkritischen ‹Lettres Persanes›. Trotz der Bedrängnis durch die Osmanen im Westen, die Russen im Norden und die Briten aus Afghanistan wurde Persien nie Kolonialgebiet, sondern lediglich in Interessenzonen der beiden letzteren aufgeteilt, definitiv nach Entdeckung der Petroleumlager 1907.

China

So wie die übrigen frühen Zivilisationen so beginnt auch die chinesische als Stromkultur. Die ältesten Zeugnisse finden sich auf den Lößböden beiderseits des Hoangho, des Gelben Flusses, und breiten sich dann südwärts zum Jangtse aus. Der Übergang vom Neolithikum zur Bronzezeit vollzog sich um 1500 v. Chr. Das Vorkommen von Streitwagen läßt Verbindungen zum Westen vermuten. Auch die gleichzeitig aufkommende Idee des Schreibens könnte vom Westen inspiriert sein. Die Entwicklung der chinesischen Kultur erfolgte gleichwohl weitestgehend eigenständig, sie war eher gebend als nehmend.

Die ältesten, noch bildhaften Schriftzeichen finden sich auf Orakelknochen und Schildkrötenpanzern der Zeit um 1500 v. Chr. Daraus entwickelte sich eine stilisiert-abstrakte Wortschrift, die um 200 v. Chr. vereinheitlicht wurde und im Prinzip gültig blieb. Von den inzwischen 50 000 Zeichen genügen 3 bis 4000 für den täglichen Gebrauch. Da die Zeichen regional unterschiedlich ausgesprochen werden, ist die Verständigung schriftlich leichter als mündlich. Die schwere Erlernbarkeit der Schrift hat die Bildung eines Gelehrtenstandes begünstigt, die Mandarine, deren literarische Fähigkeiten seit etwa 600 n. Chr. durch Staatsprüfungen nachzuweisen waren. Texte des frühen 1. Jahrtausends v. Chr. behandeln Zeitereignisse und schreiben die Erfindung des Feuermachens, des Mondkalenders, der Musikinstrumente, der Seidenraupenzucht und auch der Wortzeichen einzelnen Kulturheroen zu. Dem damit verbundenen Selbstbewußtsein entspricht die im «Reich der Mitte» verbreitete Verachtung der «Barbaren» außerhalb.

Die Frühzeit der legendären «drei Dynastien» im 2. Jahrtausend charakterisiert ein Stadtkönigtum unter dem «Sohn des Himmels», der für den Segen der Götter zu sorgen hatte, getragen durch Feudalwesen

Kriegeradel und patriarchalische Sippenstruktur. Verehrt wurden der Urahn als «höchste Gottheit», verschiedene Naturmächte wie Erde, Himmel und einzelne Bäume. Menschenopfer kommen vor, auch als Grabbeigabe wie in der Ilias (XXIII 175 ff). Wurde ein Herrscher gestürzt, so geschah dies in himmlischem Auftrag, so bereits bei der Machtergreifung der ersten langlebigen Dynastie der Tschou (1045? bis 249 v. Chr.). Die Reichseinheit war lange prekär, die Kaiser besaßen jedoch stets einen sakralen Vorrang. Später als im Westen kam die Eisenverarbeitung auf.

Der große Name der Tschou-Zeit ist Konfuzius, Meister Kung (gest. 479 v. Chr.), Zeitgenosse von Buddha und Pythagoras (Abb. VIII). Konfuzius studierte – wie allgemein üblich – alte Musik, wirkte als Staatsbeamter und Wanderlehrer und bemühte sich um eine Hebung der Sittlichkeit. Die fünf von ihm revidierten und kanonisierten Texte sind das ‹Buch der Wandlungen› (ein zu Orakelzwecken verwendetes mystisches Werk der Urzeit), eine Lieder- und eine Urkundensammlung; das Buch der Lebensregeln und die Frühlings- und Herbstannalen. Historiographie war in China hoch angesehen.

Fünf soziale Beziehungen seien auf der Basis der Gegenseitigkeit zu pflegen: Zwischen Eltern und Kindern, zwischen Eheleuten, zwischen Geschwistern, zwischen Freunden, zwischen Herr und Diener. Der Staatsmann habe Vorbild zu sein. Konfuzius beruft sich nie auf Götter. Himmel, Hölle und Unsterblichkeit interessieren ihn nicht. Alles Übersinnliche fehlt, so wie bei Buddha. Religion ist pure Pietät gegenüber den Ahnen, symbolisch zu nehmen. Irrlehren anzugreifen sei selbst eine Irrlehre: In diesem Sinne hat Konfuzius die Religion nicht kritisiert, aber respektiert.

Übergeordnet ist sein Glaube an das Tao oder Dao, übersetzt mit: Weg und Gott, Urgrund und Urkraft, Weltordnung und Weltenmutter. Konfuzius betont die Harmonie im Kosmos, die er ebenso im Zusammenleben der Menschen anstrebt. Wenn die große Wahrheit siegt, wird die Erde allgemeines Eigentum. Die Achtung vor dem anderen führe zur großen Gemeinsamkeit, in der Schloß und Schlüssel entbehrlich werden. Im Gegensatz zur christlichen Lehre von der Erbsünde, aber im Einklang mit Platon glaubte Konfuzius an das Gute im Menschen; das Böse entspringe einem Mangel an Einsicht. Der Konfuzianismus wird oft als die Staatsreligion des chinesischen Kaiserreiches angesprochen. Tatsächlich sind seine Lehren, vielfältig weiterent-

Abb. 3: Gegen die nördlichen Barbaren errichteten die Tsin-Kaiser die Chinesische Mauer (Holzstich um 1850), 10 000 km lang. Die sich von 220 v. Chr. bis etwa 1500 hinziehenden Arbeiten wurden weitgehend von Sträflingen durchgeführt; vgl. S. 165.

wickelt, in Ostasien verbreitet und auch bekämpft worden. Konfuzius genoß nach seinem Tode göttliche Verehrung; sein Grab, ein Wallfahrtsort, wurde bis in unsere Zeit von seinen Nachkommen gepflegt.

Der zweite große Name aus der Tschou-Zeit neben Konfuzius ist Laotse. Er gilt als dessen älterer

Zeitgenosse und soll Archivar gewesen sein. Auf dem Weg in die Einöde habe ihn der Grenzwächter gebeten, seine Lehre niederzuschreiben. Dies ist das Tao-te-king. Konfuzius und Laotse verbindet die Liebe zum Altertum, die Mahnung zur Genügsamkeit und die Forderung, Böses mit Gutem zu vergelten. Im übrigen verhalten sich beide zueinander ähnlich wie die Stoa mit ihrem kosmopolitischen Pflichtgedanken zu Epikur mit seinem kontemplativen Individualismus.

Zentralbegriff ebenfalls bei Laotse ist das Tao. Anfängliche Einheit bringt Zweiheit hervor, diese die Dreiheit und diese die zehntausend Wesen, die Yin, das Dunkle, hinter sich, und Yang, das Helle, vor sich haben. Die Verbindung der beiden schafft den Lebensatem. Tao ist das ruhende Sein, es wirkt durch das Nichts, genauer: durch das Nichtmehr (der Ursache) und das Noch-nicht (des Zieles). Der Weise erkennt, bejaht und überwindet die Gegensätze. Er handelt durch Nichthandeln, begehrt das Nichtbegehren, weiß, daß er nichts weiß. Es ist die Lehre von der Positivität der Negativität und von der Negativität der Positivität. Konfuzius strebte nach Staatsämtern, Laotse suchte die Einsamkeit. Sein Nachfolger Dschuangdse schrieb im ‹Wahren Buch vom südlichen Blütenland›: Der nutzlose Baum überlebt, die Holzfäller verschmähen ihn. Lebe im Verborgenen!

Die Tschou-Zeit ging über in die Periode der Kämpfenden Reiche (bis 249 v. Chr.). Damals schrieb Sun-tzu seine Dreizehn Kapitel über die Kriegskunst, das neben Clausewitz wichtigste Werk zum Thema. Noch Mao Tse-tung hat seiner Strategie Sun-tzu zugrunde gelegt, er steht auf dem Lehrplan amerikanischer Militärakademien. Um 200 v. Chr. verwandelte die Dynastie der Tsin (Jin, Qin oder Chin), nach der «China» heißt, den alten Feudalstaat in eine Despotie, bekämpfte die Tradition mit einer landesweiten Bücherverbrennung und die Barbaren durch einen Grenzwall, die spätere Chinesische Mauer (Abb. 3).

Die höchste Blüte erlebte das frühe China unter der Han-Dynastie 206 v. Chr. bis 220 n. Chr. Die Stichworte heißen Geldwirtschaft, Eisenproduktion, Städtegründungen, Seidenhandel, Expansion nach Südchina, Zentralasien und Korea. Um 100 n. Chr. erfand Tsai-lun, ein kaiserlicher Eunuch, das Papier, das den Bambus und die Seide als Beschreibstoff verdrängte. Um 600 brachten die Tataren die Technik nach Samarkand, die Araber sie von dort nach Damaskus. Mit den Kreuzrittern kam die Kunst nach Italien. Die erste Papiermühle Deutschlands arbeitete 1390 in Nürnberg.

Das Han-Reich ging unter in dem durch Mißwirtschaft ausgelösten Aufstand der Gelben Turbane. Die Generale, die ihn niederschlugen, teilten sich das Reich. Im 4. Jahrhundert n. Chr. drangen die möglicherweise mit den Hunnen verwandten Hiung-nu in China ein, in den politischen Wirren gewann der Buddhismus die Vorherrschaft. Einen neuen Aufschwung brachte die Tang-Dynastie (618 bis 906), unter ihr lebte der größte chinesische Lyriker Li Tai-po (701 bis 762), deutsch nachgedichtet 1916 durch Klabund. Die buddhistischen Tang-Kaiser tolerierten Zoroastrier, Manichäer und Nestorianer, syrische Christen. Die konfuzianische Reaktion des Literaten Han Yü jedoch führte 844 zu einer Enteignung und Zerstörung der opulent gewordenen buddhistischen Klöster. Nach abermaliger Fragmentierung Chinas brachte die Sung-Zeit (960 bis 1279) technische Fortschritte. Geldwirtschaft und Bürokratie setzten sich durch, der Reisanbau wurde intensiviert, Seehandel und Stadtleben florierten. Malerakademien und Schreibschulen entstanden, der Blockdruck und das Porzellan wurden erfunden. Obschon seit dem 13. Jahrhundert in Europa bekannt und begehrt, gelang die Herstellung von gleichwertigem Porzellan doch erst um 1700 in Delft.

Die Mongolenzeit

Der Name der Mongolen gehörte ursprünglich nur einem kleinen Stamm von Reiternomaden in der heutigen Mongolei. Zeitweise unterstand er dem Nachbarstamm Tatar, aus dem in den europäischen Quellen die «Tartaren» wurden, weil man glaubte, diese Völker seien aus der Unterwelt, dem «Tartarus», heraufgestiegen. Der Schrecken, den sie verbreiteten, spiegelt sich ebenso in der Identifizierung mit Gog und Magog, jenen Endzeit-Barbaren aus der Johannes-Apokalypse (20, 8), die Alexander der Große durch die Eisentore im Norden abgesperrt haben soll, damit sie nicht als Trabanten des Teufels vorzeitig über die Kulturwelt herfielen. Diese hatte sie stets zu fürchten.

Im 12. Jahrhundert beherrschten Tungusen aus der Mandschurei Nordchina. 1215 eroberte Dschingis-Khan (Der rechte Herrscher) Peking, ihre Hauptstadt (Abb. 4). Er war der Sohn eines Steppenfürsten am Onon, östlich des Baikalsees, unterwarf einen Mongolenstamm nach dem anderen und befehligte ein Heer von zuletzt mehreren hunderttausend berittenen Bogenschützen, mit dem er das größte bis da-

Abb. 4: Die Taten Dschingis-Khans, hier auf einem chinesischen Holzschnitt, kennen wir aus der Geheimen Geschichte der Mongolen, verfaßt im Rattenjahr 1240, deutsch von Erich Haenisch 1948, und aus dem Reisebrief Wilhelms von Rubruk, der 1253 als Missionar nach Karakorum kam. Im Tigerjahr 1206 wurde der Nachkomme des Grauen Wolfs und der Weißen Hinde zum Herrscher aller, fortan «Mongolen» genannten Stämme erhoben. Auf seinem Siegeszug gehörte der Völkermord zur geläufigen Taktik. Seine Familie regierte in Persien (Il-Khane) bis 1354, in China (Yüan) bis 1368, in Südrußland (Goldene Horde) bis 1438/1505; vgl. S. 166.

hin bekannte Imperium schuf. Es reichte vom Pazifik bis über das Kaspische Meer hinaus, unter seinen Nachfolgern bis fast an die Ostsee. Hauptstadt wurde Karakorum, Postreiter erreichten die entferntesten Provinzen. Das Staatsgesetz, die Yasa, militarisierte alle Lebensbereiche. Kein älterer Eroberer hat ähnlich viele Menschenleben gefordert und Städte verwüstet, Dschingis-Khan sah sich als Günstling des Himmels, in den er nach seinem Tode im Schweinejahr 1227 einging. Darüber hinaus trieb ihn und seine Scharen keine religiöse oder politische Idee, sondern einfach der Machtrausch, der aus den Erfolgen ihrer Kriegstaktik entsprang. Diese bestand in der Geschwindigkeit ihrer Reiterheere und der Wirkung ihrer Schießbögen, die zumal auf der Scheinflucht rückwärts gewandt zur Geltung kam.

Nach dem Tode Dschingis-Khans zerbrach das Reich. Die Goldene Horde am Unterlauf der Wolga machte den Russen zu schaffen, 1241 besiegte sie Polen und Deutsche bei Liegnitz in Schlesien und verheerte Ungarn. Dann rief der Tod des Großkhans sie zurück. Die mongolischen Il-Khane, die Moslems wurden, beherrschten über hundert Jahre

Persien, dann schuf Timur, alias Tamerlan, ein zweites mongolisches Reich zwischen Moskau, Damaskus und Kalkutta. Seine Siege bezeugten rauchende Städte und Schädelpyramiden. Samarkand, seine Residenz seit 1369 zieren Moscheen, Mausoleen und Medresen.

Die Eroberung Chinas war 1280 abgeschlossen. Kubilai-Khan, ein Enkel Dschingis-Khans, wählte Peking als Residenz, übernahm chinesische Kultur und begründete die Yüan-Dynastie. Kubilai entsandte Expeditionen gegen Korea, Hinterindien und Indonesien. Zwei Angriffe auf Japan 1274 und 1281 wurden abgeschlagen, das zweite Mal durch einen Taifun, genannt Kamikaze – Götterwind. Die Macht und den Reichtum des Hofes schildert Marco Polo (s. Kap. 10). Er berichtet auch über das Papiergeld, das der Metallknappheit abhelfen sollte.

1368 kam es zur nationalchinesischen Reaktion der Ming-Dynastie, der 1644 mit den Mandschus abermals landfremde Herrscher folgten. Sie regierten bis 1912. Nachdem sich 1516 die Portugiesen in Kanton festgesetzt hatten, entwickelte sich der Verkehr mit Europa. Eine letzte Kulturblüte, gekrönt durch den Roman ‹Der Traum der Roten Kammer›, fällt ins 18. Jahrhundert, ehe im 19. Jahrhundert europäischer Kolonialismus und nationaler Fanatismus das Land zerrütteten.

Japan

Nippon, das Land der aufgehenden Sonne, hat nicht nur seinen Namen, sondern auch seine Kultur von China empfangen. Sie ist dann aber weiterentwickelt worden. Kennzeichnend für Japan ist einerseits die Aufnahmebereitschaft, anfänglich chinesischer, später europäisch-amerikanischer Zivilisation und andererseits die Abschottung gegen äußere Einflüsse von 1639 bis 1854. Gemäß dem altjapanischen Shinto (Götterweg)-Mythos wurden die Inseln von der Sonnengöttin Amiterasu geschaffen. Sie ist zugleich die Ahnfrau des Kaiserhauses. Der Tenno, alias Mikado war stets der höchste Priester des Landes. Seit dem 1. Jahrhundert n. Chr. hören wir von Expeditionen nach Korea. Von dort kam kurz vor 500 n. Chr. die Schrift, wenig später der Buddhismus nach Japan. Die japanische Schrift wird wie die chinesische mit dem Tuschepinsel geschrieben. Sie besteht aus knapp 2000 Wortzeichen (*kanji*) und 50 Silbenzeichen (*kana*). Kalligraphie wird noch heute von Schreibmeistern gelehrt. Die Sprache ist mit dem Chinesischen nicht verwandt.

Japan 169

Abb. 5: Die 11,40 m hohe bronzene Buddhastatue (Photo 1890) von 1252 in der damaligen japanischen Hauptstadt Kamakura blieb erhalten, als 1495 ein Tsunami den Tempel und die Stadt hinwegschwemmte; vgl. S. 169.

Der Shintoismus ist eine Naturreligion, die neben den Ahnen die Sitze von göttlichen Geistern durch Opfer verehrt. Der berühmteste heilige Ort ist der Vulkan Fuji-Yama. Shintoistische Schreine und freistehende Sakraltore allenthalben neben buddhistischen Tempeln mit der Sitzstatue des Erwachten (Abb. 5) erinnern daran, daß der Buddhismus andere Religionen als Vorstufen oder Varianten begreift und daher duldet. Stets war die japanische Religiosität ein an Folklore und Aberglaube reicher Synkretismus. Der zunächst von Hof und Adel geförderte Buddhismus gewann durch die Zahl, den Reichtum und die Militanz seiner Mönche einen politisch bedenklichen Einfluß, namentlich in der 710 gegründeten Residenz Nara, die eben darum 794 zugunsten von Kyoto verlassen wurde (Abb. 6).

Der japanische Buddhismus zerfällt – wie der indische – in mehrere Richtungen. Die große Shin-Schule ähnelt dem Protestantismus, da sie das Zölibat, den Heiligenkult und das Fasten verwirft und die Erlösung nicht durch Meditation und Askese, sondern durch Glauben an Amida Buddha, den «Buddha des unermeßlichen Glanzes» verheißt. Die zweite Schule, der 1191 aus China eingeführte Zen-Buddhismus, sucht das Heil in der Versenkung. Es gibt die «Allmählichkeitslehre» und die «Plötzlichkeitslehre», je nach der Form, in der die «große Befreiung» erlangt wird. Ein Ritual des Zen ist das kultische Bogenschießen, bei dem es nicht darauf ankommt zu treffen, sondern in höchster Konzentration die vorgeschriebenen Bewegungen zu vollziehen. Noch komplizierter ist die Teezeremonie. Kakuzo Okakura nannte sie 1906 «moralische Geometrie», in der Laotse, Konfuzius und Buddha symbolisch präsent sind und jede Gebärde ein Geheimnis andeutet. Nach Europa kam der aus Annam (Vietnam) stammende Tee 1610 durch die Holländer.

Die älteste Staatsordnung Japans, die ‹Siebzehn Artikel› von 604 n. Chr., beschreibt einen zentralisierten Beamtenstaat unter dem Himmelsherrscher, dem Tenno. Zu Beginn des 8. Jahrhunderts entstanden *Kojiki* und *Nihonga*, die wichtigsten Quellen für Mythos und Geschichte des frühen Japan. Unsicherheit im Lande war teils die Voraussetzung, teils die Folge für die Entstehung des Schwertadels der Samurai (Abb. 7). Das japanische Mittelalter beginnt mit der Beschränkung des Tenno in Kyoto auf sakrale Funktionen durch den Shogun, der vom Hausmeier zum kaisergleichen Generalissimus aufstieg. Residenz wurde 1192 Kamakura. Damals entstand die fortan gültige Hofetikette und die Adelsethik. Zu ihr gehörten die Gefolgschaftstreue und der dem Adel vorbehaltene rituelle Selbstmord, der Harakiri, das Bauchaufschlitzen zur Wiederherstellung der Ehre, offiziell abgeschafft 1873.

1338 kehrte der Hof nach Kyoto zurück, wo der Palast des Shogun den des Tenno an Glanz übertraf. Während der Kriege unter den Feudalherren erschienen 1543 die Portugiesen mit Bibeln und Kanonen. Beides schien nützlich im Kampf gegen die übermächtigen buddhistischen Klöster. Dann aber wendete sich das Blatt. Ausfälle von Europäern gegen die Japaner und Zwist zwischen katholischen Portugiesen und protestantischen Holländern provozierten fremdenfeindliche Reaktionen. Christen wurden gekreuzigt, Europäer 1639 ausgewiesen, nur die Holländer durften über Nagasaki einen streng kontrollierten Handel treiben. Das seit Generationen zerrissene Land, durch Hideyoshi und seinen Nachfolger Ieyasu aus der Familie der Tokugawa um 1600 wieder vereint, lebte, nun von Tokyo aus regiert, bis 1854 in Frieden, aber streng abgeschlossen (s. Kap. 13).

In die Zeit der Abschließung fällt die Blüte der japanischen Kunst. Der zuvor dominante Einfluß aus China und Korea trat zurück hinter die gekonnte Formgebung eigenen Stils: elegante Porzellanwerke, zauberhafte Lackarbeiten, phantasievolle Tuschemalerei, unvergleichliche Holzschnitte, darunter die ausdrucksstarken Schauspielerfiguren von Utamaro (gest. 1806) und Toyokuni (gest. 1825) und die tiefsinnigen Landschaften von Hokusai (gest. 1849) und Hiroshige (gest. 1858). Sotatsu illustrierte um 1620 das Ise-Monogatari.

Die Modernisierung der Meiji-Zeit (s. Kap. 13) beruht nicht zuletzt auf dem Fortleben der konfuzianischen Pflichtenlehre. Im Unterschied zur europäischen Humanität, die auf das Individuum konzentriert ist, unterstrich Konfuzius die Bindung des Einzelnen an die Familie, sinnfällig im Ahnenkult. Dieser Vorrang der Gruppenzugehörigkeit vor persönlichen Interessen hat sich in Japan auf den Kaiser und den Staat, ja auf die jeweilige Firma übertragen. Loyalität und Solidarität, Energie und Intelligenz erklären den Aufstieg Japans, den auch der militärische Irrweg des 20. Jahrhunderts nicht aufhalten konnte.

*

Europa ist eine Halbinsel Asiens. Dort steht die Wiege der Zivilisation. Auch wenn das frühe Mesopotamien die Führung im ersten Jahrtausend vor Christus an den Westen abgegeben hat, sind doch gleichzeitig im Osten Kulturen geschaffen worden, die gleichrangig neben den europäischen stehen: in Indien und Insulinde, in China und Japan. Was dort in Schrift und Kunst, Religion und Philosophie, Städtewesen und Staatsordnung geleistet wurde, widerlegt die verbreitete Vorstellung einer geschichtslosen Stagnation, eines stehengebliebenen Kindesalters der Menschheit, wie Hegel noch 1831 meinte. Immerhin räumte er ein: «In Asien ist das Licht des Geistes und damit die Weltgeschichte aufgegangen.»

Hegel suchte den Sinn der Geschichte in der Entfaltung der Freiheit. Sie fand er in der christlich-germanischen Welt bei allen, in der griechisch-römischen Antike bei den Bürgern und im Orient allein beim Despoten. Aber kann das die Sicht der Asiaten selbst gewesen sein? Schwerlich haben sie die ihnen gemäße Form der Gemeinschaft verfehlt. Dem widerspricht nicht, daß sie in der Zeit nach Hegel zunehmend ein freiheitliches Zusammenleben gemäß europäischem Beispiel schätzen gelernt haben. Zuvor schon, seit dem 16. Jahrhundert haben sie technische Errungenschaften übernommen, zuerst den Bau von Kanonen, Uhren und Fernrohren, um dann im 20. Jahrhundert Anschluß an die okzidentale Zivilisation zu gewinnen. Umgekehrt verdankt Europa den Chinesen die Seide, das Papier und das Porzellan, den Indern Juwelen und Gewürze, den Reis und

Abb. 6: Der Goldene Gartenpavillon (Kinkakuji) von 1397 bei Kyoto (Photo 1998) ist wohl der schönste Tempel Japans. Er wurde nach der Brandstiftung durch einen buddhistischen Mönch 1955 erneuert; vgl. S. 170.

Japan 173

Abb. 7: Die Samurai (hier Koriusai) waren die tragende Kriegerschicht im klassischen Japan. Über ihnen rangierten die Fürsten, die Daimyo. Dieser landständische, durch Heiraten verbundene Kriegeradel und die durch seine Grundherrschaft mediatisierte Staatsgewalt kennzeichnen den Feudalismus Japans, der sowohl ein Lehnswesen, als auch endlose Geschlechterkriege kannte. Die mächtigste Sippe, die schon im 8. Jahrhundert aufgestiegenen Fujiwara, stellte seit etwa 1000 das Kaiserhaus in den Schatten. Das Hofleben schildert anschaulich die Hofdame Murasaki in der ‹Geschichte vom Prinzen Genji› um 1020, deutsch von Oscar Benl, 1966; vgl. S. 170.

die Baumwolle, das Schachspiel und die Ziffern (s. Kap. 6). Unerschöpflich ist die Literatur Asiens an Vielfalt und Ausdruckskraft, an Phantasie und Weisheit. Menschlichkeit und gedeihlichen Umgang lehren die Gespräche des Konfuzius. Von ihm können wir immer noch lernen. Gefragt, worauf ein wohlgeordneter Staat am ehesten verzichten könne, antwortete er: «Auf das Militär.»

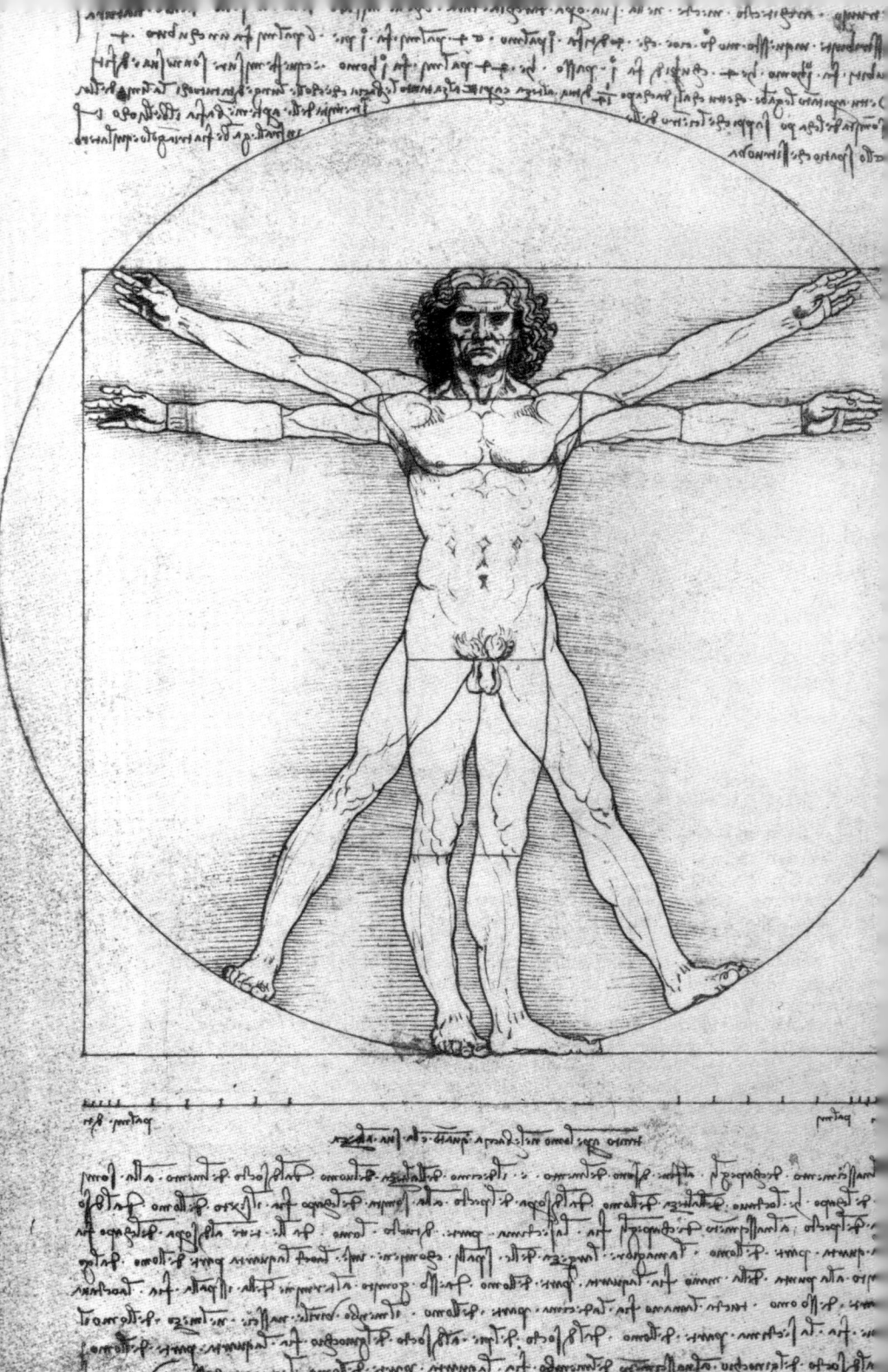

9. Renaissance und Reformation

«Die italienische Renaissance barg in sich alle die positiven Gewalten», so Nietzsche 1878, «welchen man die moderne Kultur verdankt»: Gedankenfreiheit, Traditionskritik, Bildungswille, Wahrheitssuche, «Entfesselung des Individuums». Die Gegenwart habe solches noch nicht wieder erreicht, es war das «goldene Zeitalter dieses Jahrtausends». Dagegen erschien ihm, dem Pfarrerssohn, der Protestantismus als die «halbseitige Lähmung des Christentums und der Vernunft», die Reformation als «Entrüstung der Einfalt», als «Verflachung des europäischen Geistes», als Rückfall ins Mittelalter, der mit der Gegenreformation den Katholizismus wiederbelebte und das Erwachen der Wissenschaften, «die Morgenröte der Aufklärung», um zwei bis drei Jahrhunderte verzögerte. War es so?

Der Gedanke der «Renaissance» geht zurück auf einen Vers, den der römische Stadtpräfekt nach der Eroberung Roms durch Alarich 410 schrieb: *Illud te reparat, quod cetera regna resolvit / ordo renascendi est crescere posse malis* – «Dich vermag zu erneuern, was andere Reiche zerrüttet. / Kraft zur Wiedergeburt hat, wer durch Mißgeschick wächst». *Ordo renascendi* – das Gesetz des Wiederwachsens – ist dies nicht das Geheimnis der Kulturgeschichte überhaupt? Rutilius dachte in politischen Kategorien, und dies taten ebenso Karl der Große, Otto III und Barbarossa mit ihren Programmen der *Renovatio Imperii*. Zugleich ging es in der karolingischen, ottonischen und staufischen «Renaissance» um die Wiederbelebung antiken Geistesgutes in Kunst und Literatur, doch blieb der Erfolg beschränkt, solange nur die Klöster und Königshöfe sich darum bemühten. Erst mit der Entstehung eines Bürgertums nahm das Bildungswesen einen neuen Aufschwung. Und dies begann in den Städten Oberitaliens: Das Bild des wieder ausschlagenden Baumes verwendete Petrarca für die Literatur, Dürer für die Malerei, Machiavelli für die Politik und Francis Bacon für die Wissenschaften, er erwartete die *regeneratio scientiarum*.

Abb. IX: Leonardo da Vinci betätigte sich nicht nur als Maler, sondern ebenso als Ingenieur und Philosoph. Seine Bemühungen um die idealen Proportionen des Menschen im Anschluß an Vitruv verweisen 1496 (Luca Pacioli, De divina proportione, Venedig, Galleria dell'Accademia) auf das zentrale Thema des Humanismus, den uomo universale. Als Linkshänder schrieb Leonardo Spiegelschrift; vgl. S. 179.

Italien

Der Kampf zwischen Kaiser und Papst (s. Kap. 7) und die Intervention der Franzosen und Spanier haben verhindert, daß sich eine italienische Monarchie herausbildete, als deren Mittelpunkt wohl Rom zu denken war. Die Römer hatten nie vergessen, daß sie einmal die Welt beherrscht hatten. 1143 erhob sich die Kommune gegen Papst und Adel und errichtete eine Republik unter einem Senat auf dem Capitol. Der führende Kopf war Arnold von Brescia, ein Schüler Abaelards, der die weltliche Herrschaft der Kirche bekämpfte und vom republikanischen Rom schwärmte. Als aber Barbarossa 1155 dem bedrängten Papst zu Hilfe kam, wurde Arnold als Ketzer und Rebell gehenkt.

Günstigere Umstände boten sich seit dem Umzug der Päpste nach Avignon 1309. Cola di Rienzo, Sohn eines Schankwirtes, begeisterte sich für die römische Republik. Als Gesandter der Kommune Roms in Avignon verkehrte er mit Petrarca, der seine Schwärmerei teilte. Auf Petrarca geht die Vorstellung vom «finsteren Mittelalter» zurück, das nun, in der Renaissance, dem Licht der erneuerten antiken Kultur weichen müsse. 1347 ließ Rienzo sich in Rom zum «Tribun der Freiheit, des Friedens und der Gerechtigkeit» ausrufen und propagierte die Einigung Italiens. Gegen das Gottesgnadentum von Kaiser und Papst setzte er die Volkssouveränität, suchte in Prag, von Petrarca unterstützt, Karl IV für die *Renovatio Romae* zu gewinnen, ist aber an der Allianz der feudalen und klerikalen Kräfte in Rom 1354 gescheitert. Rienzo wurde später zu einer Leitfigur für Richard Wagner, Friedrich Engels und Adolf Hitler. Ein weiteres Mal erwachte die Leidenschaft für die römische Republik in Stefano Porcaro; er unterlag 1453 dem ersten Renaissance-Papst Nikolaus V.

Erfolgreicher als in der Politik bewährte sich die Antikenbegeisterung in Literatur und Kunst. Im Todesjahr Porcaros hatten die Türken Konstantinopel erobert. Vor ihnen waren viele Griechen mit ihren Büchern nach Italien geflohen, wo sie großes Interesse fanden. So auch bei Nikolaus; er gründete die vatikanische Bibliothek. Johannes Gutenberg hatte 1455 in Mainz mit seinen beweglichen Lettern die 42-zeilige Bibel gedruckt, eine Technik, die sich rasch über Süddeutschland verbreitete – wichtigster Druckort war Basel – und von deutschen Gesellen nach Rom, Venedig und Frankreich gebracht wurde. Haupt-Einnahmequelle der Drucker waren Ablaß-Briefe und Flugblätter (s. u.).

Ein noch bedeutenderer Humanist als Nikolaus V war Aeneas Silvius Piccolomini, wie Petrarca Autor erotischer Poesie und *poeta laureatus*. Als Papst nannte er sich 1458 im Hinblick auf den «frommen» Aeneas Vergils Pius (II). Er propagierte den Türkenkrieg zum Schutz des «europäischen Hauses» und empfahl Sultan Mehmed, er möge sich taufen lassen und byzantinischer Kaiser werden. Mit Sixtus IV 1471 begann die Nepotenwirtschaft, aber auch der Neubau Roms mit dem Ponte Sisto und der Sixtinischen Kapelle. In dem Spanier Alexander VI Borgia (1492 bis 1503) erreichte das Papsttum seinen moralischen Tiefpunkt. Ein skrupelloser Lebemann, interessierte er sich primär für Gold und Frauen, arbeitete mit Dolch und Gift, unterstützt von seinem Sohn Cesare Borgia. Gegen Frankreich wandte er sich um Hilfe an die Türken, die Erzfeinde der Christenheit. 1498 stellte er den Florentiner Bußprediger Girolamo Savonarola auf den Scheiterhaufen und starb 1503 an dem Gift, das er einem Kardinal zugedacht hatte.

Julius II sodann führte seine Feldzüge in voller Rüstung mit Schweizer Söldnern. Er war Mäzen von Raffael, Bramante und Michelangelo und legte 1506 den Grundstein für den Neubau von Sankt Peter, der mit Ablaßkampagnen finanziert werden sollte. Sein Hofastrologe Scribonio bezog ein fürstliches Gehalt. Es ist die Zeit des Doktor Faustus und des Agrippa von Nettesheim, des Nostradamus und des Paracelsus, bei dem Wissenschaft und Esoterik ineinanderfließen. Leo X Medici, ein Sohn von Lorenzo il Magnifico, kümmerte sich wie um Rom so um seine Vaterstadt Florenz. Er erneuerte 1512 die Universität Rom und exkommunizierte 1521 Martin Luther, der den Ablaß in Frage gestellt hatte (s. u.). In den Augen frommer Pilger war Rom damals das Sündenbabel. Ein Zeitgenosse spricht von 30 000 Dirnen. Die Vornehmsten, besucht von Prälaten und Kardinälen, bewohnten Paläste und hielten sich schwarze Sklaven. Sie schmückten sich mit klassischen Namen wie Diana, Cassandra und Virgilia. Die berühmteste Kurtisane, Imperia, erhielt von Leo X ein Grab in der Kirche San Gregorio Magno.

*

Leos Vaterstadt Florenz war die «Mutter aller Künste und Wissenschaften» (Vespasiano), das Herz der italienischen Renaissance. Was Italien für Europa war, das war Florenz für Italien. Das humanistische Anliegen der Bürgerschaft zeigte sich darin, daß sie sich, wenn auch vergeblich, um Petrarca bemühte. Seit 1397 lehrte hier Manuel Chrysoloras aus

Byzanz griechische Sprache und Literatur und eröffnete damit die europäische Gräzistik. Die innere Geschichte der Stadt und ihres Territoriums, der Toskana, ist durch gewaltsame Machtwechsel zwischen Volk und Adel geprägt. 1434 kam Cosimo de' Medici als Haupt der Volkspartei hoch, der reichste Privatmann Italiens und ein Mäzen ohnegleichen. Unter ihm erbaute Brunellesco die Domkuppel. Er hatte in Rom die antiken Bauwerke studiert und für die Malerei die Perspektive wiederentdeckt. Ausgearbeitet wurde sie durch den in Florenz wirkenden Venezianer Leon Battista Alberti, bedeutend durch seine auf Vitruv beruhende Architekturtheorie. Cosimo stiftete die Mediceische Bibliothek und erneuerte 1459 mit der Accademia Platonica die Idee der Hohen Schule Athens, die bald Nachahmung fand in den Akademiegründungen von Rom (1498), Paris (1635), London (1662), Berlin (1700), Petersburg (1725), Stockholm (1739), Boston (1769) usw. Im Unterschied zu den Universitäten, die vornehmlich der Lehre dienen, widmen sich die Gelehrtengesellschaften der Akademien vorrangig der Forschung.

1469 folgte Cosimos Enkel Lorenzo il Magnifico, der glanzvollste Renaissance-Potentat. Florenz war reich durch seine Tuchfabriken und den über Livorno laufenden Levante-Handel. Der 1252 zuerst geprägte Florentiner Gulden wurde europäische Leitwährung, die Bankhäuser der Stadt bedienten die Fürsten Italiens. Aus Florenz stammen die Dichter Dante und Boccaccio, die Maler Cimabue und Lippi, die Bildhauer Donatello und Benvenuto Cellini, dessen temperamentvolle Autobiographie Goethe 1803 übersetzt hat. Zeitweilig arbeitete auch Raffael in Florenz, ehe er nach Rom ging.

Von Florentiner Eltern stammt Michelangelo (1475 bis 1564), Bildhauer und Baumeister, Dichter und Maler zugleich. Nach seiner Lehrzeit im Umkreis der Medici erlebte er schmerzlich die blinde Bevorzugung antiker Skulptur. Sein «schlafender Cupido» wurde von dem Auftraggeber in dessen Weinberg vergraben und dann als klassisches Kunstwerk für den doppelten Preis verkauft. Der Betrug flog auf und das Geschäft wurde annulliert. Nach 1531 schuf Michelangelo für seine Vaterstadt die Statue Davids, die seinen Ruhm begründete, und die Grabkapelle der Mediceer. Seine großartigsten Werke sind die Fresken der Sixtinischen Kapelle in Rom und der Kapitolsplatz, der Palazzo Farnese und die Peterskirche, vollendet 1546. Von ihr nahm der Barock seinen Ausgang. Die Strenge der Renaissance-Architektur lockerte sich durch schwungvolle Linienführung und Lust an optischen Effekten.

Der Kopf unter den republikanisch gesinnten Gegnern der Medici war Niccolo Machiavelli (1469 bis 1527). Er wirkte als Staatsmann und Diplomat und lieferte in seinem Büchlein ‹Il Principe› eine Gebrauchsanweisung für Machtpolitiker. Ihm stellte Friedrich der Große 1739 seinen, von Voltaire so genannten ‹Antimachiavell› entgegen. Die späteren Medici regierten Florenz als absolutistische Herzöge, vom Papst ernannt, vom Kaiser bestätigt, von 1537 bis 1737.

*

Rivalin von Florenz war Mailand, Milano, das keltisch-römische Mediolanum. Auf dem Gebiete der Musen konnte die Stadt zwar nicht mithalten, aber ihre wirtschaftliche und militärische Bedeutung überragte die aller Nachbarstädte. Schon im 4. Jahrhundert n. Chr. war Mailand Residenz der römischen Kaiser, unter den Langobarden stand sie nur Pavia nach. Otto I nahm hier die Eiserne Krone, die sich heute im benachbarten Monza befindet. Seit 1093 an der Spitze des lombardischen Städtebundes, machte Mailand Barbarossa zu schaffen (s. Kap. 7). Die Visconti erstanden 1395 vom römisch-deutschen König Wenzel für 100 000 Gulden die Herzogswürde und legten den Grund zum Mailänder Dom, der größten Kirche der damaligen Welt, und zum *Ospedale Maggiore*, einem mustergültigen Krankenhaus.

1450 folgte Francesco Sforza, zuvor einer der zahlreichen Condottieri, Anführer eines privaten Heeres, der sich von einem Fürsten oder einer Stadt unter Vertrag (*condotta*) nehmen ließ. Francesco erweiterte das gewaltige Kastell der Visconti und gewann 1464 Genua. Sein Machtbereich grenzte im Osten an den von Venedig, im Süden an den von Florenz. Nachdem schon Francesco Künstler und Gelehrte aus Byzanz nach Mailand gezogen hatte, erreichte die Kulturblüte ihren Höhepunkt in der Zeit von Ludovico il Moro (1477 bis 1499), unter dem Bramante und Leonardo da Vinci als Maler und Ingenieure wirkten, ehe Bramante nach Rom und Leonardo nach Florenz ging (Abb. IX). Im Gefolge der Kämpfe zwischen den französischen Königen und Kaiser Karl V kam die Stadt 1535 nach dem sechsten Herzog der Sforza ans Haus Habsburg und verblieb dort, nach kurzem Zwischenspiel unter Napoleon, bis 1859.

*

Renaissance und Reformation

Abb. 1: Der spätgotische Dogenpalast zu Venedig, hier in einem Gemälde (heute in Padua) von Canaletto (gest. 1768), war die Zentrale der Seeherrschaft im östlichen Mittelmeer während des hohen und späten Mittelalters; vgl. S. 180.

Mailands stolze Nachbarin im Osten war Venedig, regiert durch eine Kaufmannsaristokratie unter gewählten Dogen. Der Orienthandel machte Venedig zur zweitgrößten Stadt Italiens nach Neapel (Abb. 1). Während des Niedergangs von Byzanz überflügelte die «erlauchte» Serenissima ihre Konkurrentin Genua im östlichen Mittelmeer; in Konstantinopel lebten zehntausend Venezianer. Umgekehrt kamen auch Griechen nach Venedig, sie brachten kistenweise griechische Handschriften, die in Italien zunehmend Abnehmer fanden. Venedig gelangte in den Besitz der größten Sammlung griechischer Werke durch den Kardinal Bessarion, einen griechischen Priester und Gelehrten, der zum Katholizismus übergetreten war. Die von ihm 1438 angesichts der Türkengefahr vermittelte Union der beiden Kirchen hatte keinen Bestand.

Unter den Malern Venedigs ragt Tizian hervor, seit 1533 am Hof Karls V (Abb. 2), unter den Baumeistern Palladio, dessen bedeutendste Schöpfungen in Vicenza stehen: die Basilica Palladiana, das Teatro Olimpico und die Rotonda von 1550. Hier hat der Architekt einem Kuppelbau auf quadratischer Basis vier Tempelgiebel vorgesetzt, gewissermaßen das hadrianische Pantheon vervierfacht, eine Bauidee, die in den Capitolen amerikanischer Bundesstaaten nachempfunden wurde.

Abb. 2: Unter den Darstellungen Karls V ragen die des Venezianers Tizian hervor, sie verbinden Lebensnähe mit Repräsentation. Das vorliegende Gemälde der Münchner Pinakothek entstand 1548 in Augsburg, wohin der Kaiser den Maler bestellt hatte. Schon 1532 hatte Tizian als Günstling der Gonzaga Karl in Bologna porträtiert, darauf wurde er 1533 zum Hofmaler ernannt. Als bedeutendster Kolorist seiner Zeit starb er 1576 fast hundertjährig in Venedig an der Pest. Der Kaiser trägt den Orden vom Goldenen Vlies, in Erinnerung an die griechische Heldensage von Iason und dem kühnen Zuge der Argonauten, 1430 zu Brügge durch den Herzog von Burgund gestiftet; vgl. S. 180.

Luther

Die Rückwendung zur Antike zeigte sich in Deutschland namentlich auf dem Gebiet der Religion. Man besann sich auf die Urgemeinde vor Constantin, dem die Verweltlichung der Kirche vorgeworfen wurde. Dieses periodisch auftretende Erneuerungsbestreben beginnt mit dem Christentum selbst, wollte doch Jesus nur die Reinheit des jüdischen Glaubens wiederherstellen! Die spätantike Askese, das reformierte Mönchtum und die Bettelorden fanden Anerkennung durch den Papst, während andere Gruppen als Häresien bekämpft wurden, so Montanisten und Priscillianisten in der Antike, Katharer und Waldenser im Mittelalter.

Seit 1361 lehrte John Wiclif in Oxford eine Theologie, die Ansichten Luthers vorwegnahm: Rückbesinnung auf die Bibel, die Wiclif ins Englische übersetzte, Ablehnung von Heiligen- und Reliquienkult, von Zölibat und Ohrenbeichte, Protest gegen die weltliche Gewalt der Bischöfe und die Autorität des Papstes. Wiclif selbst blieb unangetastet, seine Anhänger aber waren in England um 1400 ausgerottet. Wiclifs Schriften fanden ein Echo zumal in Böhmen, wo sie Jan Hus, Beichtvater am Königshof in Prag, überzeugten. Der für die Päpstlichen anstößigste Punkt war der Laienkelch. Die Schriften von Hus wurden verurteilt und verbrannt, er selbst sollte sich vor dem Konstanzer Konzil verantworten. König Sigismund sicherte ihm freies Geleit zu, verurteilte ihn dann trotzdem gemäß dem Spruch der Geistlichkeit 1415 zum Feuertode (Abb. 3). Hus wurde zum Nationalhelden der Tschechen, seine Schriften erhoben das Tschechische zur Literatursprache. Die Rache der Hussiten verbreitete 15 Jahre lang Schrecken zwischen Naumburg und Danzig. Sie machten als erste in größerem Umfang von fahrbaren Geschützen Gebrauch. Die Erfindung des Schießpulvers wird dem Freiburger Franziskaner Berthold Schwarz zugeschrieben; von Kanonen ist seit dem frühen 14. Jahrhundert in Granada und Florenz die Rede, Handfeuerwaffen wurden erst später üblich.

Die Mißstände in der Kirche waren in aller Munde. Es ging um die *causa reformationis*, die Verbesserung oder Abstellung von Mißständen, die *causa fidei*, die Beseitigung der Ketzerei, und die *causa unionis*, die Herstellung der Kircheneinheit, gab es doch seit dem Ende der «Babylonischen Gefangenschaft der Kirche» 1378 einen Papst in Avignon und einen in Rom. Das erste Reformkonzil, das zu Pisa 1409, erhob noch einen dritten Papst. Das zweite Reformkonzil zu Konstanz stellte die Einheit des Papsttums 1415 zwar wieder her, die ersehnte Reform der Kirche an Haupt und Gliedern aber fand nicht statt. Mit den Hussiten in Böhmen und Mähren einigte man sich 1433 auf dem dritten Reformkonzil zu Basel, wo zudem die finanziellen Ansprüche des Papstes verhandelt wurden. Die Kurie forderte erhebliche Ernennungsgebühren von der höheren Geistlichkeit, kassierte die Einnahmen unbesetzter Pfründen (Annaten), die Hinterlassenschaft erbenlos verstorbener Kleriker und einen unregelmäßig erhobenen Zehnten. Die ‹Gravamina deutscher Nation gegen den römischen Stuhl› konzentrierten sich auf die immer neuen Geldforderungen aus Rom. Sie lösten die Reformation aus. Den Anstoß bot der Ablaß.

Nach der katholischen Doktrin sind alle Menschen Sünder, außer den Heiligen. Sie aber haben mehr Gutes getan, als nötig ist, um in den Himmel zu kommen. Aus diesem Überschuß bildet sich der Gnadenschatz, über den der Papst verfügt, und von dem er bußfertigen Gläubigen etwas zuteilen kann, um ihre Qualen im Fegefeuer zu verkürzen. Dies ist die Grundidee des Ablaßwesens. Seit dem 15. Jahrhundert wurden Ablaßbriefe verkauft. Sollte eine Kirche erneuert, ein Hospital errichtet oder ein Türkenkrieg finanziert werden, so konnte ein Papst eine *indulgentia* ausschreiben, deren Einnahmen zwischen dem Verwendungszweck, dem Landesherrn und dem Papst geteilt wurden. Um den Absatz zu erhöhen, wurden sogar die Seelen längst Verstorbener für lösbar erklärt, ja bereits bezahlter und erteilter Ablaß widerrufen.

Gegen diesen Schacher wandten sich die Humanisten, unter ihnen der gelehrte und gefeierte Dichter Konrad Celtis, der in vielen italienischen und mitteleuropäischen Städten antikes Gedankengut verkündete und gelehrte Gesellschaften stiftete. Kaiser Friedrich III krönte ihn 1487 in Nürnberg als ersten Deutschen zum *poeta laureatus*, in Wien begründete er das säkulare Theaterwesen. Kirchenkritik übten weiterhin Erasmus von Rotterdam 1509 mit seinem ‹Lob der Torheit› (Abb. 4) und die 1515/1516 anonym erschienen ‹Dunkelmännerbriefe›. Sie verteidigten den Humanisten Johannes Reuchlin, der Hebräisch lehrte, gegen die Dominikaner aus Köln, der Hochburg des Katholizismus. Sie hatten 1510 gefordert, alle jüdischen Schriften außer dem Alten Testament zu verbrennen. Dagegen protestierte Reuchlin. Zu den Verfassern der ‹Epistolae obscurorum virorum› gehörte Ulrich von Hutten, Ritter und humanistischer Wandergeist, der sich später für Luther einsetzte.

Martin Luther (1483 bis 1546), Professor für Theologie und Philosophie in Wittenberg, brachte 1517 mit seinen 95 Thesen gegen das Ablaß-Geschäft einen allgemeinen Mißmut auf den Punkt (Abb. 5). Im Nu über ganz Deutschland verbreitet, lösten sie eine solche Bewegung aus, daß der Papst mit dem Bann drohte und der streng katholische Karl V den aufsässigen Mönch 1521 auf den Reichstag nach Worms lud. Luther hatte den Papst mit biblischen Argumenten angegriffen. Den geforderten Widerruf verweigerte er, gestärkt durch die deutsche Öffentlichkeit; darauf wurde er nach dem Bann auch noch in die Acht getan. Vor den Häschern von Kaiser und Papst verbarg ihn sein Landesherr Friedrich der Weise auf der Wartburg, wo «Junker Jörg» das Neue

Testament ins Deutsche übertrug. Die 1534 vollständige Lutherbibel begründet die neuhochdeutsche Schriftsprache.

Luthers Lehre greift zurück auf Paulus und ruht auf drei Prinzipien: *sola fide, sola gratia, sola scriptura*. Allein durch Glauben ist die Erlösung zu erreichen, allein der Gnade Gottes ist sie zu verdanken, allein die Bibel ist die Richtschnur. Die Kirche ist nur Mittlerin der frohen Botschaft, nicht Pforte zum Paradies. Luther wandte sich ‹an den christlichen Adel deutscher Nation›, der die Reformation in die Hand nehmen möge: Abschaffung von Heiligenverehrung und Wallfahrt, Einführung von Laienkelch und Priesterehe, Lossagung von Papsttum und Episkopat, Beschränkung der Sakramente auf Taufe und Abendmahl, Ausrichtung des Gottesdienstes auf Predigt und Gesang. Das Liedgut wurde zu einem mächtigen Medium der Reformation.

Luthers Schriften fanden reißenden Absatz, Tausende von Flugblättern verteidigten oder bekämpften seine Lehre. Erasmus von Rotterdam, Ulrich von Hutten, Hans Sachs und Albrecht Dürer in Nürnberg begrüßten den Vorstoß. Die Universität Wittenberg, wo Philipp Melanchthon als *praeceptor Germaniae* lehrte, errang europäisches Ansehen,

Abb. 3: Der Ketzerprozeß gegen Johann Hus und sein Feuertod als Heresiarcha (Erzketzer) in Konstanz 1415 (hier aus der Riechenthal-Chronik) bilden den gewaltsamen Auftakt zur Reformation; vgl. S. 182.

Abb. 4: Das Haupt der Humanisten war Erasmus von Rotterdam, 1523 porträtiert durch Hans Holbein d. J. (Louvre). Erasmus, Deutscher, Franzose, Niederländer und Kosmopolit, edierte mehrere antike Autoren und 1516 den griechischen Urtext des Neuen Testaments, den Luther seiner Übersetzung zugrundelegte, sowie mehrere antike Autoren. Als man sagte, Erasmus habe das Ei gelegt, das Luther dann ausgebrütet habe, konterte er: Sein Ei sei das Ei einer Henne, das von Luther aber das Ei einer Krähe; vgl. S. 183.

Abb. 5: Martin Luther und seine Frau Katharina von Bora wurden 1529 von Lucas Cranach d. Ä. gemalt (Uffizien, Florenz), der mit dem Reformator befreundet war. Katharina war 1523 mit acht Nonnen aus einem Kloster bei Grimma nach Wittenberg geflohen. Als Luther für die Frauen Ehemänner suchte, erklärte Katharina, sie nähme nur ihn; vgl. S. 183.

wie Shakespeares ‹Hamlet› bestätigt. Die Reformen gewannen teilweise eine Dynamik, der sich Luther selbst entgegenstellen mußte. Dies gilt zunächst für die Täufer und Bilderstürmer, die Adel und Eigentum abschaffen und durch eine kommunistische Herrschaft von Inspirierten ersetzen wollten: so Thomas Münzer 1525 in Thüringen und 1534 der Gottesstaat der Niederländer in Münster. Vergleichsweise maßvoll, ja geradezu wegweisend waren dagegen die Forderungen der Aufständischen im Bauernkrieg 1525, angeregt durch die Freiheiten der Schweizer Eidgenossen: Einberufung eines Nationalkonzils zur Aufhebung der kirchlichen Grundherrschaft, der Binnenzölle, der Leibeigenschaft und der neuerlich eingeführten Abgaben und Frondienste. Man wünschte freie Pfarrerwahl, Rechtsgleichheit über die Standesunterschiede hinweg, kommunale Nutzung des Waldes, Vereinheitlichung von Münze, Maß und Gewicht – kurz, eine politische und religiöse Erneuerung Deutschlands unter einem starken Kaiser.

Luther sympathisierte anfangs mit den Bauern, doch rückte er von ihnen ab, als sich die «evangelische Verbrüderung» radikalisierte. 1525 kapitulierten ihre Führer Florian Geyer und Götz von Berlichingen vor den Truppen des Schwäbischen Bundes. Tausende von Bauern mußten sterben. Zweifelhafte Bundesgenossen Luthers waren die romfeindlich eingestellten Reichsritter, die während des aufkommenden Landsknechtswesens keine Aufgaben mehr hatten. Franz von Sickingen schlug gegen den Erzbischof von Trier los, unterlag jedoch 1523.

Während Karl V mit Franz I von Frankreich um den Besitz von Mailand (das er gewann) und Burgund (das er verlor) kämpfte, breitete sich die Reformation aus. Bereits seit 1518 predigte Zwingli (1484 bis 1531) die neue Lehre in der Schweiz, 1525 übernahm sie der Ordensstaat Preußen. Eine Stadt nach der anderen löste sich aus der päpstlichen Bevormundung, desgleichen viele Landesherren, die nun selbst die Aufsicht über die Kirchen ausübten und das Klostergut säkularisierten. Landgraf Philipp der Großmütige von Hessen dotierte damit die 1527 gegründete Marburger Universität und verwandelte Klöster in Heilanstalten für Behinderte. Als Philipp und die übrigen evangelischen Landstände 1529 auf dem Speyrer Reichstag gegen eine Rekatholisierung protestierten, nannte man sie «Protestanten.»

1530 erhielt Karl V die Kaiserkrone – zum letzten Mal krönte ein Papst damals einen Kaiser. Nachdem schon Maximilian 1508 sich als «erwählten römischen Kaiser» bezeichnet hatte, wurde dieses gebräuchlich. Danach berief Karl einen Reichstag nach Augsburg. Dort überreichte Melanchthon die *Confessio Augustana*, das evangelische Bekenntnis, das aber verworfen wurde. 1531 schlossen sich die protestantischen Stände zum Schmalkaldischen Bund zusammen.

Da Karl gegen Türken und Franzosen kämpfen und wiederholt in Spanien eingreifen mußte, konnte sich der Protestantismus über ganz Norddeutschland, das Baltikum und Skandinavien verbreiten. Er erfaßte Württemberg, Schlesien und Österreich und wurde in Genf durch Johann Calvin (1509 bis 1564) eingeführt. Seine Lehre gelangte bis in die Niederlande und nach Schottland, wo John Knox die presbyterianische Kirche begründete, und fand Anhänger in Ungarn und Frankreich: die Hugenotten. Vom strengen Luthertum unterscheidet sich der schweizerische Protestantismus insbesondere durch das Abendmahl, dort bloß symbolisch verstanden.

Inzwischen hatte sich auch England aus der Jurisdiktion des Papstes befreit, nachdem dieser sich der Scheidung Heinrichs VIII von seiner spanischen Gemahlin widersetzt hatte (Abb. 6). Durch die 1534 erlassenen Suprematsakte begründete Heinrich die anglikanische Kirche. Er enteignete die Klöster und forderte den Loyalitätseid von den Geistlichen; sein ehemaliger Lordkanzler, der Humanist Thomas Morus, verweigerte ihn und wurde 1535 geköpft. 1516 hatte Morus seine ‹Utopia› veröffentlicht, einen Reiseroman, der den Idealstaat auf der Insel «Nirgendwo» beschreibt und den Begriff «Utopie» schuf. Die Religion dort ist bildlos, geprägt von Toleranz und Tugend; Priester werden vom Volk gewählt und dürfen heiraten, Frauen predigen. Diese Ideen stehen in krassem Gegensatz zu Morus' späterer Attacke auf Luther und seinem Ausspruch, Häretiker müsse man zertreten wie Ameisen.

Nachdem Karl V 1544 vorübergehend Frieden mit Frankreich gefunden hatte, verhängte er über die Führer des Luthertums die Acht. Der im Todesjahr Luthers 1546 begonnene Schmalkaldische Krieg ging für die Protestanten verloren, doch sagte sich Kurfürst Moritz von Sachsen vom Kaiser los, der wiederum gegen die Franzosen ziehen mußte, nachdem diese im Einvernehmen mit Moritz die Städte Metz, Toul und Verdun besetzt hatten. Lothringen ging dem Reich verloren. Nun resignierte Karl. Sein Bruder und Nachfolger Ferdinand, seit 1531 deutscher König, schloß 1555 den Augsburger Religionsfrieden, der den Unterzeichnern der *Confessio Augustana* das Recht zur Reformation einräumte, gemäß dem Grundsatz *cuius regio eius religio*. Der Landes-

Abb. 6: Das prunkvolle Porträt Heinrichs VIII von England, gemalt 1540 (Rom, Galleria Nazionale, Palazzo Barberini), stammt aus der Schule von Hans Holbein d. J. Jacob Burckhardt sprach von einem «Stück Speck in Gold gefaßt». Holbein (1497 bis 1543) begann als Buchillustrator u. a. zum ›Lob der Torheit‹ von Erasmus, der ihn 1526 nach England empfahl. Dort porträtierte er die Humanisten, u. a. Thomas Morus, 1537 auch den König. Das Original der Skizze besitzt die Thyssen-Bornemisza-Stiftung in Madrid; vgl. S. 187.

fürst, längst für Gericht, Heer und Finanzen zuständig, bestimmte nun auch den Glauben.

Im folgenden Jahre entsagte Karl der Krone; sein Sohn Philipp II erhielt Spanien, Mailand und die Niederlande, Ferdinand in Wien wurde Kaiser. Karl zog sich nach Estremadura zurück und starb 1558. Er ist eine tragische Gestalt. Mit hohem Schwung und rastlosem Einsatz hat er sich den innen- und außenpolitischen Problemen seines riesigen Reiches gestellt. Und doch konnte er die Einheit der Kirche nicht retten, die Souveränität des Kaisertums nicht durchsetzen, die Grenzen des Reiches nicht vor Verlusten bewahren.

Die Gegenreformation

Der Erfolg der Reformation hat Gegenkräfte ausgelöst. Auf dem Konzil zu Trient (1545 bis 1563) wurde endlich die Reform an Haupt und Gliedern der Kirche beschlossen und eine Abgrenzung gegen den Protestantismus vorgenommen. Heiligenverehrung und Reliquienkult, Fegefeuer und Ablaß wurden festgeschrieben. Die Tradition rangierte fortan als Autorität gleichberechtigt neben der Bibel. Gegen mögliche

Verunsicherungen der Gläubigen wurde der Index verbotener Bücher angelegt. Ketzerprozesse gegen den Mathematiker Giordano Bruno (verbrannt 1600), den Philosophen Campanella (gest. 1639) und den Astronomen Galileo Galilei (gest. 1642) bezeugen die Rückständigkeit des katholischen Europa. Aufgehoben wurde der Index 1967.

Vorkämpfer der Gegenreformation waren die Jesuiten. Die Gründung der *Societas Jesu* geht zurück auf den spanischen Offizier Ignatius von Loyola, sie wurde 1540 vom Papst bestätigt. Durch strenge Schulung und unbedingten Gehorsam wurden Weltpriester herangebildet, deren Aufgabe es war, den Katholizismus zu verbreiten. Jesuiten trugen keine Amtstracht, sie wirkten als Diplomaten, Gelehrte und Pädagogen weltweit; von Südamerika, wo sie in Paraguay 1608 einen eigenen Staat gründeten, bis China und Japan (s. Kap. 8). Besonders erfolgreich arbeiteten sie in den habsburgischen Landen und Polen. Sie erregten aber durch die von ihnen praktizierte Ethik, wonach der Zweck die Mittel heiligt, so viel Anstoß, daß sie selbst aus katholischen Ländern vertrieben wurden. In der Aufklärung 1773 vom Heiligen Stuhl aufgehoben, wurde der Orden in der Restauration 1814 vom Papst wiederhergestellt. In manchen Ländern ist er erst nach 1990 wieder zugelassen worden.

In Frankreich begann der Kampf gegen die Protestanten 1562 mit dem Blutbad von Vassy. Daraufhin erstritten sich die Hugenotten unter Coligny eine begrenzte Religionsfreiheit. 1572 aber inszenierte die katholische Partei unter der Königin-Mutter Katharina von Medici die Pariser Bluthochzeit der Bartholomäus-Nacht, bei der zwischen 10 und 20 000 Hugenotten ermordet wurden. Nach wechselvollen Kämpfen gewährte der Bourbone Heinrich IV den Hugenotten 1598 im Edikt von Nantes Duldung – war er doch selbst nach der Devise «Paris ist eine Messe wert» zum Katholizismus konvertiert. Da die Hugenotten als Staat im Staate erschienen, eroberte Kardinal Richelieu 1632 ihren Hauptstützpunkt La Rochelle, schränkte ihre Rechte jedoch nicht ein.

Unterdes tobte in Deutschland der Dreißigjährige Krieg. Während des noch schwelenden Konfliktes hatten sich die Protestanten 1608 zur Union, die Katholiken zur Liga vereinigt. Einen katholischen Übergriff ahndeten die Protestanten Böhmens 1618 mit dem Prager Fenstersturz. Gegen Ferdinand II wählten sie Friedrich von der Pfalz zum böhmischen König, der aber in der Schlacht am Weißen Berge 1620 unterlag. Böhmen, Österreich und Schlesien wurden gewaltsam rekatholisiert; die Pfälzer Kurwürde kam an Herzog Maximilian von Baiern. Dessen

Abb. 7: Die Greuel des Dreißigjährigen Krieges zeigen die Stiche von Jacques Callot (Les petites misères de la guerre) von 1635. Die Atmosphäre beschreibt Grimmelshausen aus eigenem Erleben in seinem Roman ‹Simplicissimus›; vgl. S. 191.

Feldherr Tilly und der kaiserliche Obergeneral Wallenstein mit seiner aus dem Lande lebenden Privatarmee stießen vor bis an die Ostsee. Diese wurde von den Schweden als ihr Dominium betrachtet, zugleich schien jetzt der Protestantismus als solcher gefährdet. 1630 landete Gustav Adolf von Schweden in Stettin. Er besiegte Tilly, der kurz zuvor Magdeburg zerstört hatte, 1631 nahe Breitenfeld bei Leipzig und gewann München. 1632 fiel Gustav Adolf in der siegreichen Schlacht bei Lützen. Wallenstein verhandelte auf eigene Faust mit den Schweden und wurde 1634 auf kaiserlichen Befehl in Eger ermordet. Abermals näherten sich die Kaiserlichen der Ostsee, wiederum wurden sie bis Mähren zurückgeworfen, während die mit den Protestanten gegen Habsburg verbundenen Franzosen – den Pakt hatte Kardinal Richelieu gestiftet – in Schwaben und Baiern einrückten. Aus dem Konfessionskrieg zwischen Protestanten und Katholiken war ein Eroberungskrieg der Schweden und Franzosen gegen das Reich geworden. Inzwischen aber hatten die fremden Kriegsvölker das Land so verwüstet, daß sie nichts mehr zu essen fanden und die Fürsten ihre Feldzüge einstellen mußten.

Der Westfälische Friede von Münster und Osnabrück 1648 sanktionierte den Besitzstand. Schweden erhielt als Reichslehen die Mündungsgebiete von Oder, Elbe und Weser, Frankreich behauptete sich in Lothringen und Teilen des Elsaß. Beide Nachbarstaaten erhielten Kriegsentschädigungen. Die Reichsstände durften sich fortan mit auswärtigen Mächten verbünden, außer gegen Kaiser und Reich; die Schweiz und die Niederlande, faktisch längst unabhängig, schieden aus dem Reichsverband aus. Der Augsburger Religionsfriede von 1555 wurde bestätigt und auf die Calvinisten ausgedehnt. Das religiöse Kräfteverhältnis war wieder nahe dem Vorkriegszustand, keine Seite hatte Nennenswertes gewonnen, der Kaiser weitere Hoheitsrechte an die Fürsten eingebüßt. Habsburg hatte in Deutschland verspielt.

Der ökonomische Schaden übertraf alle früheren, alle späteren Kriegsverluste in Deutschland (Abb. 7). Der Bevölkerungsrückgang auf dem Lande wird auf 50 Prozent, in den Städten auf 30 Prozent geschätzt. Zerstört wurden über 1600 Städte, über 18 000 Dörfer. Der in der noch immer längsten Friedensperiode der Deutschen Geschichte, zwischen 1553 und 1618, gewonnene Wohlstand war dahin. Klarer als jeder andere Krieg beweist der Dreißigjährige die Sinnlosigkeit, Glaubensfragen gewaltsam lösen zu wollen: der Protestantismus war nicht mehr auszulöschen.

*

«Die Renaissance und die Reformation, beide zusammen machen erst ein Ganzes». Dies war für Nietzsche 1888 ein «Idioten-Urteil *in historicis*». Denn Renaissance stand ihm für Fortschritt, Reformation für Reaktion. Trotzdem ist die Verbindung der beiden Neuerungen sinnvoll, bezeichnet sie doch zwei Begegnungen, die durch den Rückgriff auf Vergangenes die Zukunft bestimmten, einerseits in der Ästhetik, andererseits in der Religion. Wenn Nietzsche die Erneuerung des Christentums durch Luther als Hemmnis für die Aufklärung empfand, so stimmt ihm darin keiner der namhaften Aufklärer zu. Sie alle: Locke und Hume, Voltaire und Rousseau, Lessing und Kant verstanden sich vielmehr als Fortsetzer der Befreiung vom institutionalisierten Dogma.

Die Romantiker des 19. Jahrhunderts hingegen bewunderten die geschlossene Glaubenswelt des Mittelalters, die von den Humanisten und Reformatoren aufgelöst worden war. Dies aber ist nur zu bedauern, wenn wir vergessen, um welchen Preis diese Einheit aufrecht erhalten wurde. Die Scheiterhaufen der Inquisition erloschen sehr spät, zuletzt Anfang des 19. Jahrhunderts in Mexiko. Gewiß zeigte sich auch im Luthertum eine orthodoxe Versteifung, aber letztlich hat doch die Reformation der Erkenntnis Bahn gebrochen, daß für das Seelenheil des Einzelnen keine noch so ehrwürdige Anstalt, sondern jeder persönlich die Verantwortung trägt.

Oceanica Classis

10. Das Zeitalter der Entdeckungen

Oswald Spengler kennzeichnete in seinem ‹Untergang des Abendlandes› 1917 die von ihm so genannte faustische Kultur Europas durch ihren Drang in die Weite, ihren «Wikingergeist». Tatsächlich war keine andere Zivilisation so expansiv, hat keine ihr Wissen von der Welt, ihre Macht über die Welt so erfolgreich erweitert wie die der Europäer. Gewiß hatten auch andere Völker ihre Entdecker, ihre Reisenden, doch haben diese keine ähnliche Wirkung ausgelöst. Erst mit dem Erscheinen der Europäer haben die Entdeckten zugleich die Europäer entdeckt.

Die Seidenstraße

Der Berliner Geograph Ferdinand von Richthofen prägte 1877 den Namen «Seidenstraße» für das Bündel von Routen, die quer durch Innerasien den Handel zwischen Europa und China trugen. Das begehrteste Importgut der Frühzeit war Seide. Chinesische Rohseide gibt es schon aus einem keltischen Hügelgrab des 5. Jahrhunderts v. Chr. an der oberen Donau. Unter Augustus wurde Seide (*serica*) Mode; die Chinesen nannte man «Seidenleute» (*Seres*). Der Handel vollzog sich über Zwischenstufen.

Eine direkte Verbindung fand erst Marco Polo. Dessen Vater Nicolo besuchte als venezianischer Kaufmann mit seinem Bruder um 1250 Konstantinopel, ging von dort zu den Mongolen an die untere Wolga und erreichte über Buchara den Hof des Kaisers Kubilai-Khan in Peking (s. Kap. 8). Die Polos genossen mehrere Jahre die Gunst des Groß-Khans und kehrten dann mit einer Botschaft an den Papst zurück. Aber sie blieben nicht. Begleitet von zwei Missionaren und dem jungen Marco Polo zogen die Brüder wieder nach China. In kaiserlichem Auftrag unternahm Marco Polo mehrere Reisen und regierte eine chinesische Provinz. Nach siebzehn Jahren kehrten die Polos 1295 nach Venedig zurück. Ihr Vermögen hatten sie in Gestalt von Edelsteinen in ihre Gewänder eingenäht. Marcos Erzählungen von den Reichtümern Chinas verschafften ihm den Spitznamen «Messer Milio-

Abb. X: Am 12. Oktober 1492 erreichte Kolumbus mit drei Karavellen eine Insel der Bahama-Gruppe, die er für einen Teil Japans hielt. Sein Flaggschiff Santa Maria ziert die Erstausgabe seines Entdeckerbriefes von 1493; vgl. S. 195.

ne». Bei einem Seegefecht mit den Genuesen in Gefangenschaft geraten, diktierte er im Winter 1298/99 hinter Gittern seinen Reisebericht. Marco Polo, dessen Blick bis Japan und Madagaskar, bis Sibirien und Sumatra reichte, erweiterte die geographischen Vorstellungen Europas und löste weitere Handels- und Missionsreisen aus. Führend waren dabei die Bettelmönche, unter ihnen Odorico da Pordenone, über dessen 1330 abgeschlossene Chinareise ebenfalls ein Erlebnisbericht vorliegt.

Die Entdeckung Amerikas

Die Beziehungen mit Fernost gerieten ins Stocken, seitdem die Eroberung von Konstantinopel 1453 durch die Osmanen den Weg nach Asien behinderte. Das Interesse wandte sich dem Atlantik zu. Seit dem 12. Jahrhundert war das Prinzip des Kompasses bekannt, zunächst als Wasserbussole, dann als Magnetnadel. Die Nautik fand einen Förderer in Heinrich dem Seefahrer, dem Infanten von Portugal (1394 bis 1460). Er errichtete 1420 eine Sternwarte und ließ die Atlantik-Inseln und die afrikanische Westküste erforschen. Die Kanarischen Inseln waren seit 1344 in spanischem Besitz, nun gewann Portugal Madeira, die Azoren und die Kapverdischen Inseln. Gleichzeitig entwickelte sich ein schwunghafter Handel mit afrikanischen Sklaven. 1486 umschiffte Bartolomeo Diaz das Kap der Guten Hoffnung. 1498 fand Vasco da Gama den Weg nach Indien, wo sich die Portugiesen 1510 in Goa und 1518 auf Ceylon festsetzten.

In Portugal begann auch Kolumbus seine Karriere. 1451 wurde er in Genua als Cristoforo Colombo geboren. Er fuhr zur See im Dienste seiner Vaterstadt, kam in die Ägäis, nach Guinea und nach England, doch ist es eine Fabel, daß er dort von den Amerikafahrten der Wikinger gehört habe (s. Kap. 5). Vielmehr war es der Florentiner Arzt und Astronom Paolo Toscanelli, der ihn inspirierte. Dieser hatte 1474 dem König von Portugal geraten, den Weg nach Indien über den Atlantik zu nehmen, um an die von Marco Polo beschriebenen Schätze des Ostens zu kommen. Sie faszinierten auch Kolumbus; mit dem erhofften Gold sollten die katholischen Majestäten ein Heer aufstellen und Jerusalem befreien! Die Kugelgestalt der Erde war der Antike bereits vertraut (s. Kap. 3) und wurde wieder von den Humanisten vertreten. 1491/92 konstruierte Martin Behaim in Nürnberg, lange als Seefahrer in portugiesischen Diensten, den ersten Erdglobus. 1484 legte Kolumbus seinen Plan dem König von Portugal vor, der lehnte ab, ebenso die Könige von

Spanien, England und Frankreich, und das mit gutem Grund, denn Kolumbus rechnete, so wie Toscanelli, mit einem viel zu kurzen Seeweg. Hätte ihm nicht der Zufall Amerika in den Weg gelegt, so wäre er auf dem Ozean verhungert. Nur seine Beharrlichkeit und ein hochgestellter Gönner bewogen die Königin Isabella schließlich, die Hälfte der Reisekosten zu übernehmen (Abb. X). Soeben waren die letzten Mauren aus dem Lande vertrieben – und schon öffneten sich neue Horizonte. Am 12. Oktober 1492 entdeckte Kolumbus eine Insel der Bahamas (Abb. 1). Nach drei weiteren Reisen hatte er die Karibischen Inseln, Mittel- und Südamerika gefunden, starb aber 1506 nach wechselvollen Schicksalen im Glauben, Japan und die Küste Chinas betreten zu haben.

Den Weg dorthin suchte der Portugiese Fernando Magellan auf den Spuren von Kolumbus. Von Kaiser Karl V ermächtigt, überquerte er 1519/1520 den Atlantik und den Stillen Ozean, dem er diesen Namen gab. Polynesien im «inselreichen» Pazifik ist der zuletzt besiedelte Teil der Erde. Erst im 2. Jahrtausend vor Christus erschlossen kühne Seefahrer von Asien aus eine Inselgruppe nach der anderen. Bewohnbar waren allein die vulkanischen Inseln, und auch auf diesen mußten Haustiere und Kulturpflanzen eingebürgert werden. Die Fidschi-Inseln wurden im 16. Jahrhundert v. Chr. besiedelt, Samoa 1200 v. Chr., Hawaii 800 n. Chr. Die Bewohner standen unter Kleinkönigen und huldigten Naturgöttern. Polynesischen Ursprungs sind *Tabu* und *Mana*, ein Meidungs- und ein Kraftbegriff sakraler Natur, sowie das Tätowieren, von Seeleuten nach Europa mitgebracht. Nach Magellan kamen die Spanier, nach diesen die Holländer, die 1722 die Osterinsel und Tahiti fanden. Hawaii entdeckte James Cook 1778.

Die Philippinen, benannt nach Philipp II, wurden von Magellan in Besitz genommen. Er selbst fiel im Kampf auf den Inseln, sein Schiff vollendete die erste Erdumseglung 1522. Portugal errichtete Stützpunkte auf der Malaiischen Halbinsel und auf den gewürzreichen, seit 1512 bekannten Molukken, und damit beherrschte es den Gewürzhandel auf dem Indischen Ozean. Nun verlor die Pfeffereinfuhr der Venezianer über Arabien an Bedeutung. 1516 okkupierten die Portugiesen Kanton, 1542 Macao bei Hongkong. Noch im 16. Jahrhundert indes verlor Portugal seine Vormacht in Südasien an die Holländer und konzentrierte seine Kolonialpolitik auf Südamerika, wo 1500 Pedro Alvares Cabral Brasilien entdeckt hatte.

Abb. 1. Kolumbus wurde von den Indios freundlich empfangen, sie ahnten nicht, was ihnen bevorstand. Das wiederholte Angebot, sie als Sklaven nach Spanien zu schaffen, lehnte Isabella ab, doch gab es private Käufer. Den Kupferstich von Theodor de Bry publizierte H. Benzoni 1594; vgl. S. 195.

Die Entdeckung Amerikas durch Kolumbus 1492 gilt als Wendepunkt vom Mittelalter zur Neuzeit, gleichrangig mit der Erfindung des Buchdrucks 1455 und dem Beginn der Reformation 1517. Schon unmittelbar nach der ersten triumphalen Rückkehr Kolumbus' setzte ein reger Verkehr nach der Neuen Welt ein. William Prescott spricht von einem «allgemeinen Auswanderungsfieber». Iberische Abenteurer suchten ihr Glück auf eigene Faust oder im Namen der Kronen. Das führte zu Spannungen. Spanien und Portugal teilten sich die Neue Welt im Vertrag von Tordesillas 1494 durch eine Demarkationslinie, die ungefähr dem 49. Grad westlicher Länge entsprach. Papst Alexander VI gab seinen Segen dazu. Für den östlichen Teil Südamerikas, den 1503 Amerigo (deutsch Emmerich, gotisch Ermanarich) Vespucci bereist und als neuen Kontinent bezeichnet hatte, schlugen die Kartographen Waldseemüller und Ringmann 1507 in ihrer ‹Cosmographiae Introductio› den Namen *America* vor, der bald für den neuen Erdteil insgesamt üblich wurde.

Azteken und Maya

Die Durchdringung Mittelamerikas begann mit der Eroberung Mexikos durch Fernando Cortez (1485 bis 1547). Dort hatten die Azteken, die sich selbst *Mexica* nannten, 1370 ihre Hauptstadt gegründet, die mit prachtvollen gestuften Tempelpyramiden und Königspalästen, gepfla-

Azteken und Maya

Abb. 2: Die wenigen erhaltenen Zeremonialschilde der Azteken mit ihren Federmosaiken aus der Zeit um 1500 tragen Fabeltiere oder Symbole. Die beiden ähnlichen Exemplare (∅ 75 bzw. 71 cm) im Stuttgarter Landesmuseum wurden 1809 aus dem Kloster Weingarten übernommen, sie zeigen das Emblem eines hohen Militärs. Die Azteken erhielten jährlich 88 solche Schilde als Tribut; vgl. S. 198.

Abb. 3: Die präkolumbianische Literatur Mexikos wurde durch die spanischen Missionare nahezu vollständig vernichtet. Nur 16 Leporello-Bücher überlebten. Der Codex Cospianus in Bologna (Universitätsbibliothek) zeigt den Sonnengott vor einem Tempel mit Adler und die Göttin der Nacht vor einem Tempel mit Eule. Im Alten Amerika gab es 125 Sprachfamilien. Das Aztekische hat sich bei den Nahua in Mexiko erhalten und wird noch heute von einer Million Menschen gesprochen; vgl. S. 198.

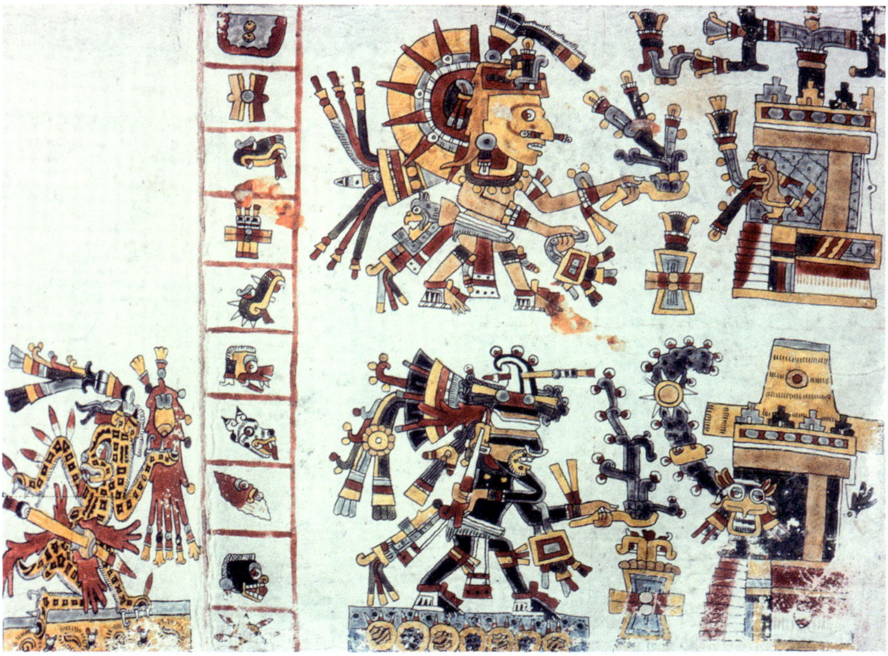

sterten Straßen, Brücken und Wasserleitungen ausgestattet war. Regiert wurden sie von Montezuma II, dem Urenkel des Stadtgründers, der als Priesterkönig und Heerführer das Umland in Abhängigkeit gezwungen, aber noch kein wirkliches Imperium geschaffen hatte. Die Azteken besaßen eine hohe Kunstfertigkeit (Abb. 2) und eine blühende Wirtschaft, kannten aber weder das Rad noch die Töpferscheibe, kein Eisen und keine Bronze. Ihre Messer bestanden aus Obsidian; anstelle von Münzen verwendeten sie Kaffeebohnen. Ihrer polytheistischen Religion (Abb. 3) waren die in enormen Zahlen dargebrachten Menschenopfer und sakraler Kannibalismus eigentümlich. Das Wort «Kannibale» ist vom Stammnamen der Kariben abgeleitet (Abb. 4).

Mit nur 600 Kriegern bezwang Cortez nach dem Rückschlag der *noche triste* am 30. Juni 1520 die Inselstadt Mexiko. Erleichtert wurde ihm dies dadurch, daß er zunächst aufgrund einer alten Weissagung als der aus dem Osten zurückgekehrte bärtige Gott Quetzalcoatl betrachtet wurde und diese Rolle auch zu spielen versuchte. Hinzu kam, daß er die mit den Azteken verfeindeten Nachbarn auf seine Seite ziehen konnte und mehr noch mit seinen Pferden als mit den Feuerwaffen panischen Schrecken verbreitete. Das Land wurde als Vizekönigreich «Neu-Spanien» kolonisiert und war wegen seines Silberreichtums unschätzbar. Franziskaner und Jesuiten bekehrten die Indios und zerstörten ihre Kultur.

Dasselbe Schicksal erlitten die Maya, die Träger der ältesten mittelamerikanischen Hochkultur. Sie lebten im heutigen Guatemala in Stadtstaaten unter Priesterfürsten und einer ahnenstolzen Oberschicht, hielten Sklaven, aber entbehrten, so wie die Azteken, Metallgeräte und Wagen, kannten weder Pflug noch Düngung. Ihre Städte bestanden anscheinend nur aus Kultbauten, Priesterpalästen und sakralen Ballspielplätzen. Auch die Götter der Maya erhielten Menschenopfer. Steintafeln enthalten Zeitangaben (Abb. 5).

Um 900 n. Chr. verließen die Maya ihre Städte im Tiefland, der Urwald überwucherte sie. Zerstörungen weisen auf Gewalt hin, das Volk wanderte in den unwirtlichen Norden auf die Halbinsel Yucatan aus. Hier kam es unter dem Einfluß der aus Mexiko eingedrungenen Tolteken zu einer Nachblüte der Maya-Kultur. Ihr Zentrum war die Tempelstadt Chichen Itza, benannt nach einem heiligen Brunnen, in dem Goldsachen und Menschen geopfert wurden. Das neue Reich der Maya zerbrach um 1450, entweder unter dem Ansturm weiterer Einwanderer oder durch eine Erhebung der Einheimischen gegen die Tolteken. Die wichtigsten Nachrichten über die Maya verdanken wir dem Franziskaner Diego de Landa, der in seinem Bericht über Yucatan von 1566 erzählt, wie er die Bücher, die nichts als «Aberglauben und teuflische Lügen» enthielten, systematisch verbrannt habe. Von der gesamten Literatur blieben nur (seit 1971) vier Handschriften erhalten.

Das Inkareich

Der zweite der großen spanischen Conquistadoren neben Cortez war Francisco Pizarro (1478 bis 1541), der Eroberer des Inka-Reiches von Peru. Es umfaßte damals den gesamten Anden-Raum mit Teilen von Kolumbien, Ecuador, Bolivien, Argentinien und Chile. «Inka» war ursprünglich nur der Titel des Priesterkönigs in der heiligen Hauptstadt Cuzco, ging dann aber auf das Volk als ganzes über. Als die Spanier erschienen, war das Reich erst ein Jahrhundert alt, die Kultur reicht aber weiter zurück.

An der Spitze der staatssozialistischen Theokratie stand der dynastisch legitimierte Inka-Kaiser, der als Sohn des Sonnengottes und der Mondgöttin unumschränkt herrschte und dem niemand mit Schuhen nahen, niemand ins Angesicht schauen durfte. Er residierte in Cuzco, dem «Nabel der Welt», mit seiner Hauptfrau aus der eigenen Familie, d. h. der Mutter des Thronerben, und seinem riesigen Harem. Auch der Adel war polygam. An der Spitze standen die Statthalter der vier Provinzen, entsprechend dem Staatsnamen «Reich der vier Weltgegenden». Darunter rangierten die mit der Dynastie verwandten Fürsten und die Kaziken der unterworfenen Völker, deren Söhne am Hof erzogen wurden. Völker, die als unzuverlässig galten, wurden zwangsweise umgesiedelt. Der Adel trug einen Pflock im Ohrläppchen.

Die Beamten waren durch Lehen an die Krone gebunden. Das Land gehörte örtlichen Sippenverbänden und wurde periodisch für die Gemeinfreien und die Sklaven parzelliert. Anders als die Azteken aber kannten die Inkas die Düngung, dafür verwendeten sie Guano. Der einzelne Maisbauer behielt nur ein Drittel seines Ertrages; das zweite ging an die Priesterschaft, das dritte an den König, der davon seine Diener und Handwerker unterhielt, namentlich die Bergarbeiter in den staatlichen Gold-, Silber- und Kupferminen. Im Gegensatz zu den Azteken besaßen die Inkas Metallgeräte – allerdings kein Eisen, weder Pflug

Abb. 4: Die in fast allen frühen Kulturen verbreiteten Menschenopfer hielten sich bei den Azteken bis zur Ankunft der Europäer. Den Opfern wurden mit steinernen Messern die Herzen herausgerissen und noch zuckend der Sonne dargebracht. Man opferte Kriegsgefangene; fehlten sie, wurden «Blumenkriege» geführt, sakrale Turniere, bei denen die Unterlegenen geschlachtet wurden. Wir hören von einem Beinhaus mit 136 000 (?) Schädeln. Die tragenden Pfosten von Palästen wurden durch den Körper von Mädchen in den Boden getrieben; vgl. S. 198.

noch Wagen. Die vorzüglich ausgebauten Straßen gingen in Treppen über, kein Problem für die als Lasttiere gebrauchten Lamas, für die Fußtruppen und die königlichen Laufboten. Aus den Vorratshäusern der Poststationen wurden in Notzeiten Hungernde gespeist.

Die Zivilisation stand auf hohem Niveau: dies zeigen die sorgfältig gefugten mörtellosen Polygonalmauern, die Ziegeltechnik, die Dächer aus Stampfbeton, das Bewässerungssystem, die Ackerbauterrassen und die Verwendung der Knotenschrift, der Quipus, die durch die Farbe der Schnüre, die Art des Knotens und die Abstände zwischen ihnen statistische Daten wie Abgaben, Bevölkerungszahlen usw. verzeichneten. Die Quipus wurden im Staatsarchiv der Hauptstadt gesammelt; das öffentliche wie das private Leben unterlag einer ständigen Kontrolle. Die Masse der Bevölkerung wohnte in einräumigen Lehmhäusern. Alle Heiraten im Lande fanden an einem einzigen Tage statt, die Ehen besiegelten Priester.

In der Religion der Inkas dominierte der Kult der Sonne, doch wurden daneben zahlreiche andere Götter verehrt, auch solche der abhängigen Völker. Menschenopfer gab es nur zu seltenen Gelegenheiten, Kannibalismus überhaupt nicht. An die römischen Vestalinnen erinnern die an verschiedenen Orten klösterlich lebenden Sonnenjung-

Abb. 5: Die Maya-Priester waren für die Sternkunde und das weit entwickelte Kalenderwesen zuständig, das aus Hunderten von Inschriften bekannt ist. Von den etwa 500 Sach- und Silbenzeichen sind bisher die Zahlen, die Namen der Tage und Monate, der Dynasten und Götter sicher lesbar. Die Zählreihe beruhte auf einem Fünfer- und einem Zwanzigersystem, benutzte mithin die Finger und Zehen, ähnlich wie unser Dezimalsystem. Die Maya kannten den Stellenwert und die Null. In regelmäßigen Abständen errichteten sie Kultbauten, datiert auf übermannsgroßen Steintafeln, «Meilensteinen der Zeit» nach dem Beginn ihrer Zeitrechnung 3113 v. Chr., einem mythischen Datum. Die ältesten zeitgenössisch datierten Zeugnisse der Maya-Kultur stammen aus der Zeit um 300 n. Chr. In Rückzugsgebieten blieb die Schrift bis ins späte 17. Jahrhundert in Gebrauch. Stelen dienten auch dem Herrscherkult, Namen von Fürsten lauten: Rauchender Himmel, Gespaltener Mond, Dreifacher Tod, Achtzehn Kaninchen, Sonnenaufgang, Rote Jaguartatze. Nebenstehende Stele ist Preußischer Kulturbesitz im Völkerkunde-Museum, Berlin; vgl. S. 198.

frauen, die aus angesehenen Familien stammten und das heilige Feuer hüteten. Zugleich produzierten sie die für den Kult erforderten Textilien, die hier wie bei allen Völkern eine Domäne der Frauen waren. Verletzte eine dieser Sonnenpriesterinnen die Keuschheit, wurde sie lebendig begraben. Ein Teil von ihnen gelangte in den königlichen Harem. Der Tempeldienst wurde von einer zahlreichen Priesterschaft versehen, der Oberpriester entstammte dem Herrscherhaus. Die größten Tempel standen in Cuzco. Ihr märchenhafter Reichtum an Gold, den «von der Sonne geweinten Tränen», begründete die Fama vom Goldland «El Dorado», nach dem die Spanier so fieberhaft suchten.

1502 kam Pizarro nach Westindien. Er nahm 1513 am Zug von Vasco de Balboa zum Pazifik teil und ließ sich 1529 von Karl V zum Generalkapitän von Peru ernennen. Mit nur 183 Mann und 37 Pferden drang er 1532 ins Inkareich ein. Durch eine infame List bemächtigte er sich des Königs Atahualpa, der kurz zuvor seinen Bruder gestürzt hatte. Pizarro erhielt eine enorme Goldmenge als Lösegeld und ließ gleichwohl den König 1533 erdrosseln. Die Bereitschaft zur Taufe bewahrte ihn vor dem Scheiterhaufen. Siegreich zog Pizarro in Cuzco ein und ernannte einen neuen König, der sich indessen, während Pizarro in Lima 1535 eine eigene Hauptstadt gründete, gegen die Spanier erhob. Von Diego Almagro, einem anderen Conquistador, gerettet, ließ Pizarro diesen erwürgen – die Spanier wüteten gegen ihresgleichen ebenso wie gegen die Indios. Pizarro selbst verfiel 1541 der Rache eines Sohnes von Almagro, der seinerseits hingerichtet wurde. Der letzte Inkafürst wurde 1572 geköpft. Die Christianisierung schritt rasch voran, aber die mißhandelten Indios starben durch die Zwangsarbeit in den Minen dahin – die Bevölkerung schrumpfte auf einen Bruchteil der vorkolonialen Zeit.

Das spanische Vizekönigreich Peru reichte von Panama bis Feuerland und lieferte im 17. Jahrhundert den Majestäten über die Hälfte der Weltsilberproduktion. Lateinamerika versorgte den europäischen Markt mit Kakao und Schokolade, Tabak und Tomaten, Mais und Kartoffeln. Aus Amerika stammt allerdings auch die Syphilis. Zu den Dingen die umgekehrt aus Europa nach Amerika kamen, gehören Rind, Schwein, Pferd und Haushund, sowie Weinstock und Ölbaum, Apfel und Orange, Zuckerrohr und Weizen, dieser eingeführt durch Maria de Escobar aus Truxillo (gest. um 1560 in Cuzco).

Die Erfolge der Spanier in Übersee begründeten das Goldene Zeitalter der spanischen Geschichte. Karl V führte das burgundische Hofzeremoniell ein, das an allen europäischen Höfen Eingang fand. In seinem Reich «ging die Sonne nicht unter». Wie auf dem Atlantik, so herrschten spanische Schiffe auf dem Mittelmeer. Als unter Karls Sohn Philipp II 1580 Portugal mit Spanien in Personalunion vereint wurde, befand sich das iberische Haus Habsburg auf dem Gipfel seiner Macht. Philipp war der mächtigste Monarch Europas. Damals schrieb Cervantes (1547 bis 1616) seinen ‹Don Quijote› (1615); Lope de Vega (1562 bis 1635) und Calderon (1600 bis 1681) bereicherten das Theater, El Greco (1541 bis 1613) und Velazquez (1599 bis 1660) glänzten als Maler.

Protestantische Seemächte

Im späten 16. Jahrhundert erwuchs den katholischen Portugiesen und Spaniern Konkurrenz im protestantischen Norden, zunächst in den Niederlanden und dann in England. Die Niederlande waren mit dem burgundischen Erbe über Maximilian an Karl V gelangt und unterstanden als «Generalstaaten» einem Statthalter in Brüssel. Ein großer Teil der Bevölkerung bekannte sich zum Protestantismus. Als Philipp II dies rückgängig machen wollte, verband sich der Adel 1566 gegen ihn. Der König schickte gegen die Geusen (*le geux* – Bettler) ein spanisches Heer unter Herzog Alba, der hart durchgriff und 1568 den Grafen Egmont hinrichten ließ. Goethe gestaltete sein Schicksal im gleichnamigen Drama 1788.

Während die Südprovinzen um Brüssel, das spätere Belgien, bei Habsburg verblieben, löste sich die Utrechter Union (Seeland, Holland, Geldern, Friesland) 1581 von Spanien. Graf Wilhelm I von Nassau-Oranien, der Schweiger, konnte mit Englands Hilfe die Spanier zurückkdrängen. 1584 wurde er von einem Jesuiten ermordet. Die Selbständigkeit der abtrünnigen Niederlande wurde im Westfälischen Frieden 1648 festgeschrieben. Für seine «Geschichte des Abfalls der vereinigten Niederlande von der spanischen Regierung» erhielt der freiheitsbegeisterte Schiller 1789 seine Geschichtsprofessur in Jena.

Im Verlauf des Freiheitskampfes erblühte die niederländische Kultur: Hugo Grotius (1583 bis 1645) begründete das moderne Völkerrecht, Baruch Spinoza (1632 bis 1677) entwarf eine pantheistische Philosophie, Rubens (1577 bis 1640) und Rembrandt (1606 bis 1669) schufen Meisterwerke in der Malerei.

Gleichzeitig entwickelte sich Amsterdam zur Handelsmetropole. Die aus Schwarzwald-Fichten gezimmerte Flotte beherrschte nicht allein die Ostsee, sondern befuhr auch die Weltmeere. Es kam zu Niederlassungen in Mittel- und Nordamerika (Surinam 1580, Neu-Amsterdam auf Manhattan 1626), in Südafrika (1652) und namentlich im Indischen Ozean, wo die 1602 gegründete niederländische Ostindische Kompanie die portugiesische Vorherrschaft ablöste. Die wichtigsten Einnahmen brachte der Pfefferhandel, die reichste Kolonie war die fruchtbare Insel Java mit der Hauptstadt Batavia (1618), dem heutigen Djakarta. 1641 wurde Malakka holländisch. Seit 1600 lebten Holländer in Japan; sie verdrängten die Spanier und Portugiesen von dort und erwirkten als

Kaufleute auf der künstlichen Insel Deshima vor Nagasaki ein Handelsmonopol.

Der gefährlichste Gegner der Spanier war England. Schon 1496 hatte Giovanni Caboto, ein Landsmann von Kolumbus, für den englischen König eine nordwestliche Durchfahrt nach Asien gesucht und dabei die Küsten Nordamerikas entdeckt. Sein Sohn Sebastiano, der 1557 die englische Expedition um Skandinavien herum nach Archangelsk und Moskau organisierte (s. Kap. 12), stand mal in englischen, mal in spanischen Diensten. Philipp II suchte die Verbindung der beiden Völker, als er 1554 die «blutige» Maria, Königin von England, heiratete und 1558 um die Hand Elisabeths anhielt. Dies mißlang. Als dann Elisabeth 1587 die katholische Königin von Schottland Maria Stuart hingerichtet hatte, die ebenfalls England beanspruchte, plante Philipp Vergeltung, scheiterte jedoch 1588 beim Versuch, in Kent zu landen, mit dem Untergang seiner Armada. Ein spanischer Sieg hätte die Rekatholisierung Europas in greifbare Nähe gerückt.

Schon 1580 hatte der Freibeuter Francis Drake (1540 bis 1596) mit der zweiten Erdumsegelung die Interessen Englands auf die See gerichtet. 1584 gründete Walter Raleigh die erste Kolonie in Nordamerika – ein gnadenloser Kaperkrieg zwischen England, Frankreich und Holland auf der einen, Spanien und Portugal auf der anderen Seite war die Folge. Besonders erbittert wurde er in der Karibik geführt, aus eigener Anschauung beschrieb ihn Alexander Olivier Exquemelin 1678. Der Begriff «Kapern» stammt von holländischen Seefahrern, die auf dem Wege zum «Kap» der Guten Hoffnung Freibeuterei betrieben. England setzte sich in Nordamerika fest und gewann in Indien an Boden, wo die 1600 gegründete, mit staatlichen Hoheitsrechten ausgestattete englische Ostindien-Kompanie von Bengalen aus die Vorherrschaft auf dem Subkontinent begründete.

Gegner der Engländer waren hier wie in Nordamerika die Franzosen. Während des Siebenjährigen Krieges (s. Kap. 11) verloren sie nicht nur Kanada, wo sie 1534 in und um Quebec Fuß gefaßt hatten, sondern ebenso Indien. 1757 besiegte sie dort Robert Clive, er installierte einen gefügigen Nabob, d. h. muslimischen Statthalter. Die englische Position befestigte sodann Warren Hastings, seit 1774 erster Generalgouverneur in Kalkutta. Er wurde wie sein Vorgänger im Parlament wegen Machtmißbrauch und Bereicherung angeklagt. Gegenüber der mit Staatsrechten ausgestatteten Ostindischen Kompanie definierte William Pitt

1784 die Hoheitsrechte der Krone. 1803 eroberten die Briten Delhi, das nun Hauptstadt wurde.

Wie im Atlantik, so operierten die Briten auch in der Südsee mit wachsendem Erfolg. Der Weltumsegler James Cook nahm das 1642 von dem Holländer Tasman entdeckte Neuseeland 1770 für die britische Krone in Besitz, doch wurde es erst seit 1814 besiedelt. Seit 1833 gibt es einen britischen Residenten. Aufstände der seit dem 14. Jahrhundert n. Chr. ansässigen polynesischen Maori hatten keine Chance gegen Pulver und Blei. Anders als die Eingeborenen in britischen Kolonien sonst wurden die Maori bereits 1840 den Weißen privatrechtlich gleichgestellt, 1867 gewährte man ihnen vier Sitze im Parlament. Ihre Sprache ist fast ausgestorben.

Ebenfalls 1770 annektierte Cook das 1606 von Holländern entdeckte Australien, das ausgehend von Sydney, 1788 nach der Frau des britischen Gouverneurs benannt, als englische Strafkolonie diente. Dasselbe widerfuhr Tasmanien. Bis 1868 kamen 160 000 britische Verbrecher ins Land. Die Ureinwohner, die noch auf der Kulturstufe der Altsteinzeit als Jäger und Sammler lebten (s. Kap. 1), wurden in Australien in Rückzugsgebiete abgedrängt und auf ein Zehntel dezimiert, in Tasmanien ausgerottet. Das Land bevölkerte sich mit Schafen, die den Reichtum der Kolonien ausmachten. Bürgerrecht erhielten die Uraustralier 1967.

*

Als Gott die Menschen geschaffen hatte, befahl er: «Seid fruchtbar und mehret euch, füllet die Erde und machet sie euch untertan!» Kaum ein Gebot ist wirksamer befolgt worden als dieses. Und die Erde hat es zu spüren bekommen. Geistlicher Missionsdrang und weltliche Endeckerfreude, Abenteuerlust und Gewinnsucht haben der weißen Rasse die Welt erschlossen. Ihrem kriegerischen «Wikingergeist», ihren wirksamen Waffen und ihrer technisch überlegenen Zivilisation war keine andere Kultur gewachsen. Deren Angehörige haben vielfach die europäische Denk- und Lebensweise übernommen und sich an der Entdeckung neuer Gebiete beteiligt. Die Globalisierung, d. h. der Zusammenschluß der bewohnten Welt zu einem Verkehrsverbund, ist das Ergebnis eines seit Jahrhunderten anhaltenden Bemühens. Der Pioniergeist ruht nicht. Es gab Phasen der Stagnation, ja der Regression – aber insgesamt verlief der Vorgang progressiv, durch keine Zeit stärker gefördert als durch das Zeitalter der Entdeckungen.

11. Vom Absolutismus zur Aufklärung

«Aufklärung ist der Ausgang des Menschen aus seiner selbstverschuldeten Unmündigkeit. Unmündigkeit ist das Unvermögen, sich seines Verstandes ohne Leitung eines Anderen zu bedienen. Selbstverschuldet ist diese Unmündigkeit, wenn die Ursache derselben nicht am Mangel des Verstandes, sondern der Entschließung und des Mutes liegt, sich seiner ohne Leitung eines Andern zu bedienen. *Sapere aude!* Habe Mut, dich deines eigenen Verstandes zu bedienen! ist also der Wahlspruch der Aufklärung.»

Mit diesem Aufruf von 1784 fordert Kant die Selbstbefreiung des Bürgers von den geistigen und politischen Vordenkern, rechtfertigt aber zugleich deren Rolle in der Vergangenheit. Denn Unmündigkeit kennzeichnet schutzbedürftige Kinder und ist so lange unverschuldet, als sie noch nicht auf eigenen Beinen stehen können. In der Vergangenheit hatte der von Kant hier angegriffene Absolutismus eine heilsame Funktion: Er brachte Ordnung ins Zusammenleben, vielleicht nicht die bestmögliche, aber wenigstens irgendeine. Die überkommenen Hoheitsgebiete und Hoheitsrechte waren unbeschreiblich zerfleddert. Die weltliche Macht der Bischöfe und Klöster, die Privilegien der Feudalherren auf dem Lande, die ungleiche Rechtslage in den Städten – all das bildete ein Gewirr von einander durchkreuzenden Kompetenzen.

Der Begriff der Landeshoheit ist unscharf, denn Gericht, Steuer und Rekrutierung eines Dorfes mußten nicht in einer Hand liegen, ja nicht einmal das ganze Dorf umfassen. Die Zuständigkeiten waren nicht verbindlich geregelt und blieben dem Fehdewesen und dem Faustrecht ausgesetzt. Adlige und Studenten gingen bewaffnet. Öffentliche Sicherheit, ein wohlgefügtes Staatswesen und ein übersichtliches Normensystem aber sind für einen wirtschaftlichen Aufstieg, wie er sich mit dem Frühkapitalismus im 16. Jahrhundert anbahnte, unerläßlich.

Mit dem Begriff «Absolutismus» fassen wir wieder eine antike Reminiszenz, wie schon in «Renais-

Abb. XI: Immanuel Kant (Büste F. Hagemann 1801), neben Platon der größte der Philosophen, beschrieb in seiner ‹Kritik der reinen Vernunft› die Grenzen unserer Erkenntnis und begründete mit seinem «Kategorischen Imperativ» eine humane Ethik. Er bestritt das Recht auf private Gewalt, erblickte gleichwohl 1797 in der Anteilnahme der Völker an der Selbstbefreiung der Franzosen den Beweis für ein allmähliches Fortschreiten zu einem friedlichen Völkerbund republikanischer Staaten. «Denn ein solches Phänomen in der Menschengeschichte vergißt sich nicht mehr»; vgl. S. 227.

sance, Humanismus und Reformation». Zu Grunde liegt der Satz des römischen Rechtsgelehrten Ulpian aus der Zeit um 200 n. Chr. *princeps legibus solutus* (Digesten I 3,31) «der Kaiser ist den Gesetzen nicht unterworfen.» Gemeint war ursprünglich die Befreiung von bestimmten privatrechtlichen Bindungen, nicht die Legitimierung von Willkür. Der Kaiser stand als oberster Gesetzgeber über den Gesetzen, aber nicht über dem Recht, das nach römischer Auffassung überhaupt unverfügbar in der Vernunft gegründet ist. Der neuzeitliche Absolutismus befreit den Fürsten von der Rücksicht auf die traditionellen Vorrechte von Adel und Kirche, verleiht ihm die Souveränität, bindet ihn aber weiterhin an Recht, Sitte und Religion.

Die staatsrechtliche Begründung für den Absolutismus lieferte 1576 der französische Kronanwalt Jean Bodin. Er definierte den Begriff der Souveränität in Anlehnung an Ulpian als höchste, über den Konfessionen stehende, gleichwohl nicht unbeschränkte Staatsgewalt des Herrschers, denn dieser hat Pflichten. Er muß dem Bürger Schutz gewähren, wofür dieser dem Herrscher Gehorsam leisten muß. Bodin forderte Toleranz unter den Christen, aber Kampf gegen Teufelsdienst und Hexerei. Indem Bodin die Suprematie des römisch-deutschen Kaisers bestritt, förderte er den Gedanken des Nationalstaates. Über Bodin hinaus ging dann Thomas Hobbes in England. Sein ‹Leviathan› von 1651 basiert auf der Annahme vom Krieg aller gegen alle im Urzustand, denn der Mensch sei ein Wolf für den Menschen: *homo homini lupus*. Deswegen hätten die Menschen einen Gesellschaftsvertrag geschlossen, der dem Monarchen uneingeschränkt Staatsgewalt und Staatsraison anvertraue.

Der Absolutismus war der Sache nach nichts Neues. Vorläufer waren Kaiser Friedrich II mit seinem sizilianischen Beamtenstaat und die italienischen Stadtfürsten der Renaissance, die den römischen Imperatoren nacheiferten. Dabei spielte das römische Recht eine zunehmend bedeutsame Rolle. Seit dem 12. Jahrhundert in Bologna gelehrt, wurde es durch die dort studierenden Scholaren in alle Länder Europas gebracht. Weniger in England und Skandinavien als in Mitteleuropa fand es Anerkennung und ergänzte die älteren, regionalen Systeme, z. B. den ‹Sachsenspiegel› (1230) und den ‹Schwabenspiegel› (1275). Ein einheitliches Strafrecht erließ Karl V 1532 mit seiner ‹Carolina›, die durch Härte Ordnung zu schaffen suchte. Nach römischem Vorbild reformierten die Oranier in den Niederlanden das Heerwesen. An die Stelle

Abb. 1: Der Bourbone Ludwig XIV wurde in Europa wegen seiner glänzenden Hofhaltung als Louis le Grand gefeiert und als kulturelles Vorbild bewundert. Sein Repräsentationsbedürfnis zeigt Hyacinthe Rigaud 1702 (Louvre). Ludwigs Devise: L'état, c'est moi, «Der Staat bin ich», ist zwar nicht authentisch, aber treffend. Angesichts der Zerstörung Heidelbergs 1693, beweint von seiner Schwägerin Liselotte von der Pfalz, nannte Jacob Burckhardt in seinen ‹Weltgeschichtlichen Betrachtungen› den Sonnenkönig «ein mongolisches Ungetüm»; vgl. S. 211.

von Landsknechtshaufen trat ein diszipliniertes Aufgebot, Uniform und Waffen stellte der Fürst, die Artillerie gewann an Bedeutung. Das Kriegswesen wurde in ganz Europa verstaatlicht.

Frankreich

Seine klassische Ausprägung fand der Absolutismus in Frankreich. Dies beruht auf der schon im Spätmittelalter gefestigten Königsgewalt. Anders als in Deutschland kam es nicht zu Landesherrschaften. Die dafür vorhandenen Ansätze – so in der Bretagne, der Provence und in Burgund – wurden durch dynastische Bindung an die Krone neutralisiert. Bereits um 1500 war der König zugleich Landesherr von zwei

Dritteln seines Reiches, während die Hausmacht der deutschen Könige immer nur einen Bruchteil des Staatsgebietes umfaßte. Im Bunde mit dem aufstrebenden Stadtbürgertum drängte der König den Einfluß der Feudalherren und anderen Stände zurück. Er setzte ein Steuersystem durch, mit dem er seine Kriege finanzierte, und wahrte der Kirche in Frankreich die «gallikanischen» Freiheiten: Der Papst erhielt zwar die Ernennungsgebühren, aber ausgewählt wurden die hohen Geistlichen vom König. *Clergé* und *noblesse* waren von der *taille*, der Steuer befreit.

Franz I war 1519 bei der Wahl des Nachfolgers Kaiser Maximilians als Gegenkandidat Karls V aufgetreten. Wäre er von den Kurfürsten gewählt geworden, so hätte sich die Herausbildung des Nationalstaates verzögert. Franz hat sie dann in Frankreich beschleunigt, indem er als Gerichtssprache statt des Latein das Französische einführte. Mit seinen Palastbauten Louvre und Fontainebleau machte er die Zentralgewalt augenfällig, die Stiftung des *Collège de France* und der *Bibliothèque Nationale* förderten die Wissenschaften.

Nach dem Ende der Hugenottenkriege hat dann Kardinal Richelieu, seit 1624 leitender Minister Ludwigs XIII, die Staatsgewalt zentralisiert. Richelieu beseitigte die Privilegien der Hugenotten und brach den Widerstand des Hochadels. Fehde und Duell wurden abgeschafft, Burgen entfestigt oder geschleift. Die Landschaftsparlamente, d. h. die regionalen Ständeversammlungen verloren die Mitwirkung bei der Regierung. Die Provinzgouverneure, deren Ämter sich inzwischen vererbten, unterlagen fortan der Kontrolle durch Intendanten, durch königliche Gesandte. So entstand in Frankreich ein festgefügtes Staatswesen, während in Deutschland der Dreißigjährige Krieg wütete. Als Richelieu hier 1631 auf Seiten des Protestanten Gustav Adolf eingriff, zeigte sich, daß die machtpolitischen Interessen stärker waren als die religiösen – hatte doch schon Franz I sich 1535 mit Suleiman dem Prächtigen gegen Habsburg verbündet. Der größte Denker der Zeit war René Descartes (1596 bis 1650), der Begründer der analytischen Geometrie. Als Philosoph erwies er die Subjektivität als unabdingbar für die Objektivität: *Cogito ergo sum* - «Ich denke, also bin ich.»

Den Höhepunkt des französischen Absolutismus bildet die Zeit Ludwigs XIV, des Sonnenkönigs (1643 bis 1715). Für den minderjährigen Herrscher regierte zunächst Kardinal Mazarin. Ihm gelang es 1648 im Westfälischen Frieden, die Macht Frankreichs über Lothringen hinaus ins Elsaß vorzuschieben. Trotz dieses Erfolges kam es im selben Jahr zu einem Aufstand der *Fronde*, der Adelsopposition, und der hauptstädtischen Massen unter dem Prinzen Condé gegen Mazarin, der sich aber nach fünf Jahren wieder durchsetzte und den Adel weitgehend ausschaltete. Der erneute Versuch des Kardinals, seinem König die Kaiserwürde zu verschaffen, scheiterte; darauf stiftete er mit deutschen Fürsten einen ersten Rheinbund gegen Habsburg-Österreich. 1659 wurde auch der langjährige Krieg gegen Habsburg-Spanien mit Territorialgewinn abgeschlossen. Damit war Frankreich wieder die stärkste Macht in Europa.

Nach dem Tode Mazarins 1661 übernahm Ludwig XIV persönlich das Regiment. Sein Hofleben entfaltete eine bis dahin unerhörte Pracht. Rund viertausend Personen bildeten den Hofstaat, der Adel wurde durch Hofwürden eingebunden, Schloß und Garten von Versailles stellten den Escorial in den Schatten. Auch das Hofzeremoniell übertraf im Grade der Ritualisierung die spanische wie die ehemalige byzantinische Etikette (Abb. 1). Der König besaß die größte Armee, die stärkste Flotte und die höchsten Einnahmen. Sein Finanzminister Colbert (1619 bis 1683) vergrößerte die Binnenzollregionen und umgab den Staat mit einem Ring von Schutzzöllen. Einfuhrzoll bereicherte den Fiskus und förderte die heimische Industrie. Colbert baute den *Canal du Midi* zwischen Atlantik und Mittelmeer mit 99 Schleusen, er modernisierte die Produktion und errichtete Großmanufakturen; in Tours, Paris und Lyon entstanden Seidenfabriken, die ganz Europa belieferten. Colberts System war der Merkantilismus: eine zentral reglementierte, auf industrielle Exportüberschüsse und damit auf Staatseinnahmen abzielende Wirtschaftspolitik.

Ökonomische Interessen verfolgte Colbert ebenso in Übersee, seine kolonialen Ambitionen rivalisierten erfolgreich mit denen Spaniens, aber erfolglos mit denen Englands, das sich ganz auf die Seeherrschaft konzentrieren konnte, während Frankreichs Kräfte durch die Europapolitik gebunden waren. Ihr gab Ludwig XIV Vorrang. Gestützt auf windige Erbansprüche ging er in breiter Front zum Angriff über. Im ersten Krieg gegen das spanisch-habsburgische Flandern, das in Holland und England Hilfe fand, gewann er Lille; nach dem zweiten Krieg, bei dem Wilhelm III von Oranien die Deiche öffnen ließ, besaß er die Freigrafschaft Burgund, die *Franche-Comté* um Besançon. Gemäß den historisch argumentierenden Forderungen seiner Reunionskammern drang Ludwig ins Elsaß, an die erträumte Rheingrenze vor, okkupierte etwa 600 Städte und Dörfer und bemächtigte sich 1681 Straßburgs. Die dritte Offensive war der Pfälzische Erbfolgekrieg (1688 bis 1697), bei dem Ludwig sich mit *brûler le Palatinat!* begnügen mußte. Der Raum zwischen Freiburg und Bonn über den Schwarzwald hinaus wurde systematisch verwüstet; Speyer, Worms, Heidelberg und viele andere Städte fielen in Asche. Der Rauch der brennenden Pfalz hat den Glanz des Sonnenkönigs nachhaltig verdunkelt.

Als nach dem Tode des letzten Habsburgers 1701 in Madrid Ludwig seine Hand über die Pyrenäen ausstreckte, verhinderten England unter Wilhelm III von Oranien und Königin Anna die Vereinigung Spaniens mit Frankreich, dessen Flotte schon 1692 beim Angriff auf England vernichtet worden war. Wilhelm brachte in dem nun folgenden Spanischen Erbfolgekrieg eine Allianz der europäischen Mächte zusammen; gekämpft wurde in den Niederlanden, an der Donau und in Italien. Die entscheidenden Erfolge erzielten der Prinz Eugen und Marlborough. Im Frieden von Utrecht 1713 erhielt zwar Ludwigs Enkel statt des Habsburgers den spanischen Thron, doch wurde eine Personalunion mit Frankreich ausgeschlossen. Österreich bekam dafür die spanischen Nebenländer (s. u.). England sicherte sich französische Kolonien in Nordamerika und – mit hessischen Söldnern – Gibraltar. Seinen europäischen Besitz konnte Ludwig behalten, auch Straßburg.

Einen unwiederbringlichen Verlust bedeutete die Vertreibung der Hugenotten. Von Anfang an hat er sie schikaniert, 1685 hob er das Toleranzedikt von Nantes auf (s. Kap. 9). Die protestantischen Kirchen wurden zerstört, die Geistlichen ausgewiesen, den Laien die Auswanderung bei Galeerenstrafe untersagt. Das aber konnte er nicht durchsetzen. Eine halbe Million entkam nach England, Holland und Deutschland; ihr hohes technisches Können brachte sie allenthalben zu Ansehen. Dieselbe gewaltsame Intoleranz bewies Ludwig gegenüber den katholischen Jansenisten. Sie vertraten eine verinnerlichte Frömmigkeit und waren Gegner der Jesuiten. Ihr prominentester Kopf war der Mathematiker und Philosoph Blaise Pascal. Der König unterdrückte die Bewegung seit 1660 und ließ 1709 ihr Zentrum Port Royal bei Versailles zerstören.

Am Ende von Ludwigs Regierung war Frankreich erschöpft. Trotzdem glänzte die Zeit des Sonnenkönigs durch ihre kulturellen Leistungen. Damals entstand die klassische französische Literatur: das Dramenwerk von Corneille, Racine und Molière, die Fabeldichtung von La Fontaine, das theologisch-moralische Schrifttum von Bossuet und Fénélon. Der Florentiner Jean Baptiste Lully (1632 bis 1687) schuf in Paris die Ballettoper, deren Tanzfolge (Suite) mit Ouverture, Allemande, Courante, Sarabande, Menuett und Gigue zur Kompositionsform der Barockmusik wurde. Lullys Opern galten Helden der Antike. Charles Perrault, der Märchensammler, eröffnete 1687 mit seiner Hymne auf das ‹Jahrhundert Ludwigs des Großen› die *Querelle des Anciens et des Modernes*, den Streit um den Vorrang zwischen der antiken und der modernen Kunst, der die Geister bis ins frühe 19. Jahrhundert bewegte.

England

Die beiden großen Herrschergestalten aus dem Hause Tudor waren der sechsmal vermählte Heinrich VIII, der sein Land aus der Abhängigkeit vom Papst befreite (s. Kap. 9), und seine jungfräuliche Tochter Elisabeth I, mit der die englische Seeherrschaft begann (s. Kap. 10). 1603 wurde Jakob I König, ein Sohn der Maria Stuart. Er vereinigte die Kronen von England und Schottland unter dem antikisierenden Namen «Großbritannien» und war zugleich König von Irland. Die unter ihm schon deutlich absolutistischen Tendenzen verstärkten sich unter seinem Sohn Karl I (1625 bis 1649). Er mußte in der *Petition of Right* dem Parlament 1628 zwar die Mitsprache bei Steuerauflagen gestatten und willkürlichen Verhaftungen entsagen, regierte dann aber ohne Parlament. Es wurde erst 1640 wieder einberufen, und dabei bildete sich Widerstand, der sich zum Bürgerkrieg auswuchs. Anführer der Independenten war Oliver Cromwell; er nahm Karl I gefangen und ließ ihn 1649 hinrichten. An die Stelle der Monarchie trat ein republikanischer Freistaat – in Gestalt einer konfessionellen Militärdiktatur.

Seitdem Heinrich VIII sich zum König von Irland erklärt hatte und die katholische Insel in seine Politik einbezog, kam es wiederholt zu Aufständen, die regelmäßig mit einer Demütigung der Iren endeten. 1641 erhoben sie sich wieder und töteten Tausende von eingewanderten Engländern. Darauf erschien 1649 Cromwell und übte Vergeltung. Die irischen Grundbesitzer wurden enteignet, vertrieben oder umgebracht, das Land entvölkerte sich. Zweitausend Kinder sollen als Sklaven nach Jamaika verkauft worden sein. Widerstand und Unterdrückung setzten sich aber fort, bis um 1700 mehr als neun Zehntel des Bodens englischen Herren gehörten. Die irische Sache vertrat der Aufklärer Jonathan Swift, dessen ‹Gulliver› von 1726 als politische Satire mit dem ‹Reineke Fuchs› Goethes konkurriert. Der Freiheitskampf der Iren ist eine der großen Tragödien der europäischen Geschichte; ihre volle staatliche Freiheit errangen sie erst 1949.

Nach seinem Irlandfeldzug unterwarf Cromwell auch Schottland, das den König gestützt hatte, und bezwang die Holländer zur See, denen durch die Navigationsakte von 1651 die englischen Häfen verschlossen worden waren. Nach seinem Staatsstreich gegen das Parlament regierte Cromwell als *Lord Protector* bis zu seinem Tode. Danach, 1660, kehrte das Parlament zur Monarchie zurück und erhob Karl II, den Sohn Karls I. So wie Ludwig XIV huldigte auch das Londoner Parlament der Idee eines religiös geeinten Staatsvolkes – diesmal in der *High Church* – indem durch die Testakte von 1673 neben den Katholiken auch die calvinistischen Puritaner von allen Ämtern ausgeschlossen blieben, die daraufhin zum großen Teil nach Amerika auswanderten. In einer seltsamen Verkehrung der Fronten hat dann der katholische König Jakob II die Testakte wieder aufgehoben und damit nicht nur die Katholiken, sondern ebenso die puritanischen Dissenters rehabilitiert. Das bedeutete juristisch eine Gleichberechtigung der Konfessionen, wurde aber politisch als Beginn einer Rekatholisierung gewertet. Man vertrieb Jakob 1688 und erhob Wilhelm III von Oranien zum König.

Nach der *Habeas Corpus*-Akte von 1679, die sich wieder gegen willkürliche Verhaftungen wendete, folgte 1689 die Annahme der *Bill of Rights*, die dem Parlament entscheidende Rechte in der Politik zusprach und ein Gegengewicht zur Gewalt des Königs schuf: ein weiterer Schritt auf dem Wege zur konstitutionellen Monarchie. Eingeschränkt wird der fortschrittliche Charakter der *Glorious Revolution* allerdings durch die 1689 erneut bestätigte Testakte. Sie verhinderte eine Gleichberechtigung der christlichen Bekenntnisse bis 1829. Im Assientovertrag von 1713 erwarb London von Madrid das profitable Privileg, Südamerika mit Sklaven aus Afrika zu versorgen. Den Geist der Aufklärung finden wir vorerst nur in der Philosophie: bei dem Staatsdenker John Locke (1632 bis 1704), bei dem Moralphilosophen David Hume (1711 bis 1776) und bei dem Wirtschaftstheoretiker Adam Smith (1723 bis 1790).

Konfessionelle und dynastische Motive brachten 1714 das Haus Hannover auf den britischen Thron – eine Konstellation, die an die Verbindung Heinrichs des Löwen, der Ottonen, ja der Angeln und Sachsen mit England denken läßt. Unter Georg I, dem II und III dominierten im Parlament die *Whigs* (die Überseehändler) über die *Tories* (die Grundbesitzer). London betrieb Europa gegenüber eine Gleichgewichtspolitik, die sich regelmäßig gegen die stärkste Macht richtete, und behauptete auf See eine Hegemonialstellung, die den Kolonialbesitz vergrößerte (s. Kap. 10), Neu-England in Amerika jedoch verlor (s. Kap. 12).

Unter den englischen Wissenschaftlern der frühen Neuzeit steht Isaac Newton (1643 bis 1727) obenan. Er entwickelte die Differentialrechnung, erkannte die Spektralfarben und entdeckte 1666 die Gravitation. Die Dramatiker überragt Shakespeare (1564 bis 1616). Von den Schriftstellern wird John Milton mit seinen Paradies-Epen (1657) kaum noch gelesen; wohl aber Daniel Defoe mit seinem abenteuerlichen ‹Robinson Crusoe› (1719). Auch die mythisch-mystische Ossian-Poesie der keltischen Vorzeit von James Macpherson (1760 ff), Oliver Goldsmiths ‹Vicar of Wakefield› (1766) und Lawrence Sternes ‹Empfindsame Reise› (1768) haben die Literaturgeschichte bereichert. Bis heute spürbar ist der Stil des englischen Parks. Unterwarf der französische Barock Gärten und Pflanzen symmetrischem Formzwang, so pflegte England die naturnahe Eigenentwicklung zumal der Bäume, entsprechend dem Individualismus einer liberalen Politik.

Preußen

Während um 1700 England die Herrschaft zur See, Frankreich die Vormacht zu Lande gewonnen hatte, vollzog sich die Entwicklung in Deutschland langsamer. Die größte Dynamik entfaltete Brandenburg-Preußen. 1415 erhielt Friedrich von Hohenzollern, der schwäbische Burggraf von Nürnberg, auf dem Konstanzer Konzil von Kaiser Sigismund als Lehen die Mark Brandenburg nebst der Kurwürde. Ende des 15. Jahrhunderts erhob Kurfürst Johann Berlin zur Residenz, wo der Bau des Schlosses seit 1442 im Gang war. Später mehrfach erweitert, wurde es 1950 gesprengt. 1525 verwandelte der Hohenzoller Albrecht von Brandenburg als Hochmeister des Deutschen Ordens das von Polen lehnsabhängige (Ost-) Preußen in ein säkulares, lutherisches Herzogtum, das 1618 im Erbgang an den Kurfürsten von Brandenburg fiel.

Der erste absolutistische Herrscher war hier Friedrich Wilhelm, der Große Kurfürst (1640 bis 1688). Er schuf ein stehendes Heer, zentralisierte die Verwaltung, begrenzte den Einfluß der Landstände und erwarb im Westfälischen Frieden 1648 Hinterpommern und Magdeburg mit dem Erzbistum. Durch seine Schaukelpolitik zwischen Schwe-

Abb. 2: Friedrich II d. Gr. von Hohenzollern, hier seine Totenmaske, betrachtete als sein Vorbild den Stoiker Marc Aurel, den Philosophen auf dem Kaiserthron Roms (161 bis 180). Wie dieser sah sich Friedrich als premier serviteur de l'État, als «ersten Diener seines Staates». Seine Herrschaft begründete er mit der durch die Geschichte legitimierten Erbmonarchie und seiner Aufgabe als Landesvater – nie mit dem zeitüblichen Gottesgnadentum. Sein literarischer Nachlaß umfaßt historische, militärische, politische und philosophische Werke, Briefe, Gespräche und Gedichte (darunter eine Ode wider die Zwietracht unter den Deutschen) auf Französisch sowie Kompositionen. Seine Soldaten grüßten ihn mit «Guten Morgen, Fritz!» Vgl. S. 219.

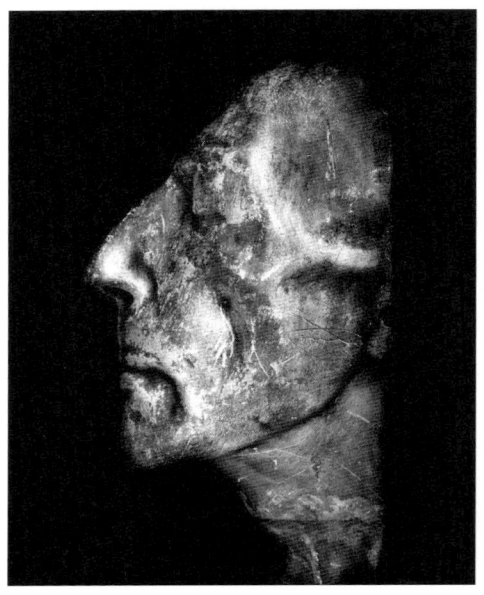

den und Polen errang er 1657 die Souveränität über Ost-Preußen, bekräftigt im Vertrag von Oliva 1660. Als die mit Ludwig XIV verbündeten Schweden in die Mark Brandenburg einfielen, besiegte sie der Große Kurfürst 1675 bei Fehrbellin; er konnte aber Vorpommern nicht behaupten, das seit 1648 zu Schweden gehörte. Mit dem Edikt von Potsdam 1685 lud er die aus Frankreich vertriebenen Hugenotten ein, sie spielten dann im Wirtschaftsleben Brandenburgs eine bedeutsame Rolle. 1701 krönte sich sein Sohn Friedrich III/I in Königsberg – benannt 1255 nach König Ottokar von Böhmen – zum König «in» Preußen. Auf Fürsprache seiner Frau Sophie Charlotte hatte er 1700 die Berliner Akademie gestiftet, erster Präsident war der Universalgelehrte Leibniz.

Preußens Aufstieg zur Großmacht begann mit Friedrich Wilhelm I (1713 bis 1740). Im Gegensatz zu seinem prunksüchtigen Vater regierte der fromme Calvinist sparsam und pflichtbewußt, seine wohlgeordnete Verwaltung beruhte auf nachzuweisender Fachkompetenz der Beamten, die Exekutive auf strenger Subordination. Seinen Beinamen «Soldatenkönig» verdankt er seiner Vorliebe fürs Militär, wo er den europaweit nachgeahmten «Zopf» einführte. Kriege hat er vermieden. 1714 schuf er die General-Rechen-Kammer zur Finanzkontrolle. 1717 verordnete er allgemeine Schulpflicht, Pfarrer und Veteranen unterrich-

Abb. 3: In Österreich huldigte Joseph II, Sohn und Nachfolger Maria Theresias, dem aufgeklärten Absolutismus; unsigniert um 1775; vgl. S. 221.

teten. 1732 nahm der König über 15 000 aus Salzburg vertriebene Protestanten auf. Testamentarisch stellte er seinen Leichnam der Anatomie zur Verfügung.

Sein Sohn Friedrich II der Große (1740 bis 1786) wurde französisch erzogen und bewunderte zeitlebens die Kultur Frankreichs. Französische Philosophen waren seine bevorzugten Gesprächspartner, an ihrer Spitze Voltaire, der 1750 bis 1753 in dem von Friedrich erbauten Schloß Sanssouci bei Potsdam lebte. Friedrich musizierte und komponierte und hinterließ ein reiches literarisches Œuvre. Er glaubte an die Kraft der Vernunft und die Weisheit der Natur. Dem Christentum stand er distanziert gegenüber und erklärte bereits 1740, jeder möge nach seiner Façon selig werden. Mitten im protestantischen Berlin errichtete er für die schlesischen Katholiken die Hedwigs-Kathedrale. Den Jesuiten, 1773 vom Papst verboten, gewährte er Zuflucht. Seine bosnischen Lanzenreiter hatten einen preußischen Heeres-Imam; den Türken versprach er Moscheen, wenn sie nur kämen.

Bei seinem Regierungsantritt fand Friedrich einen gefüllten Staatsschatz vor, eine schlagkräftige Armee und ein Offizierskorps, das «nach Ruhm dürstete». Er selbst nannte seine Sucht nach *gloire* – im Sinne

Marc Aurels – eine Tollheit, huldigte ihr gleichwohl. In Wien war zugleich Maria Theresia auf den Thron gelangt, deren Anerkennung als Kaiserin zunächst umstritten war. Dies nutzend marschierte Friedrich in Schlesien ein, das er im Siebenjährigen Krieg (1756 bis 1763) gegen Österreicher, Franzosen und Russen schließlich im Frieden von Hubertusburg behauptete. Auf seiner Seite stand England, das den Franzosen Kanada und Indien abnahm (s. Kap. 10, 12) und in Friedrich den Vorkämpfer der Aufklärung gegen den «reaktionären» Katholizismus Österreichs erblickte.

Friedrichs spätere Außenpolitik beschränkte sich auf diplomatische Schachzüge mit der doppelten Absicht, das Gleichgewicht in Europa zu wahren und seine Position zu verbessern. So willigte er angesichts des russischen Drangs nach Westen 1772 in die erste, mit Petersburg und Wien abgesprochene Teilung Polens ein, die ihm mit Westpreußen die Landverbindung zu Ostpreußen bot. Fortan nannte sich Friedrich König «von» Preußen. 1785 verhinderte er mit Hilfe eines deutschen Fürstenbundes den Erwerb Baierns durch Joseph II von Österreich – die Vision einer kleindeutschen Einigung.

Friedrich gehört, so wie Prinz Eugen in Österreich, Turenne in Frankreich und Marlborough in England zu den großen Feldherren seiner Zeit. Er regierte persönlich mit Hilfe seiner Kabinettsräte und der Fachdepartements. So im Rechtswesen: Am ersten Tage seiner Regierung schaffte er die Folter ab, vorausgegangen war nur Schweden 1734. Die neue Prozeßordnung in dreifachem Instanzenzug beschleunigte die Rechtsprechung; die unter Friedrich begonnene Sammlung des Allgemeinen Preußischen Landrechts wurde erst 1794 abgeschlossen. Die Richter wurden fachlich überprüft und erhielten festes Gehalt. Das Berliner Obertribunal entschied als höchstes Gericht unabhängig vom Willen des Königs. Preußen war ein Rechtsstaat.

Die überkommene Sozialordnung blieb bestehen. Da neben dem Beamtenstand das überwiegend adlige Offizierskorps die wichtigste Stütze des Staates war, blieb es bei der Gutsherrschaft der «Junker» mit ihren Hintersassen, deren Stellung nur geringfügig verbessert wurde. Stiefmütterlich behandelte Friedrich die Städte, die weiterhin unter Staatsaufsicht standen; ihre wachsende Bedeutung hat er unterschätzt. Seine Hauptsorge galt der inneren Kolonisation: Warthe-, Oder- und Netzebruch wurden urbar gemacht, 900 Dörfer mit 60 000 Siedlerstellen angelegt, Straßen und Kanäle gebaut, Kreditkassen geschaffen.

Gegen erheblichen Widerstand der Bauern befahl Friedrich 1756 den Kartoffelanbau. Förderung erfuhren ebenso Handel und Gewerbe: Textilproduktion, Montanindustrie, Glas- und Porzellanherstellung. Aus der Seehandelsgesellschaft entstand später die Preußische Staatsbank, 1785 schloß Friedrich einen Handelsvertrag mit den entstehenden Vereinigten Staaten von Amerika.

Friedrich reformierte die Akademie zu Berlin. Von seinen drei Landesuniversitäten Frankfurt/Oder, Königsberg und Halle war letztere die wichtigste; hier wirkten schon seit 1690 Thomasius, der dem Hexenwahn entgegentrat, und Christian Wolff, der große Aufklärer und Bewunderer des Konfuzius (s. Kap. 8). In Halle wurde 1754 als Medizinerin die erste Frau promoviert, hier lasen die Professoren deutsch statt lateinisch. Daneben sorgte Friedrich für das Schulwesen, er regulierte die Lehrerbildung durch das Landschulreglement von 1763.

Friedrichs Jugendwunsch nach *gloire* hat sich erfüllt. Nach seinem Sieg bei Roßbach 1757 hieß er *Frédéric le Grand*, in Deutschland war er populär als der «Alte Fritz». Ihn bewunderten Zar Peter III, Kaiser Joseph II und der Sultan von Marokko, französische Philosophen und amerikanische Verfassungsväter. Sein Regierungsstil, der aufgeklärte Absolutismus, beruhte auf der religiösen Neutralität des Fürsten, auf der Pflicht jedes Einzelnen wie des Königs und erstrebte das Wohlergehen des Ganzen. In Friedrichs Preußen gab es keine Opposition und keine Zensur (Abb. 2).

Österreich

Die Geschichte Österreichs in der Frühen Neuzeit ist zugleich die Geschichte des römisch-deutschen Kaisertums. Diese Position wurde seit 1437 von den Habsburgern behauptet. Zu einem absolutistischen System ließ sie sich nicht ausbauen, da die Landeshoheit sich längst verfestigt hatte. Versuche, die Kaisergewalt zur Beseitigung des Protestantismus einzusetzen, hatten zum Bürgerkrieg geführt. Sowohl Karl V als auch Ferdinand II waren damit gescheitert. Infolgedessen konnten die Habsburger nur in ihren Erblanden ein modernes Staatswesen aufbauen.

Kerngebiet war das 1453 zum Erzherzogtum erhobene Österreich um Wien mit Steiermark, Kärnten, Tirol und Krain, dem heutigen Slowenien. Dazu kam Vorderösterreich um Freiburg im Breisgau. Dieses Staatsgebiet erweiterte sich, vornehmlich durch eine geschickte Hei-

Abb. 4: Marat, am 13. Juli 1793 durch Charlotte Corday in der Badewanne erstochen, wurde von den Jakobinern als Märtyrer gefeiert und im Pantheon beigesetzt, während umgekehrt für die Girondisten die Hinrichtung Charlottes am 17. Juli 1793 ein Martyrium war.
Den Märtyrer macht die Gemeinde. Das zeitgleiche Gemälde von Jacques Louis David ist eine kunsthistorische Ikone der Musées Royaux in Brüssel, hier nach Kopie in Versailles, Musée Historique; vgl. S. 224.

ratspolitik. 1526 gewann Habsburg das außerhalb des Reiches gelegene Königreich Ungarn sowie Schlesien, Böhmen, Mähren und Kroatien. Der Dreißigjährige Krieg beendete dann die Königsgewalt in Deutschland und den Protestantismus in Österreich und brachte dort mit der ‹Verneuerten Landesordnung› von 1627 den Absolutismus.

Nach dem Spanischen Erbfolgekrieg erhielt Karl VI als Entschädigung für den Verzicht auf Spanien 1714 die südlichen Niederlande (Belgien und Luxemburg), Neapel, Mailand und Sardinien. Die größten Gewinne machte Habsburg jedoch im Osten. Nachdem schon 1529 die Türken vor Wien gescheitert waren, verloren sie nach ihrem zweiten Angriff auf die Stadt 1683 unter Leopold I Galizien um Lemberg und Siebenbürgen um Klausenburg und Kronstadt. Held der Türkenkriege war Prinz Eugen von Savoyen, der Edle Ritter. In Paris geboren, suchte er vergeblich Dienst bei Ludwig XIV und fand Aufnahme in Wien. 1717 gewann er Stadt und Festung Belgrad, das allerdings nicht dauerhaft zu halten war. Eugen stand mit Leibniz und Rousseau in Verbindung, errichtete sich in Wien ein Winterpalais und das

Schloß Belvedere, neben Schönbrunn Höhepunkte des österreichischen Barock.

Da Karl VI keinen Sohn hatte, bestimmte er in der Pragmatischen Sanktion von 1713 seine Tochter Maria Theresia zur Nachfolgerin (Abb. 3). Dies widersprach dem salisch-deutschen Erbrecht. Daher kam es nach dem Tode Karls 1740 zu einem achtjährigen österreichischen Erbfolgekrieg, bis Maria Theresia sich gegen den Anspruch Baierns durchgesetzt hatte. Vermählt war sie mit Franz von Lothringen, dem Großherzog der Toscana, so daß ihre Nachkommen nur in mütterlicher Linie Habsburger waren. Die Toscana regierte jeweils der zweitälteste Prinz. Maria Theresias Sohn, Mitregent (1765) und Nachfolger, war Joseph II (1780 bis 1790), dessen Königskür in Frankfurt 1764 Goethe in ‹Dichtung und Wahrheit› beschreibt. Joseph war trotz des Verlustes von Schlesien ein Verehrer Friedrichs des Großen, dessen Aufklärungsarbeit er übertreffen wollte. Die schon von der Mutter zentralisierte Verwaltung wurde gestrafft, 1781 die Leibeigenschaft aufgehoben und ein Toleranzpatent für Protestanten und Juden erlassen. Joseph schuf Wohlfahrtseinrichtungen, reformierte das Rechtswesen und liberalisierte die Zensur. Sein radikaler Kurs gegen den Klerus gipfelte in der Säkularisierung von 700 Klöstern, doch ließ sich der «Josephinismus» nicht durchhalten. Die Einführung des Deutschen als Amtssprache in den Niederlanden

Abb. 5: So wie alle kunsthistorischen Stile ist auch der Barock ein europäisches Phänomen, er verbreitete sich rasch in der Neuen Welt. Der Dresdner Zwinger wurde von Daniel Pöppelmann 1722 vollendet; vgl. S. 227.

und Ungarn löste Revolten aus. Josephs Neffe Franz II (1792 bis 1835) erwarb in der Dritten Teilung Polens 1795 zu dem 1772 gewonnenen südlichen Galizien auch den Norden mit Warschau, war aber glücklos im Koalitionskrieg gegen das revolutionäre Frankreich. Geschlagen von Napoleon, verlor er 1797 die Niederlande und die Lombardei. Der Nationalstaat kündigte sich an.

Die Französische Revolution

Absolutismus und Aufklärung, die in Friedrich dem Großen und Joseph II eine heterogene Verbindung eingegangen waren, stießen in Frankreich mit einer Wucht aufeinander, die Europa erschütterte. Ludwig XIV hatte ein erschöpftes Land hinterlassen. Seine Nachfolger suchten erfolglos aus den Staatsschulden herauszufinden, Madame Pompadour (1745 bis 1764), *maîtresse en titre* Ludwigs XV, neigte nicht eben zur Sparsamkeit. Das heitere Leben der Oberschicht im Ancien Régime wird lebendig in den Memoiren von Giovanni Casanova (1725 bis 1798), der als Lebemann und Abenteurer an allen europäischen Höfen Zutritt fand. Nach den Verlusten im Siebenjährigen Krieg versuchte Ludwig XVI (1774 bis 1792) mit Hilfe seines Finanzministers Turgot aus der Misere herauszukommen, doch wurde dieser wieder entlassen, als er Gewerbefreiheit anstrebte. Sein Nachfolger Necker kaschierte die Schuldenlast und stürzte, als er sich gegen den Krieg mit England wandte. Dieser war wieder ausgebrochen, als sich die Union der 13 Kolonien in Amerika von London losgesagt hatte (s. Kap. 12). Frankreich zahlte ihnen Subsidien; Lafayette und seinesgleichen kämpften für die Union aus Begeisterung, und diese Stimmung fand in Frankreich zunehmend Anklang.

In den Lesegesellschaften, den Salons und den weit verbreiteten Freimaurer-Logen diskutierte man republikanische Ideen. Das wohlhabend und selbstbewußt gewordene Bürgertum mißbilligte die Willkür der königlichen Kabinettspolitik und die Privilegien des genußsüchtigen Adels, der keine Steuern zahlte und die Posten besetzte. Die Bauern stöhnten unter den Lasten für die Grundherren, deren Vorrechte nicht mehr tragbar schienen.

Die Kritiker am System kamen überwiegend selbst aus der Oberschicht. Großen Erfolg hatte der weitgereiste Baron Montesquieu mit seiner vergleichenden Verfassungslehre ‹De l'Esprit des Lois› von 1748, in der er den Vorzug der Gewaltenteilung herausstellte. Schon seine ‹Lettres Persanes› von 1721 kritisierten die französische Gesellschaft effektvoll aus der fiktiven Perspektive kluger Orientalen. Voltaire sodann verwarf die Kirche: *Écrasez l'Infâme!* und saß wegen seiner Regimekritik mehrfach in der Bastille. Der dritte unter den Vordenkern der Revolution war Jean-Jacques Rousseau. Sein Traktat ‹Du Contrat Social› von 1762 erklärte den Gesellschaftsvertrag zur Basis jeder Rechtsordnung. Anders als Hobbes leitete Rousseau daraus nicht die Souveränität des Königs ab, sondern die der *volonté générale*, nicht den monarchischen, sondern den demokratischen Absolutismus. Rousseaus Muster waren das antike Sparta, das republikanische Rom und die Schweizer Eidgenossen. Seine kulturkritische Losung *Retour à la nature!* zielte auf das einfache Leben der Frühzeit. Die kritischen Ideen fanden Niederschlag in der großen Enzyklopädie von Diderot und d'Alembert. Tradition und Gottesgnadentum wurden darin historisiert und demontiert.

Gegen Ende der achtziger Jahre verschärfte sich die Situation. Eine Wirtschaftskrise drohte, so daß der König die Generalstände einberief – zum ersten Mal wieder seit 1614. Im Mai 1789 versammelten sich je 300 Adlige und Geistliche sowie 600 Männer des Dritten Standes in Versailles. Zehntausende von Flugschriften forderten Reformen. Als keine Einigung über den Abstimmungsmodus zustande kam, erklärte sich der Dritte Stand, erweitert um einzelne Geistliche und Adlige, zur Nationalversammlung und beschloß im Ballhausschwur, nicht auseinanderzugehen, bevor eine Verfassung verabschiedet wäre. Führender Kopf war Graf Mirabeau, er hätte die Bewegung wohl mäßigen können, wäre er nicht schon 1791 gestorben. Als der König Widerstand leistete, bildete Lafayette, zurückgekehrt aus dem amerikanischen Freiheitskrieg, die Nationalgarde mit der blau-weiß-roten Kokarde. Am 14. Juli – noch heute Nationalfeiertag – stürmten und schleiften die Massen die Bastille, das Staatsgefängnis. Aufstände in der Provinz folgten. Die Aristokraten flohen zu Tausenden ins Ausland, der König sah sich entmachtet. Die *Assemblée Nationale* beseitigte das Feudalsystem, den Kirchenzehnten und die Frondienste und verkündete die Gleichheit aller Bürger vor dem Gesetz. Nach amerikanischem Vorbild wurden am 26. August die Menschen- und Bürgerrechte erklärt, Gedankengut von Lafayette und Jefferson, damals Gesandter in Paris (s. Kap. 12). Man beschloß ein Einkammer-System, zu beschicken nach einem Dreiklassen-Wahlrecht aus den neu gebildeten 83 Departements. Im Oktober 1789

Abb. 6: Die Polyphonie gipfelt in Johann Sebastian Bach (1685 bis 1750), dem vielseitigsten musikalischen Genie aller Zeiten, auch wenn ihn die ranggleichen Komponisten Mozart und Beethoven vorübergehend in den Schatten stellten. Bachs Werke für Orgel, Chor und Orchester (Passionen, Messen, Motetten) waren für den Gottesdienst gedacht, seine Kompositionen für Klavier, Bläser und Streicher (Solostücke, Ouvertüren, Brandenburgische Konzerte) gehören der weltlichen Sphäre an. Die Musik wanderte aus der Kirche in die Wohnstube, den Konzertsaal und in die Oper. Das unsignierte, nicht sicher zugewiesene Gemälde um 1715 hängt im Angermuseum Erfurt; vgl. S. 227.

nötigte ein Aufstand in Paris König und Nationalversammlung zum Umzug in die Hauptstadt.

1790 wurde der Adel abgeschafft, der widerstrebende Klerus auf die neue Verfassung verpflichtet und das Kirchengut erst verstaatlicht, dann verkauft. Papiergeld (Assignaten) kam als Schatzanweisung in Umlauf. Die meisten Ländereien von Kirche und Adel erwarb der Dritte Stand. In der Nationalversammlung bildeten sich Parteien; deren stärkste waren die gemäßigten Girondisten und die radikalen Montagnards mit dem Jakobiner-Club unter Robespierre. Zeichen der Revolution war die rote Freiheitsmütze, nachempfunden dem römischen *pileus* für freigelassene Sklaven (vgl. Kap. 4 Abb. 1). Namen, Symbole und Begriffe aus der klassischen Antike waren allgegenwärtig.

1791 scheiterte der Fluchtversuch Ludwigs XVI, in Deutschland formierte sich die Intervention. Die nach dem Zensusprinzip gewählte Gesetzgebende Versammlung, die *Assemblée législative* erklärte 1792 Österreich den Krieg, der Schlachtengesang war die Marseillaise. Als die Koalitionstruppen der Österreicher und Preußen herannahten, stürmten die Massen die Tuilerien; der König wurde festgesetzt. Gegen den inneren Feind richteten sich die von Danton und Marat (Abb. 4) inszenierten Septembermorde, 1600 Bürger starben. Der National-

Abb. 7: Der deutsche Dichterfürst mit seinem Sekretär in Weimar, gemalt von J. Schmeller 1831; vgl. S. 227.

konvent, nun nach dem zensusfreien allgemeinen Wahlrecht zusammengesetzt, schaffte das Königtum ab und führte eine neue Zeitrechnung ein. Während die Revolutionstruppen nach der Kanonade von Valmy bis ans linke Rheinufer vorstießen, machte der Nationalkonvent dem König den Prozeß, er wurde am 21. Januar 1793 unter Trommelwirbel geköpft. Die Parole hieß: *Liberté, Egalité, Fraternité!*

Dieser in Europa mißbilligte Gewaltakt führte England, Holland, Spanien und Sardinien in die Koalition gegen Frankreich, das die habsburgischen Niederlande wieder verlor. Nun radikalisierte sich die Revolution. Die Macht bündelte sich im Wohlfahrtsausschuß, mit dem Robespierre ein Jahr lang die *terreur* ausübte. Die *levée en masse* verstärkte das Revolutionsheer, Aufstände in der Vendée und in mehreren großen Städten wurden niedergeschlagen. In Paris herrschte Zwangswirtschaft. Nach Massenexekutionen kam auch die Königin auf die Guillotine, Marie Antoinette, eine Tochter von Maria Theresia. Robespierre verkündete als neue Religion den patriotischen Kult der Vernunft als höchstes Wesen. Das Revolutionstribunal fällte allein in Paris nahezu 15 000 Todesurteile.

Den Sturz des *Ancien Régime* begleitete Gewalt gegen dessen Kultur, seit 1794 *Vandalisme* genannt. Geschah der Bildersturm zuvor im Namen der Religion, so erfolgte er nun dem «Fortschritt» zuliebe. Alles was an Kunst mit Königtum, Adel und Kirche zusammenhing wurde zu Symbolen der Despotie und des Aberglaubens erklärt und zusammengeschlagen, selbst die Leichen der Könige riß man aus ihren Gräbern. Mit den Skulpturen von Notre Dame errichtete man eine «revolutionäre Latrine». Schließlich aber, am 9. Thermidor (27. Juli) 1794 stürzte Robespierre; er wurde mit hundert Anhängern guillotiniert.

Die Regierung kam nun an ein Direktorium. Es mußte sich nach zwei Seiten verteidigen: Die Royalisten wurden ausmanövriert, die aufständischen Sansculotten und die kommunistische Erhebung Babeufs, des neuen «Gracchus» niedergeschlagen. Der Koalitionskrieg nahm unterdessen seinen Fortgang. Gekämpft wurde in den Niederlanden, in Süddeutschland und Oberitalien. Dabei zeichnete sich der Korse Napoleon aus (s. Kap. 13). Sein Versuch, England in Ägypten zu treffen, scheiterte. Dennoch gelang ihm am 9. November, dem 18. Brumaire, 1799 der Staatsstreich in Paris. Er erklärte die Revolution auf ihre Grundideen zurückgeführt und damit als vollendet.

*

Das 18. Jahrhunderts schuf fünf Großmächte, die Pentarchie von England, Frankreich, Preußen, Österreich und Rußland. Sie alle entwickelten sich zu Staaten im modernen Sinne: bestehend aus einem Souverän, einem klar begrenzten Territorium und einem geschlossenen Untertanenverband. England und Frankreich lassen sich als Nationalstaaten ansprechen, ebenso Spanien, Portugal und Schweden. Preußen expandierte nach Deutschland hinein, Österreich wuchs aus Deutschland heraus und wurde wie Rußland und das Osmanenreich zum Vielvölkerstaat.

Die Aufklärung hatte überall Fuß gefaßt, abnehmend von Westen nach Osten und eher zögernd in den katholischen Ländern. Toleranz und Rechtssicherheit hatten zugenommen, Folter und Körperstrafen waren weitgehend abgeschafft. Der Hexenwahn, dem nach dem Dreißigjährigen Krieg Tausende zum Opfer gefallen waren, darunter ein Viertel Männer, war praktisch überwunden.

Ein weiterer Fortschritt betrifft den Postdienst. Nachdem die Herren von Thurn und Taxis aus Bergamo schon 1516 auch Privatbriefe zwischen Wien und Brüssel befördert hatten, erhielten sie 1615 vom Kaiser das Postprivileg. Das Betriebsnetz dehnte sich im 18. Jahrhundert über ganz Mitteleuropa aus. In derselben Zeit setzte sich der Gregorianische Kalender durch. Der Julianische Kalender hatte bis 1582 zehn Tage zu viel erbracht. Sie wurden gestrichen. Den «neuen Stil» übernahmen bis 1781 nach und nach auch die Protestanten, das orthodoxe Europa folgte erst im 20. Jahrhundert. Als Jahresbeginn kam – statt Weihnachten – wieder der 1. Januar zur Geltung.

Um 1700 blühte der Barock (Abb. 5). In Italien hatte schon im 16. Jahrhundert der Renaissance-Stil an schwungvoller Form und lebendigen Farben gewonnen, in der Baukunst, der Malerei und der Skulptur – zu Gesamtkunstwerken vereint in Kirchen und Palästen ganz Europas, aber auch in Lateinamerika. Der Barock ging mit dem Rokoko über ins Verspielte, um dann im Klassizismus um 1800 wieder strengeren, antikisierenden Formen zu weichen. Die klassischen Musikinstrumente fanden im 18. Jahrhundert ihre Vollendung (Abb. 6).

Die gehobene Gesellschaft Europas sprach bis 1914 Französisch, das Latein in Kirche und Wissenschaft verlor an Bedeutung zugunsten der Nationalsprachen. Später als in den südlichen und westlichen Nachbarländern erhob sich die deutsche Literatur zur Klassik. Kulturmetropole wurde Weimar, wo Goethe seinen ‹Faust› vollendete (Abb. 7), Schiller seinen ‹Wallenstein› schrieb. Während Goethe mehreren Geistesperioden angehört – vom Sturm und Drang bis zur Romantik, ist Schiller von der Aufklärung geprägt, ebenso Lessing mit seinem ‹Nathan› (1779), Herder und Kant mit ihrer Geschichtsphilosophie. Kants ‹Kritik der reinen Vernunft› (1781) behandelt die in der Struktur des Denkens vorgegebenen Grundlagen und Grenzen wissenschaftlicher Erkenntnis (Abb. XI). Brachte der Absolutismus den Beginn des modernen Staatswesens, so erstrebte die Aufklärung die Befreiung der Vernunft von dogmatischer Vormundschaft – zwei Vorgänge, die den mittelalterlichen Traditionalismus überwanden und den Weg in ein menschenwürdiges Zusammenleben aufzeigten. Kant hat 1795 in seiner Schrift zum Ewigen Frieden einen universalen Völkerbund republikanischer Staaten gefordert, dessen Wünschbarkeit seither nur gewonnen hat.

12. Rußland und Amerika

Bei seinem Besuch in den Vereinigten Staaten 1831/1832 gelangte Alexis de Tocqueville zu der Überzeugung, daß Europa als politische Kraft zurücktreten werde hinter Amerika und Rußland. Von verschiedenen Ausgangspunkten seien die aufstrebenden Flügelmächte im Verborgenen herangewachsen und berufen, eines Tages die Geschicke je einer Hälfte der Welt in den Händen zu halten. Die Gründe für den Aufstieg waren ersichtlich: Die Größe der Länder und ihr wirtschaftlicher Reichtum boten der europäischen Tatkraft in beiden Sphären ganz andere Entfaltungsmöglichkeiten als die Enge der Alten Welt. Die im Westen wie im Osten erkennbaren Entwicklungen ließen freilich eine Rivalität erwarten, deren Ausgang außenpolitisch unsicher, innenpolitisch aber vorhersehbar erschien. Tocqueville war überzeugt vom schließlichen Sieg der Demokratie. Deren Schattenseiten aber erschreckten ihn.

Das frühe Rußland

Im 6. Jahrhundert n. Chr. waren die Slawen, ähnlich den Germanen zuvor, in Bewegung geraten und breiteten sich im Westen bis zur Elbe, nach Osten über den Dnjepr aus; sie überlagerten im Süden die skythischen und sarmatischen Steppenvölker, im Norden die baltischen und finnischen Waldbewohner. Die Slawen gliederten sich in Stämme ohne feste Herrschaftsorganisation. Eine solche brachten den Ostslawen erst die schwedischen Waräger, Normannen oder Wikinger, die über die Ostsee kommend von Nowgorod aus den Handelsweg über das Schwarze Meer nach Byzanz suchten und sich dabei in Kiew festsetzten. Von ihrer ursprünglich finnischen Bezeichnung «die Rus» leitet sich der Name der Russen ab.

Unter den Fürsten Oleg und Igor entstand in der ersten Hälfte des 10. Jahrhunderts die Keimzelle des russischen Reiches. Exportartikel waren Pelze und Sklaven. Im späten 10. Jahrhundert übernahmen die Waräger die slawische Sprache und förderten die Christianisierung durch Heiratsverbindung mit Byzanz. Bereits im 9. Jahrhundert hatten die Brüder Kyrillos und Methodios aus Thessalonike in

Abb. XII: Im Zuge seiner Modernisierung schnitt Peter d. Gr. widerspenstigen Bojaren höchstselbst die Bärte ab, nur Bauern und Popen durften sie behalten; vgl. S. 231.

Mähren missioniert und die grundlegenden gottesdienstlichen Texte geschaffen. Die kyrillische Schrift wurde im 10. Jahrhundert aus dem Griechischen entwickelt. Griechische und russische Orthodoxie teilen Liturgie und Dogmatik und unterscheiden sich nur in der Kirchensprache. Beide verehren Ikonen, sie sind die eigentliche Ausdrucksform ihres Kunstschaffens. Wichtigste Quelle für die Frühzeit ist die altrussische Nestor-Chronik von 1118 aus Kiew, verdeutscht 1931 durch Reinhold Trautmann.

Nach einer ersten Konsolidierung zerfiel das Kiewer Reich um 1200 in Teilfürstentümer. Sie konnten sich gegen die Nachfolger Dschingis-Khans nicht behaupten (s. Kap. 8); 1240 wurden sie vom Mongolen-Khan Batu unterworfen. Nur Nowgorod (Neustadt) hielt sich unter dem Großfürsten Alexander «Newski», der «an der Newa» die Schweden und danach den Deutschen Orden abzuwehren wußte und zum Heiligen erhoben wurde (Abb. 1). Das 14. Jahrhundert brachte eine Erstarkung der Kirche und den Aufstieg Moskaus, erwähnt schon 1147, wo 1326 der Metropolit von Kiew neben dem Großfürsten den Kreml (die Burg) bezog. Die Mongolenherrschaft wurde im Westen durch die litauischen Großfürsten beseitigt, die seit 1386 auch Polen beherrschten (s. Kap. 5). In der Folgezeit konvertierte die Oberschicht dort zum Katholizismus und stärkte damit die Bindung an Europa.

Die Befreiung von den Mongolen im Osten gelang 1480 dem Großfürsten von Moskau Iwan III, der 1478 Nowgorod gewann. Er trug als erster russischer Fürst den Titel «Zar», abgeleitet von «Caesar», im Kirchenslawischen gleichbedeutend mit griechisch *basileus*. Seine Ehe mit einer byzantinischen Prinzessin erklärt die Übernahme des Doppeladlers als Reichswappen und, nach dem Fall von Konstantinopel 1453, die Ideologie vom Dritten Rom. Moskau wurde Zentrum der Einigung Rußlands.

In der Zeit Iwans IV des Schrecklichen (1533 bis 1584), der einen Aufstand des Landadels, der Bojaren grausam unterdrückte, entdeckten die Engländer den Seeweg nach Archangelsk, wichtig für den Westhandel, da die Ostseeküste durch Livland gesperrt war (s. Kap. 10). Einen Angriff des Zaren vereitelten Polen und Schweden. Weite Gebiete wurden im Osten unterworfen, schon 1502 war das Mongolenreich der Goldenen Horde nördlich des Kaspischen Meeres gefallen; 1556 lag die Ostgrenze an der Wolga. Seit 1580 drangen die Russen nach Sibirien vor, wo ihnen Samojeden, Tungusen und

Tataren botmäßig wurden. Als Steuern mußten sie Pelze abliefern. Nach dem Vorstoß bis an den Pazifik kam es 1689 zur Grenzabsprache mit China, vertreten durch zwei europäische Jesuiten.

Peter der Große

Trotz dieser Landgewinne war Rußland im europäischen Maßstab rückständig. Das änderte sich auch nicht, als 1598 die auf die Waräger zurückgehende Dynastie der Rurikiden erlosch und 1613 die Romanows die Macht übernahmen. Den Modernisierungsschub brachte erst Peter der Große (1689 bis 1725), bei dem Brutalität und Genialität Hand in Hand gingen. Nachdem Auslandsreisen bislang verboten waren, schickte Peter Studiengruppen nach Westen, ja ging im 8. Jahr seiner Herrschaft selbst mit einer russischen Gesandtschaft inkognito über Riga nach Preußen, Holland und England und kehrte nach zwei Jahren 1698 als gelernter Schiffszimmermann über Wien nach Moskau zurück. An den aufständischen Schützen, den Strelitzen, nahm er grausame Rache, indem er auch persönlich das Henkersbeil schwang (Abb. XII). Hoftracht und Hofetikette wurden europäisiert, der Begriff *raison* als Fremdwort eingebürgert, der Staatsname von «Moskowien» in «Rußland» umgeändert.

Nachdem schon im 16. Jahrhundert ausländische Händler und Handwerker einen ganzen Stadtteil Moskaus bevölkert hatten, holte Peter Tausende von Europäern ins Land. Italiener dienten als Architekten, Franzosen als Hauslehrer, Engländer bauten Schiffe. Deutsche legten Kanäle an, erschlossen Bodenschätze und drillten die Armee, die verfünffacht wurde; der Däne Bering entdeckte 1728 die nach ihm benannte Meerenge. Peter verkehrte mit Leibniz und richtete Schulen ein, deren Besuch den Söhnen des Adels und der Beamten zur Pflicht gemacht wurde. Ab 1. Januar 1700 galt der julianische Kalender und anstelle der byzantinischen Weltära die Zeitrechnung nach Christi Geburt.

Die orthodoxe Kirche, traditionell gegen alles Fremde, alles Neue eingestellt, mußte sich beugen. Peter entmachtete 1721 das Patriarchat durch ein Konsistorium, den heiligen Synod, unterstellte die reichen Einkünfte staatlicher Verwaltung, garantierte den Fremden Religionsfreiheit und erklärte sich zum höchsten Richter auch in geistlichen Angelegenheiten. Die Klöster sollten sich sozialen und wissenschaft-

Abb. 1: Die romanischen Bronzeplatten der Türen vom Westeingang der orthodoxen Sophienkathedrale von Nowgorod wurden 1156 in Magdeburg gegossen; wahrscheinlich waren sie ursprünglich für Plock bei Warschau bestimmt, denn die Inschrift nennt und zeigt die Bischöfe Wichmann von Magdeburg und Alexander von Plock. Die ausdrucksstarken Tafeln bieten überwiegend biblische Szenen. Der Kentaur unten rechts ist jünger; vgl. S. 230.

lichen Aufgaben widmen. So sank die Kirche auf den «Nullpunkt der Heiligkeit».

Wie der Klerus so verlor auch der Erbadel seinen Einfluß. Peter unterstellte die Provinzen Gouverneuren und Wojewoden, d. h. Militärstatthaltern, und ersetzte die Duma, den Rat der Bojaren, 1711 durch einen von ihm zusammengesetzten Senat. Die Bojaren wurden zum Kriegsdienst verpflichtet, bürgerliche Offiziere nobilitiert: Ein Dienstadel bildete sich aus. Die im 16. Jahrhundert entstandene Leibeigenschaft sollte das Steueraufkommen der Grundherren garantieren und wurde daher festgeschrieben, der Bauernverkauf jedoch untersagt. Aufsässigen Untertanen drohte die Knute, vor der in Rußland zum Entsetzen westlicher Beobachter auch kein Adelsprädikat schützte – das deutsche Wort «Knute» kommt aus dem Russischen. Der Thronfolger Alexei, den sein Vater wegen Hochverrats anklagte, wurde zu Tode gepeitscht.

Peters Stolz war die Gründung seiner neuen Hauptstadt Sankt Petersburg (Abb. 2). Er forderte ein eigenes Versailles und ein russisches Amsterdam als «Fenster nach Europa». Im Westen suchte er Verbündete gegen die Türken, denen die Nordküste des Schwarzen Meeres gehörte, und gegen die Schweden in Livland und Estland. Gegen sie wandte sich Peter gemeinsam mit August dem Starken, seit 1697 König in Sachsen und Polen, zunächst erfolg-

Abb. 2: Die Gründung von Sankt Petersburg 1703 war ein Machtakt. Nie ist eine Stadt mit so vielen Menschenopfern gebaut worden. Ganze Heere von Zwangsarbeitern und Verbrechern rammten Pfähle in den Sumpf, bevor der Grundstein gelegt werden konnte. Plan von J. B. Homann nach 1712; vgl. S. 233.

los. Denn Karl XII von Schweden, der Eisenkopf (Voltaire), besiegte die Russen und Sachsen, unterlag aber 1709 bei Poltawa, so daß Peter Riga und Reval erobern konnte. Die Städte wurden ausgebaut, Zuwanderer zumal aus Deutschland angeworben. Der Friede von Nystad 1721 beendete den Nordischen Krieg: Rußland war seitdem Großmacht in Europa.

Peter hatte mehrere dynastische Verbindungen mit dem deutschen Hochadel hergestellt, so daß die Romanows von 1762 bis 1917 in männlicher Linie dem Haus Holstein-Gottorp angehörten. Seine bedeutendste Nachfolgerin, die ebenso energische wie liebestolle Katharina II die Große (1762 bis 1796), war eine in Stettin geborene Sophie von Anhalt-Zerbst. Sie duldete die Ermordung ihres Mannes, Zar Peters III, und modernisierte auf allen Gebieten. Ihren Günstling Stanislaus Poniatowski erhob sie zum (letzten) König in Warschau; sie erwarb Kurland, Ostpolen und die türkische Schwarzmeerküste mit der Krim. Dort soll sie ihr Liebhaber Potemkin 1787 mit Dorfattrappen getäuscht haben. Katharina warb deutsche Bauern an, die Wolgadeutschen, wichtig für den Weizenanbau und die Textilproduktion. 1914 waren es 700 000. Aus dem umfangreichen literarischen Nachlaß der Kaiserin ist ihr Briefwechsel mit Voltaire lesenswert. Nach einer Planvorlage von Leibniz 1716 trat 1725 die Petersburger Akademie der Wissenschaften ins Leben, verbunden mit Gymnasium und Universität. Zu ihren Aufgaben gehörte die Erschließung des Landes, die ersten Expeditionen führten nach Sibirien (1720) und Kamtschatka (1733). Über die Hälfte der Mitglieder hatte Deutsch als Muttersprache, nur ein einziger Russe war zunächst darunter, ein Mathematiker. Prägender Kopf war der in Marburg ausgebildete Michail Lomonossow (1711 bis 1765), auf seine Anregung geht die Gründung der Universität Moskau 1755 zurück. Bis 1917 erhielt Rußland elf Universitäten. Weit über die Hälfte der Bevölkerung war noch um 1900 des Lesens und Schreibens unkundig.

Der zivilisatorische Nachholbedarf in Rußland hängt zusammen mit dem Traditionalismus der Kirche und dem Fehlen eines Bürgertums. Was es davon in Rußland gab, hing ab vom Hof und konnte sich nicht frei entfalten. So mißglückte auch Peters Versuch, nach deutsch-baltischem Vorbild eine städtische Selbstverwaltung einzurichten – es gab zu wenig Menschen mit Bildung und Selbstbewußtsein. Nichtsdestoweniger hat er mit der Wendung nach Westen den Weg in die Zukunft gewiesen.

Rußland als Großmacht

Peters Werk trug Früchte – am deutlichsten in der Außenpolitik. In zwei Kriegen gegen die Türken gewann Rußland die Nordküste des Schwarzen Meeres, nachdem 1770 bei Tschesme gegenüber Chios die türkische Flotte vernichtet worden war. Durch die dreimalige Teilung Polens verschob sich die russische Westgrenze bis nach Ostpreußen und an den Bug und stieß unmittelbar an Preußen und Österreich. 1795 verschwanden Litauen und Polen. Die Bevölkerung Rußlands hatte sich seit 1650 vervierfacht auf 40 Millionen, beispiellos in Europa.

Der «Selbstherrscher aller Reußen» Alexander I befreite die Leibeigenen im Baltikum, annektierte dann auch Finnland und Bessarabien. Das Einvernehmen mit Napoleon zerbrach 1812 mit dessen Angriff auf Rußland (s. Kap. 13). Nach dem Sieg über die Franzosen 1813 erschien Alexander als Befreier Europas und sicherte seine Vormachtstellung auf dem Wiener Kongreß 1815. Der von ihm konzipierten Heiligen Allianz traten fast alle europäischen Staaten bei, einig im Abscheu vor dem mit Robespierre und Napoleon erlebten Blutvergießen.

Diese Furcht steigerte sich in Rußland jedoch zum Komplex. Der Zar erblickte in jeder freiheitlichen Bewegung einen Angriff auf die gottgewollte Allianz von Thron und Altar und verweigerte 1819 die versprochene Verfassung. Nikolaus I warf 1825 den Dekabristenaufstand nieder, eine Verschwörung liberaler Adliger und Offiziere in Petersburg, und verbannte die Schuldigen, soweit sie nicht gehenkt wurden, nach Sibirien – eine Strafpraxis, die schon Peter der Große angewandt hatte und die Stalin zu trauriger Berühmtheit bringen sollte.

Die Pariser Julirevolution 1830 entzündete die Erhebung in Warschau, die trotz aller Proteste aus Europa militärisch beendet wurde. 30 000 Polen kamen nach Sibirien, die Russifizierung wurde verschärft. Die russische Geschichte ist reich an Aufständen: 1570, 1606, 1648, 1650, 1667, 1670, 1682, 1697, 1707, 1733 ... Als sich 1848 im Anschluß an die Revolutionen in Paris und Wien die Ungarn unter Ludwig Kossuth erhoben, um nach der Bauernbefreiung ihre nationale Selbständigkeit zu erringen, schlugen auf Bitten Wiens die Russen den Aufstand nieder.

Während in der ersten Hälfte des 19. Jahrhunderts die Kaukasus-Völker unterworfen wurden, machte der Drang nach den Meerengen Fortschritte. Als selbsternannte Schutzmacht der Orthodoxen unter

Rußland und Amerika

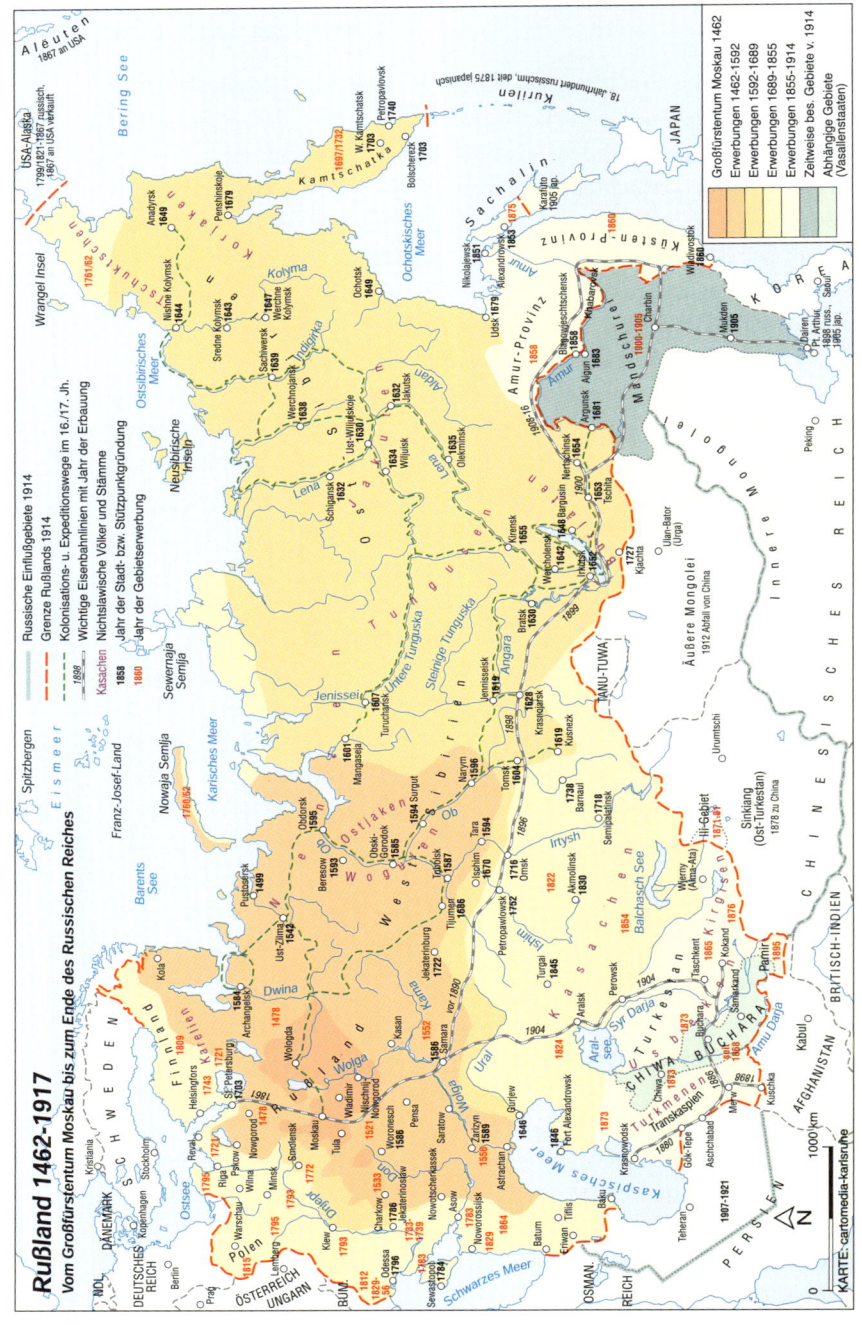

Abb. 3: Die russische Malerei des 19. Jhs. besticht durch ihren Naturalismus und ihre Sozialkritik, so die Wolgatreidler von Ilja Repin, 1870 (Eremitage Petersburg); vgl. S. 238.

dem Halbmond träumte Rußland davon, den «kranken Mann am Bosporus» zu beerben. 1853 ließ der Zar marschieren. Die Furcht vor russischen Kriegsschiffen auf der Donau und im Mittelmeer führte England unter Palmerston und Frankreich unter Napoleon III, von Österreich diplomatisch unterstützt, 1854 in den Krimkrieg. Die Hafenfestung Sewastopol, Operationsbasis der russischen Orientpolitik, wurde erstürmt und 1856 im Frieden von Paris den Russen im Süden ein Riegel vorgeschoben.

Dafür suchte Rußland seine Stellung im Westen zu stärken. 1863 wurde ein abermaliger Aufstand der Polen niedergeworfen, den Strafmaßnahmen folgte eine verstärkte Russifizierung, der ebenso die Deutschbalten und Finnen ausgesetzt waren. 1864 waren die Kaukasus-Völker unterworfen, 80 Prozent der Tscherkessen flohen ins Osmanische Reich. Das Dreikaiser-Abkommen von 1873 mit Österreich und Deutschland erleichterte 1877 den Angriff Rußlands im Geiste des Panslawismus auf die türkischen Donauprovinzen; die Besetzung von Konstantinopel wurde durch den Einspruch der europäischen Mächte verhindert. Der Berliner Kongreß 1878 regelte die Balkanfrage – wiederum mußten russische Landforderungen eingeschränkt werden.

Fortschritte machte die Expansion in Asien. Zwar wurde Alaska 1867 an die Vereinigten Staaten verkauft, aber an der Südgrenze gab es beträchtliche Landgewinne. In den Jahren nach 1864 okkupierten die Russen die von muslimischen Turkvölkern bewohnten Länder Turkmenistan und Usbekistan mit Taschkent, Buchara und Samarkand, weiterhin Kirgisistan, Turkestan und Tadschikistan sowie in Fernost die Amur-Provinzen, wo schon 1860 Wladiwostok gegründet worden war, und schließlich die Mandschurei. Selbst in Nordkorea gewann Rußland Stützpunkte. Die transsibirische Eisenbahn, 1904 fertiggestellt, erleichterte die Verbindung, doch erhob nun das aufstrebende Japan Einspruch. Es kam zum Krieg, Rußland verlor seine Flotte bei Port Arthur (chinesisch Lüda), Mukden und Tsushima und mußte sich aus Korea und der Mandschurei zurückziehen. Dem russischen Vordringen nach Afghanistan, Persien und Tibet trat England entgegen. 1907 wurden die Interessensphären abgegrenzt.

Die Innenpolitik der Zaren nach der Jahrhundertmitte ist gekennzeichnet von zaghafter Modernisierung und harter Repression, gegen die sich eine revolutionäre Stimmung verbreitete. 1861 beseitigte Alexander II die Leibeigenschaft: 22 Millionen Bauern erhielten die Freiheit. Die allzu knappe Ausstattung mit Land aber führte zur Verarmung, die durch eine aufstrebende Industrie nicht aufzufangen war. Die altrussische Dorfgemeinde mit ihrem gemeinsamen Landbesitz, dem Mir, verschwand. Zu den «großen Reformen» gehörte die 1863 gewährte personale Autonomie der Universitäten, die 1884 aber wieder aufgehoben wurde. 1864 bot die Semstwo-Organisation den Regionen eine beschränkte Selbstverwaltung, in den Städten wurde 1870 das Dreiklassenwahlrecht eingeführt, 1874 folgte die allgemeine Wehrpflicht.

Die sozialen und politischen Probleme Rußlands spiegeln sich in Leben und Werk der großen Literaten: Puschkin (Eugen Onegin, 1833), Tolstoi (Krieg und Frieden, 1865) und Dostojewski (Die Brüder Karamasow, 1879), ebenso in den Gemälden von Ilja Repin (Wolgatreidler, 1870, Abb. 3) und Jaroschenko (Der Heizer, 1878). Grandiose Landschaftsbilder malte Aiwasowski, dramatisch in Farben wie in Klängen von Tschaikowski und Mussorgski.

Fast alle Intellektuellen in Rußland bekamen Probleme mit der Polizei und der Zensur. Seit den sechziger Jahren regte sich unter ihnen Opposition, einerseits gegen den kapitalistisch-imperialistischen Trend, andererseits gegen die absolutistisch-repressive Regierung und ihre Geheimpolizei, der Ochrana. Eher romantisch inspiriert waren die slawophilen Narodniki, die den altrussischen Volksgeist auf agrarkommunistischer Grundlage pflegten; sie verbanden eine national-religiöse Empfindsamkeit mit der Tendenz zu einer universalen Heilslehre (Wladimir Solowjew). Die Westler propagierten den Anschluß an den europäischen Fortschritt (Alexander Herzen) mit dem Ausblick auf eine anarchistische Utopie (Michael Bakunin). Gefährlich wurde die Bewegung durch eine Kette von Attentaten, denen u. a. 1881 Zar Alexander II zum Opfer fiel. Die danach durchgeführten «Nihilisten»-Prozesse richteten sich gegen Systemgegner aller Art. Soweit die Angeklagten nicht nach Sibirien mußten, gingen sie in die Schweiz, nach Belgien oder England.

Die Zukunft gehörte dem revolutionären Marxismus (s. Kap. 13), eingeführt 1883 durch Georgi Plechanow. Auf dem zweiten Parteitag in London 1903 spalteten sich die Sozialdemokraten in Menschewiki, die taktieren wollten, und Bolschewiki, die unter Lenins Führung den Umsturz planten. Nach der Niederlage gegen Japan kam es 1905 zu einer ersten Revolution mit Streiks, Attentaten und Brandstiftung. Zar Nikolaus II versprach bürgerliche Freiheiten und politische Rechte, doch annullierte er die ersten Wahlen zur Reichsduma, die ihm zu radikal ausgefallen schienen. Bei der hochgespannten inneren Krisenlage und dem Prestigeverlust durch Österreichs Annexion von Bosnien und der Herzegowina 1909 schien ein außenpolitischer Erfolg willkommen und durch die Unterstützung für Serbien gegen Österreich erreichbar. Dies führte in den Ersten Weltkrieg.

Die Kolonisierung Amerikas

Amerika hat sich einerseits parallel, andererseits konträr zu Rußland entwickelt. In beiden Fällen war es europäische Intelligenz und Energie, die sich in ungeheure, dünn besiedelte, aber reiche Kolonialräume ausgebreitet hat. Russen drangen nach Osten, Amerikaner nach Westen vor bis an die jeweilige Küste des Stillen Ozeans. Dennoch blieben Boston, New York und Baltimore im Osten der USA so wie Petersburg im Westen Rußlands «Fenster nach Europa». Die einheimischen Völker, beidemale schriftlose Heiden, leisteten keinen wirksamen Widerstand. Sie wurden überrumpelt, unterworfen oder ausgerottet. Die

Einbürgerung erfolgte spät. Die überlebenden Indianer wurden US-Bürger bundesweit erst 1924. In Sibirien stellte sich das Problem nicht, weil es kein russisches Bürgerrecht gab.

Die Gegensätze zwischen den beiden Mächten kennzeichnete Tocqueville mit den Begriffen «Knechtschaft und Freiheit» bzw. «Schwert und Pflugschar». Wurde Rußland zentral und absolutistisch regiert, so war Amerika stolz auf seine föderative Demokratie. Herrschte dort ein Erb-Adel mit fester Rangtabelle, dominierten hier die rechtlich gleichgestellten Bürger, die sich nach Leistung differenzierten. Vereinte Rußland der orthodoxe Glaube, so galt in Amerika Religion als Privatsache; Hunderte von Gemeinden bestanden und bestehen nebeneinander. Schlug in Rußland die Rückständigkeit um in die bolschewistische Revolution, so modernisierte sich Amerika evolutionär. In beiden Sphären entstand ein Sendungsbewußtsein, eine universale Heilslehre. Die Marxisten glaubten an den Sieg des Proletariats in der Weltrevolution und eine kommunistische klassenlose Gesellschaft; US-Amerika, «Gottes neues und letztes Israel», war und ist überzeugt von der höheren Bestimmung, der Welt die Demokratie zu bringen: *Manifest Destiny to make the world safe for democracy*. Es geht um *pursuit of happiness*, um Suche nach Glück im Rahmen von Kapitalismus und Individualismus.

Der Entdeckung Amerikas folgte die Kolonisierung. Dabei nahmen die lateinamerikanischen Länder eine andere Entwicklung als Angloamerika im Norden. Im Anschluß an die Eroberung von Mexiko und Peru durch die Spanier dominierte zunächst die Einwanderung von der iberischen Halbinsel. Unter der Devise «Seelen für Gott und Land für den König» wur-

Abb. 4: Der amerikanische Sklavenhandel bevorzugte eine optimale Auslastung des Schiffsraums (Lithographie 1820). Die Gesamtzahl der bis 1850 Verschleppten wird auf 8 bis 10 Millionen geschätzt; vier Millionen starben auf dem Transport; vgl. S. 242.

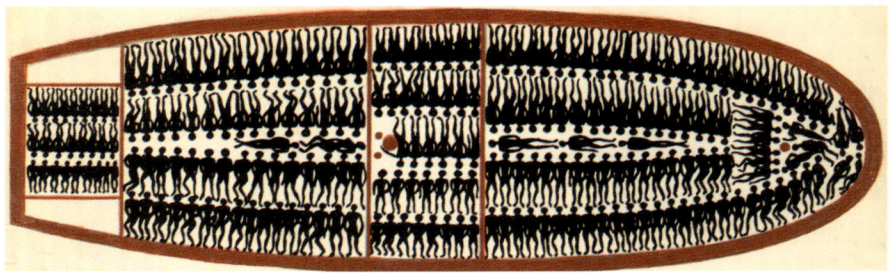

Die Kolonisierung Amerikas 241

den die Indios unterworfen und bekehrt oder getötet. Die Macht der katholischen Kirche spiegelt sich in barocken Kathedralen und Klöstern, in Jesuitenkollegien und Inquisitionspalästen, doch war sie dem zivilisatorischen Fortschritt ebensowenig günstig wie die Herrschaft Madrids, die den Problemen vor Ort nicht gerecht werden konnte.

Abb. 5: Der Übergang von von George Washington über den Delaware Weihnachten 1776 führte zum Sieg im Unabhängigkeitskrieg gegen die Briten. E. G. Leutze 1851, Metropolitan Museum of Art; vgl. S. 244.

Die spanischen Verwaltungsbezirke, die Generalkapitanate bestimmten die Grenzen der späteren Republiken Lateinamerikas. Mexiko, Kolumbien und Argentinien wurden Vizekönigreiche, ebenso das zunächst von einem Generalgouverneur regierte portugiesische Kolonialreich Brasilien. Zum Wohlstand der Länder trugen Gold-, Silber- und Diamantenfunde bei, namentlich aber die Zuckerrohr-, Tabak- und Baumwollpflanzungen. Sie wurden anfangs mit indianischen Zwangsarbeitern betrieben, doch waren diese den Anstrengungen nicht gewachsen und starben zu Tausenden. Auf Betreiben des auf Cuba lebenden Priesters Las Casas untersagte Karl V die Versklavung von Indios, an ihre Stelle traten robustere Westafrikaner.

Seit dem Ende der Antike hatte die Sklaverei nie aufgehört. Die Sklavenmärkte von Mainz und Lyon wurden im 10. Jahrhundert aus dem deutschen Osten mit Slawen beliefert, Verdun produzierte Eunuchen für das muslimische Spanien. Sklaven aus Afrika dienten im osmanischen Reich wie in Portugal seit dem späten Mittelalter. Den Menschenhandel mit Amerika betrieben zunächst die Genuesen, dann Portugiesen und Holländer und seit 1562 zunehmend die Engländer. Sie versorgten die spanischen Kolonien und seit 1619 auch Nordamerika, namentlich Virginia, Georgia und Carolina. Das Geschäft verlief im Dreieck. Die Segler brachten aus Liverpool, Bristol und London Schußwaffen, Schnaps und Glasperlen nach Westafrika, wo arabische Menschenjäger den Häuptlingen an der Küste die schwarze Ware zulieferten; diese wurde nach Amerika verfrachtet und mit Kaffee, Tabak, Zucker, Reis und Baumwolle für Europa bezahlt (Abb. 4). Während des amerikanischen Unabhängigkeitskrieges organisierten die Franzosen den Sklavenimport, der die weiße Einwanderung um ein Vielfaches überstieg. Dem geringen Nachwuchs wurde durch systematische Züchtung entgegengewirkt.

Die Kolonisierung Nordamerikas begann später als die im Süden, verlief aber erfolgreicher. Getragen wurde sie zunächst von Einwanderern aus dem protestantischen Europa, an erster Stelle England und Holland, später auch aus den katholischen Ländern Frankreich, Spanien, Irland sowie im 19. Jahrhundert aus Deutschland. 1584 gab der Seefahrer Sir Walter Raleigh der Kolonie Virginia ihren Namen zu Ehren der jungfräulichen Königin Elisabeth. Die ersten Städte entstanden an der Ostküste: Jamestown (südlich von Williamsburg) 1607; New Amsterdam 1612 (seit 1664 New York), Boston 1630, Providence 1636. Franzosen gründeten in Kanada 1608 Quebec und 1642 Montreal.

Anders als im katholischen Lateinamerika kam es nicht zu einer Vermischung mit den Eingeborenen. Das Prinzip der Rassentrennung galt gegenüber den Indianern wie gegenüber den schwarzen Sklaven. Das religiöse Spektrum war bunt, fast alle christlichen Richtungen waren vertreten, sie pendelten zwischen Fundamentalismus und Toleranz. Epochal war die Landung der Mayflower 1620 mit den Pilgervätern in Massachusetts. Die calvinistisch geprägten Puritaner waren in Gegensatz zur *Highchurch* geraten und suchten in Neu-England religiöse Freiheit. Zwar wollten sie Untertanen des Königs bleiben, doch vereinbarten sie in ihrem *Mayflower Compact* vom 11. November 1620 demokratische Freiheitsrechte und kommunale Selbstbestimmung, so wie es später den meisten Einwanderern vorschwebte. Es entstanden 13 Kolonien unterschiedlichen Rechts, regiert von Gouverneuren, die vom König entsandt, von der Kolonie gewählt oder von einem privaten Kolonisator bestimmt wurden – so in Pennsylvanien.

Die amerikanische Revolution

Von Anbeginn bestehende Spannungen mit dem Parlament in London wurden überdeckt von der Auseinandersetzung mit den Indianern, von Problemen des Landesausbaus und dann vom Konflikt zwischen England und Frankreich während des Siebenjährigen Krieges. Er wurde von den Indianern nicht im eigenen Interesse genutzt, führten sie doch auch untereinander gnadenlose Ausrottungskriege. Die Huronen standen auf französischer, die Irokesen auf britischer Seite. Für Indianerskalpe wurden Prämien gezahlt. Die Atmosphäre beschreibt aus englischer Sicht James Fenimore Cooper in seinen klassischen ‹Lederstrumpf-Erzählungen› von 1823 bis 1841. Den Sieg erfochten die Briten, Kanada wurde 1763 englisch. Die Kriegskosten suchte London über Zölle auf die Kolonien umzulegen.

Der ökonomische Grundgedanke des neuzeitlichen Kolonialismus war, neben dem Gewinn von Siedlungsraum, der Tausch von Rohstoffen aus Übersee gegen Fertigprodukte und Luxusgüter aus Europa. Dieser Handel wurde durch Monopole festgeschrieben. Die Kolonien mußten England beliefern, auch wenn sie anderwärts höhere Erlöse erzielt hätten; sie mußten die Waren aus England beziehen, auch wenn sie diese andernorts billiger bekommen konnten. Diese Zwangswirtschaft drosselte die Entwicklung der Manufaktur und des Städtewesens in Amerika. Mehr als neun Zehntel der Kolonisten lebten zwar auf dem Lande, aber die Städte wuchsen.

London ergriff fiskalische Maßnahmen, die als Schikane empfunden wurden, so das Verbot, angesichts der untersagten Einfuhr von Gold und Silber Papiergeld zu drucken, und die berüchtigte Stempelakte von 1765, die Steuermarken für alle bedruckten Papiere, einschließlich der Spielkarten vorschrieb. Die empörten Kolonisten beschickten einen Kontinentalkongreß in New York, der eine Beschwerde nach London sandte. Ohne Mitsprache im Parlament keine Besteuerung! *No taxation without representation!* lautete die Devise. Das Mutterland aber bestand auf seiner Steuerhoheit. Indes: Ein Recht, das die öffentliche Meinung mißachtet, begünstigt eine Politik, die das Recht ignoriert. London nahm die Stempelabgabe zurück, beschloß aber dafür Eingangszölle für britische Waren. Darauf antworteten die Amerikaner mit einem Boykott. Als drei Schiffe mit Tee im Hafen von Boston anlegten, warfen als Indianer verkleidete Bürger die Ballen ins Meer. Mit der *Boston Tea Party* vom 16. Dezember 1773 brach der offene Konflikt aus. Die Abgeordneten der Kolonien beschlossen in Philadelphia, der größten Stadt der Kolonien (40 000 Einwohner), den militärischen Widerstand gegen die britischen Truppen. Nachdem die *Virginia Bill of Rights* einen Katalog von freiheitlich-demokratischen Grundrechten verkündet hatte und die Kolonien eigenstaatliche Verfassungen ausarbeiteten, veröffentlichte der Kongreß in Philadelphia an 4. Juli 1776 die Unabhängigkeitserklärung der von jetzt an so genannten «Vereinigten Staaten von Amerika».

Drei Männer ragen unter den Gründervätern, den *Founding Fathers* hervor: Thomas Jefferson, Benjamin Franklin und George Washington. Jefferson (1743 bis 1826) war der Vordenker. Er entwarf die *Declaration of Independence*, war Gouverneur in Virginia, Gesandter der Union in Frankreich und 1800 Präsident. Die von ihm 1792 gegründete Partei ist die Mutterorganisation der Republikaner und der 1829 abgespaltenen Demokraten. Jeffersons Schriften sind von hohem Idealismus getragen, der Aufklärung verpflichtet und atmen denselben antiken Geist, der auch in dem von ihm inspirierten Klassizismus der Staatsarchitektur Ausdruck findet. Sein viel besuchtes Gutshaus Monticello in Virginia erinnert nicht zufällig an den Mons Caelius in Rom, wo die Villen der reichen Senatoren lagen. So wie der ältere Cato war Jefferson patriotischer Politiker für seine Republik, Literat, Landwirt und Sklavenhalter.

Franklin (1706 bis 1790), Sohn eines Seifensieders, literarisch wie technisch hochbegabt, vertrat sein Land in London und Paris, wo er 1783 den Frieden mit England vermittelte. Die Westgrenze wurde dabei an den Mississippi vorgeschoben, das Territorium mehr als verdoppelt. Franklin legte als Autor wie als Organisator den Grund für das amerikanische Bildungswesen und sicherte der Union die wohlverdienten Sympathien der Europäer. Seine bereits 1794 verdeutschte Autobiographie vermittelt Einblicke in das Leben und Denken der Zeit.

Washington (1732 bis 1799), Sohn eines reichen Pflanzers in Virginia und gelernter Feldmesser, zeichnete sich unter britischer Flagge

Die amerikanische Revolution

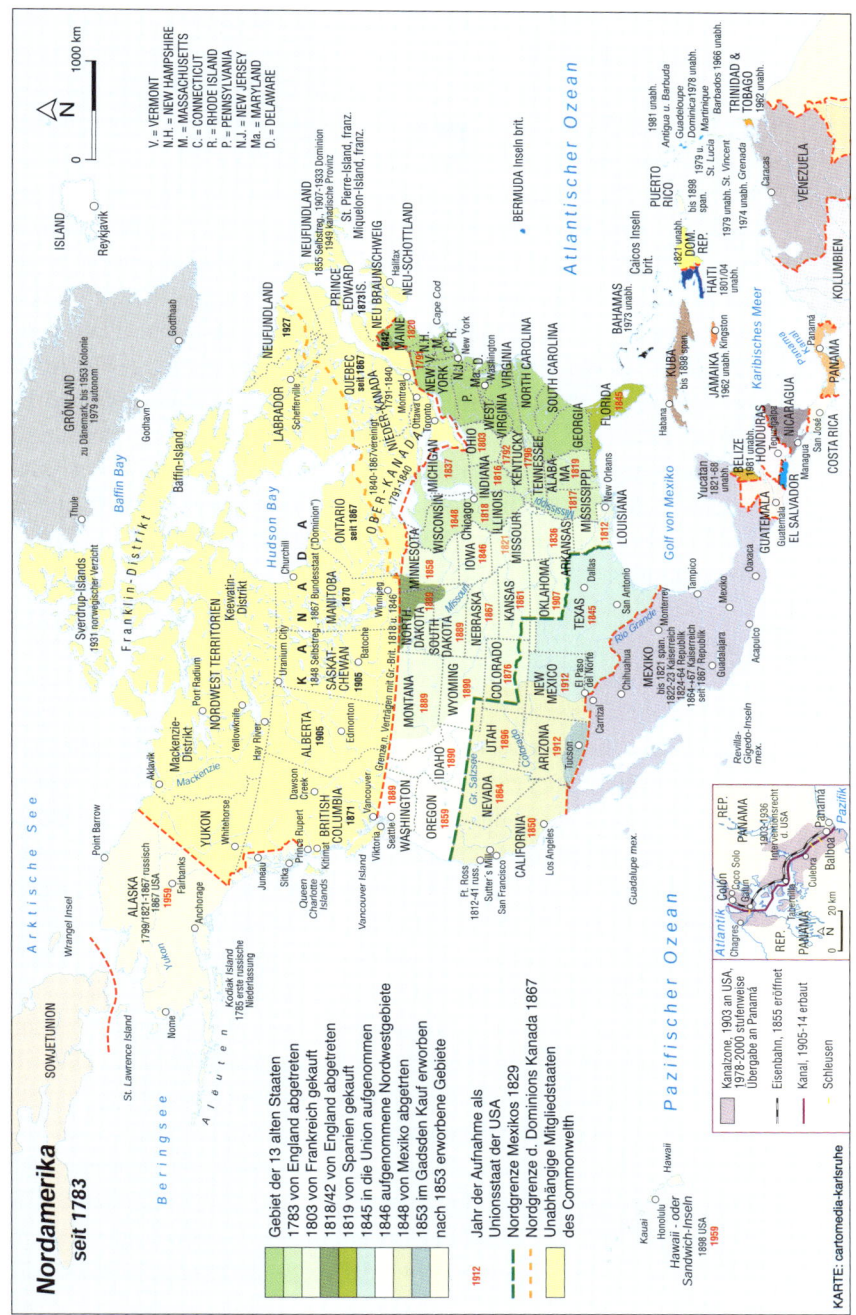

aus in den Kämpfen gegen Indianer und Franzosen und erhielt 1775 den Oberbefehl über die Revolutionstruppen. Unterstützt durch den Marquis de Lafayette aus Frankreich und Friedrich Wilhelm von Steuben aus Preußen besiegte er im Unabhängigkeitskrieg die Briten 1777 bei Saratoga und 1781 endgültig bei Yorktown (Abb. 5). Washington wirkte im humanitären Sinne der Freimaurerei und vermittelte zwischen den ihm nahestehenden Föderalisten, die einen starken Bund anstrebten, und den Republikanern unter Jefferson, denen es um die Rechte der Einzelstaaten ging. Den Ausgleich brachte die Verfassung von 1787, die im folgenden Jahr von den meisten Staaten anerkannt war. Washington präsidierte dem 1783 gegründeten Orden der Cincinnati, benannt nach dem römischen Senator, der gemäß Livius (III 26) 458 v. Chr. den Pflug verließ, um Rom zu retten, und dann auf den Acker zurückkehrte. 1789 wurde Washington der erste Präsident der Union; die Bundeshauptstadt, 1791 gegründet, trägt seinen Namen. Sein Landhaus Mount Vernon nahebei ist eine nationale Weihestätte.

Kanada

Der Name *Canada* , bezeugt seit 1535, bezeichnet ursprünglich ein indianisches Stammesgebiet um Quebec. Beim Ausbruch der amerikanischen Revolution versuchten die Insurgenten, die dortigen Siedler für die Erhebung gegen die britische Krone zu gewinnen. Dies mißlang. Im Siebenjährigen Krieg hatten die Engländer Quebec und Montreal erobert und 1763 Paris zum Verzicht auf die Kolonie gezwungen (s. Kap. 11). Der englisch-protestantische Einfluß in dem französisch-katholischen Land wuchs, es gewährte über 40 000 Loyalisten aus den Vereinigten Staaten Zuflucht, verlor an diese jedoch 1783 Gebiete südlich der Großen Seen. Seit 1774 galt Religionsfreiheit. 1791 kam es zur Verwaltungsteilung zwischen dem englischen Oberkanada um Ontario und dem französischen Unterkanada um Quebec. Nach der erfolgreichen Abwehr der US-amerikanischen Invasion 1814, bei der sich der Indianerhäuptling Tecumseh auszeichnete, verstärkte sich die Einwanderung, zumal aus England. Bis zur Jahrhundertmitte vervierfachte sich die Bevölkerung. Die Siedlungen wurden nach Westen vorgeschoben, die Grenze zu den USA bildete 1818 der 49. Breitengrad, die zum russischen Alaska 1825 der 141. Längengrad. Wiederholte Spannungen zwischen der probritischen «sächsischen» Partei und den antibritischen «Söhnen der Freiheit», unterstützt von den USA, konnten ausgeglichen werden. Die von London entsandten Gouverneure traten allmählich hinter die Organe der Selbstverwaltung zurück, *Council* und *Assembly* (Ober- und Unterhaus) wurden nach einem Zensuswahlrecht zusammengesetzt. Hauptstadt ist seit 1857 Ottawa. 1867 proklamierte London das *Dominion of Canada from Sea to Sea*, nur noch symbolisch Teil des *British Empire*. Die Indianer, etwa zwei Prozent der Bevölkerung, erhielten 1885 Bürgerrecht. 1890 war die Bahnlinie nach Vancouver fertiggestellt, die Wirtschaft verlagerte sich vom Pelzhandel der Hudson-Bay auf Holz-, Papier- und Weizenproduktion, doch wurde bis 1881 nur ein Prozent des Bodens landwirtschaftlich genutzt. Das Leben ballte sich im Osten, Zentren wurden Montreal und Toronto.

Weltmacht Washington

Einen steilen Aufstieg als Kanada erlebten die Vereinigten Staaten im 19. Jahrhundert. Das Siedlungs- und Hoheitsgebiet wuchs, die Einwohnerzahl (1790 vier Millionen, dazu 700 000 Sklaven) stieg durch Einwanderung aus Europa auf das Zwanzigfache, die Industrieleistung auf das Dreißigfache. Schon unter Jefferson verdoppelte sich das Territorium abermals durch den Erwerb des französischen Missouri-Gebietes, Louisiana genannt, für 15 Millionen Dollar 1803. Die im Anschluß an den Krieg mit England 1812 versuchte Eroberung Kanadas scheiterte zwar 1814, doch kam für 5 Millionen Dollar 1819 das spanische Florida hinzu. 1823 verkündete Präsident Monroe die nach ihm benannte Monroe-Doktrin. Sie beanspruchte die Vormacht der Union in der Neuen Welt. Mit der Devise «Amerika den Amerikanern!» wandte er sich gegen das russische Vordringen in Kalifornien und die iberischen Ansprüche auf Lateinamerika. Die spanischen Kolonien hatten sich erhoben, als Napoleon 1810 seinen Bruder Joseph auf den Thron in Madrid gesetzt hatte. Unter der Führung von José de San Martin und Simon Bolivar (1783 bis 1830) besiegten sie in wenigen Jahren die Spanier. Die entstandenen Staaten Südamerikas nahm Monroe unter den kontrollierten Schutz der Union.

Um mehr als ein weiteres Drittel vergrößerten sich die USA in der Jahrhundert-Mitte. In die zu Mexiko gehörenden Länder Texas, Neu-Mexiko, Colorado, Arizona, Nevada, Utah und Kalifornien waren anglo-amerikanische Siedler eingewandert; diese suchten den Anschluß an die Union. Washington erklärte Mexiko den Krieg, eroberte 1847 Mexiko-City und erzwang die Abtretung der genannten Gebiete. Inzwischen waren auch die «herrenlosen» Nordwest-Territorien angegliedert, hier lockten die 1848 entdeckten kalifornischen Goldfelder. Mexiko verlor die Hälfte seines Territoriums und wurde mit 15 Millionen Dollar abgefunden.

Nachdem das *Frontier Movement* die kalifornische Küste erreicht hatte, wurde der Pazifik als *mare nostrum* interessant. Die amerikanische Seefahrt schildert Herman Melville (1819 bis 1891) in seinen Romanen, namentlich in ‹Moby Dick› (1851). 1854 erzwang der Commodore Matthew Perry die Öffnung Japans (s. Kap. 8; 13). Das zuvor nur den Holländern zugängliche Inselreich war von Portugiesen und Spaniern, von Engländern und Russen vergeblich umworben worden. 1867 besetzte Washington die Midway-Inseln, kaufte Alaska von der Russisch-Amerikanischen Handelskompanie für sieben Millionen Dollar und erschloß die dortigen Goldvorkommen. Der 1881 von den Franzosen begonnene Bau des Panama-Kanals ging 1903 an die USA über. Als Kolumbien, der Hoheitsträger, protestierte, bildete Washington 1909 den Vasallenstaat der Panama-Republik und kontrolliert seitdem die Kanalzone.

1897 wurde die zwischen den seefahrenden Nationen umstrittene Inselgruppe von Hawaii annektiert, 1899 folgte Ost-Samoa. Als 1898 in Cuba ein Aufstand gegen die spanische Kolonialmacht ausbrach, traten die USA auf Seiten der Insurgenten, versenkten die Flotte Spaniens und errichteten 1901 auf der Insel ein weiteres Satellitenregime. Außerdem mußte Madrid zugunsten der USA auf Puerto Rico, Guam und die Philippinen verzichten. Nach mehreren niedergekämpften Aufständen gewährte Washington der Inselgruppe 1946 Autonomie. Die Interventionspolitik in Lateinamerika durch Theodore Roosevelt (1901 bis 1909), Löwenjäger und Namenspatron des Teddy-Bären, gehorchte einem sozialdarwinistischen Sendungsbewußtsein unter dem Motto *Big Stick*, ein Knüppel für Fortschritt und Freiheit!

Die Expansion auf dem Kontinent wurde wesentlich von den Südstaaten getragen. Die hier vorherrschende Plantagenwirtschaft der Baumwoll-, Tabak-, Reis- und Indigofarmen beruhte auf Sklavenarbeit, die mehr und mehr in Verruf geriet. ‹Onkel Toms Hütte› von Harriet Beecher-Stowe, 1852 in Boston erschienen, machte Eindruck. Ökono-

Weltmacht Washington 249

Abb. 6: Religion und Kult der nordamerikanischen Indianer sind verwandt mit dem sibirischen Schamanismus. Durch Beschwörung versuchten sie, die bösen Geister zu vertreiben – so hier der Medizinmann, gemalt von George Catlin 1841. Dieser besuchte 1832 bis 1840 die Indianerstämme Nordamerikas und dokumentierte ihre Bräuche, bevor sie für Touristen kommerzialisiert wurden; vgl. S. 250.

mische Interessen stützten die humanitären Motive, da der Norden, wo die Industrie dominierte, freie Lohnarbeiter brauchte. Für das neu gewonnene Texas aber konnten die Südstaaten die Zulässigkeit der Sklaverei erreichen, die nach mexikanischem Recht zuvor verboten war. Bei jeder Neuaufnahme eines Staates in die Union stritt man über die Sklaverei, die im Wechsel untersagt und gestattet wurde. Schon 1688 hatten sich die Mennoniten, 1727 die Quäker in Pennsylvanien gegen die Sklaverei gewandt, 1808 verbot Jefferson die Sklaveneinfuhr. Auch England untersagte damals den Sklavenhandel und bekämpfte ihn in der Folgezeit nachhaltig. Der Wiener Kongreß 1815 erklärte Sklaverei für Unrecht. Spanien und Portugal ließen sich den Verzicht auf den Menschenhandel bezahlen. Die Südstaaten der Union aber wehrten sich. 1820 bestimmte der Missouri-Kompromiß eine Linie, nördlich welcher Sklaverei verboten war. Der Sklavenmarkt in Washington wurde 1850 geschlossen.

Als 1861 Abraham Lincoln, ein entschiedener Gegner der Sklaverei, Präsident wurde, traten die elf Südstaaten aus der Union aus und bildeten eine eigene Konföderation. Es kam zum Sezessionskrieg, der von dem an Menschen wie an Material weit überlegenen Norden mit «verbrannter Erde» geführt wurde und mehr Opfer forderte als jeder bisher von den USA geführte Krieg: über eine Million Tote und Versehrte. 1865 unterlag Robert Lee der Übermacht der Union unter Ulysses Grant. Lincoln, der 1863 die Aufhebung der Sklaverei verkündet und in seiner *Gettysburg Adress* an die Menschenrechte appelliert hatte, wurde wenige Tage nach der Siegesmeldung von einem Attentäter erschossen. 1870 erhielten die ehemaligen Sklaven Bürgerrecht, doch war der nicht nur vom *Ku Klux Klan* getragene Rassismus keineswegs überwunden, wie die 1896 vom *Supreme Court* gerechtfertigte Segregation und noch der Mord an Martin Luther King 1968 zeigen sollten.

Amerikas Aufstieg zur Weltmacht im 19. Jahrhundert beruht in erster Linie auf dem Bevölkerungs- und Wirtschaftswachstum. Fast 30 Millionen Einwanderer kamen bis 1916 aus Europa. Der letzte Widerstand der Indianer wurde in vier Kriegen 1861 bis 1890 gebrochen, die Überlebenden kamen in Reservate, wo sie dem Alkohol zugetan waren und touristische Folklore zelebrierten (Abb. 6). Die weißen Farmer nutzten die fruchtbaren Ländereien; Goldfunde zogen Abenteurer in den Wilden Westen, die Cowboys der Rancher übernahmen die Weidegründe der ausgerotteten Bisons.

Bodenschätze aller Art versorgten die sprunghaft wachsende Industrie namentlich im Nordosten. Produzierte sie noch 1865 weniger als England, so übertraf sie 1900 Großbritannien, Frankreich und Deutschland zusammen. Neuerungen bereicherten den Markt. Thomas Alva Edison (1847 bis 1931), der als Zeitungsjunge begonnen hatte, verbesserte und erfand zahlreiche Geräte, darunter die Glühlampe, und meldete über tausend Patente an.

In den Wolkenkratzern der Großstädte konzentrierte sich das Kapital, hier entstanden die großen Firmen und Konzerne. Zu den Millionären zählten Cornelius Vanderbilt, der Dampfschiffe und Eisenbahnen in Bewegung setzte; John Rockefeller, der Chef des *Standard-Oil-Trust*; Henry Ford, der Autos am Fließband bauen ließ, und Pierpont Morgan, der Bankier und Finanzagent der US-Regierung bis 1913. Damals verdienten 2 Prozent der Amerikaner über 60 Prozent des gesamten Volkseinkommens. Die im Stile der italienischen Renaissance und des französischen Barock angelegten Paläste der Großindustriellen in Newport, Rhode Island, aus der Zeit um die Jahrhundertwende sind die luxuriösesten Privathäuser, die je gebaut wurden. Unternehmungsgeist und Ausdauer, Profitgier und Gangsterwesen kennzeichnen den amerikanischen *Selfmade Man*, der viel bewundert, oft geschmäht, an den zivilisatorischen und wirtschaftlichen Erfolg glaubt, für dessen schier unbegrenzte Möglichkeiten er vor und nach Tocqueville handfeste Beweise geliefert hat.

*

Despotie, wie sie Rußland verkörperte, und Freiheit, wie US-Amerika sie verstand, bildeten für Tocqueville keinen unvereinbaren Gegensatz. Denn Freiheit, reduziert auf materielle Interessen, tendiert zur Anarchie und bedarf daher einer Zentralmacht. Dies war für Tocqueville die konforme, d.h. politisch korrekte öffentliche Meinung, «eine Art Religion, deren Prophet die Mehrheit ist». Ausgeübt wird sie durch einen Versorgungs- und «Verwaltungsdespotismus», der dem Volk die «Furcht vor Aufruhr» nimmt. Die Entwicklung zur bürokratisch dominierten Demokratie amerikanischen Musters schien dem Autor schicksalhaft auch Europa bevorzustehen, und ihm nicht allein. Die Überzeugung von Amerikas humanitärer Mission für das Glück der Menschheit, die *Providentia Americana*, stand wieder hinter dem Eintritt des Präsidenten Wilson in den Ersten Weltkrieg 1917, der eine neue Epoche herbeiführte.

13. Nationalstaat und Imperialismus

Der Berliner Historiker Otto Hintze beschrieb 1897 die Weltgeschichte als eine Durchflechtung nationaler und universaler Kräfte, die sowohl gegeneinander als auch miteinander wirken und zuletzt einen «großen singulären Prozeß» darstellen. Hintze notierte dies im Blick auf das 19. Jahrhundert, das gekennzeichnet war einerseits durch die Herausbildung von Nationalstaaten, andererseits durch einen grenzübergreifenden Imperialismus. Dieser führte zu einer globalen Vernetzung, die im politischen Sinne antagonistisch, zivilisatorisch gesehen aber homogenisierend wirkte. Die Nationen waren für Hintze nicht eigengesetzlich sich entfaltende Individualitäten, sondern «Entwicklungsstufen eines größeren Ganzen.» Denn: «In den Gegensätzen und in der Verkettung der Nationen und Staaten schreitet die Weltgeschichte fort» zu einem weltweiten Föderalismus. Das hoffte er. Der Begriff «Weltstaat» fehlt im Grimm'schen Wörterbuch.

Napoleon

Den Schritt von der Nation zum Imperium versuchte Napoleon. Der Staatsstreich vom 9. November 1799, dem Achtzehnten Brumaire, erhob ihn zum Ersten Konsul. Seine militärischen Erfolge in den Koalitionskriegen hatten ihn so populär gemacht, daß er seine auf zehn Jahre befristete Stellung 1802 durch Volksabstimmung auf Lebenszeit festschreiben konnte. Die neue, zentralisierte Staatsordnung mit ihren Großwürdenträgern war absolutistisch geprägt. Sie erlaubte es Napoleon, mit den Emigranten und der Kirche Frieden zu schließen. 1804 krönte er sich, vom Papst gesalbt, in Notre-Dame zum Kaiser der Franzosen, 1805 in Mailand zum König von Italien. Dynastischem Denken entsprach seine Familienpolitik, indem er sich mit dem Hause Österreich verschwägerte, während seine Verwandten die Königsthrone Europas bestiegen: seine Brüder Joseph in Spanien, Louis in Holland und Jérôme in Westfalen, seine Schwäger Murat in Neapel und Bernadotte in Schweden. Römische Reminis-

Abb. XIII: Bismarck war ein genialer Staatsmann und zugleich eine patriotische Kultfigur, deren Denkmäler die deutschen Städte schmückten, so das 1906 im trotzig-teutonischen Stil geschaffene, 36 m hohe Monument von Hugo Lederer in Hamburg; vgl. S. 267.

zenzen schließlich prägten seine Zielsetzung, seine Terminologie und seinen Stil, das *Empire*.

Die politische Landkarte Deutschlands änderte sich 1797 infolge der Niederlage Österreichs gegen Napoleon in Oberitalien. Kaiser Franz verzichtete auf das linke Rheinufer, es wurde französisch. Die dadurch geschädigten Fürsten sollten durch kleine und geistliche Territorien rechtsrheinisch zufriedengestellt werden. Das minderte die Zahl der Reichsstände, schadete Österreich und wurde daher von Preußen und Rußland begrüßt. Gemäß der Forderung Napoleons wurden 1803 in Regensburg durch den Reichsdeputations-Hauptschluß die geistlichen Herrschaften säkularisiert und ebenso wie zahlreiche kleinere Territorien mediatisiert, d. h. größeren einverleibt. Von den etwa 360 Reichsständen blieb nur ein Zehntel übrig.

1805 schlossen sich Zar Alexander und Kaiser Franz gegen Napoleon zusammen, unterlagen jedoch in der Dreikaiserschlacht von Austerlitz. Darauf traten die Fürsten Süd- und Westdeutschlands aus dem Reich aus und bildeten den Rheinbund unter dem Protektorat Napoleons. Auf dessen Ultimatum hin legte Franz II am 6. August 1806 die römisch-deutsche Kaiserwürde nieder und nannte sich Franz I, Kaiser von Österreich. Nachdem Napoleon auch das preußische Ansbach-Bayreuth besetzt hatte, erklärte Friedrich Wilhelm III Napoleon den Krieg, wurde aber bei Jena und Auerstedt besiegt. Napoleon war ein genialer Feldherr, ein Abgott seiner Soldaten. Seine Stärke war der taktische Einsatz der Artillerie. Friedrich Wilhelm floh nach Tilsit. Hier kam es 1807 zur Begegnung Napoleons mit Königin Luise, die jedoch die drastische Verkleinerung Preußens nicht abwehren konnte.

Zum Erfurter Fürstentag 1808 erschienen Zar Alexander und die von Napoleon zu Königen beförderten Fürsten von Württemberg, Baiern und Sachsen. Auch Goethe, der 1806 ‹Faust I› vollendet hatte, kam aus Weimar, vom Kaiser begrüßt mit den Worten: *Vous êtes un homme!* Napoleon schätzte ‹Werthers Leiden› und verlieh Goethe den Orden der Ehrenlegion. 1809 wurde Österreich in der Schlacht bei Wagram nochmals geschlagen, seitdem gehörten dem Korsen außer Frankreich die Niederlande, Norddeutschland bis Lübeck, Piemont und die Toskana einschließlich Roms und Korsika. Vasallen regierten in Spanien, Italien, Kroatien, in den Rheinbundstaaten und Polen. Die Schweiz war in die Helvetische Republik verwandelt, Österreich und Preußen Napoleons Verbündete.

Ähnlich erfolgreich war die Innenpolitik. Napoleon war angetreten als Modernisierer und hat in Verwaltung, Militär- und Rechtswesen Enormes geleistet. Sein einflußreicher *Code Napoléon* oder *Code Civil* von 1804, das erste französische Gesetzbuch, hat die sozialen Errungenschaften der Revolution kodifiziert und mit den mittelalterlichen Sonderrechten aufgeräumt. Er blieb gültig in Baden und am Niederrhein bis 1900 und war geltendes Recht in Belgien, der Schweiz, Polen, Rumänien, Ägypten, Argentinien und mehreren nordamerikanischen Staaten. In Spanien hat Napoleon Inquisition und Folter abgeschafft, in Deutschland feste Besoldung für Lehrer eingeführt.

Im Geiste Napoleons hat in Baiern Montgelas die Reformen durchgeführt, in Preußen war es der Freiherr vom Stein. 1807 hob er die Erbuntertänigkeit der leibeigenen Bauern auf und gestattete Bürgerlichen, adlige Güter zu erwerben. 1808 verlieh er den Städten Selbstverwaltung. Sein Nachfolger Hardenberg emanzipierte 1812 die Juden und verfügte Gewerbefreiheit. Scharnhorst und Boyen führten analog zur *levée en masse* 1814 die allgemeine Wehrpflicht ein und beseitigten die Prügelstrafe im Heer. Im Zeichen des Aufbruchs gründete Wilhelm von Humboldt 1810 die nach Friedrich Wilhelm III benannte Berliner Universität – über hundert Jahre lang Deutschlands angesehenste Hochschule. Humboldt gehört philosophisch zum Deutschen Idealismus, dessen Haupt der große Systematiker Hegel war. Seine Denkform war die «Dialektik», sein Zentralbegriff der «Geist», sein Geschichtskonzept «Fortschritt im Bewußtsein der Freiheit».

Seit Napoleons Ägyptenzug herrschte akuter Kriegszustand mit England. 1798 besiegte Admiral Nelson die französische Flotte bei Abukir, 1805 bei Trafalgar. Daraufhin verhängte Napoleon die Kontinentalsperre, einen Boykott englischer Waren, vor allem Textilien und Kolonialprodukte, und sperrte die Häfen von Cadiz bis Königsberg. Um sich den Zugang zur Ostsee zu sichern, zwang England das neutrale Dänemark durch eine viertägige Kanonade Kopenhagens, seine Flotte auszuliefern. So konnte der Schleichhandel mit dem Baltikum fortgehen.

Gegen die Kontinentalsperre wandte sich der Zar Alexander. Daraufhin zog 1812 Napoleon mit seiner großen Armee, ein Drittel war deutsch, gegen Rußland. Nach der Schlacht bei Borodino besetzte er Moskau, doch geriet die Stadt in Brand. Der Stadtkommandant Rostoptschin hat seine «Schuld» daran bestritten, und Napoleon mußte

Nationalstaat und Imperialismus

Abb. 1: Der Sieg in der Völkerschlacht bei Leipzig über Napoleon 1813 wurde wesentlich durch Freiwillige erfochten. Der Schweizer Ferdinand Hodler malte in der Jenenser Aula 1909 bis 1913 den Auszug der Studenten; vgl. S. 256.

im Winter den Rückmarsch antreten. Beim Übergang über die Beresina erlitt er schwere Verluste; die Armee löste sich auf, Napoleon flüchtete nach Paris.

Längst waren Freiheitskämpfe im Gang: erfolglos in Norddeutschland unter Schill (gefallen in Stralsund 1809) und in Tirol unter Andreas Hofer (erschossen in Mantua 1810), siegreich aber war in Spanien der mit britischer Hilfe durch Wellington geführte Kleinkrieg, die *Guerilla*. Unter dem wachsenden Druck der öffentlichen Meinung, die hier zum ersten Male politisch wirksam wurde, verbanden sich Preußen, Rußland und Österreich gegen Napoleon und besiegten ihn 1813 in der Völkerschlacht bei Leipzig (Abb. 1). Theodor Körner sang von einem «Kreuzzug», seither eine beliebte Metapher für den Kampf gegen den wechselnden Weltfeind. 1814 zogen die Verbündeten in Paris ein (Abb. 2); Napoleon verzichtete und wurde Herr auf Elba.

Während die Fürsten auf dem Wiener Kongreß über die Neugestaltung Europas berieten und Walzer tanzten, schlug wie ein Blitz die Nachricht ein, daß Napoleon zurückgekehrt sei. Er war heimlich gelandet, nur im Vertrauen auf seinen Stern, und Frankreich fiel ihm zu Füßen. Nochmals rief Europa zu den Waffen. Nach hundert Tagen wurde Napoleon 1815 von Wellington und Blücher bei Belle Alliance alias Waterloo in Belgien geschlagen und auf das Eiland Sankt Helena im Südatlantik verbannt, wo er 1821 starb.

Abb. 2: Mit der triumphalen Attitüde des Korsen war es vorbei, als er am 31. März 1814 den Einzug der Verbündeten in Paris vernahm. Als Verbannter auf Sankt Helena erklärte er seinem Sekretär Las Cases, sein Ziel sei ein geeintes Europa, ja eine friedliche Entwicklung der Menschheit gewesen. Napoleons Leiche wurde 1840 nach Paris geholt und pompös beigesetzt. Der Invalidendom am Veteranen-Hospiz mit dem unter Napoleon III 1861 vollendeten Grabmal des Korsen ist ein Kultraum. Das Bild von P. Delaroche 1845 hängt in Leipzig; vgl. S. 256.

Der Vormärz

1815 war der mehr als zwanzigjährige Krieg zwischen Frankreich und Europa beendet. Die Fürstlichkeiten konnten den Wiener Kongreß fortsetzen. Gastgeber war Metternich, der Kanzler des Kaisers. Die stärkste Militärmacht repräsentierte Zar Alexander. Der Preußenkönig ließ sich beraten durch Hardenberg und Wilhelm von Humboldt. Talleyrand als Vertreter Frankreichs vertrat sein Land höchst erfolgreich. Umsetzbare Vorschläge kamen von Castlereagh, dem britischen Außenminister. Zu den Signatarmächten gehörten weiterhin Schweden, Spanien und Portugal. Das Verhältnis der fünf europäischen Großmächte: England, Frankreich, Preußen, Österreich und Rußland, die Pentarchie, wurde ins Lot gebracht. Frankreich bekam die Westgrenze von 1792 mit Elsaß und Lothringen. England sicherte sich Malta, Helgoland, Ceylon (Sri Lanka) und das Kapland. Die seither unveränderten Grenzen der Schweiz wurden festgelegt und immerwährende Neutralität garantiert. Auch der Kirchenstaat erstand wieder. Der Zar behielt das 1809 den Schweden entrissene Finnland und gewann weitere Teile Polens von Preußen, das mit Schwedisch-Pommern, dem nördlichen Sachsen und dem Rheinland um Köln, Trier und Münster entschädigt wurde. Schweden wurde mit Norwegen in Personalunion verbunden. Österreich erhielt seine alten Besitzungen in Norditalien zurück und verzichtete auf seine Gebiete im Westen, die den Vereinigten Niederlanden, Baden und Württemberg zugute kamen. Preußen überließ den Wittelsbachern Ansbach und Bayreuth. Die Schreibweise «Bayern» führte König Ludwig I für das nunmehr vergrößerte Land ein.

An die Stelle des 1806 untergegangenen «Heiligen Römischen Reiches Deutscher Nation» trat der «Deutsche Bund», eine Konföderation souveräner Staaten. In der Bundesakte erscheint zum ersten Male der Name «Deutschland» im staatsrechtlichen Sinne. Der Bund umfaßte zuletzt, d. h. 1866, vier Freie Städte und 28 souveräne Fürsten; die außerdeutschen Teile Preußens und Österreichs gehörten nicht dazu, dafür aber die Könige von Dänemark, England und den Niederlanden wegen ihrer Besitzungen im alten Reich. Die Bundesversammlung tagte unter dem Vorsitz Österreichs in Frankfurt.

Die auf dem Wiener Kongreß geschaffene Ordnung litt, zumal in Deutschland, unter inneren Spannungen. Die Freiwilligen von 1813 hatten ja nicht für die Souveränität von Preußen oder Württemberg gekämpft, sondern für Einheit und Freiheit Deutschlands. Die Uniform des Lützowschen Freicorps zeigte die Farben des alten Reichswappens Schwarz-Rot-Gold, Ernst Moritz Arndt definierte Deutschland: «so weit die deutsche Zunge klingt». Die Jenenser Burschenschaft vertrat auf dem Wartburgfest 1817 nationale, liberale und demokratische Ideen, forderte doch auch die Bundesakte nach dem Vorbild der *Charte* Ludwigs XVIII von 1814 Verfassungen, d. h. die Umwandlung des dynastischen Absolutismus in konstitutionelle Monarchien. Sie kam seit 1818 in Gang.

Gegen diese Bedrohung der «legitimen» Dynasten wurde auf Vorschlag des Zaren die «Heilige Allianz» der Monarchen zum Schutz von Thron und Altar gestiftet. Mit den Karlsbader Beschlüssen schuf Metternich 1819 ein vom Bundestag in Frankfurt sanktioniertes Repressionsinstrument gegen die freiheitlichen Bewegungen zumal an den Universitäten. Die Burschenschaft wurde verboten. Opfer der «Demagogenverfolgung» wurden der Turnvater Jahn, Arndt, Fritz Reuter, Georg Büchner und andere. Die Bewegung war aber nicht aufzuhalten. Auf dem Hambacher Fest 1832 hießen die Forderungen «vereinigtes Deutschland» und «konföderiertes republikanisches Europa». Als der König von Hannover 1837 die Verfassung brach, protestierten unter den «Göttinger Sieben» auch die Brüder Grimm; sie wurden ausgebürgert, fanden jedoch auf Empfehlung Alexanders von Humboldt Aufnahme in Berlin (Abb. 3).

Es gärte überall. Gegen das von Adel und Klerus vertretene Gottesgnadentum setzten Bürger und Arbeiter auf Volkssouveränität und Konstitutionalismus. Der Protest vollzog sich in drei grenzübergreifenden Wellen: 1820, 1830 und 1848. In Spanien, wo der Begriff «Liberalismus» entstand, erhob sich 1820 das Militär, doch wurde die Revolution mit französischer Hilfe niedergeschlagen. Die südamerikanischen Kolonien aber vermochten sich zu befreien, in Brasilien entstand ein konstitutionelles Kaiserreich (s. Kap. 12). Auch Portugal revoltierte 1820, während die nationalen Erhebungen in Neapel und Turin von Österreich scharf geahndet wurden. 1821 brach in Griechenland der Unabhängigkeitskrieg aus. Von der homerbegeisterten philhellenischen Bewegung Europas unterstützt, erkämpften die Griechen 1830 die Freiheit, nachdem die vereinten Flotten von England, Rußland und Frankreich 1827 bei Navarino, dem heutigen Pylos, die Seemacht der Türken vernichtet hatten. 1832 zog Otto von Wittelsbach als künftiger König in Athen ein.

Die zweite Welle begann mit der Julirevolution 1830 in Paris. Den 1814 zurückgekehrten Bourbonen stand aufgrund ihrer absolutistisch-klerikalen Haltung eine bürgerliche Opposition gegenüber. Damals gewannen die Begriffe «rechts» und «links» nach den Sitzen in der Kammer ihre politische Bedeutung; das französische Parteienspektrum wurde Muster für Deutschland. Als die Eroberung Algiers dazu herhielt, die Pressefreiheit aufzuheben, brach der Sturm los. Sieger war der liberale «Bürgerkönig» Louis Philippe von Orleans, gestützt auf Fabrikanten und Bankiers. Zu den großen Franzosen der Zeit gehören der Fortschrittsphilosoph Comte, der Historiker Tocqueville, die Romanciers Balzac und Hugo sowie der Komponist Chopin, der 1830,

Abb. 3: Die Brüder Jakob und Wilhelm Grimm (Daguerreotypie um 1850) wurden durch ihre in viele Sprachen übersetzten ‹Kinder- und Hausmärchen› von 1812 bekannt, ebenso durch ihre germanistischen Arbeiten, z. B. das ‹Deutsche Wörterbuch› (1852 bis 1960); vgl. S. 259.

wie so viele Emigranten, aus Polen nach Paris geflohen war (s. Kap. 12).

Unterdrückt wurden die Revolten der Italiener 1831 in Parma, Modena und im Kirchenstaat; abermals schlug Österreich zu. Erfolgreich war hingegen die Revolution in Brüssel. Sie führte mit französischer Unterstützung zur Lösung des katholischen Belgien von den protestantischen Niederlanden; König wurde Leopold von Sachsen-Coburg. Unruhen erschütterten schließlich auch England. Dort stritt man über den Schutzzoll auf Getreide-Import und über die fällige Parlamentsreform. 1829 fiel endlich die Testakte, und 1832 verloren die *rotten boroughs*, die entvölkerten Wahlbezirke, ihre Mandate zugunsten der enorm gewachsenen Industriestädte. Das Leben in England schildern die Romane von Charles Dickens.

Die achtundvierziger Revolution

Das Biedermeier war mit Barrikaden möbliert. Die dritte und größte revolutionäre Welle ging wiederum von Paris aus. Unzufriedenheit mit dem Zensuswahlrecht führte im Februar 1848 zum Sturm auf das Palais Royal und zur Abdankung von Louis Philippe. Die provisorische Regierung richtete Nationalwerkstätten ein, die aber machten Verlust. Das nun eingeführte allgemeine und gleiche Wahlrecht ergab keine Mehrheit für die Sozialisten. Die Revolutionäre spalteten sich, es kam zum Bürgerkrieg zwischen den Sozialisten unter der roten Fahne und den Gemäßigten unter der Trikolore. Zehntausend fielen im Straßenkampf. Im Dezember wurde Prinz Louis Napoleon, ein Neffe Napoleons durch Volksabstimmung Präsident der 2. Republik. Er hatte schon zweimal, 1840 und 1846 einen Putsch versucht und schaffte es 1851 mit Hilfe des «Telegraphen und der *Imprimerie nationale*» (Baudelaire). Nach einem weiteren Plebiszit erklärte er sich 1852 als Napoleon III zum Kaiser der Franzosen.

Ein wesentlicher Grund für seinen Wahlerfolg war die verbreitete Angst vor den Sozialisten, und dies veranlaßte Karl Marx zu einem bissigen Kommentar über den 18. Brumaire des Louis Napoleon. Marx (1818 bis 1883) war jüdisch-protestantischer Herkunft, arbeitete nach dem Philosophiestudium für die linksliberale Rheinische Zeitung in Köln, emigrierte 1843 nach Paris, wo ihn Friedrich Engels zum Kommunismus bekehrte (Abb. 4). Marx hat später in den Londoner Jahren seine Wirtschafts- und Geschichtsphilosophie auf hegelianischer Grundlage zum Dialektischen und Historischen Materialismus ausgebaut. In seiner ‹Kritik der politischen Ökonomie› (1859) und seinem ‹Kapital› (I 1867) sucht er zu zeigen, wie die Konkurrenz die Unternehmer zu immer schärferer Ausbeutung der Arbeiter nötigt, was zu deren Verelendung führt, bis die Weltrevolution gelingt, die Diktatur des Proletariats die sozialen Antagonismen aufhebt und die klassenlose Gesellschaft geschaffen ist, in der sich die Menschheit von ihren selbstgeschmiedeten Fesseln befreit hat. Dann gilt: «Jeder nach seinen Fähigkeiten! Jedem nach seinen Bedürfnissen!»

Das Kommunistische Manifest hatte auf die Revolution von 1848 keinen erkennbaren Einfluß. Bürger und Handwerksgesellen nahmen die Parolen aus Paris auf: Pressefreiheit, Vereinsrecht, Volksbewaffnung und ein gesamtdeutsches Parlament. Zu den Revolutionären gehörten der Historiker Theodor Mommsen, der Komponist Richard Wagner (Abb. 5) und der Romanautor Theodor Fontane. Der Frankfurter Bundestag gab nach, hob die Zensur auf, erklärte den Reichsadler zum Bundeswappen und Schwarz-Rot-Gold zu den Bundesfarben. Der Aufstand in Wien vertrieb Metternich. Am 18. März kam es zu Straßenkämpfen in Berlin. Friedrich Wilhelm IV verkündete eine Amnestie und versprach, daß Preußen fortan in Deutschland aufgehe. Allenthalben gingen die Bürger auf die Straße, die Fürsten lenkten ein.

Am 18. Mai wurde in der Frankfurter Paulskirche die deutsche Nationalversammlung eröffnet. Dort versammelten sich 585 Abgeordnete aus dem um Ost- und Westpreußen erweiterten Gebiet des Deutschen Bundes, durch allgemeines und gleiches Wahlrecht der Männer gewählt: Juristen und Beamte, Professoren und Dichter, weltliche und geistliche Honoratioren sowie Führer aus den Freiheitskriegen. Man wollte eine liberale Verfassung und eine nationale Regierung für ganz Deutschland. Es bildeten sich zwei Richtungen: eine großdeutsche, die Österreich einschloß und einen Wahlkaiser aus dem Hause Habsburg wünschte, und eine kleindeutsche, die auf die Hohenzollern setzte. Die Großdeutschen wußten zwar mit dem Kaiser die Tradition auf ihrer Seite, hatten aber das Problem der außerdeutschen Länder der Donaumonarchie. Nur ein Fünftel der Untertanen dort war deutsch. Unter ihnen gärte es, und Wien scheute keine militärischen und politischen Mittel, um die Freiheitsbewegungen in Italien, Ungarn und Böhmen zu unterdrücken. Sollte man dies im Namen des künftigen Deutschland fortsetzen?

Die Kleindeutschen kamen dem Ziel des Nationalstaates näher, zumal dieser durch den 1834 gestifteten, von Preußen geführten Deutschen Zollverein wirtschaftlich vorbereitet war. Am 28. März 1849 wurde die Reichsverfassung beschlossen. Hauptstadt sollte Frankfurt sein, der demokratisch gewählte Reichstag die Politik bestimmen, Friedrich Wilhelm IV Erbkaiser werden. Dieser aber lehnte die «Schweinekrone» ab, da die Zustimmung der Fürsten fehle. Er fühlte sich überdies der Aufgabe nicht gewachsen. Daraufhin löste sich die Nationalversammlung auf. Von Rußland gestützt erneuerte Wien in der Olmützer Punktation mit Preußen 1850 den Deutschen Bund – die Einheit ließ weiter auf sich warten.

Während der Diskussionen in der Paulskirche hatte sich die Revolution zumal in Südwestdeutschland radikalisiert und wurde bei Rastatt mit Bundestruppen niedergeworfen. Man fürchtete ein Jakobinertum. Gleichzeitig erließen Preußen und Österreich Verfassungen, um der Bewegung den Wind aus den Segeln zu nehmen. Das gelang in Berlin ohne Blutvergießen, in Wien aber erst nach Straßenkämpfen und Exekutionen. Unterdessen hatte Schleswig-Holstein gegen die Einverleibung nach Dänemark in Frankfurt um Hilfe ersucht. Preußen war marschiert, zog sich aber 1850 auf Druck der Großmächte zurück, das Dilemma bestand weiter.

Wer führt Europa?

Die Märzrevolution hat die Konstellation auf dem Kontinent verändert. Preußen schien unfähig, Deutschland zu einigen, und die Donaumonarchie erwies sich als brüchig. Gewinner war Frankreich. Napoleon III entfaltete außenpolitischen Ehrgeiz. Angesichts des morbiden Osmanenreiches forderte er das Protektorat über das Heilige Land, während der Zar nach Konstantinopel und den Meerengen griff. Napoleon blieb nach dem Krimkrieg auf Seiten Englands und war der mächtigste Monarch auf dem Festland. Er modernisierte und demonstrierte dies 1855 auf der Weltausstellung in Paris. Die erste war 1851 in London gezeigt worden.

Erfolgreich war Napoleon ebenso in Italien. Dort arbeitete Graf Cavour als führender Staatsmann des Königreichs Sardinien-Piemont in Turin für die Einigung des Landes, für das *risorgimento*. Durch ein stattliches Truppenkontingent vor Sewastopol hatte er sich die Sympathie Napoleons erworben. Gemeinsam griffen sie 1859 die Österreicher an und siegten bei Solferino. Der Bericht über die ungewöhnlich blutige Schlacht durch den Schweizer Henri Dunant gab den Anlaß für die Genfer Konvention von 1864 und die Gründung des Roten Kreuzes. Österreich übergab die Lombardei an Napoleon, dieser verzichtete zugunsten Italiens, erhielt dafür Savoyen und Nizza. Aufgrund einer brei-

Abb. 4: Karl Marx und Friedrich Engels 1844, von H. Mocznay 1953, Berlin, Historisches Museum. Beide verfaßten 1848 das ‹Kommunistische Manifest›: «Ein Gespenst geht um in Europa – das Gespenst des Kommunismus. Alle Mächte des alten Europa haben sich zu einer heiligen Hetzjagd gegen das Gespenst verbündet …» Marx betrachtete die Geschichte als eine Folge von Klassenkämpfen, bei denen die ausgebeutete Klasse die herrschende in einer Reihe von Revolutionen besiegt und so die Produktivkräfte voranbringt. Mit dem durch die Industrialisierung geschaffenen Gegensatz von Kapital und Arbeit sei die vorletzte Phase der Weltgeschichte erreicht. Geführt von den Kommunisten werde das Proletariat zunächst gemeinsam mit der Bourgeoisie in Deutschland eine bürgerliche, anschließend gegen die Bourgeoisie weltweit eine proletarische Revolution durchführen. Die Bedingung dafür formuliert der Schlußsatz: «Proletarier aller Länder, vereinigt euch!»; vgl. S. 261

ten Volksbewegung, militärisch geführt von Garibaldi, kam die Einigung Italiens rasch voran. 1861 wurde Victor Emanuel II von Sardinien König von Italien; 1866 mußte Österreich, von Preußen geschlagen, Venedig den Italienern überlassen. Erbitterten Widerstand leistete, von Napoleon unterstützt, Papst Pius IX, der sich 1870 für unfehlbar erklärte, doch wurde Rom bereits am 20. September unter der Parole *Roma o Morte* gestürmt und anstelle von Florenz Hauptstadt Italiens.

Ein Mißerfolg war Napoleons Ausgreifen nach Mexiko. Als das Land seine Schulden nicht bezahlen konnte, erschien 1861 eine europäische Expeditionsarmee unter französischer Führung und erhob Erzherzog Maximilian, einen Bruder von Franz Joseph, zum Kaiser. Washington jedoch nötigte die Europäer zum Rückzug, Maximilian wurde von den Mexikanern 1867 erschossen.

Abb. 5: Richard Wagner (1813 bis 1883) hatte mit seinen Musikdramen enormen Erfolg. Sie wirkten durch ihre «feinnervigen» Sphärenklänge – so in «Isoldes Liebestod» (1859) – und kamen der romantischen Rückwendung zur germanischen Heldenzeit entgegen. Gefördert durch Ludwig II von Bayern inszenierte Wagner in dem für ihn errichteten Festspielhaus zu Bayreuth 1876 den ‹Ring des Nibelungen›, 1882 das Bühnenweihfestspiel ‹Parsifal›. Die Figurine zeigt Wotan in der ‹Walküre› aus C. E. Doepler, Der Ring etc. 1889; vgl. S. 262.

Die nationale Bewegung in Deutschland, die 1849 gescheitert war, erfuhr durch das Beispiel des geeinten Italien und durch Besorgnis gegenüber Napoleon III neuen Auftrieb. Sie organisierte sich 1859 im preußisch gesinnten Deutschen Nationalverein; der 100. Geburtstag des Freiheitsdichters Schiller führte zu landesweiten Kundgebungen. Preußen, von dem die Initiative erwartet wurde, war indes gelähmt durch einen Heeres- und Verfassungskonflikt. Wilhelm I, seit 1861 König, forderte eine Verstärkung der Armee, doch die liberale Mehrheit der Abgeordneten widersprach. Bismarck, damals preußischer Gesandter in Paris, überzeugte im Park zu Babelsberg den König, daß er auch gegen die Parlamentsmehrheit regieren könne und wurde 1862 Ministerpräsident. In der Folgezeit taktierte Bismarck mit dem König gegen das Abgeordnetenhaus oder mit diesem gegen jenen. 1863 erhoben sich die Polen gegen Rußland; Bismarck schloß mit dem Zaren ein Stillhalte-Abkommen, das die Unterdrückung der Freiheitsbewegung erleichterte und die preußenfreundliche Stimmung in Petersburg stützte.

Als Dänemark 1864 Schleswig annektierte, schritten im Auftrag des Deutschen Bundes Preußen und Österreich gemeinsam ein und sicherten nach dem Sturm auf die Düppeler Schanzen am Alsen-Sund Schleswig-Holstein der Form nach für Deutschland, der Sache nach für Preußen. 1866 aber kam es zum innerdeutschen Bruch. Wien hatte für seine Hilfe gegen Dänemark von Preußen Unterstützung in Italien erwartet, aber Bismarck verständigte sich mit Victor Emanuel und genoß die Sympathie Rußlands. Die Entscheidung fiel bei Königgrätz in Böhmen. Moltke war der bessere Stratege; Zündnadelgewehr, Telegraph und Eisenbahn erwiesen Preußen als die modernere Macht. Die deutschen Mittelstaaten, das «dritte Deutschland», brachten Habsburg keine nennenswerte Hilfe; die Verbündeten Österreichs nördlich des Mains wurden Preußen angegliedert. Der von Österreich geführte Deutsche Bund verschwand zugunsten des neuen, preußisch ausgerichteten Norddeutschen Bundes. Sein Sitz war Berlin, Bundeskanzler wurde Bismarck.

Die souveränen Südstaaten schlossen sich zollpolitisch und militärisch dem Norddeutschen Bund an, nicht zuletzt aus Sorge vor dem Drang Napoleons zur Rheingrenze. Erfolglos forderte dieser nach dem preußischen Sieg bei Königgrätz als Gewinnbeteiligung Luxemburg, das zum Deutschen Bund gehörte. Sein sinkendes Prestige konnte der Kaiser aber nochmals aufbessern, als 1869 der mit französischer Aktienmehrheit erbaute Suezkanal zu den Klängen von Verdis ‹Aida› eröffnet wurde. Das erste Schiff, das ihn passierte, trug die Kaiserin Eugenie.

Napoleon, der mit einem Sieg Österreichs gerechnet hatte, suchte nun seinen Vorrang gegenüber Preußen dadurch zu bestätigen, daß er 1870, als Madrid einen Hohenzollern erwählt hatte, von Wilhelm einen immerwährenden Verzicht in der Thronfolge Spaniens forderte. Dies erfuhr Bismarck aus der ‹Emser Depesche›. Deren Publikation in der Presse – zum ersten Mal geschichtsmächtig – entfachte Empörung, worauf Napoleon Preußen den Krieg erklärte. Sofort solidarisierten sich die süddeutschen Staaten mit Berlin. Wiederum unter Moltkes Führung wurden die Franzosen am 2. September bei Sedan besiegt; Napoleon ergab sich, kam nach Wilhelmshöhe in Ehrenhaft und starb 1873 in England. Frankreich wurde zum drittenmal Republik. Am 18. Januar 1871 ließ sich Wilhelm I im Spiegelsaal zu Versailles von den

Fürsten und Offizieren zum Deutschen Kaiser ausrufen. Noch während der Belagerung kam es in Paris zum kommunistischen Aufstand der *Commune*, die von den Truppen der Republik niedergekämpft wurde. Die Zahl der Bürgerkriegstoten überstieg die von Sedan. Frankreich mußte wieder auf das 1648 bzw. 1681 gewonnene Elsaß-Lothringen verzichten und fünf Milliarden Franken zahlen.

Das unter dem Druck der öffentlichen Meinung endlich geeinte Deutschland stand unter einem Erbkaiser aus dem Haus Hohenzollern als oberstem Feldherrn und einem von ihm ernannten Reichskanzler (Abb. XIII). Die Fürsten und Freien Städte waren im Bundesrat vertreten nach dem Schlüssel der Bundesakte von 1815; der Reichstag ging – im Unterschied zum preußischen Drei-Klassen-Wahlrecht – aus allgemeinen, gleichen, geheimen und direkten Wahlen hervor, so wie schon beim Norddeutschen Bund. Wahlberechtigt waren 22 Prozent der Bevölkerung (in England 1886 knapp 13 Prozent). Die beiden Kammern waren zuständig für Gesetzgebung und Finanzen. Einheitswährung wurde die Reichsmark zu 100 Pfennigen. Die Münzen zierten Adler und Eichenlaub, Reichsfarben wurden die der Handelsflagge des Norddeutschen Bundes: Schwarz-Weiß-Rot. Ein gesamtdeutsches Strafgesetzbuch trat 1871 in Kraft, das Bürgerliche Gesetzbuch folgte 1900.

Eine europäische Kommission in Paris führte 1875 das metrische System ein, im Norddeutschen Bund gültig seit 1868. Es geht zurück auf den im Konvent 1791 gefaßten Beschluß, den Meter als den vierzigmillionsten Teil des Erdumfanges zu definieren. Die internationale metrische Normierung der Meßeinheiten wurde seitdem erweitert und verfeinert und hat sich – trotz der Verweigerung in England und den USA – weitgehend durchgesetzt: ein großer Fortschritt in der Völkerverständigung.

Bismarck, der «Schmied des Reiches», wurde getragen vom Bürgertum, organisiert in der Nationalliberalen Partei und der konservativen Deutschen Reichspartei. Er regierte mit wechselnden Mehrheiten. Probleme gab es mit den Katholiken, den Sozialdemokraten und schließlich auch mit den Liberalen. Gegen die Zentrumspartei setzte Bismarck im «Kulturkampf» die Entpolitisierung der Predigt durch, die staatliche Schulaufsicht und die Zivilehe. Die Arbeiterbewegung organisierten 1863 bis 1875 Lassalle, Wilhelm Liebknecht und August Bebel. Nach dem zweiten Attentat auf den Kaiser erließ Bismarck 1878 das Sozialistengesetz, das Agitation verbot, nicht aber die sozialdemokratische Partei,

Abb. 6: Adolph von Menzel (1815 bis 1905), der vielseitigste deutsche Maler des 19. Jhs., bekannt durch seine Bilder zur preußischen Geschichte und durch seine Darstellung der Arbeitswelt, hier sein ‹Eisenwalzwerk› von 1875 (Berlin, Nationalgalerie); vgl. S. 269.

deren Mandate sogar stiegen. Um die Nöte der Arbeiter zu lindern und sie in den neuen Staat einzubinden, führte Bismarck ab 1883 eine Kranken-, Unfall-, Alters- und Invalidenversicherung ein – eine staatliche Sozialpolitik, die, von den Liberalen bekämpft, auch außerhalb Deutschlands wegweisend wurde. Bebel als Reichskanzler hätte sie nicht besser machen können.

Außenpolitisch suchte Bismarck den Status quo zu sichern. Deutschland, inzwischen die stärkste Macht auf dem Kontinent, sei «saturiert». Zu fürchten war die Revanche Frankreichs, wenn es sich mit Rußland verbündete, darum sollte das Verhältnis zum Zaren intakt bleiben. Dem diente 1873 das Drei-Kaiser-Abkommen mit Österreich, wo der Groll von 1866 überwunden war. Spannungen aber gab es wiederholt wegen Rußlands panslawistischen Balkaninteressen und dem Drang nach den Meerengen. Der russische Sieg über die Türkei 1877 rief Österreich und England auf den Plan, doch gelang es Bismarck auf dem Berliner Kongreß 1878, den Frieden zu wahren. Abermalige russische Verstimmung führte zum Zweibund mit Wien, Besorgnis vor Frankreich zum Dreibund mit Rom; der Rückversicherungsvertrag von 1887 festigte das Verhältnis zu Petersburg.

Nach der kurzen Regierung Friedrichs III 1888 eröffnete Wilhelm II den «Neuen Kurs». Bismarck nahm 1890 seine Entlassung: der Lotse ging von Bord. 1881 schrieb Fontane: «Der Kanzler ist ein Despot, aber er darf es sein, er muß es sein.» Die wechselnden Majoritäten der zerstrittenen Parteien hätten niemals zustande gebracht, was Bismarck geleistet hat. Ist ihm zu verübeln, wenn seine Nachfolger das Werk nicht bewahren konnten?

Die politische Entwicklung des 19. Jahrhunderts zeigt europaweit ein fortgeschrittenes demokratisches und nationales Bewußtsein. Politik war nicht länger das Monopol der Dynasten, sondern zunehmend Sache des Volkes, vertreten durch politische Parteien. Das bestritten nur noch der Zar und der Papst. In Griechenland, Belgien, Italien und Deutschland waren neue Nationalstaaten entstanden. Soziale Konflikte bedrohten Rußland, ethnische das Osmanenreich und die Donaumonarchie. Spannungen zwischen den Staaten entsprangen dem Kolonialismus, der Domäne Großbritanniens. Er war eine Begleiterscheinung des technischen Fortschritts.

Abb. 7: Die Eisenbahn – hier eine Lithographie der ersten deutschen von Nürnberg nach Fürth 1835 – revolutionierte den Verkehr, bewegte sich doch Napoleon nicht schneller als Alexander d. Gr. Das Schienennetz erforderte die Einführung einer Normalzeit. Maßstab für das industrielle Niveau waren im 19. Jh. die Zahl der Dampfmaschinen und die Eisenbahnkilometer. In Preußen gab es 1848 fast 5000, viermal so viel wie in Österreich; in den USA 1900 mehr als in Europa; vgl. S. 270.

Die Industrialisierung

Das 19. Jahrhundert erlebte den Aufstieg des Gewerbes zur Industrie, zur maschinengestützten, arbeitsteiligen Serienproduktion in Großbetrieben (Abb. 6). Wind und Wasser als Energiequellen verloren, Steinkohle und Erdöl als Brennstoffe gewannen an Bedeutung. Deren Nutzung wurde möglich durch die Dampfmaschine, entwickelt 1780 durch James Watt in Birmingham. Dies war nach der Räderuhr im 16. Jahrhundert die folgenreichste Erfindung in der Geschichte der Technik, praktisch alle späteren Maschinen beruhen darauf, auch der Elektromotor, da die ersten Generatoren durch kohle-erzeugten Dampf betrieben wurden.

Die Fabriken in England produzierten Metallgeräte und Textilien. Mechanische Webstühle gab es dort schon vor 1800. Den Schiffsverkehr revolutionierte das Dampfschiff, 1818 überquerte der Raddampfer *Savannah* den Atlantik, Schraubendampfer fuhren seit 1829. Vier Jahre zuvor hatte George Stephenson in Newcastle upon Tayne seine Lokomotive auf die Schienen gestellt (Abb. 7).

Die Erträge der Landwirtschaft stiegen durch die künstliche Düngung, die Justus von Liebig um 1840 einführte. Die Nachrichtenübermittlung beschleunigte seit 1837 der elektromagnetische Telegraph mit dem Morse-Alphabet. Europa wurde verkabelt, seit 1861 wird telephoniert. Das Überseekabelnetz gehörte zum größten Teil England, die Verbindung durch den Atlantik zu Amerika wurde 1866 hergestellt. 1877 wurde die erste Fernsprechlinie eröffnet, wiederum in England. Die drahtlose Telegraphie folgte 1897. Photographie gibt es seit 1839, Eisenbeton seit 1867, elektrisches Licht seit 1879, Autos seit 1885.

Die Vermehrung des Wissens und Könnens im 19. Jahrhundert betrifft alle Daseinsbereiche, nicht zuletzt die Gesundheit. Die Städte erhielten Wasserleitungen, Kanalisation und Krankenhäuser. Hygienische Maßnahmen bewahrten Europa vor größeren Epidemien und verringerten die Säuglingssterblichkeit. Mediziner und Pharmazeuten mußten studieren, Chirurgen operierten mit Betäubung. Charles Darwins Lehre vom ‹Kampf ums Dasein› von 1859 wurde in den USA auf die Politik übertragen, in Deutschland zu einer antichristlichen Wissenschaftsreligion, dem «Monismus» Ernst Haeckels, ausgebaut. Max Planck begründete 1900 die Quantenmechanik, Albert Einstein entwickelte 1905 die Relativitätstheorie.

Schulen und Universitäten erlebten einen Aufschwung. Amerikaner studierten vorzugsweise in Deutschland, es gab einen organisierten Professorenaustausch. Gewerbeausstellungen und Fachliteratur in Handbüchern und Zeitschriften verbreiteten Kenntnisse und ersetzten die Gesellenwanderung. Tausende von Vereinen und Verbänden für alle erdenklichen Interessengebiete entstanden, deren Mitglieder sich gegenseitig auf dem Laufenden hielten. Volksbildung wurde von den Städten aufs Land getragen.

Industrialisierung und Modernisierung gingen einher mit einem sprunghaften Wachstum der Bevölkerung. Sie hat sich – ebenso wie das Sozialprodukt – von 1780 bis 1914 in Deutschland und England verdreifacht – trotz Auswanderung nach Amerika, allein aus Deutschland fünf Millionen. Es entstanden Großstädte und Ballungsgebiete um die rohstoffreichen Produktionszentren. Durch Schutzzölle suchten die Staaten ausländische Konkurrenz abzuwehren. Kapitalgesellschaften und Kartelle florierten, internationale Aktienbörse war Paris.

Tragende Schicht wurde das Bürgertum, das sich in der Französischen Revolution als Dritter Stand konstituiert und nicht nur in Frankreich mit der Nation identifiziert hatte. In den mittleren und gehobenen Schichten bemühte man sich um Bildung, man las und lernte wie nie zuvor; es wurde üblich, einen Beruf zu haben. Für die unteren Schichten waren die Arbeits- und Lebensbedingungen hart. Es kam zum Pauperismus mit der Kinderarbeit, zumal in dem nun entstandenen Proletariat. Das politische Gefüge wurde bedroht: von oben durch die konkurrenzbedingte Profitgier des Kapitals und von unten durch kommunistische und anarchistische Utopien. In Deutschland wurden Tarifrecht, Arbeitskampf und Arbeitsschutz gesetzlich geregelt, in liberalen Ländern war dies unmöglich. Die Alternative zum Klassenkampf hieß: staatliche Sozialpolitik nach deutschem Muster oder koloniale Expansion nach englischem Beispiel.

Der Kolonialismus

Die Industrialisierung beflügelte die Inbesitznahme der Erde durch die technisch und militärisch überlegenen Europäer. Die Besitzergreifung begann mit der Festlegung von Interessengebieten und führte über die Erklärung zum «Schutzgebiet» zur förmlichen Annexion durch das Hissen einer Fahne, ein antikes Ritual (Ammian XXV 9,1). Man drang jeweils von der Küste ins Innere vor. Zunächst ging es um den Erwerb von Sklaven und Metall, von Gewürzen und anderen Genußmitteln; sodann um Absatzgebiete für Industrieprodukte und schließlich um Siedlungsraum für Tropenpflanzer. Sie lieferten Baumwolle, Kautschuk und Indigo sowie Kolonialwaren: Kaffee, Tee und Kakao, weiterhin Zucker, Tabak und Reis. Dazu kam die Anlage von Flottenstützpunkten, seit dem 19. Jahrhundert dann von Kohlendepots für die Dampfschiffe. Das ökonomische Interesse wurde beflügelt durch nationalen Geltungsdrang und das Bestreben, die Eingeborenen zu «zivilisieren» und missionieren. Sie wurden überzeugt oder übertölpelt, jedenfalls überwältigt.

Den Wettlauf um die Aufteilung der Erde gewann Britannien. Das *British Empire* war nach der Fläche dreimal, nach der Bevölkerung achtmal so groß wie das nächstkleinere Kolonialreich Frankreichs. Der führende Imperialist Disraeli, Gegner des liberalen Gladstone, der 1870 die Schulpflicht einführte, bewog 1876 die Queen Victoria (1837 bis 1901), Kaiserin von Indien zu werden. Die Kolonie umfaßte Ceylon, Afghanistan und Birma. Den Weg dorthin sicherten Stützpunkte: Gibraltar (1704), Malta (1800), Cypern (1878), Suez (1875), Aden (1839). Erhebungen gegen die *Pax Britannica* wurden mit einheimischen Truppen niedergeworfen, so der große indische Aufstand von 1857/58. Die Briten hatten modernisiert, unter anderem 1829 die Witwenverbrennung verboten. Nach Indien führen die Erzählungen von Rudyard Kipling, namentlich das Dschungelbuch (1894). Indonesien gehörte den Holländern, auf Java erzeugten sie Zucker.

In China gelang den Briten nur der Erwerb einzelner Häfen, 1842 Hongkongs. Als die Chinesen sich gegen illegale Einfuhr von Opium durch die *East Indian Company* zur Wehr setzten, eröffnete London den Opiumkrieg, der nach vier Jahren China 1842 zwang, unbegrenzte Rauschgift-Importe hinzunehmen. Wegen einer Mißachtung der britischen Flagge kam es zum Lorchakrieg, bei dem 1860 Engländer und Franzosen als Repressalie den prachtvollen Sommerpalast bei Peking zerstörten. Der christlich-kommunistische Taipingaufstand, dem ebenfalls altes Kulturgut zum Opfer fiel, wurde 1866 von den Briten niedergekämpft. Den Franzosen glückten großflächige Erwerbungen in Indochina. 1862 okkupierten sie Annam (Vietnam), Laos und Kambodscha, während die Briten Birma und die Malaiische Halbinsel besetzten. Nachdem Deutschland im Einvernehmen mit dem Zaren 1897 die Bucht von Kiautschou besetzt hatte, brach 1900 der nationalchinesische

Der Kolonialismus

Boxeraufstand aus. Er zerstörte die Eisenbahnen und wurde von einer euro-amerikanischen Expeditionsarmee unter der Führung des «Weltmarschalls» Waldersee niedergeschlagen.

Das radikal fremdenfeindliche Japan wurde 1854 durch amerikanischen Kanonenboote genötigt, sich im Vertrag von Kanagawa dem Welthandel zu öffnen (s. Kap. 12). In dem folgenden Bürgerkrieg unterlag der Tokugawa-Shogun dem Tenno. Die Meiji-Ära seit 1868 brachte eine rasche Modernisierung. Japan besiegte 1895 China, gewann die Liukiu-Inseln, Formosa (Taiwan) und Korea, vernichtete 1905 die russische Flotte bei Tsushima und eroberte Port Arthur. Dem europäischen Imperialismus trat ein japanischer entgegen.

Komplett aufgeteilt wurden die Südsee-Inseln zwischen den USA (s. Kap. 12), England, Frankreich und Deutschland. Dasselbe widerfuhr Afrika. Schriftkultur gab es dort nur in dem seit dem 4. Jahrhundert christlichen Äthiopien und im islamisierten Nord-, Ost- und Westafrika. Im Zentrum lebten – und leben – noch Stämme auf der Jäger- und Sammler-Stufe (s. Kap. 1). Eindrucksvoll sind die Steinbauten in Simbabwe aus dem 14. Jahrhundert und die Bronzekunstwerke der Benin, führend im Sklavenhandel, an der Westküste aus dem 16./17. Jahrhundert.

Den Buren im Kapland, reich an Diamanten, folgten um 1800 die Briten und drängten die Buren im Großen Treck 1834 nach Norden. Die Spanier besetzten Marokko und die Goldküste, die Franzosen Algerien und Tunesien. Während das Landesinnere langsam erforscht wurde, teilten sich die Europäer den Erdteil mit dem Lineal, so auf der Berliner Afrika-Konferenz 1884/85. Um 1900 gehörte den Franzosen und den Briten je ein Drittel des Schwarzen Erdteils, den Rest bekamen Deutschland, Portugal, Belgien, Spanien und Italien. Die führenden Köpfe des britischen Kolonialismus waren Cecil Rhodes, der 1894 das goldreiche «Rhodesien» (heute Simbawe) eroberte, und Lord Kitchener, der 1898 von Britisch-Ägypten aus durch den Großeinsatz von Maschinengewehren den Sudan unterwarf, wo sich 1881 der Mahdi erhoben hatte (s. Kap. 6). Bei Faschoda am Weißen Nil zwang Kitchener die Franzosen zum Rückzug, was fast zum Krieg geführt hätte, doch gewann Frankreich durch Nachgiebigkeit englische Sympathien.

Die deutsche Kolonialpolitik, seit 1883 von Lüderitz, Peters und den Liberalen betrieben, aber von Bismarck mißbilligt, verstörte England, ebenso die Sympathie-Erklärung Wilhelms II für die von den Briten angegriffenen Buren 1896. Diese gaben auf, als ihre Frauen und Kinder in den *Concentration Camps* des Lord Kitchener verhungerten. Solche Lager hatten die Spanier 1895 in Cuba, die Amerikaner 1899 auf den Philippinen eingerichtet. 1902 wurde das goldreiche Südafrika britische Kronkolonie, sie erhielt 1910 unter Botha Selbstregierung.

Die Polarzonen

Die Aufteilung der Erde durch die Europäer resultiert aus einem Pioniergeist, der sich zuerst in Erkundungsfahrten geäußert hat. Seit dem 15. Jahrhundert in Gang (s. Kap. 10), blieben zuletzt die am schwersten zugänglichen Regionen übrig. Die Amazonaswälder erforschte Alexander von Humboldt (1769 bis 1859), das innere Afrika David Livingstone (1813 bis 1873) und Zentralasien Sven Hedin (1865 bis 1952). Die größten Schwierigkeiten machte das ewige Eis. Aberdutzende von Expeditionen wurden unternommen, viele endeten tödlich.

Die Erforschung der Arktis – der Name kommt von griechisch *arktos* (Bär) für das nördliche Sternbild, das nach Homer (Odyssee V 273 ff) niemals in den Okeanos taucht – begann mit der Entdeckung von Spitzbergen und Nowaja Semlja 1596 durch den Holländer Willem Barents. 1611 wurde der Engländer Henry Hudson in der nach ihm benannten Bai von seinen meuternden Leuten auf einer Schaluppe ausgesetzt und verscholl. An den Dänen Vitus Bering erinnert die von ihm 1788 durchfahrene Meerenge zwischen Sibirien und Alaska, von der man seit 1648 wußte. Nachdem der Seeweg um die Erde auf der Südhalbkugel seit dem 16. Jahrhundert bekannt war, suchte man ihn ebenso auf der nördlichen Hemisphäre. Die Nordostpassage (vom Atlantik aus gesehen) bezwang zuerst der Schwede Adolf Erik Nordenskjöld 1879, die Nordwestpassage gelang dem Norweger Roald Amundsen 1906.

Die gescheiterte Polarfahrt von John Franklin 1845 veranlaßte über vierzig Suchexpeditionen, die klarmachten, daß der Nordpol im Meer liegt. Fridtjof Nansen kam ihm 1896 auf seiner Fram und mit Hundeschlitten nahe. 1926 wurde der Pol von Amundsen im Luftschiff überflogen, 1958 von dem amerikanischen Atom-U-Boot *Nautilus* unterquert, 1977 von dem russischen Eisbrecher *Arktika* über Wasser erreicht. Die Sektoren der Polarzone werden von den angrenzenden Staaten beansprucht, von Rußland, den USA (Alaska), Kanada, Grönland und Norwegen (Spitzbergen). Die Hoffnung auf Bodenschätze auf dem Meeresgrund hat sich bisher nicht erfüllt.

Der antike Mythos von der Terra Australis bestätigte sich mit der Erschließung des sechsten Kontinents, der Antarktis, beginnend mit dem ersten Vorstoß über den südlichen Polarkreis durch James Cook 1773. In russischem Auftrag umsegelte Fabian Gottlieb von Bellingshausen 1819 bis 1821 das Südpolargebiet. Den Wettlauf zum Pol gewann Amundsen 1911 kurz von dem Briten Robert Falcon Scott, der auf dem Rückweg umkam. Der Robben- und Walfang namentlich durch die Briten, Russen und Japaner hat viele Arten ausgerottet, vermutete Bodenschätze sind bisher unzugänglich. Der internationale Antarktisvertrag von 1959 regelt die Nutzung und Erforschung der Polarzone; die von verschiedenen Nationen erhobenen Besitzansprüche einzelner Sektoren sind nicht allgemein anerkannt. Den Pol selber halten seit 1957 die USA besetzt.

*

Am 25. August 1829 bemerkte Goethe, «daß unser 19. Jahrhundert nicht einfach die Fortsetzung der früheren sei, sondern zum Anfang einer neuen Ära bestimmt scheine.» Tatsächlich hat sich damals das menschliche Leben stärker verändert als jemals zuvor. Die Fortschritte in Wissenschaft und Technik waren enorm und wurden weitergeführt. In den Industriestaaten verschwand der Absolutismus zugunsten mehr oder weniger demokratischer Verfassungen. Sie brachten Rechtssicherheit, Mitsprache, aber auch zunehmende Regelungsdichte und Bürokratie. Der Adel dominierte nur noch unter Offizieren und Diplomaten, dem Bürgertum eröffneten sich Aufstiegsmöglichkeiten. War der Adel international ausgerichtet – deutschbürtige Dynasten saßen auf vielen Thronen Europas –, so dachte das Bürgertum in nationalen Kategorien. Der Nationalismus wandelte sich von einer antifeudal-progressiven in eine innenpolitisch konservative, außenpolitisch imperialistische Kraft, rückte gewissermaßen von links nach rechts. Die Kolonialpolitik bot dem Geltungsbedürfnis und dem Expansionsdrang der Staaten, der Übervölkerung und der Industrie ungeahnte Entfaltung. So verlagerten sich die Rivalitäten in Europa nach außen. Nachdem dann die Erde aufgeteilt war, kehrte der Zwist nach Europa zurück. Aus der Weltpolitik erwuchs der Weltkrieg.

14. Die Weltkriege

Silvester 1870, während der Belagerung von Paris schrieb Jacob Burckhardt: «Das Bedenklichste ist nicht der jetzige Krieg, sondern die Ära von Kriegen, in welche wir eingetreten sind.» Burckhardt beobachtete besorgt die wachsenden Rivalitäten unter den nationalstolzen Großmächten, durch innere Spannung zwischen Konservativen und Liberalen, zwischen Kapital und Proletariat insofern gesteigert, als ein äußerer Konflikt Einigkeit im Innern sichern konnte und das Militär, gesellschaftlich hoch angesehen und von Jahr zu Jahr besser gerüstet, auf seine Stunde wartete. Der Krieg galt als Stahlbad, als Bewährungsprobe und nationale Ehrensache.

Der Erste Weltkrieg

Mit dem Sieg bei Sedan 1870 war Deutschland auf dem Wege zur Vormacht in Europa. Keine andere europäische Nation erlebte ein ähnliches Wachstum an Industrie und Bevölkerung, und das weckte den Wunsch nach einem «Platz an der Sonne», so Bernhard von Bülow, Reichskanzler seit 1900. Deutschland hatte sich später als seine westlichen Nachbarn geeint und industrialisiert und fand sich bei der Aufteilung der Erde benachteiligt, namentlich im Vergleich zu England. Die aus den deutschen Großraumträumen erwachsenden Spannungen wurden verschärft durch Frankreichs Anspruch auf Elsaß-Lothringen und Rußlands Ambitionen auf den Balkan. Berlin durfte solange unbesorgt sein, wie London in Afrika mit Frankreich, in Asien mit Rußland im Streit lag, doch konnte ein Zusammenschluß der drei Mächte für Deutschland gefährlich werden.

Die Bündnisse der Vorkriegszeit verfolgten Bestandssicherung der Partner und Expansion zu Lasten Dritter. Das Wort Bismarcks von 1871, Deutschland sei «saturiert», hat kein Staatsmann wiederholt. Wer verzichtet schon bloß um des Friedens willen darauf, seine militärische Überlegenheit zur Geltung zu bringen? Die wechselnden Geheimallianzen beginnen nach dem Berliner Kongreß (1878) mit

Abb. XIV: Ozeanriesen waren um 1900 Symbole des Fortschritts, des Ansehens und der Macht. Schlachtschiffe und Passagierdampfer bewegten die Öffentlichkeit. Als die britische Titanic auf ihrer Jungfernfahrt nach Amerika am 14. April 1912 mit einem Eisberg zusammenstieß und mit 1563 Menschen (von 2224) unterging, sahen Realisten die «gute alte Zeit» versinken. Filmplakat 1943; vgl. S. 278.

dem Zweibund Berlin-Wien gegen das seit dem Krimkrieg verstimmte Rußland (1879). Es wurde dann jedoch aufgenommen in den Dreikaiservertrag (1881), dem der Dreibund mit Italien folgte (1882). Im Rückversicherungsvertrag (1887) verhieß der vom *cauchemar des coalitions*, vom Alptraum der Bündnisse geplagte Bismarck den Russen Unterstützung gegen die Türken, daneben aber auch im Orient-Dreibund den Türken Hilfe gegen die Russen. Verbannt man die Lüge aus der Politik, verbannt man die Politik aus dem Leben.

Nach den 99 Tagen unter Friedrich III eröffnete Kaiser Wilhelm II sein «persönliches Regiment» (Abb. 1). Der Rückversicherungsvertrag mit Rußland wurde nicht erneuert, Petersburg paktierte darauf 1891 mit Paris. Wilhelm, Sohn der *Princess Royal*, näherte sich den Briten, erwarb von ihnen Helgoland (1890) und Samoa (1899), doch fand er in London kein Vertrauen. Grund dafür und Folge davon war die deutsche Flottenpolitik, der Aufbau der «schimmernden Wehr» durch Tirpitz. London hatte sich, eingedenk der Eroberung durch die Normannen 1066, stets gegen die jeweils stärkste Kontinentalmacht gestellt, um die *balance of power* zu wahren – das Prinzip formulierte 1752 David Hume. 1904 schloß England mit Frankreich die *Entente cordiale*, der 1907 Rußland beitrat. Deutschland sah sich eingekreist. Die beiden Marokko-Krisen 1905 und 1911 offenbarten es.

Die Publizistik der Zeit signalisiert die Kriegsbereitschaft in Europa. Auf allen Seiten herrschte Siegesgewißheit. So auch in Deutschland, hatte man doch seit 1812 alle Kriege gewonnen! Deutschland überschätzte aber seine Bündnispartner: Österreich-Ungarn, Bulgarien und das Osmanenreich waren durch Rußland bedroht und laborierten an ihren Nationalitätenproblemen. Italien, das mit Frankreich in Afrika überquer lag, war schwach zur See. Fatal, daß man in Berlin übersah, welche Rückendeckung England in Amerika finden würde.

Der Krieg brach aus auf dem Balkan, dem «Pulverfaß Europas». Dort wandte sich der Nationalismus primär gegen Habsburger und Osmanen, sekundär aber aufgrund der ethnischen Gemengelage gegen andere Volksgruppen. Geschürt wurde die Bewegung durch Rußland, das sich als Garant der Orthodoxie und des Slawentums begriff und Zugang zum Mittelmeer suchte. Der russisch-türkische Krieg von 1877 und der Berliner Kongreß 1878 hatten Serbien, Rumänien, Bulgarien und Montenegro von der Türkenherrschaft befreit, während Bosnien zu Österreich-Ungarn kam. Im ersten Balkankrieg 1912 verlor die Türkei weitere Gebiete, Albanien wurde unabhängig. Nun setzten die Jungtürken auf Modernisierung; eine deutsche Militärmission reorganisierte die Armee. Ein Beistandspakt mit der Hohen Pforte und der Bau der Bagdadbahn, 1899 Berlin zugesprochen, weckten Besorgnis in London vor der entstehenden Landbrücke nach Indien.

Am 28. Juni 1914 wurde das österreichische Thronfolgerpaar in Sarajewo von serbischen Nationalisten erschossen. Als Wien, durch einen Berliner «Blankoscheck» gedeckt, den Serben den Krieg erklärte, machte der Zar mobil. Er hatte mit französischen Geldern aufgerüstet. Jetzt war Österreich bedroht, dem Bülow schon 1909 «Nibelungentreue» zugesichert hatte. Während auch in Frankreich die Mobilmachung lief, erklärte Berlin am 1. August Rußland, am 3. August Frankreich den Krieg. Die nationale Begeisterung schlug hohe Wellen bei Freund und Feind. Selbst Rilke, Thomas Mann und Walther Rathenau wurden vom Kriegsfieber angesteckt. Karl Liebknecht stimmte als einziger Sozialdemokrat Lenins Erwartung gemäß gegen die Kriegskredite und mußte auf Druck seiner Partei sein Reichstagsmandat niederlegen.

Die Kriegsziele wandelten sich mit den Erfolgsaussichten, waren gewöhnlich kontrovers und gingen auf allen Seiten mitunter sehr weit. Max Weber erkannte 1916, daß der Krieg, wie immer er ausgehe, Europa schwächen und den außereuropäischen Mächten zugute kommen werde, vornehmlich Nordamerika. Deutschland müsse sich entscheiden, ob es mit den Westmächten oder mit Rußland zusammengehen wolle. Der Westen bedrohe die deutsche Industrie, der Osten aber die deutsche Kultur, und das sei die größere Gefahr. Gleichwohl habe Deutschland als Machtstaat gemeinsam mit Österreich-Ungarn die Pflicht, sich der «Überschwemmung der ganzen Welt durch jene beiden Mächte entgegenzuwerfen».

Die Operationen begannen mit dem Angriff der Franzosen auf Lothringen und dem deutschen Vormarsch auf Paris. Er ging gemäß dem Schlieffen-Plan durch Belgien, und diese Neutralitätsverletzung führte zum Kriegseintritt Englands, das allerdings schon 1912 den Franzosen Beistand zugesagt hatte. Während die Regierung aus Paris nach Bordeaux floh, brachten die Franzosen die Deutschen an der Marne zum Stehen. Es kam zum Stellungskrieg, zur Materialschlacht. Die Front verlief durch Flandern und das nordwestliche Frankreich bis Verdun. Der Kampf um diese Festung 1916 forderte ungeheure Verluste.

Die Weltkriege

Der Kriegseintritt der USA 1917 ergab sich aus der Situation des Seekrieges. 1916 hatte die deutsche Hochseeflotte den Briten vor dem Skagerrak schwere Verluste zugefügt und einen Angriff über Dänemark verhindert, doch brachte dies wenig angesichts der schon 1911 von Churchill angeregten Fernblockade. Im Rahmen des daraus erwachsenden Handelskrieges war 1915 die britische Lusitania versenkt worden, die außer Passagieren auch Munition von New York nach England geladen haben konnte. Die Neutralität der USA unter Präsident Wilson wurde vom ersten Tag an durch massive Kriegshilfen für die Briten unterlaufen. Als während der bedrohlich werdenden Hungerblockade die Oberste Heeresleitung den uneingeschränkten U-Boot-Krieg eröffnete und damit die Versorgung Englands in Frage stellte, erklärte Wilson den Krieg. Im Besitz imperialer Vollmachten erfüllte ihn ein *crusading idealism*. Greuelpropaganda gegen Deutschland (Margarine aus Leichenfett, abgehackte Kinderhände etc.) und umgekehrte Diffamierung der Angloamerikaner (Geldgier, Heuchelei, Dekadenz) vergifteten die Atmosphäre.

1936 schrieb Churchill, ohne den Eintritt Amerikas in den Krieg hätten die Alliierten 1917 mit den *Central Powers* Frieden geschlossen; dann wäre Rußland nicht dem Kommunismus, Italien nicht dem Faschismus, Deutschland nicht dem Nationalsozialismus verfallen. Er selbst dachte damals aber wohl anders. Die von ihm 1915 durchgesetzte Offensive gegen die Dardanellen schlug fehl. Dagegen gelang den Briten die Vertreibung der Türken aus Palästina, Syrien, Arabien und Mesopotamien. Eine entsetzliche Hungersnot folgte. Gleichzeitig drangen die Russen über den Kaukasus vor, wo sie bei den Christen Unterstützung fanden. Das führte zum Völkermord der Türken und Kurden an den Armeniern und Nestorianern. Die Massaker hatten schon 1894 begonnen und zogen sich bis 1921 hin.

In Ostpreußen besiegte Hindenburg gemeinsam mit Ludendorff die Russen 1914 bei Tannenberg, unterstützte dann die Österreicher in Galizien und schlug die Russen abermals in Masuren. In Polen operierte der Österreicher Mackensen erfolgreicher als der Russe Brussilow; Litauen, Polen, Rumänien, Serbien und Albanien wurden von den Mittelmächten besetzt, während die Kämpfe mit den Italienern am Isonzo keiner Seite nennenswerte Geländegewinne brachten. Italien, wehrlos der französisch-englischen Mittelmeerflotte ausgesetzt, die 1916 auch das neutrale Griechenland zum Kriegseintritt nötigte, war auf die Seite der Entente getreten. Die hohen Verluste der Russen führten nach der Oktoberrevolution (s. u.) Anfang 1918 zum Separatfrieden von Brest-Litowsk. Ukraine, Finnland, Polen und die Baltischen Staaten sollten selbständig werden, die Deutschen sich zurückziehen.

Die Entlastung im Osten reichte nicht hin, um den Feind im Westen aufzuhalten. Der Masseneinsatz von Tanks und die modernisierte Artillerie, Luftwaffe und Giftgas entfalteten eine bis dahin unbekannte Zerstörungskraft. Der Bedarf an Munition und Material aber überforderte die hungernde Heimat. Die Wende brachte die Landung der Amerikaner im Sommer 1918 mit zwei Millionen Soldaten. Immer weitere Staaten traten auf Druck der Alliierten in den Krieg ein, auch solche, die gute Beziehungen zu Deutschland hatten, wie Südafrika, Brasilien und Portugal.

Die Oberste Heeresleitung sah die Niederlage voraus und bot Waffenstillstand an. In Wilhelmshaven und Kiel meuterten die Matrosen, allenthalben entstanden Arbeiter- und Soldatenräte; am 9. November 1918 wurde in Berlin die Republik ausgerufen. Kaiser Wilhelm ging nach Holland ins Exil. Daraufhin verzichteten auch die Fürsten auf ihre Throne. Dem Waffenstillstand vom 11. November folgte 1919 am 28. Juni, dem Tag von Sarajewo, der Friede von Versailles. Er konstatierte im Paragraphen 231 die alleinige Kriegsschuld der Mittelmächte und begründete damit die Forderung nach Abrüstung, Auslieferung des Kaisers und anderer «Kriegsverbrecher», sowie nach gigantischen Kriegsentschädigungen. Deutschland verlor Elsaß-Lothringen, Eupen und Malmedy, das Saargebiet, Nordschleswig, Westpreußen, Danzig, Memel und die Kohlenregion von Oberschlesien, alle Kolonien und seine Flotte. International geächtet, blieb Deutschland vom Völkerbund, 1919 auf Betreiben Wilsons in Genf gegründet, ausgeschlossen. Wilson hatte sein am 8. Januar 1914 verkündetes Friedensprogramm der 14 Punkte, darunter Gerechtigkeit und Selbstbestimmung der Völker, millionenfach als Flugblatt in der deutschen Armee verteilt. Darauf hatte die deutsche Heeresleitung vertraut, doch Wilson kapitulierte vor der Revanchepolitik Frankreichs. Washington zog sich zurück, verweigerte dem Versailler Vertrag die Zustimmung und blieb auch dem Völkerbund fern, um seine außenpolitische Handlungsfreiheit zu wahren. Der Stärkste bindet sich nicht.

In Wien hatte Kaiser Karl, der Nachfolger von Franz Joseph, am 11. November 1918 der Krone entsagt. Die Nationalversammlung er-

Abb. 1: Kaiser Wilhelm II suchte Popularität. Sein Bild erscheint in der privaten Werbung, unter anderem für Zigarren. Nur auf Briefmarken fehlt es, vermutlich fürchtete er den Stempelschlag sozialdemokratischer Postmeister; vgl. S. 278

klärte darauf einstimmig Deutsch-Österreich zum Bestandteil der Deutschen Republik. Berlin stimmte zu, doch unterband die Entente den Anschluß. Der Frieden von Saint-Germain-en-Laye vom 10. September 1919 trennte Ungarn von Österreich, gab das deutsch besiedelte Südtirol an Italien, verselbständigte die Tschechoslowakei, Polen und das spätere Jugoslawien. Die Türkei mußte im Frieden von Sèvres den Italienern Rhodos und die Dodekanes abtreten und als «Mandatsgebiete» den Franzosen Syrien, den Briten Palästina, Arabien und den Irak mit allen Ölfeldern überlassen. Den arabischen Widerstand brach das *police bombing*, für das Churchill Giftgas genehmigte. Konstantinopel wurde besetzt. Der Sultan ging 1922 nach San Remo. Damit war die Monarchie wie in Rußland, Deutschland und Österreich auch in der Türkei beseitigt.

Die Weimarer Republik

In den letzten Kriegswochen war das Ansehen der alten Autoritäten im Reich geschwunden. Die Erklärung Wilsons, er werde nur mit einer durch das Volk legitimierten Regierung verhandeln, stützte die demokratischen Kräfte in Deutschland und führte 1918 zur Abschaffung des preußischen Dreiklassenwahlrechts und zum Übergang vom Konstitutionalismus zum Parlamentarismus, zur Bindung des Reichskanzlers an das Vertrauen des Reichstags. Dieser sollte künftig über Krieg und Frieden entscheiden. Noch während der Waffenstillstandsverhandlungen kam es zu reichsweiten Unruhen, zur Novemberrevolution. Der Rat der Volksbeauftragten in Berlin unter dem Sozialdemokraten Friedrich Ebert entschied für die Beibehaltung des bürgerlichen Mehrparteiensystems und gegen die proletarische Räterepublik. Darauf entfachten die Kommunisten, durch Lenins Vision der Weltrevolution ermutigt, den Spartakus-Aufstand unter Karl Liebknecht und Rosa Luxemburg. Beide wurden 1919 von der «Konterrevolution» erschossen.

Während der Straßenkämpfe in Berlin trat die neugewählte Nationalversammlung in Weimar zusammen, Ebert wurde Reichspräsident. Dieser ersetzte in der Weimarer Verfassung den Kaiser, er sollte über den Parteien stehen und wurde vom Volk direkt gewählt. Er befehligte die Reichswehr, konnte den Reichstag auflösen, Volksentscheide herbeiführen und nach Artikel 48 Notverordnungen erlassen, die Gesetzeskraft besaßen. Wahlrecht bekamen nun auch die Frauen. In den USA erhielten sie es 1920, in England 1928, in Frankreich 1944, im Schweizer Kanton Appenzell-Innerrhoden 1990.

Die erste Phase der Weimarer Republik stand im Zeichen der Selbstbehauptung gegen Links- und Rechtsextreme. Von 1919 bis 1923 kämpften kommunistische Gruppen für «Sowjetdeutschland»; in blutigen Bürgerkriegen wurden sie von der Reichswehr und rechtsradikalen Freikorps niedergeworfen. Kurzzeitig herrschten bewaffnete Rote Räte in München und in den Industriegebieten Sachsens, Thüringens und Westfalens. Der Widerstand von rechts – so der gescheiterte Kapp-Putsch 1920 in Berlin – richtete sich gegen die «Novemberverbrecher», denen man den «Dolchstoß» in den Rücken des Heeres und die Zustimmung zum «Versailler Diktat» anlastete. Die Franzosen unterstützten in ihren Besatzungsgebieten den Separatismus und ließen 1923 in Speyer einen «autonomen Pfalzstaat», in Köln die «Rheinische Republik» ausrufen.

Die innere Gefährdung der Weimarer Republik wurde gesteigert durch den äußeren Druck, durch die Reparationsforderungen gemäß dem Versailler Vertrag. Sie wurden in Paris 1921 auf über 300 Milliarden Goldmark beziffert, abzutragen bis 1963. Als Repressalien legten die

Franzosen mehrfach Besatzungen in deutsche Städte. 1923 erschienen sie mit fünf Divisionen in Essen, um die Kohlentransporte nach Frankreich zu sichern. Berlin rief zum passiven Widerstand auf, doch ließ sich der «Ruhrkampf» nicht durchhalten. Köln und das Rheinland blieben besetzt.

Die Revision von Versailles und die Zahlungsmodalitäten wurden zum Dauerthema. Mehrere Vermittlungsabkommen verringerten die Summe und streckten die Abzahlung. Die momentane Belastung wurde damit aber nicht behoben, Geld und Güter gingen außer Landes, der Löwenanteil kam über Frankreich und England an deren Gläubiger, an die USA. Die Wirtschaftsmisere steigerte sich in der Inflation. Ein Kilo Brot kostete 1919 achtzig Pfennige und kletterte 1923 von 250 Mark auf 400 Milliarden. Das gesamte Barvermögen der Bürger war dahin, aber der Staat hatte jetzt keine Schulden mehr bei ihnen. Im November 1923 führte Stresemann die Rentenmark ein, der Brotpreis sank wieder auf 30 Pfennige.

Ein Lichtblick für Deutschland war Rapallo. Als Frankreich erklärte, die Schulden Rußlands, von den Sowjets annulliert, habe Deutschland zurückzuzahlen, kam es 1922 zu einer Verständigung mit Moskau. Dort fürchtete man den Zusammenschluß der kapitalistischen Mächte, in Berlin den der Kriegsgegner. Paris und London waren schockiert: Moskau auf Seiten Berlins! Die 1925 zur 200-Jahrfeier der russischen Akademie der Wissenschaften geladenen deutschen Gelehrten berichteten, an den Universitäten der Sowjetunion werde nur eine Fremdsprache verlangt: Deutsch, damals in der Wissenschaft vorherrschend. Federführend in Rapallo war Walther Rathenau. Noch 1922 wurde er als Jude und Vermittlungspolitiker Opfer rechtsradikaler Attentäter.

Die Jahre 1924 bis 1928 gelten als die *Golden Twenties*. Es war die einzige durchgehaltene Legislaturperiode des Reichstags, insgesamt erlebte die «Republik ohne Republikaner» in 14 Jahren 16 Regierungen. Auf der Konferenz von Locarno 1925 bahnte sich eine Verständigung mit Frankreich an. Im folgenden Jahr erreichte Stresemann die Aufnahme in den Völkerbund, gemeinsam mit Briand erhielt er den Friedensnobelpreis. Die Produktion stieg um 50 Prozent, erreichte aber das Vorkriegsniveau noch nicht wieder, zumal der Achtstundentag eingeführt wurde.

Die Kultur entwickelte die um 1900 entstandenen Neuansätze fort. Gegen den victorianisch-wilhelminischen Bombast richteten sich der elegante Jugendstil, das nüchterne Bauhaus und der ausdrucksstarke Expressionismus, kulminierend in Picasso und Max Ernst. Komponisten experimentierten mit «atonaler Musik». Der von Hugo Ball 1916 als Hohn auf die bürgerliche Kultur gedachte Dadaismus wurde zur neuen Kunstrichtung. Gelesen wurden Rilke, Brecht und Hofmannsthal; Hermann Hesse und Thomas Mann, Erich Maria Remarque und Ernst Jünger. Oswald Spengler schrieb 1917/22 den ‹Untergang des Abendlandes›, Heidegger 1927 ‹Sein und Zeit›. Von Karl May wurden 80 Millionen Bücher verkauft. Die großen Namen der Wissenschaft waren Freud und Einstein, Heisenberg und Max Planck. Wachsende Bedeutung gewannen Radio und Kino, Auto- und Flugverkehr.

Die Agonie der Weimarer Republik begann 1929. Die durch den Börsenkrach in New York ausgelöste Weltwirtschaftskrise lähmte den atlantischen Markt und wirkte auf Deutschland verheerend. Was nach der Inflation aufgebaut worden war, ging wieder verloren. Firmen und Banken schlossen die Tore, die Arbeitslosenquote überstieg 1932 dreißig Prozent, die Produktion schrumpfte auf die Hälfte. Seit Mai 1929 gab es wieder Streiks und Straßenkämpfe, Massendemonstrationen und Saalschlachten zwischen dem Rotfrontkämpferbund Ernst Thälmanns und der Sturmabteilung (SA) Hitlers. Eine abermalige Schuldenkonferenz hatte die Versailler Forderungen 1929 auf ein Zehntel der ursprünglichen Summe, auf 30 Milliarden Goldmark gesenkt und die Zahlungsfrist bis Ende 1988 verlängert, aber das Reich war pleite.

Unter den 15 Parteien im Reichstag kam 1930 keine regierungsfähige Mehrheit zustande. Die Abgeordneten, so hieß es, bewarfen einander mit Tintenfässern. Darauf gestattete der seit 1925 amtierende Reichspräsident, der ehemalige Feldmarschall Hindenburg den jeweils von ihm ernannten Kanzlern, das Reich mit Notverordnungen zu regieren. Eine alliierte Kommission stellte Zahlungsunfähigkeit fest, daraufhin wurde 1932 in Lausanne gegen eine Abfindung von drei Milliarden, einem Hundertstel der Ursumme, das Ende der Reparationen beschlossen. Als stärkste Kraft erwies sich diejenige Partei, die am entschiedensten gegen Versailles aufgetreten war, die NSDAP. Hitler war es gelungen, die von der Reichswehr gedeckten rechten Gruppen in der Harzburger Front zusammenzuschließen. Den Kommunisten verbot Moskau eine linke Politik gemeinsam mit der «sozialfaschistischen» SPD. Diese, die eigentliche Trägerin der Weimarer Republik, stand da als die Schuldige an der Misere. Die Demokratie hatte, so schien es, abgewirtschaftet.

Die Russische Revolution

Während die Weimarer Demokratie um ihr Überleben kämpfte, vollzog sich in Rußland, dem flächengrößten Staat der Erde, der Aufbau der Sowjetmacht. Sie war das Werk Lenins (1870 bis 1924). Schon der Gymnasiast und Jurastudent agitierte als überzeugter Marxist; drei Jahre lebte er in der sibirischen Verbannung, sonst überwiegend im europäischen Exil und versorgte die russischen Sozialdemokraten mit dem revolutionären Katechismus ‹Was tun?› (1902) und weiterem Schriftgut. Das Revolutionsblatt ‹Iskra› (Der Funke) wurde in Leipzig gedruckt. 1903 erreichte Lenin in London die Abspaltung der radikalen Bolschewiki, die, geführt von der *Intelligenzija* als Vorhut der Arbeiterklasse den Umsturz herbeiführen und die Weltrevolution auslösen sollten. Als nach Kriegsausbruch 1914 alle sozialistischen Parteien Europas die Sache der jeweiligen Nation über die internationale Solidarität des Proletariats stellten, da propagierte Lenin in Rußland den Klassenkrieg.

Die Stimmung war günstig. Die Kriegsverluste, die schwebende Verfassungsfrage, der Landhunger der Bauern und die Empörung über den Wundermönch Rasputin am Zarenhof förderten die Bereitschaft zur Erhebung. Sie erfolgte im Februar 1917 in Petersburg. Der Zar dankte ab und wurde samt seiner Familie 1918 von den Bolschewiki erschossen. Lenin gelangte im April 1917 von Zürich aus mit Genehmigung der deutschen Regierung nach Petersburg, wo ihn Tausende umjubelten, und organisierte die «Räte» (Sowjets). Nachdem die Revolutionsregierung des bürgerlichen Kerenski (1881 bis 1970) weitere Niederlagen gegen die Deutschen hatte hinnehmen müssen, wurde sie nach dem Sturm auf das Winterpalais am 24. Oktober/7. November 1917 von den Bolschewiki unter Trotzki gestürzt. Diese verkündeten die Enteignung der Firmen, der Banken und des Großgrundbesitzes, die Trennung von Staat und Kirche, aber auch das Selbstbestimmungsrecht der Völker im Zarenreich und allgemeine Wahlen. Als die Bolschewiki dann weniger als ein Viertel der Stimmen erzielten, sprengte Trotzki das Parlament. Lenin entschied gegen den Parlamentarismus und für die Diktatur des Proletariats durch die Räte unter bolschewistischer Führung. Die Hauptstadt verlegte er zurück in den Kreml von Moskau.

Abb. 2: Plakat G. Kluzis 1933:
«Unter Lenins Banner haben wir die Oktoberrevolution erkämpft. Unter Lenins Banner haben wir entscheidende Erfolge für den Aufbau des Sozialismus erreicht. Unter demselben Banner werden wir die proletarische Weltrevolution gewinnen. J. Stalin» Trotz des offiziell kollektivistischen Geschichtsbildes, das den Produktivkräften und den Volksmassen den Fortschritt zuschrieb, gab es in der Sowjetunion einen Personenkult für Marx und Engels, für Lenin und Stalin, der sich an die orthodoxe Religionspraxis anlehnte. Die Opfer der gewaltsamen Modernisierung (80 bis 100 Millionen Tote) verzeichnet das ‹Schwarzbuch des Kommunismus›, hg. von Stephane Courtois u. a. 1997; vgl. S. 290.

Trotzki eröffnete die Friedensverhandlungen von Brest-Litowsk und schuf 1918 die Rote Armee, die wichtigste Stütze der Sowjets neben der Tscheka, der politischen Polizei, die den von Lenin proklamierten «Roten Terror» gegen die Konterrevolution flächendeckend organisierte. Tausende wurden erschossen, Zehntausende deportiert. In Sibirien entstand eine Landschaft von Straflagern, der spätere GULAG. Etwa 2,5 Millionen Russen emigrierten, zumal die bürgerliche Intelligenz.

Die Verhältnisse wurden chaotisch. Verkehr und Versorgung stockten. Die Produktion schrumpfte auf ein Siebtel der Vorkriegsleistung, Hunger und Epidemien forderten an die fünf Millionen Tote. Das Land revoltierte. Die Presse wurde zensiert. Weißgardistische Einheiten der Armee marschierten gegen die Roten. In Sibirien und im Ural-Wolga-Raum bildeten sich autonome Republiken, ebenso im Kaukasus und am Don. Von Norden drang eine englische Interventionsarmee vor, während Lenin 1919 den ersten Kongreß der kommunistischen Internationale (Komintern) eröffnete und die Weltrevolution ankündigte. Im folgenden Jahr mußten die Weißen Generale aufgeben, die Entente beschränkte sich auf den Wirtschaftskrieg gegen die Sowjets, die alle Ausländer enteignet, alle Auslandsschulden gekündigt hatten. 1921 lockerte Lenin den Zentralismus vorübergehend durch die «Neue Ökonomische Politik» (NEP); 1922 war aus dem christlich-reaktionären Zarenreich die atheistisch-totalitäre Union der sozialistischen Sowjetrepubliken (UdSSR) geworden. Die Autonomie der Völker wurde ausgehöhlt; sie bedrohte das Sowjetsystem.

Nach dem Tod Lenins 1924 fand die Sowjetunion allmählich Anerkennung im Westen. Im Kampf um die Nachfolge setzte sich Stalin durch, definitiv 1929 (Abb. 2). Er vertrat die Idee vom «Sozialismus in einem Lande» gegen die These der universalen und «permanenten Revolution» Trotzkis, der außer Landes gehen mußte und 1940 von einem Agenten Stalins in Mexiko ermordet wurde. Stalin (1878 bis 1953) war als Zögling eines orthodoxen Priesterseminars in Tiflis mit den Schriften von Marx bekannt geworden, hatte mehrere Verbannungen nach Sibirien hinter sich und redigierte seit 1917 die ‹Prawda›, das Zentralblatt der Bolschewiki. Unter Lenin war er Volkskommissar, Mitglied im Politbüro und seit 1922 Generalsekretär der Partei.

Stalins Fünfjahrespläne beschleunigten die Industrialisierung durch Großeinsatz von Zwangsarbeit, zunehmend im Dienst der Aufrüstung gegen Japan. Bei der Kollektivierung der Landwirtschaft wurden die Freibauern (Kulaken) zu Volksfeinden erklärt und als Klasse ausgelöscht. Eine erneute Hungersnot mit Millionen von Toten folgte 1932/33. Nach der damit beseitigten Klassengesellschaft verordnete Stalin 1936 das allgemeine und gleiche Wahlrecht für die von der Partei nominierten Kandidaten. Wie alle gesellschaftlichen Bereiche wurde auch die einst in der Revolutionszeit so lebendige Kulturszene reglementiert, sozialistischer Realismus verordnet.

Nach der Ausschaltung der Links- und Rechtsabweichler in den zwanziger Jahren kam es 1934 zum Mord am Leningrader Parteisekretär Kirow und 1936 bis 1939 zur «Großen Säuberung». Von den 140 Mitgliedern des Zentralkomitees blieben 15 übrig, fünf Prozent der Bevölkerung saß in Straflagern. Die alten Parteifreunde und drei Viertel seiner höheren Offiziere liquidierte Stalin nach deren Selbstbezichtigung durch Sondergerichte und Schauprozesse. Nicht zuletzt darauf beruhte die Schwäche der Roten Armee beim Angriff Hitlers 1941.

Die faschistischen Bewegungen

Der Niedergang der Monarchien im Ersten Weltkrieg führte nirgends, wie von Wilson erwartet, zu stabilen parlamentarischen Demokratien. Stattdessen folgten populistisch-autoritäre Systeme nationalistisch-militärischen Zuschnitts, die sich sowohl gegen den Kapitalismus als auch gegen den Kommunismus wandten und einen eigenen Weg zur Modernisierung suchten. Weder der liberale Individualismus noch die klassenlose Gesellschaft war das Ziel, sondern die hierarchisch nach Ständen geordnete organische Volksgemeinschaft mit Einschluß der alten Eliten. Ausgegrenzt wurden die Juden, die man einerseits mit dem Marxismus, andererseits mit der Hochfinanz in eins setzte. Die Devise «Du bist nichts, dein Volk ist alles» wandte sich gegen das individualisierte Menschenbild des Humanismus und der Aufklärung. An der Spitze stand, in der Tradition des Bonapartismus, jeweils ein neuer Caesar: ein Führer, Duce oder Caudillo.

Namen- und beispielgebend für diese Systeme wurde der italienische Faschismus. Der Begriff erinnert an die *fasces*, die Rutenbündel der Garde altrömischer Consuln. Mussolini, der als Redner die Massen zu fesseln verstand, hatte sich vom Sozialisten zum Nationalisten gewandelt und organisierte von Mailand aus 1919 mit seinem «Orden» der Schwarzhemden den rechten Terror gegen den linken Terror. Nach seinem Marsch auf Rom 1922 am 28. Oktober, dem Jahrestag des Sieges Constantins an der Milvischen Brücke 312, wurde Mussolini vom König zum Ministerpräsidenten ernannt und schuf die von ihm sogenannte «totalitäre Demokratie». Mussolini bekannte sich zur Machtpolitik; zum *sacro egoismo* des Staats. Der Wunsch nach Frieden und Glück war ihm eine kleinbürgerliche Schweinephilosophie. Das 8. der ‹Zehn Gebote des Wehrpflichtigen› hieß: *Mussolini a sempre ragione* – Mussolini hat immer recht. Die Opposition wurde ausgehebelt, die Presse gleichgeschaltet. Das Land indes erlebte einen Industrialisierungsschub und eine Aufbauphase. Die Mafia verschwand. 1929 überließ der Duce

Abb. 3: Hitler demonstrierte seinen totalitären Herrschaftsanspruch durch die Allgegenwart seines Bildes, nicht zuletzt auf den Briefmarken. 1941 präsentierte er sich gemeinsam mit Mussolini, seinem Vorbild und Bundesgenossen; vgl. S. 292.

dem Papst die Vatikanstadt und versöhnte sich mit der Kirche. Innenpolitisch gesichert, entwickelte Mussolini außenpolitischen Ehrgeiz. Traumziel war das *mare nostro* und ein neues *Imperium Romanum*. Nachdem Albanien schon seit 1927 Protektorat war, besetzte Mussolini 1936 Abessinien. Gleichzeitig schmiedete er mit Hitler die Achse Berlin – Rom (Abb. 3), übernahm die Rasse-Gesetze und versuchte 1940, Griechenland zu erobern.

Gemeinsam mit Hitler unterstützte Mussolini 1936 in Spanien General Franco im Bürgerkrieg gegen die Kommunisten, die Waffen aus Frankreich und Rußland erhielten. In den spanischen Wirren hatte 1923 Primo de Rivera eine Militärdiktatur errichtet. Seinem Tod 1930 folgten Jahre der Revolution und der Anarchie zumal in Katalonien und Spanisch-Marokko. Hier erhob sich der Caudillo Franco (1892 bis 1975) und begründete mit seiner Falange ein faschistoides System, hielt sich dann aber aus dem Zweiten Weltkrieg heraus, ebenso Salazar (1889 bis 1970), der seit 1928 Portugal im faschistischen Stil regierte.

Neutralität wahrte 1939 gleichfalls die kemalistische Türkei. Seit 1906 besaßen die Jungtürken wachsenden Einfluß im Offizierskorps. Sie vertraten republikanisch-nationale Fortschrittsideen in Anlehnung an Europa. Nach Enver Pascha, Djemal Pascha und Talat Pascha trat Mustafa Kemal Pascha, genannt Atatürk, Türkenvater, an die Spitze der nationalen Bewegung. Er verlegte 1920 die Hauptstadt nach Ankara, setzte 1922 den Sultan ab, begründete mit drastischen Maßnahmen eine laizistische Einparteienherrschaft und modernisierte auf allen Gebieten. An die Stelle der arabischen Schrift trat die lateinische, der Fez verschwand. Die Griechen, die Thrakien und Smyrna gewonnen hatten und 1922 nach Inneranatolien vorstießen, wurden vertrieben, die Franzosen mußten den Süden räumen. Nach dem Tode Atatürks 1938 blieb es unter Inönü beim Führerprinzip und der Dominanz des Militärs. Die Mullahs hatten schlechte Zeiten.

Ähnliche Systeme wie in Südeuropa entstanden in Osteuropa, hier wieder mit der Stoßrichtung gegen den russischen Kommunismus. Am erfolgreichsten war der Marschall der polnischen Legion Pilsudski. Auch er hatte als Sozialist begonnen, kämpfte auf Seiten Österreichs gegen Rußland und wurde 1918 Präsident des neuen Polen mit diktatorischen Vollmachten. Im Zuge der «Weißen Attacke» auf den Bolschewismus eroberten die Polen 1920 Kiew, wurden dann bis Warschau zurückgeworfen, aber durch Pilsudskis Sieg, das «Wunder an der Weichsel» gerettet. Die neuen Grenzen bescherten dem Land ein Drittel nichtpolnischer Bürger, es folgten Ausschreitungen gegen Deutsche und Juden. Nach dem Rücktritt Pilsudskis kam es 1935 zu einer «gelenkten Demokratie», doch blieb die Zentralgewalt stets schwach.

Einparteien-Diktaturen dominierten in der Zwischenkriegszeit ebenfalls im Baltikum, wo man die Russen fürchtete, und in Ungarn, das große Gebietsverluste erlitten hatte und umfangreiche Reparationen zahlen mußte. Hier herrschte seit 1920 Admiral Horthy, es gab blutige Auseinandersetzungen mit den Kommunisten und Judenpogrome. Bulgarien unter dem autoritären Zaren Boris III stellte sich 1941 auf die Seite Hitlers. Rechtsradikal waren seit 1927 in Rumänien die Legion Erzengel Michael und die Eiserne Garde, während des Zweiten Weltkriegs die Pfeilkreuzer in Ungarn und die Ustascha in Kroatien, die 1941 ihre serbischen Gegner liquidierte und 1945 von diesen liquidiert wurde. Die faschistischen Organisationen in Belgien, den Niederlanden, Norwegen und die Zeitung der *Action Française* traten auf deutscher Seite während des Zweiten Weltkriegs hervor. In Brasilien regierte Getulio Vargas nach faschistischem Muster 1930 bis 1945.

In einem Dilemma befand sich der Austrofaschismus in Österreich, begründet durch den Staatsstreich des christlich-sozialen Dollfuß 1933. Nach dem Verbot der 1918 beschlossenen Vereinigung mit Deutschland durch die Entente gab es Volksabstimmungen in Tirol und Salzburg, bei denen 99 Prozent für den Anschluß ans Reich votierten, worauf keine weiteren Befragungen mehr durchgeführt wurden. Die Reparationsproblematik ließ sich bewältigen, gegen kommunistische Aktionen bildeten sich Heimwehren katholischer oder faschistischer Ausrichtung. Die Verbindung zu Mussolini wurde enger, obschon dieser das Deutschtum in Südtirol unterdrückte. Eine Zollunion Österreichs mit Deutschland wurde 1931 wiederum von den Westmächten verhindert. Dollfuß mußte sowohl gegen die Kommunisten als auch gegen die Nationalsozialisten in seinem Lande Gewalt anwenden, bis er 1934 einem Attentat der letzteren erlag. Sein Nachfolger als Bundeskanzler, Schuschnigg, wurde durch die Verständigung zwischen Hitler und Mussolini in die Zange genommen und konnte 1938 dem umjubelten Einmarsch der Deutschen und der «Heimkehr ins Reich» nichts entgegensetzen. Kardinal Innitzer ließ die Glocken läuten und auf dem Wiener Stephansdom die Hakenkreuzfahne aufziehen.

Der Nationalsozialismus

Hitler war Österreicher. Katholisch aber antiklerikal, kleinbürgerlich aber großdeutsch, hatten ihn der Wiener Antisemitismus und der Militarismus des Weltkriegs geprägt. Nach dem «Marsch auf die Feldherrnhalle» 1923 zu Festungshaft in Landsberg verurteilt, diktierte er dort sein Buch ‹Mein Kampf› (1925/27). Darin bestimmte er den Nationalsozialismus analog zum italienischen Faschismus als eine weltanschauliche «Bewegung»: Ihr Ziel sei die Herstellung einer Volksgemeinschaft unter dem Hakenkreuz durch die Überwindung der Klassengegensätze und des «Parteiengezänks». Die arische Rasse habe ihre Überlegenheit durch ihre Kulturleistungen bewiesen, werde aber in ihrer biologischen Substanz bedroht durch das «parasitäre Judentum», das im Westen mittels des Kapitalismus, im Osten mittels des Kommunismus die Weltherrschaft erstrebe und deswegen als Weltfeind ausgeschaltet werden müsse. Darwins «ewiges Naturgesetz» vom Kampf ums Dasein gelte auch unter den Völkern. Friede sei eine Form von Fäulnis, Humanität eine Mischung von Dummheit und Feigheit. Deutschland müsse Weltmacht werden oder untergehen. Eine Abrechnung mit Frankreich schien ihm unabweisbar, mit England sei durch Verzicht auf «unsinnige Kolonialpolitik» Frieden zu halten und in Rußland Lebensraum zu gewinnen. Herrschaft über Fremdvölker jedoch bedrohe die Rassereinheit und damit die Widerstandskraft. Das lehre der Untergang Roms. Hitlers Ziel war ein «Germanisches Reich deutscher Nation.»

Seinem Buch maß Hitler nur begrenzte Wirkung zu. Alle großen Bewegungen würden durch das gesprochene Wort ausgelöst. Seine Parolen waren nicht neu, aber zugkräftig: deutscher Sozialismus, preußische Ordnung, germanisches Christentum, Blut und Boden. Wie allenfalls noch Goebbels verstand er die Massen durch Reden zu fesseln. Seit 1921 an der Spitze seiner Partei, agierte er von München aus durch Kundgebungen und Aufmärsche mit Uniformen, Fahnen und Fanfaren. Das Krisenjahr 1929/30 bescherte ihm einen sensationellen Stimmenzuwachs. Gestützt von der Hugenberg-Presse, wurde die NSDAP stärkste Fraktion im Reichstag. Hitler präsentierte sich als Retter, am 30. Januar 1933 ernannte ihn Hindenburg zum Reichskanzler.

Die Machtergreifung wurde als nationale Erhebung gefeiert, es gab einen politischen Massenrausch, das lang ersehnte «Dritte Reich» – nach Karl dem Großen und Bismarck – schien ein neues Zeitalter zu eröffnen. Man sehnte sich nach «Kraftgefühl». Diese Stimmung erleichterte es Hitler, seine Position zu festigen. Nach dem Reichstagsbrand, von einem Anarchisten gelegt, wurden die Kommunisten verboten. Hindenburg erteilte Hitler verfassungswidrige Sondervollmachten, und dieser brachte am 23. März mit den Stimmen der bürgerlichen Parteien das Ermächtigungsgesetz durch, mit dem sich das Parlament selbst verabschiedete. SPD, Gewerkschaft und Arbeitgeberverband wurden aufgelöst, die übrigen Parteien taten dies von sich aus. Die Opposition wurde mundtot gemacht oder ging ins Exil. 1934 verloren die Länder ihre Hoheitsrechte. Im gleichen Jahr beseitigte Hitler mit Hilfe seiner «Schutzstaffel», der SS, und der Reichswehr in einer Mordaktion die gesamte Führung der SA und deren ungefügigen Chef Röhm, der eine zweite, innerparteiliche Revolution im Auge hatte, eine «Nacht der langen Messer». Carl Schmitt, Kronjurist in dem von ihm so genannten «totalen Staat», sanktionierte den Schlag mit politischer Notwehr, Hitler vollzog «höchste Justiz».

1934 starb Hindenburg, darauf übernahm Hitler zusätzlich das Amt des Reichspräsidenten, die Armee wurde auf seinen Namen vereidigt. Göring als preußischer Ministerpräsident und zweiter Mann nach Hitler verlor an Einfluß, anders als Goebbels, der Propaganda-Minister, und erst recht als Himmler, dem seit 1936 außer der SS auch die Polizei unterstand. Ein Schlagwort hieß: Organisation. Alles wurde parteikonform «organisiert»: die Frauen und die Jugend, Dozenten und Studenten, Kunst und Kultur, Verbände und Berufsgruppen, «Kraft durch Freude» und Winterhilfswerk, Arbeitsdienst und Konzentrationslager. Presse und Rundfunk wurden auf braune Linie gebracht, Plebiszite und Parteitage demonstrierten die Macht des Systems. Das Kompetenzverhältnis zwischen Staat und Partei blieb allerdings ungeklärt.

Die Anfangserfolge überzeugten viele Zweifler. Die Erholung der Weltwirtschaft begünstigte den Aufschwung, die Arbeitslosigkeit wurde schrittweise überwunden. Kohleförderung, Eisengewinnung und Bodenerträge stiegen so, daß neben wachsendem Wohlstand die Rüstungsindustrie angekurbelt werden konnte. Prestigeprojekte waren Reichsautobahn und Volkswagen. Klassische Kultur und Heimatkunst standen hoch im Kurs. Die Souveränitätseinschränkungen von Versailles wurden revidiert. Die Saar 1935 fiel durch Abstimmung ans Reich zurück, die Wehrpflicht wurde erneuert, die Rüstungskontrolle außer Kraft gesetzt, die Hoheit über die Ströme wiederhergestellt, das Rheinland militärisch gesichert. Hitler betrieb eine Politik der vollendeten Tatsachen. Nach einem Konkordat mit dem Papst und einem Pakt mit Polen 1933 verständigte er sich mit London über den Flottenbau und verbündete sich mit Italien und Japan, die, so wie Hitler, aus dem Völkerbund ausgetreten waren, während Stalin eintrat.

Die Olympischen Spiele von 1936 in Berlin, die größten bis dahin, brachten Hitler einen Prestige-Gewinn. Den Anschluß Österreichs 1938 ließ er durch Volksabstimmung bestätigen. Die beschwichtigende Appeasement-Politik von England und Frankreich im Münchner Abkommen überließ ihm die sudetendeutschen Grenzgebiete der Tschechoslowakei, doch besetzte er im März 1939 ganz Böhmen und Mähren. Das war ein Akt der Gewalt, die zuvor schon die Juden spüren mußten. Sie wurden systematisch diskriminiert und entrechtet. Schon 1933 unterlagen sie einem Boykott und verloren alle öffentlichen Ämter. Die Nürnberger Rassegesetze von 1935 untersagten die Ehe mit ihnen und forderten den Ariernachweis für Beamte. Ab 1937 verdrängte man die Juden endgültig aus der Wirtschaft und den akademischen Berufen. Am 9. November 1938 inszenierte Goebbels die «Reichskristallnacht», ein landesweites Pogrom. Die brennenden Synagogen ließen noch Schlimmeres erwarten, offener Terror sollte die Juden vertreiben. Über 200 000, darunter der größere Teil der Intelligenz, emigrierten, vornehmlich nach England und Amerika.

Der Zweite Weltkrieg und der Holocaust

Während Hitler auf dem Wege zur Hegemonie über Europa war, errichtete Japan seine «Großostasiatische Wohlstandssphäre». Die industrielle Revolution der Meiji-Zeit nach 1868 hatte Japan zur Großmacht erhoben. Europa lieferte nicht nur das technische, sondern auch das politische Vorbild: den Imperialismus. Japan trat der Expansion der Briten, Franzosen und Russen nach Fernost entgegen und gewann im Kampf gegen China und Rußland 1910 Korea, Formosa (Taiwan) und die Mandschurei. Das Motto lautete: Modernisierung durch die *Pax Japonica*. In den dreißiger Jahren etablierte sich unter Kaiser Hirohito – seine Devise: *Showa* (leuchtender Friede) – eine shinto-gläubige, nationalistisch-militaristische Einparteienregierung, die 1937 den Kampf gegen die «kommunistische Drohung» aus China mit einem Gemetzel in Nanking eröffnete.

Dort hatte Sun Yat-sen 1912 den letzten Kaiser abgesetzt, die Republik ausgerufen und vielfältige Reformen eingeleitet. Während der folgenden Bürgerkriege wuchs der Einfluß der Sowjets, den Tschiang Kaischek von Nanking aus 1927 eindämmen konnte. Gleichwohl mußte er Mao Tse-tung neben sich dulden, nachdem dieser 1935 auf dem «Langen Marsch», auf der Flucht von Süd- nach West-China zum Führer der Kommunisten aufgestiegen war. Beide machten zunächst gemeinsam Front gegen die Japaner. Diese griffen an und erzielten beträchtliche Erfolge. Japans Aufstieg im westpazifischen Raum alarmierte die USA, sie unterstützten China, an dessen Märkten sie interessiert waren, auch militärisch, während Tokyo sich mit Berlin und Moskau verständigte. Nach Monaten der Eskalation überfielen die Japaner am 7. Dezember 1941 die bei Pearl Harbor auf Hawaii zusammengezogenen amerikanischen Schlachtschiffe und begannen den pazifischen Krieg. 1941 eroberten sie Hongkong, Singapur und Indonesien.

Inzwischen war der Kampf um Europa in vollem Gang. Hitler, der unermüdlich seine Friedensabsicht beteuerte, hatte 1937 im engeren Kreise seinen Kriegsplan kundgetan. Er fürchtete, das längst laufende Wettrüsten zu verlieren. Am 23. August 1939 vereinbarte er überraschend mit Stalin die Aufteilung Ostmitteleuropas und forderte den 1919 in Versailles verlorenen Landweg nach Danzig zurück. Polen lehnte ab, machte mobil, und Hitler marschierte am 1. September von Westen, Stalin am 17. von Osten ein. Hitler eroberte Warschau; Stalin ließ 15000 polnische Gefangene verschwinden, 4000 Offiziere bei Katyn erschießen. Im Juni 1940 annektierte er, wie mit Hitler vereinbart, das Baltikum, dessen deutsche Bewohner ins Reich umgesiedelt worden waren, und griff Finnland an, das sich im folgenden Winterkrieg unter dem Freiherrn von Mannerheim jedoch behauptete.

Polen hatte im Vertrauen auf England und Frankreich den Widerstand gewagt; beide erklärten Deutschland am 3. September den Krieg, griffen aber nicht ein. Hitlers angebotener Verzicht auf Elsaß-Lothringen versöhnte Frankreich nicht, und sein Werben um England – freie Hand in Übersee gegen freie Hand in Osteuropa – blieb erfolglos. Mit der Besetzung Norwegens kam Hitler den Briten zuvor. Es ging um das Eisen aus Nordschweden. Im Juni 1940 war Frankreich in einem zweiten «Blitzkrieg» durch die Panzerkolonnen Guderians und Mansteins besiegt; das britische Expeditionskorps wurde bei Dünkirchen zur Flucht über den Kanal genötigt; im Süden bildete sich unter Pétain in

Vichy ein deutsch-freundliches Militärregime. Mussolini ging nun von Libyen aus gegen das britische Ägypten vor, wobei ihm Rommel mit dem Afrikakorps zu Hilfe kam, und griff von Albanien aus Griechenland an, das die Deutschen dann eroberten. Die Briten setzten sich ab und verloren auch Kreta.

Am 22. Juni 1941 eröffnete Hitler ohne Kriegserklärung den Kampf gegen Rußland, nachdem er mit Molotow keine Einigung über Osteuropa hatte erzielen können. Hitlers wahnhaftes Ziel war «Lebensraum», seine Propaganda aber lautete: Kreuzzug Europas gegen den Bolschewismus! Das führte ihm Truppen zu aus Italien und Spanien, aus Frankreich und den Niederlanden, aus Litauen und Finnland, Bulgarien und Rumänien, Ungarn und Kroatien, aus der Slowakei und der Ukraine. Die an der polnischen Grenze bereits aufmarschierte Rote Armee hielt den Vorstoß nicht auf, Hunderttausende von Russen gerieten in Gefangenschaft. Im Herbst 1941 standen die Deutschen vor Leningrad und Moskau. Sie eroberten 1942 Stalingrad, die Krim und operierten im Kaukasus.

Im Irak und in Iran wurden die achsenfreundlichen Regierungen durch Russen und Briten gestürzt. Vorsorglich hatte Stalin die Wolga-Deutschen, die Krimtataren und die Tschetschenen als mögliche Kollaborateure nach Sibirien deportiert. Ähnliche «Säuberungen» verordnete Himmler gemäß ‹Generalplan Ost›, soweit man die Slawen – in der Diktion der Nationalsozialisten: geborene «Untermenschen» – nicht als Knechte der künftigen deutschen Siedler brauchen konnte. In den besetzten Ländern kam es zu Partisanenkämpfen, die beidseitig mit wachsender Brutalität geführt wurden. Kommissare und Juden wurden erschossen, Hitler führte einen Rassenkrieg.

Seit 1940 rüstete Amerika, lieferte Waffen nach England und gewährte Stalin seit 1941 umfangreiche Unterstützung, noch ehe Hitler nach Pearl Harbor in megalomaner Pose den USA den Krieg erklärt hatte. In einem Anfall von Starrsinn verweigerte er der 6. Armee in Stalingrad den Rückzug, Ende Januar 1943 gab General Paulus auf. Ende 1942 war Eisenhower, der kommandierende General der US-Truppen, in Algerien gelandet, Rommel mußte sich zurückziehen. Nach der Landung der Angloamerikaner in Süditalien und dem ersten Luftangriff auf Rom verhaftete der Große Faschistische Rat Mussolini und verständigte sich im September 1943 mit den Alliierten. Während die Deutschen im Osten zurückwichen, landeten die Amerikaner am 6. Juni 1944 zur *Crusade in Europe* (Eisenhower) in der Normandie.

Die nahende Niederlage führte zur weit verzweigten Verschwörung vom 20. Juli 1944. Widerstand gegen das Regime hatte es in unterschiedlicher Intensität immer wieder gegeben, fand jedoch weder in der Bevölkerung noch bei den Alliierten Rückhalt. Kommunisten und Sozialdemokraten verschwanden in Konzentrationslagern oder gingen ins Exil, der kirchliche Widerstand von Graf Galen, Niemöller und Bonhoeffer blieb isoliert. Die Opposition der Generale um Beck und Halder zerbrach nach Hitlers Erfolg in München 1938; die Flugblätter der Weißen Rose führten zur Hinrichtung der Geschwister Scholl 1943. Das mit Goerdeler, Leuschner und Beck verabredete Attentat des Grafen Stauffenberg in der Wolfsschanze scheiterte ebenso wie drei Dutzend Anschläge auf Hitler zuvor. Prominentestes Opfer der Rachejustiz war Erwin Rommel als Mitwisser.

Während die Alliierten an allen Fronten vordrangen, beschleunigte Himmler die «Endlösung der Judenfrage»: 1941 wurde den Juden die bis dahin erwünschte Auswanderung untersagt, es folgte der

Abb. 4: Im Zuge von Hitlers Rassenpolitik wurde der Massenmord an den europäischen Juden systematisch organisiert. Vor der Vergasung wurden an der Verladerampe von Auschwitz zur Zwangsarbeit brauchbare Personen ausgesondert. Ein geringer Teil der schuldlos Verfolgten konnte so den Holocaust überleben. Das Bild zeigt ungarische Juden im Juni 1944; vgl. S. 300.

als Aussiedlung getarnte Abtransport aus den der SS erreichbaren Gebieten in Ghettos, Arbeits- und Vernichtungslager. Zielgruppen waren neben den Juden die Zigeuner, die Zeugen Jehovas, sogenannte Asoziale und «Artfremde». Die Juden Dänemarks entkamen nach Schweden. Nach der Wannseekonferenz am 20. Januar 1942 vollzog sich unter möglichster Geheimhaltung die Vergasung in Polen, namentlich in Auschwitz, Treblinka und Majdanek (Abb. 4). Zusammen mit den rassistisch oder politisch motivierten Massenerschießungen durch «Einsatzgruppen» und den «Euthanasie»-Maßnahmen gegen mißgebildete Kinder und Geisteskranke werden die wehrlosen Opfer der mörderischen Rassenpolitik auf sechs Millionen beziffert. Unterdrückung von Juden ist seit den Tagen Israels in Ägypten zu beklagen, die ganze jüdische Geschichte pulsiert zwischen Verfolgung und Behauptung. Der groß angelegte Versuch, sie biologisch zu vernichten, ist jedoch ohne Beispiel. Er übersteigt mit seiner grauenhaft brutalen Routine schlechthin das Begreifliche und bildet das finsterste Kapitel der deutschen Geschichte.

Unterdessen litt die deutsche Zivilbevölkerung unter dem *moral bombing* im Luftkrieg. Hitler hatte Warschau und Rotterdam nach Luftangriffen erobert. Ihm fehlte indessen die strategische Bomberflotte Englands, die Churchill am 9. Mai 1940 gegen den «weichen Unterleib des Feindes» einzusetzen verhieß. Nach dem ersten Nachtangriff auf Berlin bombardierte Hitler Coventry und London, verlor jedoch die Luftschlacht über England. Er machte weder damals noch später mit seinen V2-Raketen auf den *Marshall of the Royal Air Force* Arthur Harris Eindruck; dieser zertrümmerte, von Amerika unterstützt, mit seinen Tausendbomberangriffen die nach ihrem Brennwert taxierten deutschen Städte und hatte bereits 1944, so meldet er in seiner Autobiographie ‹Bomber Offensive› von 1947, 80 Prozent der größeren niedergebrannt. Ebenso wurden französische und italienische Städte im deutschen Machtbereich von den Alliierten bombardiert. Eine halbe Million Zivilisten starb unter den Trümmern, die Verluste in den letzten Kriegsmonaten waren exorbitant. Die Zerstörung Dresdens am 13./14. Februar 1945 hat Churchill nachträglich bedauert (Abb. 5).

Noch härter traf es die Japaner. Im Frühsommer 1942 beherrschten sie die See zwischen Indien, Australien und Alaska, verloren aber im Juni ihre wichtigsten Flugzeugträger in der Schlacht bei den Midway-Inseln und hielten dem Angriff der technisch und numerisch überlege-

Abb. 5: Im Zuge des «moral bombing» wurde vom 13. bis 15. Februar 1945 die mit Ostflüchtlingen überfüllte Barockstadt Dresden zerstört. Blick vom Rathaus-Turm; vgl. S. 300.

nen Amerikaner nicht stand. Diese kämpften sich unter erheblichen Verlusten von Insel zu Insel vor, eroberten 1943 Guadalcanal, 1944 die Marianen und nach fünfzigtägiger Bombardierung im Februar 1945 Okinawa. Die Selbstmordflüge der Kamikaze-Piloten änderten nichts mehr. Als im April 1945 Kobe, Osaka und Tokyo eingeäschert waren, hatte Japan verloren. Die Atombomben auf Hiroshima und Nagasaki (Abb. 6) am 6. und 9. August mit ihren 500 000 Toten und Versehrten waren ebenso unnötig wie die Zerstörung Dresdens. Den Bau der Bombe hatte Albert Einstein am 2. August 1939 dem Präsidenten Roosevelt empfohlen, gedacht für Deutschland. In Berlin war Otto Hahn 1938 die Uranspaltung gelungen.

Japan kapitulierte am Tage nach Nagasaki; die Verantwortung übernahm General Hideki Tojo, er entlastete Kaiser Hirohito und wurde 1948 von den Amerikanern hingerichtet (s. Kap. 15). 200 000 Japaner begingen Selbstmord. Großadmiral Dönitz als Nachfolger des Führers hatte schon am 8. Mai die Waffen niedergelegt, nachdem sich Hitler am 30. April während der Straßenkämpfe mit den Russen in Berlin das Le-

Abb. 6: Photo aus der Enola Gay 20 Minuten nach dem Abwurf der Atombombe auf Nagasaki am 9. August 1945. Churchill sah in den Atombomben «ein barmherziges Mittel zur Abkürzung des Blutbades»; vgl. S. 300.

ben genommen hatte. Goebbels vergiftete sich und seine Familie. Seine bis zuletzt verkündeten Durchhalteparolen basierten auf der verfrühten Erwartung eines Ost-West-Konflikts, in dem Deutschland als Speerspitze des Westens gegen den Bolschewismus dienen könnte.

*

Der amerikanische Diplomat und Historiker George F. Kennan nannte den Ersten Weltkrieg die «Urkatastrophe des Jahrhunderts», *the great seminal catastrophe of this century*. Zu Recht. Nachdem das 17. Jahrhundert die Religionsfreiheit, das 18. Jahrhundert die Aufklärung, das 19. Jahrhundert Industrie und Wissenschaft emporgebracht hatte, schien die Welt auf dem Wege der Zivilisation. Fortschrittsoptimismus, wenn auch unterschiedlich gefärbt, dominierte allenthalben: bei Nationalisten und Imperialisten, bei Kommunisten und Kapitalisten, bei Monarchisten und Demokraten, links wie rechts. Um 1900 stand Europa auf dem Gipfel seiner Weltgeltung.

Gleichwohl war die Kräfteverschiebung längst im Gang: der ökonomische Aufstieg Amerikas und Rußlands sowie die Emanzipation der Dritten Welt. Darum hätte auch eine besonnene Politik die europäische Dominanz nicht retten können. Wohl aber waren die beispiellosen Gewaltausbrüche zu vermeiden, die durch nationale Selbstüberschätzung und missionarisch-totalitäre Ideologien herbeigeführt wurden. Im Ersten Weltkrieg starben 10 Millionen, 50 mal so viele wie in den drei preußisch-deutschen Kriegen zuvor, im Zweiten waren es 60 Millionen. Die Großtechnik offenbarte ihr dämonisches Doppelgesicht.

«Deutschland hat sein Schicksal sich selbst zuzuschreiben, es kann die letzte Verantwortung auf keinen Einzelnen abwälzen», so schrieb Johannes Haller nach dem Ersten Weltkrieg, und Walther Rathenau bemerkte: «Das Volk büßt für seine Führer. Und diese Buße ist gerecht». Beides gilt mehr noch für 1945, das Ende der hybriden Hegemonialträume in Deutschland und Japan. Das Resultat war der Abschied Westeuropas und Ostasiens von der großen Politik. Europa wurde im Spiel der Kräfte vom Subjekt zum Objekt. Es entstand ein demokratisches und ein sozialistisches Lager, eine weltpolitische Bipolarität zwischen Washington und Moskau. Das politische Patt der beiden feindlichen, bis an die Zähne bewaffneten Supermächte erlaubte gleichwohl einen ökonomischen Aufschwung.

Jacob Burckhardt sah 1870 ein neues *Imperium Romanum* emporkommen, allerdings erst nachdem die Welt wieder Militärstaaten wie Assur erlebt habe. In dieser Vorhersage hätte sich Burckhardt 1945 ebenso bestätigt gefühlt wie mit seiner These, Macht sei an sich böse, gleichviel, wer sie ausübe.

15. Demokratie global?

«Jede Epoche ist geneigt zu glauben, daß sie in gewisser Weise die letzte sei» – so Emil Cioran 1957; er hatte wohl die Zukunftsvisionen von Wilson, von Lenin und von Hitler im Sinn. Frühere Zeiten, die über sich nachgedacht haben, bestätigen das: so die Juden im Makkabäeraufstand 164 v. Chr. mit der Messiaserwartung des Buches Daniel, so die Römer unter Augustus mit der Weltreichsidee Vergils, so die frühen Christen mit der Erwartung des Jüngsten Gerichts. Mit einer nachjüdischen, nachrömischen, nachchristlichen Zeit rechneten die damaligen Meinungsmacher ebensowenig wie die heutigen mit einer nachdemokratischen Periode oder einem Ende der globalen Kommunikation.

Die Vereinten Nationen

In den frühen vierziger Jahren besaßen alle Kriegsparteien ihren Plan für eine letztgültige Weltordnung. Für die deutsche und japanische Seite ging es um Großräume, innerhalb deren die jeweilige Hegemonialmacht nach Gutdünken walten würde. Schon die Monroe-Doktrin und der koloniale Imperialismus dachten geopolitisch. Gegen diese Großraumlehre wandten sich zwei messianisch-missionarische Universalprogramme: in Moskau der Marxismus-Leninismus mit der Konzeption der Weltrevolution gegen das Privateigentum, in Washington der liberale, marktwirtschaftliche Kapitalismus mit der Vision globaler Demokratie. Die jeweilige Politik stützte sich auf eine Zivilreligion mit Ritualen, Symbolen und einem geschichtsphilosophisch begründeten irdischen Heilsversprechen.

Im Gegensatz zu den geopolitischen Hegemonialpolitikern verkündeten die Universalisten ihre moralische Selbstbindung an Menschenrechte, die dem Willen der Mehrheit entzogen sein sollten. Es ist der Gedanke vom Recht auf zwei Ebenen. Auf der unteren liegt das «positive» Recht, wie es von Menschen gesetzt ist (*ponere*), nach Zeiten und Völkern verschieden und veränderbar. Auf der höheren liegt ein allgemeinmenschliches Normensystem, das aus einem Gefühl für Humanität, für Billig-

Abb. XV: Gandhi fand in seinem gewaltlosen Widerstand gegen die britische Kolonialherrschaft mit Hilfe westlicher Medien Sympathie in Amerika und Europa. Sein Salzmarsch 1930 protestierte gegen britische Monopole; vgl. S. 308.

keit, für Zumutbarkeit entspringt. Das Prinzip unverfügbarer Gebote ist alt. Bei Sophokles begegnet uns das göttliche Recht (z. B. des Toten auf ein Grab), bei Cicero das Vernunftrecht (z. B. der Frau auf ihre Keuschheit), bei Ulpian das Naturrecht (z. B. des Sklaven auf seine Freiheit). Die Idee einer kosmopolitischen Weltgesellschaft findet sich in der hellenistischen Philosophie bei Kynikern und Stoikern, sie entspricht dem Geist der Bergpredigt.

Antike Impulse liegen dem Menschenbild der Humanisten und Aufklärer zugrunde, das Ausdruck fand in der *Virginia Declaration of Rights* von 1776 und in der Erklärung der Menschen- und Bürgerrechte von 1789. Sie bildet die Basis für die Vierzehn Punkte Wilsons von 1918 und die Vier Freiheiten, die Roosevelt 1941 forderte: Freiheit der Rede und der Religion, Freiheit von Not und Furcht; dazu Grenzen gemäß dem Selbstbestimmungsrecht, freie Wahl der Regierungsform durch jedes Volk, dauernder Friede im Wohlstand und – dies nun problematisch und prophetisch: freier und gleicher Zugriff auf die Rohstoffquellen der Erde. Dies gelte allerdings, so Churchill 1941 in der Atlantik-Charta, nicht für Deutschland, das unter die Feindstaatenklausel fiel.

Träger der Menschenrechte wurden die 26 Gegner der Achsenmächte, die sich 1942 als *United Nations* konstituierten. Die förmliche Gründungskonferenz fand statt im Frühjahr 1945 in San Francisco. Eingeladen wurden solche Staaten, die wenigstens noch in letzter Minute Deutschland den Krieg erklärt hatten. So wie Hitler Wert gelegt hatte auf die Beteiligung nichtdeutscher Truppen im Kampf gegen den Bolschewismus, der dadurch als Feind der Menschheit abgestempelt werden sollte, so drängten die Alliierten die Neutralen nun zum Eintritt in den Krieg. Der Weltbund erwuchs aus der Solidarisierung gegen den Weltfeind Deutschland. Neutral verbleibende Staaten wie Irland, Portugal und die Schweiz waren in San Francisco unerwünscht. Am 26. Juni unterzeichneten Vertreter von 50 Siegerstaaten die Charta der Vereinten Nationen, die 1946 an die Stelle des Völkerbundes traten. Diesmal waren die USA dabei und zwar in führender Position als Gastgeber in New York. Die Großmächte schützten sich vor Majorisierung durch ihr Vetorecht im Sicherheitsrat. Inzwischen umfaßt die UNO alle Staaten außer Taiwan. Ihr Ziel ist die Verhütung von Krieg und die Durchsetzung der Menschenrechte. Die UNO besitzt eine Fülle von Unter- und Nebenorganisationen, so die FAO für Ernährung, die WHO für Gesundheit, die UNESCO für Kultur, die UNICEF für Kinder.

Die organisierte Globalisierung begann 1851 mit den Weltausstellungen, gefolgt von der Genfer Konvention des Roten Kreuzes 1864, dem Weltpostverein 1874 und den 1894 erneuerten Olympischen Spielen. Seit 1899 versuchten die Haager Friedenskonferenzen die Kriegsschäden zu mindern; der Briand-Kellogg-Pakt von 1928 gestattete nur die Verteidigung. Die Konferenz von Bretton Woods 1944 legte mit der Konvertierbarkeit der Währungen auf Dollarbasis den Grund für die Weltbank.

Zunächst waren die Kriegsverbrechen der Deutschen zu sühnen. Es hätte nahegelegen, die Prozesse einem UN-Gericht zu übertragen, doch gaben die vier Siegermächte das nicht aus der Hand. Angeklagt wurden in Nürnberg 212 führende Persönlichkeiten, unter ihnen Göring, Heß, Dönitz und Albert Speer, Hitlers Staatsarchitekt und Rüstungsminister. Hitler, Himmler, Goebbels und Mussolini lebten nicht mehr. 1946 wurden zehn Hauptkriegsverbrecher gehenkt. Anklagepunkte waren Verbrechen gegen den Frieden und die Menschlichkeit, insbesondere der Massenmord an den Juden, der endlich an die Öffentlichkeit kam. Die Angriffskriege Stalins gegen Polen und Finnland kamen ebensowenig zur Sprache wie die Atombomben.

Im Anschluß an den Hauptprozeß gab es etwa 60 000 weitere Verfahren in verschiedenen Ländern und die «Entnazifizierung» in Deutschland, bei der die Parteimitglieder vor «Spruchkammern» ihre Unschuld (?) beweisen mußten. Parallel dazu wurden in Tokyo die führenden Politiker abgeurteilt, nicht jedoch der Kaiser, der lediglich auf sein Gottesgnadentum verzichten mußte. 1948 erhob die UNO die Nürnberger Prinzipien zu Völkerrecht, das sich allerdings nicht durchsetzte. Der amerikanische Kriegsverbrecher von My Lai in Vietnam wurde zwar verurteilt, aber nicht bestraft. Erst mit dem internationalen Strafgerichtshof im Haag 2002 gelang wieder eine Ahndung, wenigstens bei Serben und Kroaten. Fatal, daß die USA nebst Israel und Nordkorea das Weltgericht boykottieren, sogar als Sicherheitsrisiko einstufen.

Die Entkolonialisierung

Zu den Zielen der UNO zählte die Emanzipation der Kolonien. Sie hatten sich im 20. Jahrhundert noch vermehrt. Franzosen und Spanier teilten sich 1904 Marokko, der Widerstand der Kabylen erlosch erst 1934. England und Frankreich übernahmen 1919 Mandatsgebiete im ehemals osmanischen Orient. Die Franzosen okkupierten von Algerien aus die Sahara; die Italiener, die seit 1911 in Libyen saßen, unterwarfen 1922 bis 1932 die Senussi und eroberten 1936 Abessinien; die Briten sicherten sich noch 1923 das überaus gold- und mineralreiche Rhodesien.

Die Gegenbewegung war seit dem 19. Jahrhundert im Gang. Wo die Europäer als Siedler die Einheimischen marginalisierten oder integrierten, verschob sich das Problem der Fremdherrschaft auf die Verbindung zum Mutterland; die Russen in Sibirien bewahrten sie, die Engländer in Amerika, Australien und Neuseeland lösten sie, letztere verblieben 1901 beziehungsweise 1906 nur symbolisch im Britischen *Empire*. Wo die eingeborenen Eliten handlungsfähig waren, forderten sie Freiheit. Die Weltkriege schwächten die Kolonialmächte, doch zogen sie sich nicht kampflos zurück. Indien verdankt seine 1947 gelungene Lösung von London Mahatma Gandhi (1869 bis 1948) und seinem dreißigjährigen gewaltlosen Widerstand (Abb. XV). Ihm folgten allerdings blutige Exzesse zwischen Hindus und Muslimen. Kaschmir und Ceylon (Sri Lanka) sind weiterhin Spannungsgebiete. Der Freiheitskampf der Mau-Mau gegen die Briten in Kenia forderte weit über 100 000 schwarze Tote. Aus Ägypten zogen sich die Briten schrittweise zurück, endgültig 1956 nach ihrer Intervention in der Suez-Krise. Die Mehrzahl der britischen Schutzgebiete wurde auf diplomatischem Wege frei und blieb im Commonwealth lose mit der Krone verbunden.

Portugal gewährte seinen afrikanischen Kolonien Angola, Mosambik und Guinea 1974 Autonomie, nachdem deren Befreiungskampf seit 1961 von den Sowjets unterstützt worden war. Diese intervenierten ebenfalls in Eritrea und Äthiopien, dreißig Jahre Bürgerkrieg folgten. Frankreich verlor Syrien und Libanon noch vor Kriegsende und kämpfte um seinen Besitz in Indochina 1946 bis 1954 verlustreich und vergeblich. Nach Marokko (1955) und Tunesien (1956) lösten sich die größeren afrikanischen Länder unter blutigen Unruhen von Paris. Eine Erhebung auf Madagaskar 1947 gegen die Franzosen forderte 70 000 Opfer, 1960 wurde die Insel autonom. Am härtesten waren die Kämpfe in Algerien 1954 bis 1962, auch von den Franzosen mit Terrormaßnahmen geführt. Die Herrschaft der Weißen in Südafrika endete mit der Apartheid 1989/93 unter Mandela, nachdem Namibia (ehemals Deutsch Süd-West), von Cubanern aus Angola unterstützt, sich 1990 verselbständigt hatte.

Abb. 1: Die Zerstörung des World Trade Center, New York, am 11. September 2001 durch arabische Selbstmordattentäter forderte 2819 Todesopfer und löste eine unabsehbare Kette der Gewalt aus; vgl. S. 311.

Das postkoloniale Afrika ist die am wenigsten stabile Großregion der Erde. Patriarchalische Stammestraditionen stehen der Bildung eines emanzipierten, individualisierten Bürgertums im Wege, so daß die demokratischen Ansätze immer wieder in Einparteiensysteme und Militärdiktaturen umschlugen und Regierungen gewöhnlich durch Offiziersputsch wechselten. Dabei kam es zu Terrorherrschaften wie der von Idi Amin in Uganda 1971 bis 1979 und zu atavistischen Rückfällen wie der Kaiserkrönung von Bokassa 1977 in der Zentralafrikanischen Republik. Die ökonomische und gesundheitliche Lage war und ist bedrohlich; die ohne Rücksicht auf die Bewohner gezogenen Kolonialgrenzen sind tabu; ethnische und religiöse Konflikte steigerten sich mitunter bis zum innerafrikanischen Völkermord, so 1967 bis 1970 in Biafra, 1972 und 1988 in Burundi und 1994 in Ruanda. In Somalia wird seit 20, in Angola seit 30 Jahren gehungert und geschossen, seit kurzem auch in Westafrika. Millionen starben seit 1997 im Kongo-Krieg, Nigeria steht vor einer Zerreißprobe.

Getötet wird mit Waffen aus den Industrienationen. Führend im Rüstungsexport war bis 1989 Moskau, dann traten die USA an die Spitze. 1997 führten sie für 32 Milliarden Dollar Kriegsmaterial aus, Minen und die für Kindersoldaten geeigneten Kleinwaffen eingerechnet. Das waren 58 Prozent der Waffenexporte weltweit. Deutschland hält im Geschäft mit dem Tod nach Frankreich und England einen ehrenvollen 5. Platz. Die Schweiz war 1996 mit 230 Millionen Franken beteiligt.

Im Sudan, den die Briten 1955 verließen, herrscht Bürgerkrieg zwischen arabischen Muslimen und schwarzen Christen, die Opfer nähern sich der Zweimillionengrenze. In Libyen nötigte 1970 Gaddafi die angloamerikanischen Truppen zum Abzug, erhielt Unterstützung von den Sowjets und errichtete ein totalitär islamistisches Regime. In Iran stürzte 1979 das von Ayatollah Khomeini und seinen Mullahs fanatisierte Volk den Schah als Handlanger des amerikanischen Kapitalismus. Die nach 1954 unter Nasser begonnene Anlehnung Ägyptens an die Sowjets wurde 1976 durch Sadat beendet, der 1981 einem islamistischen Attentat erlag. Im ersten Golfkrieg (1980 bis 1988) unterstützten die USA Saddam Hussein, Diktator im Irak, gegen die Iraner, im zweiten (1991) verhinderten ihre Bomber im Auftrag der UNO Saddams Griff nach dem Ölstaat Kuwait. In Afghanistan herrscht Krieg seit 1979, 1994 bewaffnete Washington die Taliban gegen die Sowjets und bekämpfte sie 2002 als mutmaßliche Operationsbasis des Terrorismus.

Algerien wurde nach 1992 durch blutige Kämpfe zwischen Armee und Islamisten heimgesucht.

Dauerproblem der arabischen Welt ist Israel. Der Gründer der zionistischen Weltbewegung Theodor Herzl verzweifelte angesichts des französischen Antisemitismus in der Dreyfus-Affaire 1894 bis 1906 an einem friedlichen Zusammenleben von Christen und Juden und forderte eine Heimstätte, erst in Argentinien, dann in Uganda und endlich im Heiligen Land. Sie wurde 1917 in der Balfour-Erklärung Londons versprochen, und die Einwanderung nahm zu. Als sie während der nationalsozialistischen Verfolgung sprunghaft anstieg und von der britischen Mandatsregierung gedeckt wurde, revoltierten die Araber Palästinas. Auch ihnen war für den Kampf gegen die Türken ihr Land von London zugesagt worden. Die Briten lavierten, darauf richtete sich die zionistische Militanz gegen Araber und Briten zugleich. Letztere zogen sich unter dem Druck aus Washington zurück, und Ben Gurion proklamierte 1948 gegen den Protest der Araber den Staat Israel. Über eine halbe Million Palästinenser wurden vertrieben, die verbleibenden entrechtet.

Zum Aufbau des Staates hat die Bundesrepublik seit 1952 etwa 3,5 Milliarden DM «Wiedergutmachung» beigesteuert. Ökonomisch und militärisch wird Israel von den USA getragen, es erhält – als Atommacht – die höchste «Entwicklungshilfe» pro Kopf, war und ist am stärksten pro Kopf im Ausland verschuldet. Bis 1982 gab es fünf israelisch-arabische Kriege, unterbrochen von Entspannungsversuchen; sie kulminierten 1994 im Friedensnobelpreis für Arafat, Rabin und Peres. Der Freibrief Washingtons für die Falken in Israel erlaubte die Tendenzwende gegen die Araber, denen die von der UNO geforderte Autonomie verweigert wird. Auf die illegale Landnahme durch rechtsradikale Siedler reagierten Palästinenser und Islamisten mit Selbstmordanschlägen, deren trauriger Höhepunkt am 11. September 2001 erreicht wurde (Abb. 1).

Der Kalte Krieg

Das Jahr 1945 hatte nicht nur Deutschland gelähmt, sondern auch England und Frankreich geschwächt, sie verloren ihre Kolonialmacht und hingen am Schlepptau der USA. Diese kontrollierten die westliche Hemisphäre, fanden sich aber gegenüber Moskau in einer weltpolitischen Rivalität. Die Sowjetunion, die am stärksten unter dem Krieg gelitten hatte, erfuhr auch den größten Machtzuwachs durch ihn. Hauptgewinner im Ersten Weltkrieg war Lenin, im Zweiten Stalin, der 1945 seine Rolle als Vorkämpfer des Weltproletariats wiederentdeckte und sich als «Genius der Menschheit» feiern ließ.

Mit Hilfe der Demontage deutscher Industrieanlagen, der Arbeit Kriegsgefangener und der Zwangsverpflichtung von Tausenden ostdeutscher Techniker und Wissenschaftler baute Stalin die Schwerindustrie wieder auf. Er gewann von Japan, dem er auf Drängen Roosevelts nach Hiroshima den Krieg erklärt hatte, Sachalin und die Kurilen und annektierte im Westen Karelien, das Baltikum, Nord-Ostpreußen, das östliche Polen, die Karpato-Ukraine, die Bukowina und Bessarabien mit insgesamt 25 Millionen Einwohnern. In den vorgelagerten Ländern Polen, DDR, Tschechoslowakei, Ungarn, Rumänien, Albanien und Bulgarien etablierte er, teilweise durch brutale Eingriffe, kommunistische Satellitenregime, ebenso in der Mongolischen Volksrepublik, Nordvietnam und in Nordkorea. Griechenland wehrte sich mit englischer Hilfe, erfolgreich, als Tito den Nachschub unterband. Er bewahrte als Nationalkommunist die Selbständigkeit und Einheit Jugoslawiens. Der Moskau hörige Ostblock wurde ökonomisch zusammengehalten durch das Comecon von 1949 und militärisch durch den Warschauer Pakt von 1955.

Gegen Stalins «Salami-Taktik» setzte Truman die von Kennan formulierte Doktrin der Eindämmung, des *containment*. Die vielbeschworene friedliche Koexistenz wurde von beiden Seiten nur als Zwischenlösung hingenommen. Jede der Universalideologien besaß ihr *One World Concept* und stützte es durch ein vierzigjähriges Wettrüsten. Seit 1949 besaß Stalin die Atombombe. Nach England und Frankreich trat 1964 auch China in den «nuklearen Club» ein. Er umfaßt inzwischen auch Israel, Pakistan, Indien und Nordkorea. Bis 1990 gab es im Schnitt alle neun Tage einen Atomtest. Die Destruktionspotentiale der Wasserstoffbomben und Interkontinentalraketen wuchsen zu einem Vielfachen dessen, was zur Vernichtung des Gegners erforderlich war: Das war der *overkill*, der einen Selbstmord der Menschheit möglich machte. Abrüstungsgespräche konnten das Mißtrauen nicht überwinden. Gewiß beabsichtigte keine der Supermächte eine Eroberung der anderen, aber beide trachteten nach Positionsgewinn, einerseits bei den Neutralen, andererseits im Vorfeld des Gegners mit Hilfe der Kommunisten im Westen bzw. der Dissidenten im Osten.

So hatte das Jahr 1945 in Europa zwar Waffenruhe, aber keinen Frieden gebracht. Der Kalte Krieg wurde nicht nur mit Propaganda und

Der Kalte Krieg   313

Schikane, mit Infiltration und Spionage betrieben, sondern führte auch zu Gewaltausbrüchen. Erster Brennpunkt des Ost-West-Konflikts war Berlin (s. u.). Die Drohung aus dem Osten bewirkte noch 1949 den Abschluß des Nordatlantikpakts, der NATO (North Atlantic Treaty Organization), eines militärischen Schutzbündnisses der USA, Kanadas und Westeuropas mit dem Ziel *to keep the Russians out, the Americans in and the Germans down.* Der nächste Vorstoß ereignete sich in Korea. Die zuvor

Abb. 2: Der am 13. August 1961 errichtete antifaschistische Schutzwall der Deutschen Demokratischen Republik, auch vor dem Brandenburger Tor in Berlin, sollte die sozialistischen Errungenschaften des friedliebenden Arbeiter- und Bauernstaates vor der Infiltration des Kapitalismus schützen; vgl. S. 314.

japanisch beherrschte Halbinsel war 1945 zwischen sowjetischen und amerikanischen Truppen geteilt worden. 1950 überquerte die nordkoreanische Armee den 38. Breitengrad und stieß bis zur Südspitze vor. Die Südkoreaner, unterstützt durch die USA und UN-Truppen, erreichten sodann im Gegenstoß die Nordgrenze, mußten sich aber 1951 nach dem Eingreifen der Chinesen zurückziehen.

Am 5. März 1953 starb Stalin. Die Diadochenkämpfe brachten Chrustschow an die Macht. Gegen die kommunistische Herrschaft erhoben sich am 17. Juni 1953 Berlin und andere Städte Ostdeutschlands, sowie 1956 die Ungarn, wo sich die demokratische Volksbewegung

Abb. 3: John F. Kennedy als Präsidentschaftskandidat an der Seite seiner Frau Jacqueline bei der Ansprache an sein Volk im Oktober 1960. Seine Ermordung am 22. November 1963 ist ungeklärt, auch der Mörder wurde ermordet. Die 75 Fernsehstunden füllenden Trauerfeierlichkeiten machten den Künder der Freiheit zum Märtyrer der Demokratie, der wie König Artus wiederkehren und Amerika vom Bösen befreien wird; vgl. S. 315.

mehrere Tage behaupten konnte, ehe nach Ausbleiben westlicher Hilfe sowjetische Panzer das rote Regime wiederherstellten. Amerika beschränkte sich auf die Wahrnehmung seiner eigenen Rechte, akzeptierte sogar den Bau der Berliner Mauer am 13. August 1961, der den Westteil der Stadt mit Stacheldraht umschloß, so daß der Flüchtlingsstrom aus der DDR zum Erliegen kam (Abb. 2). Zuvor waren drei Millionen Deutsche in den Westen geflohen, ohne daß dies die seit 1952 bestehende deutsch-deutsche Militärgrenze, der Eiserne Vorhang, verhindern konnte.

Während die USA nach dem Mauerbau ihr nukleares Potential in Europa um 60 Prozent steigerten, ging Chrustschow einen Schritt weiter. In Cuba hatte Fidel Castro 1959 gemeinsam mit Che Guevara den

Der Kalte Krieg 315

von den USA gestützten Diktator Batista vertrieben und die linken Bewegungen Lateinamerikas ermutigt. Moskau nutzte dies zum Aufbau eines Militärstützpunktes und lieferte heimlich Raketen. Als dies entdeckt wurde, forderte der amerikanische Präsident Kennedy (Abb. 3) 1962 den unverzüglichen Abtransport – ein Dritter Weltkrieg stand bevor. Chrustschow bot den Rückzug an, falls die USA ihre Jupiter-Raketen aus der Türkei abzögen. Beides geschah. Die Doppelkrise Berlin und Cuba bildete den Kältepol des Kalten Krieges. Vor einer militärischen Entscheidung schreckten beide Seiten zurück, da der atomare Gegenschlag den Angreifer zu vernichten drohte.

Der Cuba-Schock stärkte die Containment-Politik der USA. So wie die Sowjets keine liberalen, so duldeten die Amerikaner keine sozialistischen Nachbarn. Schon 1954 hatte die *Central Intelligence Agency* (CIA) in Guatemala, 1961 in der Schweinebucht eingegriffen, es folgten Interventionen zugunsten der Demokratie und des Kapitals in der Dominikanischen Republik 1965, in Chile 1973, El Salvador 1979, Grenada 1983, indirekt in Nicaragua 1984 und wieder militärisch in Panama 1989. Gleiches mißlang jedoch in Fernost. Nach dem Rückzug der Franzosen aus Indochina war Vietnam – wie Korea und Deutschland – geteilt worden. Doch herrschte in Südvietnam seit 1957 Bürgerkrieg zwischen den von Nordvietnam, später auch von China und Rußland bewaffneten Vietcong und den von Amerika mal gestützten, mal gestürzten Militärs. Kennedy entsandte Tausende von bewaffneten «Beratern»; nach seiner Ermordung 1963 trat Washington offen in den Krieg ein, konnte

Abb. 4: Die Maxime Maos «Alle Gewalt geht von Gewehrläufen aus» bestätigte sich im Vietnamkrieg. Die Opfer unter der Zivilbevölkerung (85%) wurden mit deren Kollaboration gerechtfertigt. Die hier von einem Verteidiger der Demokratie bedrohte Frau hatte vielleicht ihren Sohn vor den GIs versteckt, November 1967; vgl. S. 316.

aber selbst durch eine halbe Million Soldaten und flächendeckende Giftgas- und Napalmbombardierung den «Kreuzzug» (Nixon) nicht gewinnen (Abb. 4). 1975 fiel Saigon. Die USA hatten 58 000, die Vietnamesen gegen 3 Millionen Tote und 4 Millionen Verstümmelte zu beklagen. In der Folge setzten sich die Kommunisten auch in Laos und Kambodscha durch. Die von China versorgten Roten Khmer unter Pol Pot etablierten einen Steinzeitkommunismus und ein Schreckensregiment, das zwei Millionen Tote forderte, bis 1979 die Vietnamesen einmarschierten. Permanenter Bürgerkrieg folgte.

Seit 1957 erstreckte sich die russisch-amerikanische Rivalität auf den Weltraum. Eine weiterentwickelte V-2-Rakete brachte den ersten Satelliten, genannt Sputnik, auf die Erdumlaufbahn, ein Prestigeerfolg der Sowjets. Die USA hinkten hinterher, ebenso bei der bemannten Raumfahrt, die 1961 Gagarin eröffnete. Die unbemannte Mondlandung 1966 wurde indes 1969 in den Schatten gestellt, als der erste Amerikaner den Mond betrat und alle Welt dies auf dem Bildschirm miterleben konnte. Seither wurden Tausende von Satelliten ins All geschossen, die zivilen wie militärischen Zwecken dienen.

Der Rückzug aus Cuba kostete Chrustschow sein Amt. Der Nachfolger Breschnew (1964 bis 1982) beendete den hoffnungsvollen demokratischen Aufbruch des Prager Frühlings 1968 durch Truppen des Warschauer Pakts. Die Breschnew-Doktrin beschränkte die Souveränität der Satellitenstaaten. Im Inneren aber knirschte es. Repression und Korruption, Rüstungskosten und Mißwirtschaft nötigten zu Getreide-Importen aus Amerika und Australien. Während seit 1972 wieder über Entspannung verhandelt wurde, wuchs die Dissidentenbewegung, angeführt durch Sacharow, Kopelew und Solschenizyn, denen die politische Psychiatrie drohte.

Die Schlußakte der Konferenz über Sicherheit und Zusammenarbeit in Europa (KSZE) in Helsinki 1975 beflügelte die Bürgerrechtsbewegung. Hinzu kam der immense Blutzoll der sowjetischen Invasion 1979 bis 1988 in Afghanistan, wo sich die von Washington ausgerüsteten Taliban behaupteten, und eine wachsende Verschuldung beim Westen. Die letzte Runde des Wettrüstens begann 1979 mit der Stationierung sowjetischer Mittelstrecken-Raketen im Harz und dem NATO-Doppelbeschluß zur Nachrüstung. Er überforderte die Kapazität der Sowjets; Gorbatschow lenkte ein. Die Supermächte begnügten sich mit 2000 atomaren Sprengköpfen.

Das geteilte Deutschland

Anders als in Versailles gab es 1945 keinen Friedensvertrag, das Deutsche Reich besaß keine Regierung mehr. 1943 hatten Churchill und Roosevelt in Casablanca als Kriegsziel das *unconditional surrender* bestimmt, in Teheran waren mit Stalin die Besatzungszonen ausgehandelt worden. Die Einzelheiten legten die Großen Drei im Februar 1945 in Jalta auf der Krim fest. Demgemäß regierten Russen, Amerikaner, Briten und – verspätet – auch Franzosen ihre Zone nach Besatzungsrecht. Die vier Oberbefehlshaber bildeten den Alliierten Kontrollrat in Berlin. Die Stadt wurde ebenfalls in vier Sektoren aufgeteilt, wobei die Russen die Innenstadt erhielten, nachdem sie sich die Eroberung ausbedungen hatten. Auf der Potsdamer Konferenz im Juli 1945 wurde das nördliche Ostpreußen mit Königsberg den Sowjets, das Gebiet östlich von Oder und Neiße den Polen unterstellt, die ihren eigenen Osten an Rußland abtreten mußten. Legalisiert wurde die bereits in Gang befindliche Austreibung der Deutschen aus Osteuropa, von 14 Millionen Flüchtlingen kamen 2 Millionen um. Zusammen mit den 27 Millionen Kriegsflüchtlingen in Asien gab es um 1950 die größte Völkerverschiebung der Geschichte.

Abb. 5: Katalog zur Automobilausstellung Frankfurt 1951. Der Volkswagen, das Markenzeichen des deutschen Wirtschaftswunders, war das Automodell mit der längsten Herstellungszeit (1938 bis 1996) und der höchsten Stückzahl (21 Millionen); vgl. S. 318.

Trotz der Vereinbarung einer gemeinsamen Deutschlandpolitik gingen zuerst die Franzosen, dann die Sowjets ihren eigenen Weg. Letztere enteigneten den Großgrundbesitz und verweigerten die vorgesehenen Nahrungsmittellieferungen. Die Westmächte beschlagnahmten den deutschen Besitz in ihren Ländern, kassierten die deutschen Patente und demontierten Schwerindustrie an Rhein und Ruhr. Die Neubildung der Parteien begann im Osten, ebenso die der Länder. Preußen wurde als «Hort des Militarismus» 1947 aufgelöst. Als nach dem erzwungenen Zusammenschluß von SPD und KPD zur Sozialistischen Einheitspartei diese in Berlin 1946 nicht einmal 20 Prozent erhielt, setzten die Sowjets die bürgerlichen Parteivorstände ab und schufen eine Scheindemokratie mit SED-hörigen Blockparteien. Nach drastischen Eingriffen ins Hochschulwesen gründeten 1948 Studenten und Professoren im amerikanischen Sektor die Freie Universität.

Als die Westmächte 1948 die Währungsreform anordneten, suchte Stalin durch die Blockade zu verhindern, daß auch in Berlin die Deutsche Mark eingeführt würde. Ernst Reuter als Oberbürgermeister aber stärkte den Widerstandswillen der Berliner. Sie wurden von Briten und Amerikanern über die Luftbrücke versorgt. Stalin gab 1949 auf. Im gleichen Jahr verkündeten die Westalliierten das Besatzungsstatut und das Grundgesetz der Bundesrepublik Deutschland, ausgearbeitet vom Parlamentarischen Rat unter Carlo Schmid. Regierungssitz wurde Bonn. Unter der Kanzlerschaft Konrad Adenauers (1949 bis 1963) schuf Ludwig Erhard die Soziale Marktwirtschaft (Abb. 5). Die Eingliederung der Flüchtlinge wurde durch den Lastenausgleich erleichtert und trug zum «Wirtschaftswunder» bei, gefördert durch den Marshall-Plan. Unter dem Eindruck des Korea-Krieges kam es zur Wiederbewaffnung und 1955 zum Eintritt in die NATO. Gegen eine erhebliche Wirtschaftshilfe gab Chrustschow die überlebenden Kriegsgefangenen frei und zog seine Truppen aus Österreich zurück.

Ebenfalls 1949 proklamierten die Sowjets in ihrer Zone die Deutsche Demokratische Republik mit der Hauptstadt Berlin. Der in ständiger Rückkopplung an den Kreml von Ulbricht (1949 bis 1971) aufgebaute «Arbeiter- und Bauernstaat» trug totalitäre Züge. Staatsdoktrin war der Marxismus-Leninismus mit der Pflicht zur Parteilichkeit, zur «sozialistischen Moral». Gewaltenteilung wurde abgelehnt; die Macht lag beim «Volk», vertreten durch das Zentralkomitee der Partei. Es gab keine Rechtsmittel gegen die Staatsgewalt, keine freie Meinung, keine Informationsfreiheit, keine offene Opposition. Kritik war als «Republikhetze» strafbar. Kultur, Wirtschaft und Erziehung wurden von der SED dirigiert, Privatinitiative und Bewegungsfreiheit eingeschränkt. Auslandsreisen blieben Funktionären vorbehalten. Auswanderung war seit dem Republikfluchtgesetz von 1957 strafbar, auf Flüchtlinge wurde geschossen. Die Fluchtversuche hielten an, unbeschadet dessen, daß die DDR den höchsten Lebensstandard innerhalb des Ostblocks besaß und 1966 zur zweitstärksten Wirtschaftsmacht im Comecon aufstieg.

In Bonn verlor die CDU 1966 ihre beherrschende Stellung zugunsten zunächst einer großen Koalition mit der SPD, dann einer sozialliberalen Koalition. 1968 war das Jahr der außerparlamentarischen Opposition, der Bürgerinitiativen und der marxistisch inspirierten Studentenbewegung, die in teilweise militanter Form gegen die «unbewältigte Vergangenheit» und die Notstandsgesetze, gegen den Vietnam-Krieg und die autoritären Strukturen an den Universitäten protestierte – zuvor schon in den USA und Frankreich. Es kam zu einer Politisierung der Hochschule und einer Liberalisierung in der Gesellschaft. Deutsches Liedgut geriet unter nationalistischen Ideologieverdacht, die Intelligenz gab sich links. Che Guevara wurde zur Ikone einer Generation.

1972 betrieb Willy Brandt als SPD-Kanzler die faktische Anerkennung der DDR und der Oder-Neiße-Grenze sowie die Aussöhnung mit Polen. Das Jahr 1977 brachte den Höhepunkt der Terror-Welle, nachdem seit 1968 die linksextreme Rote Armee-Fraktion durch Entführung und Ermordung von «Charaktermasken» den Kapitalismus beseitigen wollte. Einen gemäßigten Widerstand zumal gegen Kernkraft und Großflughäfen übte die Umweltbewegung der Grünen, als Partei seit 1983 im Bundestag. Kanzler Helmut Kohl empfing noch 1987 den SED-Generalsekretär Erich Honecker als Staatsgast und empfahl 1989 eine Konföderation der beiden deutschen Staaten, ehe er sich Anfang 1990 zu einer Wiedervereinigung durchrang, diese dann aber vehement vertrat.

Das Ende des Ostblocks

In der Zeit des Kalten Krieges erlebten die westlichen Industriestaaten eine beispiellose Wirtschaftsblüte. In der Bundesrepublik hat sich das Volkseinkommen seit 1960 mehr als verzehnfacht. Der Abstand zum Lebensstandard im Osten wuchs und schürte dort die Unzufriedenheit. Gleichwohl schien die Macht von Partei und Polizei unerschütterlich, bis 1985 Gorbatschow Generalsekretär der Kommunistischen Partei der Sowjetunion wurde, einen Generationswechsel im Politbüro herbeiführte und auf Reformkurs ging. Die wachsende Bürgerbewegung, das Debakel in Afghanistan und die Reaktorkatastrophe von Tschernobyl 1986 machten klar, daß es so nicht weiterging. Die Schulden Osteuropas beim Westen waren 1990 auf 170 Milliarden Dollar gestiegen. Gorbatschow verkündete *Glasnost*: Öffentlichkeit der Diskussion, und *Perestroika*: Umgestaltung der Gesellschaft. Liberalisierung der Medien, Privatisierung des Marktes, Selbstverwaltung der Genossenschaften kamen in Gang. Das plötzliche Ende der Planwirtschaft führte allerdings zu chaotischen Begleiterscheinungen.

Im Februar 1990 fiel in Rußland das Monopol der KP. Als im Mai der Radikalreformer Jelzin den Vorsitz im Obersten Sowjet und 1991 das Präsidialamt Rußlands übernahm, folgten Massenaustritte aus der Partei, die schließlich verboten wurde. Demokratische Parteien entstanden. Comecon und Warschauer Pakt lösten sich auf. Allenthalben meldeten sich die Nationen, die 15 Unionsrepubliken erklärten sich für souverän. Litauen, Estland und Lettland waren selbst durch militärische Repressalien nicht zurückzugewinnen. Nach einem Putschversuch der Armee schlossen sich im Dezember 1991 zehn der Republiken mit Rußland zur «Gemeinschaft Unabhängiger Staaten» (GUS) zusammen. Zugehörigkeit und Zentralkompetenzen schwanken noch.

Die Kritik am Kommunismus in Polen ging aus von den Danziger Werften. Nach den Unruhen von 1970, 1976 und 1980 entstand die unabhängige Gewerkschaft *Solidarnosc*, die unter der Führung von Lech Walesa auf 10 Millionen Mitglieder anschwoll, 1982 aber unter Kriegsrecht verboten wurde. Massenverhaftungen und Revolten folgten, ein Hort des Widerstandes war die katholische Kirche unter einem polnischen Papst. Die Wahlen von 1989 besiegelten das Ende der KP, Polen wurde eine demokratische Republik. In Ungarn herrschte schon länger ein vergleichsweise milder Kommunismus. Die Preispolitik orientierte sich seit 1980 am Weltmarkt, Auslandsreisen waren statthaft, seit 1987 gab es das Demokratische Forum. Im Mai 1989 öffnete Gyula Horn die Stacheldrahtgrenze zu Österreich, eine Massenflucht aus der DDR über Ungarn in den Westen folgte. Mit den ersten freien Wahlen 1990 verschwand die KP, auch Ungarn wurde Demokratie.

In der Tschechoslowakei opponierte seit 1977 die «Charta 77» um Vaclav Havel, sie ertrotzte in dem üblichen Wechsel von Rebellion und Re-

Abb. 6: Am Abend des 9. November 1989 wurde die Berliner Mauer durch die Volksmassen von Osten her eingedrückt. Das zuvor auf Moskau gestützte DDR-Regime brach kampflos zusammen. Am 22. Dezember öffnete sich die Mauer vor dem Brandenburger Tor ; vgl. S. 322.

pression ein Bürgerforum, das Ende 1989 in «sanfter Revolution» zur Demokratie führte. Der Übergang zum Parlamentarismus in Bulgarien wurde überschattet durch die Gewaltaktionen gegen die türkische Minderheit; zu einem Massenexodus kam es ebenso in Albanien, als die Grenzen sich öffneten. Bis 1990 war dort jede Form von Religion verboten. Nach der Wende entstand keine tragfähige Neustruktur. Die in allen Nachbarländern ansässigen Albaner bildeten Nationalitätenprobleme, die bis heute ungelöst sind – zumal auf dem serbischen Amselfeld, dem Kosovo. Eine brutale Minderheitenpolitik betrieb der Nationalkommunist Ceausescu in Rumänien; er wurde in einem blutigen Kampf der Armee gegen die *Securitate*, die politische Polizei, Ende 1989 gestürzt und erschossen.

Unblutig, aber dramatisch vollzog sich der Zusammenbruch der DDR. Das Regime stützte sich militärisch auf die Präsenz von 400 000 Russen und ökonomisch auf Zuwendungen aus der Bundesrepublik. Die innerdeutschen Schulden stiegen bis 1990 auf 400 Milliarden DM. Bonn gewährte Kredite gegen «menschliche Erleichterungen», d. h. verminderte Repressalien. Auch nach dem Mauerbau gelangten noch fast zwei Millionen DDR-Bürger in den Westen. Zu Haft verurteilte Ausreisewillige wurden in großem Stil von der Bundesregierung freigekauft. Kurz vor dem 40. Jahrestag der DDR 1989 begann jene Kette von Massenprotesten, gegen die das Regime vergeblich auf sowjetische Hilfe hoffte. Die entscheidende Kraftprobe war die sechste Leipziger Montagsdemonstration am 9. Oktober. Gegen die 150 000 Demonstranten wagte Honecker keinen Gewalteinsatz; die Partei ließ ihn fallen. Am 4. November meuterte eine knappe Million auf dem Berliner Alexanderplatz, am 9. abends wurde die Mauer eingedrückt (Abb. 6).

Während im Frühjahr 1990 Übersiedler in den Westen strömten, beschloß die erste frei gewählte DDR-Regierung den Beitritt zur Bundesrepublik, den nach Umfragen 90 Prozent der DDR-Bürger wünschten. Dem stimmte Washington zu, London und Paris zögerten lange. Das Einverständnis Gorbatschows wurde von Bonn mit beträchtlichen Wirtschaftshilfen honoriert, war (und blieb) doch Rußland im Westen mit 120 Milliarden Dollar verschuldet. Der Zwei-Plus-Vier-Vertrag vom 12. September enthielt die Zustimmung der Siegermächte zur Einigung am 3. Oktober 1990. Das Ende des Ostblocks besiegelt das bisher kostspieligste Experiment der Verfassungsgeschichte.

Die Agonie des Kommunismus hat den Nationalismus wiederbelebt. In Jugoslawien, jenem 1918 geschaffenen Vielvölkerstaat aus orthodoxen Serben und Makedonen, katholischen Kroaten und Slowenen, muslimischen Bosniern und Albanern, versuchten die Serben seit 1991 mit russischen Waffen die Emanzipation der anderen Volksgruppen zu verhindern. Daraufhin kam es zu umfangreichen Fluchtbewegungen und blutigen Auseinandersetzungen, die erst 1999 durch NATO-Einsatz beendet wurden. Den Massenmord der Serben an 7000 Bosniern in Srebrenica haben holländische Blauhelme geschehen lassen. Die Verselbständigung der Nationen ist – trotz schwelender Grenz- und Minderheitenprobleme – gelungen. Damit hat sich die parlamentarische Demokratie weltweit als die erfolgreichste Staatsform erwiesen. Etwa die Hälfte aller heutigen Regierungen ist demokratisch gewählt, immerhin. Dazu gehören alle Industrienationen außer China.

China ist die letztverbliebene kommunistische Großmacht. Dort hatte Mao Tse-tung 1949 die Volksrepublik ausgerufen, nachdem er mit sowjetischer Hilfe Tschiang Kai-schek nach Taiwan vertrieben hatte. In mehreren Säuberungsaktionen liquidierte Mao Millionen von Gegnern, enteignete Grundbesitzer und Unternehmer und forcierte die Industrialisierung. Einer landesweiten Umerziehung folgte 1956 die «Hundert-Blumen-Bewegung», die Kritik provozieren sollte. Die im «großen Sprung» geschaffenen Volkskommunen versagten gegenüber dem Plansoll, 1960 bis 1963 verhungerten weitere Millionen. Seit dem Korea-Krieg bekämpfte Mao sowohl den US-Imperialismus als auch den Führungsanspruch Moskaus im kommunistischen Lager.

1965 eröffnete der in beispiellosem Personenkult verherrlichte «große Steuermann» die «proletarische Kulturrevolution»; eine von jugendlichen Rotgardisten getragene Terrorwelle überrollte das Land. Sie wurde schließlich durch die Armee beendet; 1968 kam der seit zwei Jahren ruhende Schulunterricht wieder in Gang. Gegen die Ideologen wandten sich die Pragmatiker unter Chou En-lai. Nach Maos Tod 1976 scheiterte die radikale «Viererbande» um seine Witwe und ihre «Anti-Konfuzius-Kampagne». Liberale Kräfte setzten sich langsam durch. Gegen die nun grassierende Kriminalität verordnete die Regierung wiederholt Massenexekutionen. Der Protest von einer Million Demonstranten auf dem Platz des Himmlischen Friedens am 18. Mai 1989 endete in einem Blutbad. Menschenrechte sind außer Kurs, aber die zunehmend kapitalistisch geführte Wirtschaft wächst, zumal seit der Übernahme der britischen Kronkolonie Hongkong 1997.

Die Europäische Integration

Der Zusammenbruch des Sowjetimperiums hat den Riß durch Europa beseitigt und damit ein altes Ziel erreichbar gemacht: die Einigung des Abendlandes. Der durch Antike und Christentum kulturell geprägte Kontinent war immer auch eine politische Bewußtseinsgröße, wenn etwa Karl der Große als «Vater Europas» bezeichnet wurde oder wenn vom europäischen Gleichgewicht, vom europäischen Mächtekonzert die Rede ging. Nach dem Scheitern hegemonialer Prätentionen in den Weltkriegen fand der föderative Paneuropagedanke der zwanziger Jahre wieder Anklang, manifest in der Annäherung zwischen Adenauer und De Gaulle seit 1958 (Abb. 7). Motiv war weniger die gemeinsame Angst vor dem Osten als der Wunsch nach Frieden und Fortschritt.

Bereits 1948 begann die wirtschaftliche Zusammenarbeit unter Einschluß Italiens und der Benelux-Staaten. 1951 bis 1958 wurden die Montanunion, die Europäische Wirtschaftsgemeinschaft und die Euratom

Demokratie global?

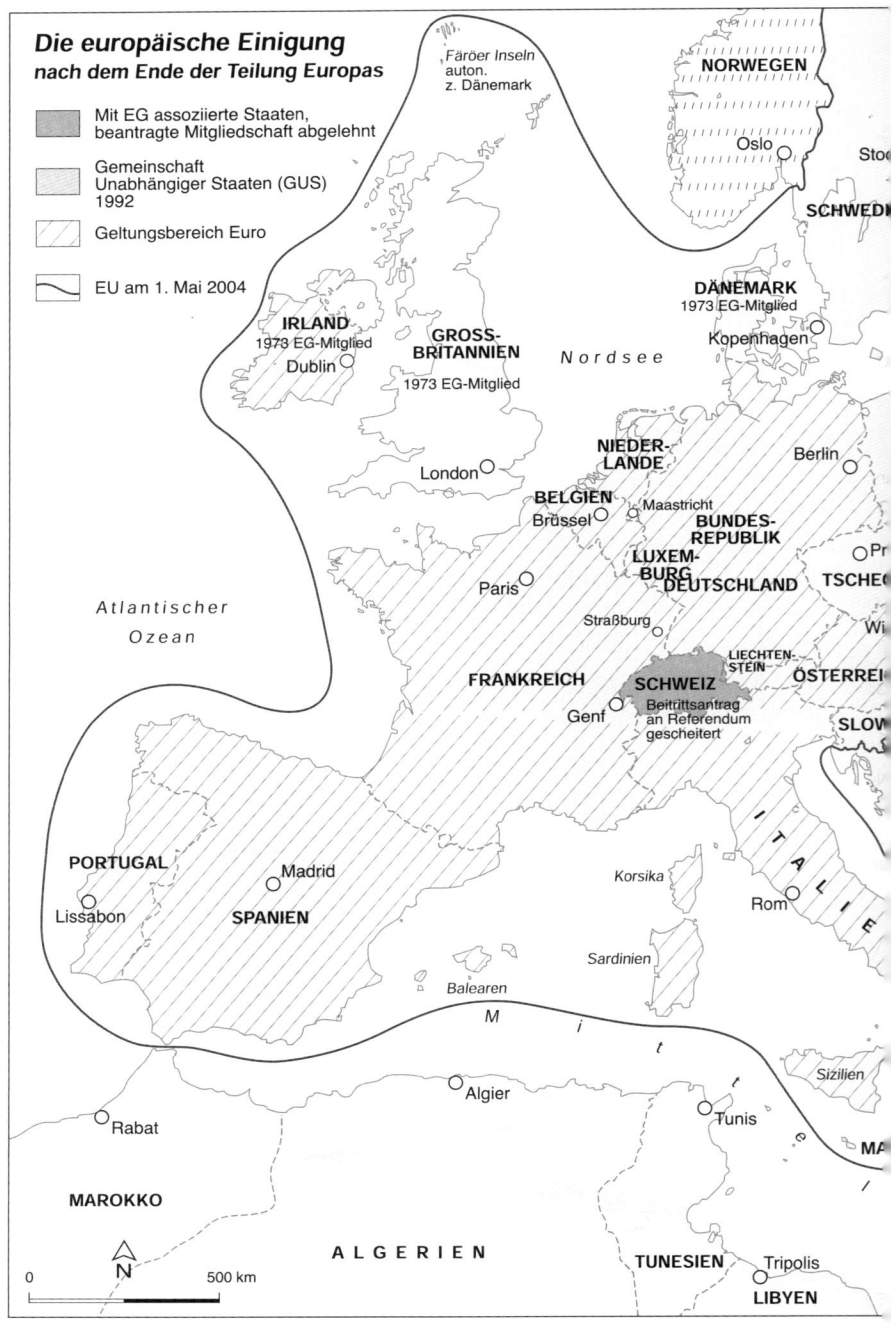

Die Europäische Integration 325

Abb. 7: Das 1958 begründete Einvernehmen zwischen Konrad Adenauer (1876 bis 1967, 1949 bis 1963 Bundeskanzler) und General Charles de Gaulle (Staatsoberhaupt von Frankreich 1945 bis 1946 und 1958 bis 1969) – hier in Paris 1963 nach Unterzeichnung des Elysée-Vertrags – schuf die – auch für die Zukunft unabdingbare – Voraussetzung für eine Einigung Europas. Durch Souveränitätsverzicht der Staaten zugunsten einer Friedensordnung gelingt hier im kleinen, so scheint es, was der Welt im ganzen wohltäte; vgl. S. 323.

gegründet, zusammengefaßt in der Europäischen Gemeinschaft (EG). 1960 entstand die Freihandelszone der EFTA, 1973 traten Großbritannien, Irland und Dänemark der EG bei. Nachdem 1974/75 Griechenland, Spanien und Portugal ihre Militärregime abgeschüttelt hatten und zur Demokratie zurückgekehrt waren, erfolgte die Süd-Erweiterung der EG 1981 bis 1986. Der Maastrichter Vertrag von 1993 schuf die Europäische Union (EU), 1995 wurden Österreich, Schweden und Finnland aufgenommen. Die Ost-Erweiterung wurde am 16. April 2003 besiegelt. Zum 1. Mai 2004 sollen Griechisch Cypern, Estland, Ungarn, Litauen, Polen, Tschechien, Slowakei, Slowenien, Lettland und Malta aufgenommen werden. Die Schweiz, Norwegen und Island verweigern sich einstweilen. Das Europa-Parlament tagt in Straßburg, der Ministerrat in Brüssel. Ziel der EU ist gedeihliches Zusammenleben und sozialer Ausgleich; ein knappes Drittel des Haushalts zahlt Deutschland. Sichtbarster Erfolg der Integration ist die neue Euro-Währung 1999/2002, eine Herausforderung für die Weltgeltung des Dollars. Ob Europa außenpolitisch handlungsfähig wird, ist angesichts des Dilemmas in der Irak-Politik ungewiß. Die Alternative wäre eine Verschweizerung Europas unter der *Pax Americana*.

Der über fünfzigjährige Frieden, der hinter uns liegt, hat Westeuropa, Nordamerika und Ostasien einen Wohlstand beschert, der in der Weltgeschichte ohne Parallele ist. Noch nie war die Wirtschaft so produktiv, noch nie das Pro-Kopf-Einkommen so hoch, noch nie das Warenangebot aus aller Welt so vielfältig, so reich. Die Globalisierung ist ökonomisch vollzogen. Der Handel hat sich verzwanzigfacht, der Wohnraum pro Person verdreifacht. Die Ausgaben für Nahrung, Kleidung und Wohnung sind auf die Hälfte der Einnahmen gesunken, die für Luxusgüter steigen ständig. 90 000 Neuerscheinungen des Jahres 2002 auf dem deutschen Büchermarkt!

Rekordhöhen hat der öffentliche wie private Verkehr erreicht: die Zahl der Autos, der Züge, der Flugzeuge (und Fahrräder!) steigt. Die Verbindungen werden immer dichter, immer schneller. Der Tourismus blüht wie noch nie, noch nie war die berufliche Arbeitszeit im Verhältnis zur durchschnittlichen Lebensdauer so kurz wie heute. Betrug sie wie im 19. Jahrhundert ein Drittel, so ist sie inzwischen auf ein Zehntel gesunken. Die Freizeit wächst. Hygiene und Gesundheitswesen haben neue Standards erreicht. Der Schmerz ist weitgehend gebannt. War Goethe krank, bekam er einen Theriak; heute bietet die Pharmazie Deutschlands hunderttausend Medikamente an. Die Lebenserwartung hat sich in weniger als einem Jahrhundert mehr als verdoppelt, in Deutschland für Männer auf 74, für Frauen auf 80 Jahre.

Die Rechtssicherheit des Bürgers ist endlich wieder auf dem Niveau des 19. Jahrhunderts angekommen, die soziale Sicherheit hat es weit übertroffen. Wir sind besser versorgt als je zuvor. Die Gleichstellung der Geschlechter, die Liberalisierung der Sexualität, der Gewaltverzicht in der Erziehung – all das ist neu. Nie gab es vergleichbare Bildungsmöglichkeiten auf allen Stufen, in allen Sparten, für alle Schichten. Neun Zehntel aller Wissenschaftler, die je gelebt haben, sind unsere Zeitgenossen. Der Siegeszug des Computers, erfunden 1941 von dem Berliner Konrad Zuse, erlaubt Rationalisierung in allen berechenbaren Lebensbereichen, das Internet liefert eine Datenschwemme ohnegleichen.

*

Das 20. Jahrhundert war das Jahrhundert der Extreme: Die negative Bilanz bezeichnen die Opfer des Totalitarismus in Rußland, China und Deutschland, die Verluste an Leben und Gütern in den Weltkriegen und das Massenelend in der Dritten Welt mit ihren Hungerkatastrophen und Bürgerkriegen. Die fortgeschrittene Waffentechnik macht eine Selbstvernichtung der Menschheit denkbar, die Arsenale des Pentagon halten die Option offen. Die positive Bilanz liegt in dem öffentlichen Bekenntnis zu den Menschenrechten, der Demokratie und dem Wohlstand – Ziele, die sich in den Industrienationen als erreichbar erwiesen haben und dauern, falls sie humane Regierungen wählen.

In den armen Ländern wird die Demokratisierung weniger von innen als von außen gefördert, da Staatsformen gleichen Typs einander stützen und die stärksten Staaten heute demokratisch sind. Eigener Wille zur Demokratie setzt indes ein individualisiertes Bürgertum voraus, das nicht religiös oder regional, familiär oder ethnisch gebunden ist und keine Not leidet. Andernfalls finden «Retter» Gehör, kommt Gewalt ins Spiel. Entwicklungsdiktatur gab es schon in der Antike.

Demokratie verträgt sich mit Armut, wie das frühe Island und die Schweizer Urkantone lehren. Und ökonomischer Aufstieg ist nicht auf Demokratie angewiesen, wie Japan und Italien, Österreich und Deutschland gezeigt haben und China bestätigt. Dennoch will, wer in der Wirtschaft etwas leistet, auch in der Politik mitreden, zumindest, wie im Römischen Reich, auf kommunaler Ebene. Demokratie global ist erst mit dem Ende der Not und der Gewalt zu erwarten. Solange dieses nicht erreicht ist, befinden wir uns allenfalls in der vorletzten Epoche der Geschichte.

Aber – macht Reichtum zufrieden? Schon der alte Diogenes in seiner Tonne wußte, daß äußere Glücksgüter inneres Wohlbefinden nicht garantieren. Er suchte mit der Laterne auf dem Markt nach Menschen und fand nur Geschäftemacher. Wäre das heute anders? Emil Cioran sah 1949 allein in Diogenes den freien Geist, ein Vorbild, um aus dem geschichtsträchtigen Netz von Hektik und Konventionen, von Begierden und Neurosen herauszukommen. «Von der Ilias zur Psychopathologie – das ist der Weg des Menschen.» Eine Umkehr ist kaum zu wünschen, daher schließt Cioran: «Mit einer Blume im Knopfloch dem Ende der Geschichte zusteuern, dies ist die einzig würdige Haltung im Ablauf der Zeit.»

16. Aus der Gegenwart in die Zukunft

Als Jesus auf dem Ölberg saß, traten zu ihm seine Jünger und fragten ihn nach dem Ende der Welt. ER antwortete: «Von dem Tag und der Stunde weiß niemand, auch die Engel nicht im Himmel, auch nicht der Sohn, sondern allein der Vater.» So steht es bei Matthäus 24. Zu allen Zeiten haben sich Menschen über das Kommende Gedanken gemacht, und diese sollten wir kennen, um ihr Verhalten zu verstehen. Und um selbst verstanden zu werden, ist es sinnvoll, unsere eigenen Erwartungen nicht zu verschweigen.

Voraussagen ergeben sich aus Erfahrung. Sie bleiben aber beschränkt, in Genauigkeit und Reichweite durch Unkenntnis und bedroht in ihrer Verläßlichkeit durch Furcht und Hoffnung. Letzteres läßt sich vermindern durch emotionale Disziplin, ersteres durch erweitertes Wissen. Dazu gehört die Erinnerung an Fehlprognosen, die in der Politik alltäglich, in der Wirtschaft unvermeidbar und im Privatleben nicht eben selten sind. In der Regel beruhen sie auf einem Mangel an Augenmaß. Was hat man nicht alles prophezeit! So das *imperium sine fine*, die Wiederkehr des Menschensohnes auf den Wolken des Himmels, das Tausendjährige Reich der Chiliasten, das Zeitalter des Heiligen Geistes, den Sieg der Vernunft und der Humanität, die klassenlose Gesellschaft, den Untergang des Abendlandes, die *Brave New World* und den totalitären Überwachungsstaat «1984». So haben wir mit Kant auf den Ewigen Frieden einer republikanischen Völkergemeinschaft gehofft.

Kosmopolis

Aussagen über die Zukunft des Homo «sapiens» erfordern die Annahme, daß dieser sich als vernünftiges Wesen gleichbleibt. Schon Thukydides glaubte dies, erkannte aber, daß die Vernunft eher Wege weist als Ziele setzt und in Ausnahmesituationen von unveränderlichen Urtrieben verdrängt wird. Zu ihnen zählte er den Wunsch nach Ansehen (*philotimia*) und Gewinn (*pleonexia*) sowie die Streitlust (*philoneikia*), die Angst (*deos*) erzeugt. Diese Veranlagung führt zum Wettbewerb, der in friedlicher wie in kriegerischer Form ausgetragen werden kann, jedenfalls langfristig stabile Verhältnisse ausschließt. In seinem Melierdialog (V 84 ff) wird das Recht des Stärkeren aus der Natur auf die Politik übertragen. Den Kampf ums Dasein fand auch Charles Darwin 1871 in der Geschichte wieder. Friedliche Prognosen sind nicht unbedingt freundlicher. Jacob Burckhardt sah das Bild der Zukunft 1872 in der Kaserne, wo unter Trommelwirbel die Arbeit beginnt; Goethe dachte 1787 an ein großes Hospital, wo einer des anderen Krankenwärter wird.

Die Visionen des 19. Jahrhunderts vom Zusammenrücken der Menschheit haben sich, wenn auch anders als erwartet, im 20. Jahrhundert verwirklicht. Die Kommunikation verdichtet und beschleunigt sich weiterhin weltweit. Menschen, Waren und Gedanken wechseln die Kontinente. Die Verflechtung der Wirtschaft, zumal auf dem Finanzmarkt, ist nahezu perfekt. Das Kapital konzentriert sich durch «Elefantenhochzeiten» in internationalen Konzernen und liefert den Politikern die Vorgaben. Gleichzeitig globalisiert sich die organisierte Kriminalität. Sie expandiert seit 1945, so Subventionsbetrug und Geldwäsche, Autodiebstahl und Kunstraub, Rauschgift- und Waffenschmuggel, Menschenhandel mit Prostituierten und Asylsuchenden. Am gefährlichsten ist der internationale, jedoch keineswegs zentral gelenkte Terrorismus. Am stärksten belastet sind die USA.

Deren heutige Position resultiert aus einer welthistorischen Machtkonzentration, die seit dem Beginn der Neuzeit im Gang ist. Auf der Bühne der großen Politik wurde es leerer. Die höchsten Autoritäten: der Basileus von Byzanz, der Papst und der Kaiser mußten weichen, noch im 16. Jahrhundert traten Polen, Venedig und Ungarn ab. Im 17. Jahrhundert verloren die Niederlande, Schweden und Spanien ihre Stellung. Das 18. Jahrhundert brachte den Niedergang des Osmanenreiches. Die Pentarchie von 1815 mit Rußland, England, Frankreich, Preußen und Österreich dauerte, leicht verändert, bis 1918. Deutschlands Griff nach der Großmacht scheiterte 1945, Europa insgesamt fiel zurück. Die atlantische Dominanz übernahmen die USA als Bündner von England und Frankreich, die pazifische Hegemonie erkämpften sie als Gegner von Japan. Kontinentale Vormacht in Eurasien wurde die Sowjetunion neben den schlafenden Riesen China und Indien. Mit der Auflösung des Ostblocks 1990 blieb eine einzige Supermacht übrig, ein Novum in der Weltgeschichte. Nur ein Zusammenschluß Europas mit China und Japan wäre ihr gewachsen.

Die Übermacht US-Amerikas verhindert eine föderative Weltordnung freier und gleichberechtigter Staaten, wie Kant sie angedacht hat, wie Völkerbund und UNO sie verwirklichen wollten. Ein Bund mit dem Löwen, eine *societas leonina*, ist nach römischem Recht (Digesten XVII 2, 29) kein «Bund». Washington nutzte die UNO als Forum zum Kampf gegen den Weltfeind, der seinen Sitz mehrfach verlagert hat, bisweilen sehr schnell. Alle Kämpfe seien Teile eines einzigen Weltkonflikts, meinte Franklin D. Roosevelt 1941. US-Amerika glaubt, im Namen des Fortschritts Menschenrechte durch Demokratie verbreiten und Wohlstand durch Kapitalismus vermehren zu sollen. Der gegen die «Achse des Bösen» als erforderlich erachtete Sicherheitsgürtel hat sich in konzentrischen Kreisen seit der Monroe-Doktrin von 1823 über Panamerika 1917 auf Europa erweitert, 1945 auf die westliche Hemisphäre ausgedehnt und umfaßt seit 1990 die Erde. Inzwischen unterhält das Pentagon weltweit 65 größere Militärbasen und Horchposten, selbst auf der Osterinsel im «friedlichen» Pazifik. Fast dreißig Länder beherbergen amerikanische Soldaten, Deutschland führt mit 60 000.

Diese universale Mission dient zugleich der heimischen Wirtschaft. Am 27. September 1993 erklärte die US-Regierung sich zum Waffengang verpflichtet, wenn es um die «Sicherung des uneingeschränkten Zugangs zu den Schlüsselmärkten, Energievorräten und strategischen Ressourcen» gehe. UN-Charta und Völkerrecht sind damit in der *Pax Americana* förmlich aufgehoben.

Faktisch erfolgte dies durch die Reaktion auf den 11. September 2001. Diese Demütigung bewog die US-Führung, Stärke zu zeigen. Nach einer ersten Abrechnung mit den afghanischen Taliban 2002 begann eine mit gefälschten Dokumenten untermauerte Medienkampagne gegen den Irak unter General Saddam Hussein, der wie viele andere Machthaber Minderheiten mißhandelte und despotisch regierte, aber weder den 11. September lanciert hat noch die Welt durch Massenvernichtungsmittel bedrohte. Sie bleiben Amerikas Freunden vorbehalten. Zu Frühlingsanfang 2003 eröffnete George Walker Bush den «Kreuzzug gegen den Schurkenstaat» (der Begriff stammt von Clinton 1993) unilateral mit einem unprovozierten Präemptivschlag. Der Kongreß ermächtigte ihn, nach freiem Ermessen die größte Militärmaschinerie der Weltgeschichte in Gang zu setzen. Auch das ist Demokratie.

Die Bush-Doktrin macht den Krieg zur Fortsetzung der Moral mit anderen Mitteln. Die kreative Abschreckung soll denkbare Gefahren bannen und die globalstrategische Überlegenheit klarstellen. Das Vertrauen auf Amerikas Militärmacht sichert den unentbehrlichen ausländischen Kapitalzufluß, der die negative Handelsbilanz ausgleicht – im

Jahre 2000 hatten die USA fast 450 Milliarden Schulden. Angesichts der Notwendigkeit wachsender Ölimporte ging es zudem um den Zugriff auf die Ölquellen des Irak, die zweitgrößten der Welt. Die Befreiungsideologie ist gut gemeint, der Glaube an eine Umerziehung der Irakis aber gewagt. Nur Kolonialpolitik kann nach der Zerschlagung des irakischen Militärs die Mullahs kontrollieren. Demokratie von oben kommt unten schlecht an.

Fundamentalismus

Der Begriff «Fundamentalismus», nach 1920 in Amerika geprägt, spielt an auf den Felsen, auf den – nach Matthäus 16,18 – Jesus seine Kirche gründen wollte. Im Gegensatz zum Rationalisten, der alles in Frage zu stellen bereit ist, hält der Fundamentalist an seinen Grundwerten fest. Huldigt der postheroische Wohlstandsbürger dem *pursuit of happiness*, opfert sich der Fundamentalist für höhere Ideale. Im Widerspruch zum emanzipierten Individualisten lebt er für seine Gemeinschaft. Diese adelt das Selbstopfer zum Martyrium.

Fundamentalismus setzt gruppenspezifische Glaubenswahrheiten voraus. Solche erfordern eine Abschottung gegen Kritik von außen. Angesichts der wachsenden Diffusion von Kontakten scheint das zunehmend schwierig. Gleichwohl wird die Gegenbewegung zur Globalisierung immer wieder regionale, religiöse oder revolutionäre Kommunitäten erzeugen. Ein Lehrbeispiel ist das frühe Christentum. Es verbreitete sich in der Wohlfahrtsgesellschaft des Römischen Weltreichs als asketische Protestbewegung in allen Bevölkerungsschichten. Man verzichtete auf Reichtum und Vergnügen zugunsten diesseitiger Nächstenliebe und jenseitiger Heilserwartung – eine Haltung, die auf Unverständnis stieß und die Christen verhaßt machte. Heutige Fundamentalisten empfinden eine moralische Überlegenheit, wenn Minderheiten entrechtet, atomarer Müll erzeugt oder Wälder für den Flugverkehr abgeholzt werden. Man kann den grundsätzlich antimodernen Fundamentalismus als atavistisches Relikt betrachten, sollte jedoch bedenken, daß die Vergangenheit nicht hinter uns liegt, sondern in uns steckt und bei Gelegenheit wieder hervorbricht.

Der Pferdefuß des Fundamentalismus ist der Terrorismus. Spektakuläre Gewalttakte, die Schrecken und Leid verbreiten und so den Feind gefügig machen sollten, waren stets ein Instrument der Politik, von unten wie von oben, denken wir an die *Coniuratio Catilinae*, an die Assassinen während der Kreuzzüge, an die *terreur* der Jakobiner, an den «Roten Terror» Lenins, an Hitlers willige Helfer oder an das *moral bombing* auf Dresden und Hiroshima.

Heute ist Terror von unten gefährlich, weil die moderne Hyperzivilisation in hohem Maße störanfällig ist. Verkehrswege, Versorgungszentralen und Großbetriebe lassen sich schon mit geringen Mengen von Blaukreuz oder Trinitrotoluol lahmlegen; Informationsnetze sind Hakkerangriffen ausgesetzt. Den Luftpiraten vom 11. September 2001 genügten Teppichmesser. Aber sie konnten zielgenau fliegen. Die technische Ausbildung kommt auch Terroristen zugute. Technik ist charakterlos.

Die Motive des Fundamentalterrors zerfallen in vier Gruppen. Da gibt es die radikale Opposition gegen den Kapitalismus. Sie ruft nach sozialer Gerechtigkeit und wurde getragen von kommunistischen Befreiungskämpfern. Gemildert fortgeführt wird sie zweitens durch umweltschützenden Ökoterrorismus, der im Namen der Natur, im Interesse der Ungeborenen agiert. Zum dritten gibt es den religiösen Fundamentalismus christlicher, jüdischer und vor allem islamischer Prägung, der den kapitalistischen Konsumterror angreift und die Lebensform seinen Dogmen unterwerfen will. Diese Varianten scheinen rückläufig.

Brisant jedoch ist zum vierten der nationale Fundamentalismus, bisweilen mit dem religiösen gepaart. Ihm geht es um Selbstbestimmung, so den Kurden, Palästinensern, Tschetschenen usw. Die traditionellen Konfliktzonen sind Zentralamerika, angeführt von Kolumbien mit der weltweit höchsten Gewaltkriminalität, sodann der Balkan, der Kaukasus, der Nahe Osten und Schwarzafrika. Eine ethnische Homogenisierung der Staatenwelt mittels Aus- und Umsiedlung würde die Zahl der Staaten verzwanzigfachen, d. h. die politische Landschaft atomisieren. Die Minderheitenfrage ist nur durch beiderseitiges Verständnis zu lösen, denn Terror von unten erzeugt Terror von oben.

Strafen die Ordnungshüter Unschuldige oder verletzen sie Menschenrechte, so gleichen sich die moralischen Positionen an. Die Polarisierung von Völkern oder ganze Staaten in gute und böse führt zum Eklat. Die Simplizität dieses Schwarz-Weiß-Modells und das Erregungsbedürfnis, das es televisionär befriedigt, sichern ihm freilich breite Zustimmung. Terroristen haben sich stets im Recht gefühlt und mit dem erhabenen Zweck die menschenverachtenden Mittel geheiligt. Aber denkt die Weltpolizei nicht ähnlich? Wahrlich: Das Böse triumphiert in den Formen seiner Bekämpfung. Das wird sich kaum ändern. Die großen Probleme der Menschheit werden nicht gelöst, sondern abgelöst – durch größere. Die Geschichte ist nichts anderes als eine Folge von Problemlösungsversuchen.

Die Weltbevölkerung

Im Lauf der Zeiten haben sich, aufs Ganze gesehen, die Umgangsformen gemildert. Der Mensch selbst aber hat sich nicht grundlegend gewandelt, wohl aber ungeheuer vermehrt. In der Jüngeren Steinzeit dürfte die Weltbevölkerung auf 10 Millionen gewachsen sein, um Christi Geburt rechnet man mit 300 Millionen, davon 50 Millionen im Römischen Reich. Bis zum Jahre 1700 hat sich die Zahl auf 600 Millionen verdoppelt. Seitdem wurde die Verdopplungsfrist immer kürzer. Um 1850 haben sich die Erdbewohner schon nach 150 Jahren wiederum verzweifacht auf 1,2 Milliarden, die nächste Verdopplung auf 2,5 Milliarden bis 1950 benötigte nur 100 Jahre und sank bis 1985 auf 35 Jahre. Seitdem geht das Tempo zurück, aber die Menschheit wächst weiter. 2000 waren die sechs Milliarden überschritten, die nächste Verdopplung auf zwölf Milliarden wird für 2050 vorausgesagt.

Pflanzen wie Tiere sind bestrebt, so viele Nachkommen wie möglich in die Welt zu setzen. Inzwischen übertrifft die Biomasse der Menschen die jedes anderen größeren Lebewesens ums Hundertfache. Lebensmittel und Lebensräume wurden enorm ausgeweitet. Noch immer jedoch sind große Gebiete der Erde unbewohnt oder dünn besiedelt. Dem Interesse an Expansion dorthin steht der Wunsch nach Komfort und Prestige entgegen: Hätte man mit dem Geld, das die Mondlandung gekostet hat, nicht dem Trinkwassermangel in Afrika und dem Orient begegnen sollen? Der Wasserverbrauch steigt mit der Zivilisation und der Bevölkerung, und diese wächst mit dem Wasserangebot. Wasser fordern Industrie und Landwirtschaft. Die bebaute Fläche hat sich im 20. Jahrhundert verfünffacht. Kriege um Süßwasser sind prognostiziert.

Wenn sich die Menschheit von 1800 bis 2000 versechsfachen konnte, so beruht dies auf fortschreitender Zivilisation, die zunächst eine Vermehrung bewirkt, dann aber zu einem Rücklauf führt, der um so stärker ist, je weiter der Wohlstand wächst. Die angestammte Bevölkerung in Europa, Nordamerika und Japan nimmt ab. Ein solcher Vorgang vollzog sich schon einmal im späten Rom. Die im Luxus lebende Oberschicht drohte auszusterben; darauf erließ Kaiser Augustus Gesetze, die ehelose Senatoren diskriminierten und kinderreiche Familienväter privilegierten. Diese Politik griff nicht, zumal der Kaiser selbst nur eine, nicht sonderlich sittenstrenge Tochter hatte. Dennoch ist Rom gewachsen, und zwar durch Zuwanderer. Zeitkritische Altrömer mokierten sich über die einströmenden Griechen, Syrer und Juden, tadelten die Familienfeindlichkeit der Reichen und fürchteten den Kinderreichtum der Germanen, die immer stärker ins Reich eindrangen. Im 5. Jahrhundert übernahmen sie die Macht.

Dementsprechend wächst heute die Weltbevölkerung allein in den ärmeren Ländern. Das ist für deren Wirtschaft deswegen nachteilig, weil die Hinzukommenden mehr konsumieren als produzieren und auf Importe angewiesen sind. Das ökonomische Gefälle führt zu einem gegenläufigen Strom von Wirtschaftsflüchtlingen nach Europa und Nordamerika. Die USA riegeln ihre Südgrenze gegen die Latinos ab. Die Europäer beschlossen 1990 in Schengen, ihre Außengrenzen einheitlich zu überwachen. Das aber ist an den Mittelmeerküsten undurchführbar, und die Gesetze greifen nicht. Jährlich kommt eine weitere halbe Million nach Europa. Es gibt kein politisch durchsetzbares Verfahren, den Zustrom zu unterbinden, und keinen Grund für die Annahme, daß der Druck auf die Grenzen nachlassen wird. Ein Teil der Asylbewerber assimiliert sich, ein anderer bildet Subkulturen, die Spannungen erzeugen.

Die Kulturen

Die Durchmischung der Weltbevölkerung hat das Zeitalter der Hochkulturen besiegelt. Eigenständige Stilprovinzen, deren Erzeugnisse ihre Herkunft durch Formgebung verraten, gibt es nicht mehr. Sie gab es im Alten Orient, in Ägypten und der griechisch-römischen Antike, in Indien, China und Mittelamerika, im muslimischen Orient und im christlichen Alteuropa. Dieser kulturspezifische Charakter war entstanden durch einen intensiveren Binnenverkehr, eine Assimilation des Geschmacks und der Gestaltung. Fraglos hat es auch immer Außenkontakte gegeben, die bedeutsame Anregungen vermittelten, aber sie wurden in der Regel in den eigenen Kulturschatz eingeschmolzen. So haben die Griechen von den Ägyptern die Statue übernommen, die Römer von den Griechen den Tempel, die Christen von den Römern die Basilika, die Moslems von den Byzantinern die Kuppel, die Chinesen von den Indern die Pagode – aber stets wurde daraus etwas Eigenes. Kulturspezifische Traditionen treten heute zurück hinter weltweit konforme Modernität. Deutsche Architekten bauen in Brasilia, chinesische in Berlin, französische in Kairo. Amerika hinterläßt seine Spuren überall. So wie sich im Hellenismus griechische Kultur auf nichtgriechische Völker verbreitet hat, so fanden im 19. Jahrhundert europäische Stilmuster Nachahmung bei anderen Völkern. Mit fortschreitender Globalisierung wird die Besinnung auf die je eigene Kultur zur nostalgischen Reaktion im aufkeimenden Regionalismus, der in zunehmend kosmopolitischer Atmosphäre mit Heimatmuseen, Trödelmärkten und Trachtenfesten einem verbliebenen Identitätsbedürfnis entgegenkommt.

Kulturschöpfungen bringt auch die Weltgesellschaft noch hervor, da uns die Lust an Gestaltung einprogrammiert ist. Die Leistungen aber müssen sich auf dem Kulturmarkt gegen die tradierte Kunst behaupten. Noch nie haben Kulturwerte vergangener Zeiten eine solche Hochachtung genossen wie in jüngsten Jahren. Antiquitätengeschäft und Museumsbesuch florieren, Reproduktion alter Literatur, alter Musik, alter Kunst konterkariert den Katarakt avantgardistischer Experimente, deren Produkte keine Formgebote mehr beachten, keine Vorbilder mehr anerkennen und selbst keine mehr sein wollen. Die Mischkultur der Zukunft ist bunt. Indes: Allzubunt wird farblos.

Kulturen wurden durch Völker getragen, und diese bestimmten sich durch ihre Sprachen. Deren Verbreitung war und ist vielfach eine Machtfrage. Die herrschende Sprache war gewöhnlich die Sprache der Herrschenden, bis mit dem Machtverlust der Kolonialherren allenthalben Gegenbewegungen einsetzten. Grönländisch, Sorbisch, Makedonisch und andere Regionalsprachen werden wieder gepflegt, doch geht ihre Gesamtzahl zurück. In den 200 Staaten der Gegenwart leben, je nach Zählung, 4 bis 7000 Sprachen. Sie ließen sich erhalten, wenn alle Staaten Englisch als Amtssprache einführten und diese neben ihrer Muttersprache lehrten. Bis dies geschieht, werden viele der kleineren Sprachgruppen ausgestorben sein. Das ist begreiflich: Verständnisbarrieren verhindern das Fortkommen. Man rechnet damit, daß allenfalls tausend Sprachen überleben. War die Sprachvermehrung nicht eine Strafe Gottes für den Turmbau zu Babel, für ein hybrides Gemeinschaftsunternehmen?

Zivilisation

Staaten und Kulturen sind im Lauf der Geschichte immer wieder zusammengebrochen, aber die Herrschaft des Menschen über die Natur, wenn auch nicht über die eigene, schreitet voran. Die Zivilisation entwickelt sich in Schüben, denken wir an die Neolithische Revolution, an den Siegeszug des Eisens, an die Erfindungen und Entdeckungen im Hellenismus und wieder zu Beginn der Neuzeit. Die letzte, stärkste Neuerungswoge, die mit der Industrialisierung eingesetzt hat, wurde durch die Weltkriege beschleunigt, wesentlich durch deutsche Beteiligung bei der Konstruktion von Raketen und Düsenflugzeugen, in der Fernseh- und Computertechnik, und nicht zuletzt in der Atomenergie lange vor 1945. Die Technologie hat sich dann unter und nach dem Kalten Krieg rasant weiterentwickelt, zur Zeit führt die Elektronik. Ziel ist die Vermehrung und Verbesserung der Erzeugnisse, Verminderung der Arbeitszeit und Milderung der Arbeitsbedingungen, Stärkung der Gesundheit, Perfektion der Prothesen und Verlängerung der Lebenszeit, asymptotisch gegen die genetische Schwelle von 120 Jahren. Hinzu kommen Intensivierung der Kommunikation, Erweiterung der Handlungsspielräume und Verfügung über die Güter der Erde nach dem Prinzip: alles für alle, zu jeder Stunde, an jeder Stelle.

Dabei wächst die Kluft zwischen den armen und den reichen Ländern, und die Umwelt bekommt die Technikfolgen zu spüren. Ein Fünftel der Menschheit besitzt vier Fünftel des Reichtums. Die Hoffnung heißt: westlicher Standard. Auf dem Sprung sind die «Tigerstaaten»: Südkorea, Taiwan, Singapur, Thailand und Malaysia. Gute maschinelle Ausstattung, billige und doch gelernte Arbeitskräfte, Disziplin und Anspruchslosigkeit – das verspricht Erfolg auf dem Weltmarkt. Die zwanzig Industriestaaten bieten Entwicklungshilfe. Den höchsten Beitrag in absoluten Zahlen leisten die Japaner, die zweitgrößte Industriemacht, den geringsten, gemessen am Bruttosozialprodukt, die USA, der reichste Staat der Welt.

Die meisten Zuwendungen erhält Schwarzafrika. Dort herrschen die schwersten Mißstände. Fehlgeleitete Hilfe stärkt korrupte Machthaber und ermöglicht Prestigeprojekte; sie gewöhnt die Empfänger an Unterstützung und demotiviert die Eigenleistung, zerstört die traditionelle Wirtschaft und die alten Stammeskulturen. Werden die Gaben konsumiert statt investiert, so verlängert sich das Elend. In Westafrika lebt man nicht mehr von heimischer Hirse, sondern von französischem Weißbrot; in Polynesien nicht mehr von Jams, sondern von *American fastfood*. Die schlimmsten Mißstände herrschen in den Slums der Großstädte Indiens, Afrikas und Südamerikas.

Die Auslandsschulden der Entwicklungsländer haben sich seit 1970 mehr als verdreißigfacht; 1996 betrugen sie über 2000 Milliarden Dollar. Fordern die Kreditgeber Verwendungskontrolle, so empört dies als Eingriff in die Autonomie die jeweils herrschende Klasse, der es ja gut geht und die diesem Zustand den Vorrang einräumt vor der wirtschaftlichen Weiterentwicklung ihres Landes. Die Potentaten sind an Demokratisierung desinteressiert. Schulbildung und Selbsthilfe müßten gestützt werden: voran landeseigene Ernährung, Gesundheitspflege, Nachwuchsdämmung. Zyniker erwarten letzteres von der AIDS-Verseuchung.

Der Hoffnung auf Zivilisierung steht die zur Gewohnheit gewordene Gewalt im Wege. Die Aufstände gegen die Kolonialherren gingen über in kommunistisch inspirierte Befreiungsaktionen und diese in Stammesfehden und Bandenkämpfe. *Low intensity war* wurde zur Lebensform arbeitsloser Jugendlicher, Militanz zur Subsistenz, und der graue Weltmarkt liefert Kalaschnikows, Tretminen und Gewaltfilme *made in Hollywood*, er erhält dafür Schürfrechte und Bohrlizenzen, Drogen und Prostituierte. Londoner Söldnerfirmen vermitteln Fachkräfte und Kriegsgerät unter dem Stichwort *security*. Von der internationalen Flüchtlings- und Hungerhilfe bedienen sich vor Ort erst einmal die *warlords*. Bestellte Kamerateams bringen Elendsfotos auf die Bildschirme, und neue Spendenkontos tun sich auf. Desillusionierte Entwicklungshelfer werden ersetzt durch unerfahrene Idealisten. Wir denken an die Opfer und versorgen die Täter.

Übel sind die Techniknebenfolgen. Industrialisierung und Motorisierung produzieren Slums, Proletarisierung und Verkehrstote, in Asien und Afrika steil ansteigend. Für 2030 werden weltweit 2,5 Millionen Unfalltote prognostiziert, die Zahl der Autos gleicht sich an. In Amerika kommen auf 1000 Personen 700 Wagen, in China bloße fünf. Ebenso gravierend ist das Entsorgungsproblem in den armen Ländern. Die Abfallberge um die Siedlungen und entlang den Ausfallstraßen wachsen, zusätzlicher Schrott und Giftmüll wird aus den Industriestaaten importiert. Die Umwelt leidet. Die von der Zivilisation verschuldeten Schäden an Luft, Wasser und Boden, am Tier- und Pflanzenbestand beschränken zunächst die Lebensqualität, dann die Lebensmöglichkeit.

Die Ressourcen

Die Grenzen des Wachstums liegen noch vor uns, sind aber in Sicht. Zwar erreichen die Förderschächte und Bohrlöcher immer größere Tiefen, zwar werden die Ausbeutungsverfahren immer ergiebiger, zugleich aber steigen die Produktionskosten und die Schadstoffmengen. Eine Tonne Rohkupfer schafft inzwischen zugleich 800 Tonnen giftigen Abraum. Gewiß werden zunehmend Altstoffe wiederverwendet, doch ist der Raubbau billiger. Das Erfolgsrezept im Kapitalismus heißt Wachstum; und am erfolgreichsten ist, vorerst jedenfalls, wer am schnellsten wächst. Darum verweigern die USA umweltschonende Limitierungen, wie sie das Kyoto-Protokoll von 1997 vorsieht. Die Ungeborenen haben keine Stimme. Aber selbst wenn die Förderung gebremst würde, wären die Bodenschätze irgendwann verbraucht.

Dies gilt für Werkstoffe wie für Energiequellen. Der Vorrat an Erdöl reicht unter gegenwärtigen Bedingungen noch vierzig Jahre, an Erdgas noch 100, an Kohle und Eisen noch 200. Diese Zahlen aus dem Brockhaus sind geschätzt, aber die Größenordnungen dürften stimmen. Wer auf unentdeckte Lagerstätten und effizientere Nutzungstechnik hofft, der rechne zugleich mit wachsenden Erschließungskosten und steigender Nachfrage. Weitreichende Perspektiven eröffnet die langfristig riskante Kernkraft, die aber nach dem Aufbrauch des Urans ebenfalls durch regenerative Energien zu ersetzen wäre. Solarzellen und Wasserturbinen, Windmühlen und Erdwärme liefern einstweilen nur Bruchteile des Energiebedarfs. Die Prognosen für die Wasserstoffenergie haben sich bisher nicht erfüllt.

Bei der Ausbeute von Mineralien und fossilen Brennstoffen muß sich eine nachhaltige Ökonomie auf Sparsamkeit beschränken, wie sie 1972 die Stockholmer Umweltkonferenz der UNO und der *Club of Rome* gefordert haben. Zwar haben sich die Befürchtungen nicht erfüllt, doch war die Besorgnis nicht unbegründet. Ein Nullwachstum von Bevölkerung, Verbrauch und Industrialisierung wäre wünschenswert, ist politisch jedoch nicht durchzusetzen und wäre moralisch erst nach dem Ausgleich des Nord-Süd-Gefälles zumutbar. Modernen Komfort gibt es weltweit nur in Präsidentenpalästen und Luxushotels. Um den in Landfläche umgerechneten Konsum weltweit auf US-Standard zu heben, wären vier weitere Planeten von der Größe der Erde erforderlich. Da diese nicht verfügbar sind, bedeutete ein überall gleiches Niveau für die

Industrienationen ein drastisches Absinken ihres Lebensstandards. Den aber beanspruchen wir doch wohlverdient, nicht wahr? Das absehbare Versiegen der Rohstoffquellen steigert die Preise und verschärft den Kampf um die Lagerstätten. Das beschert uns weitere Geschichte, die zu früh verabschiedet wurde. Kurzfristig sind diejenigen Völker überlegen, die am meisten schaffen; langfristig jene, die am wenigsten bedürfen. *High-Tech* ist die vorletzte Phase der Weltgeschichte. Ihr Ende wird gleitend sein, unterbrochen von kleinen Katastrophen. Wenn man endlich wieder auf Stein, Holz und Knochen zurückgreifen muß, wird die Weltbevölkerung schrumpfen. Auf Steinzeitniveau der Umwelt vorzüglich angepaßt, kann sie solange existieren, wie es die Natur erlaubt. Die nächste Eiszeit steht in 3 bis 5000 Jahren bevor, dann bleibt vom heutigen Lebensraum ein Viertel. Der Mensch mit seinen sechs Millionen Jahren ist ein spätes und vermutlich kurzlebiges Produkt der Natur, verglichen mit den Dinosauriern, die 135 Millionen Jahre existierten. Wie immer sich die Geschichte des Menschen gestalten wird – aus kosmischer Sicht bleibt er eine Eintagsfliege im Quartär. Das Quintär wird nicht mehr festgestellt.

Eine Vorstellung von der letzten Periode der Weltgeschichte veranschaulicht das erlöschende Leben in abgeschiedenen Regionen. Was sich im Großen ereignen wird, wurde uns schon im Kleinen vorgespielt. Grönland war im 9. Jahrhundert von den Wikingern entdeckt und besiedelt worden. 300 Höfe und mehrere Kirchen sind archäologisch nachgewiesen. 1124 erhielt Grönland einen eigenen Bischof, trieb Landwirtschaft und handelte mit Island und Norwegen. Dann drang das Eis vor. Um 1400 erlahmte der Schiffsverkehr, die Grönländer besaßen kein Holz, um Schiffe zu bauen. Der Vorrat an Werkzeug und Waffen schrumpfte, die Versorgung wurde schwierig, der Kampf mit den Eskimos verlustreich. Die Europäer verarmten und wurden kleinwüchsig. Um 1500 starben sie aus, die letzten Toten wurden nicht mehr bestattet. Als Grönland 1722 wieder besiedelt wurde, fand man ihre Gebeine.

Im selben Jahr entdeckten die Holländer die Osterinsel. Die Polynesier lebten dort ohne Metall, ohne Bauholz in ärmlichen Verhältnissen, doch fanden sich Reste einer älteren Kultur, monumentale Steinskulpturen, sogar eine Schrift. Die letzten Eingeborenen, die sie lesen konnten, wurden 1862 mit dem Großteil der Bevölkerung von peruanischen Sklavenjägern geraubt. Als die Insel um 500 n. Chr. besiedelt wurde, besaß sie einen reichen Tier- und Baumbestand. Er wurde im Laufe der

Jahrhunderte aufgebraucht. Übrig blieben Hühner und Ratten. Man aß sie. Holzmangel erschwerte den Bau von Häusern und Schiffen. Die Menschen wohnten in Höhlen, Fischfang auf offener See war nicht mehr möglich.

Das MEMENTO MORI von Camaldoli steht wie über dem Leben so über der Geschichte. Der erblindete Faust träumt davon, durch Entwässerung von Sumpfgelände Lebensraum für viele Millionen zu schaffen. Verzückt hört er während seines letzten Monologs die Spaten klirren. Doch die Lemuren, im Bund mit den Elementen, sie schaufeln sein Grab. Strebend hat er sich bemüht, nun erwartet ihn die Erlösung.

Summa Saeculi

Die Mythen der Völker erzählen vom Anfang der Welt, vom Ursprung des Menschen. Die Wissenschaft hat die Idee einer zeitlich begrenzten Vergangenheit in beiden Fällen bestätigt und sie nur anders konkretisiert. Die Mythen rechnen ebenso mit einem Ende der Weltgeschichte. Auch dieser Gedanke hat sich als zutreffend erwiesen. Die Kosmologie zeigt, daß Sterne gleicher Masse eine ähnliche Geschichte haben. So wird unsere Sonne, während sie ihre Energie verströmt, sich zu einem Roten Riesen aufblähen, dabei ihre Planeten verschlucken und in fünf Milliarden Jahren als Weißer Zwerg von der Größe eines Planeten enden.

Denkbar ist ebenso, daß die Erde schon vorher verschmort. Denn der Gezeitenhub und der Laubwechsel der Wälder, Vulkanausbrüche und interstellare Materie bremsen die Umdrehung und den Umlauf. Die Zentrifugalkraft der Erde wird schwächer als die Anziehungskraft der Sonne, so daß wir uns spiralförmig auf sie zubewegen. Die Jahre werden kürzer, die Tage länger, die Temperatur steigt. In drei Milliarden Jahren verdampfen die Ozeane. Die ersten Lebewesen, extremophile Mikroben werden auch die letzten sein. Die Biosphäre verschwindet, und die Lithosphäre grenzt wieder unmittelbar an die Atmosphäre. Zuletzt ist der blaue Planet eine rotierende Mülldeponie, ein kugelförmiges Massengrab.

Das Ende unseres Sonnensystems ist nicht das Ende der Welt. Doch läßt sich die Frage der Jünger im Evangelium nach ihm beantworten. Nach dem Zweiten thermodynamischen Hauptsatz gleichen sich die Energiedifferenzen unumkehrbar aus. Die Entropie nimmt zu und endet nach vielleicht zehn Milliarden Jahren in einem Gleichgewichtszustand, in dem die Sterne erloschen sind und keine makrophysischen Ereignisse mehr stattfinden. Die Expansion des Weltalls verringert die Energiedichte, so daß man vom Kältetod spricht. Der Urknall kehrt sich um: Am Ende gibt es minimale Energie auf maximalem Raum. Die durch Entwicklung gekennzeichnete Zeit löst sich auf in eine geschichtslose Ewigkeit – ein Prädikat, das wir Gott zusprechen. In IHM ist die Weltzeit aufgehoben.

Wie lange nun die Ewigkeit währen wird, das ist eine falsch gestellte Frage. Denn die Ewigkeit ist kein Teil der Zeit und keine Form von Zeit, sondern ihr Hintergrund. Im Grimm'schen Märchen fragt der König das kluge Hirtenbüblein: «Wieviele Sekunden hat die Ewigkeit?» Darauf antwortete der Knabe: «In Hinterpommern liegt der Demantberg, der hat eine Stunde in die Höhe, eine Stunde in die Breite und eine Stunde in die Tiefe. Dahin kommt alle hundert Jahr ein Vöglein und wetzt sein Schnäblein daran; und wenn der ganze Berg abgewetzt ist, dann ist die erste Sekunde der Ewigkeit vorbei.»

Literatur

Vor- und Nachwort

JACOB BURCKHARDT, Weltgeschichtliche Betrachtungen, 1868/1985 · ALEXANDER DEMANDT (Hg.), Das Ende der Weltreiche. Von den Persern bis zur Sowjetunion, 1997 · DERS., Ungeschehene Geschichte. Ein Traktat über die Frage: Was wäre geschehen, wenn ...?, 1984, ³2001 · DERS., Sternstunden der Geschichte, 2001 · GERHARD FRICK, Weltgeschichte in Zusammenhängen, 2003 · JOHANN GOTTFRIED HERDER, Ideen zur Philosophie der Geschichte der Menschheit I/II, 1784 ff./1989 · IMMANUEL KANT, Idee zu einer allgemeinen Geschichte in weltbürgerlicher Absicht, 1784/1949 · HERMANN KINDER/WERNER HILGEMANN, dtv-Atlas zur Weltgeschichte, I/II, 2002 · KARL PLOETZ, Auszug aus der Geschichte, ²⁹1980 · GERHARD SCHULZ, Europa und der Globus. Staaten und Imperien seit dem Altertum, 2001

1. Das Erwachen der Menschheit

BROCKHAUS-REDAKTION (Hg.), Die Bibliothek. Weltgeschichte I: Anfänge der Menschheit und frühe Hochkulturen, 1997 · STEPHEN HAWKINS, Eine kurze Geschichte der Zeit, 1984/88 · RUDOLF KIPPENHAHN, Kosmologie für die Westentasche, 2003 · HANS KRAHE, Sprache und Vorzeit, 1954 · ROLF MEISSNER, Geschichte der Erde, 2001 · HANSJÜRGEN MÜLLER-BECK, Die Steinzeit, 2001 · SMUEL SAMBURSKY, Das physikalische Weltbild der Antike, 1965 · FRIEDEMANN SCHRENK, Die Frühzeit des Menschen, 2001 · STEVEN WEINBERG, Die ersten drei Minuten, 1986 · CARL FRIEDRICH VON WEIZSÄCKER, Die Geschichte der Natur, 1948/92

2. Der Alte Orient

JAMES HENRY BREASTED, A History of Egypt, 1905/59 · ANDRÉ FINET (éd.), Le Code de Hammurapi, ²1983 · ALAN H. GARDINER, Geschichte des Alten Ägypten, 1965 · ANDREW GEORGE (ed.), The Epic of Gilgamesh, 1999 · HANS J. NISSEN, Geschichte Alt-Vorderasiens, 1999 · MARTIN NOTH, Geschichte Israels, 1950/66 · ALBERT T. OLMSTEAD, History of the Persian Empire, 1970 · ALEXANDER SCHARFF/ANTON MOORTGAT, Ägypten und Vorderasien im Altertum, 1950 · HARTMUT SCHMÖKEL, (Hg.), Kulturgeschichte des Alten Orients, 1961 · JOSEPH WIESEHÖFER, Das antike Persien, 1993

3. Die Kultur der Griechen

ERNST BALTRUSCH, Sparta, 1998 · JOCHEN BLEICKEN, Die athenische Demokratie, 1981 · JACOB BURCKHARDT, Griechische Kulturgeschichte, I–IV, 1898/1956 · WERNER DAHLHEIM, Die Antike. Griechenland und Rom von den Anfängen bis zur Expansion des Islam, ⁴1995 · JOHANN GUSTAV DROYSEN, Geschichte des Hellenismus, I–III, 1877 f. · VICTOR EHRENBERG, Der Staat der Griechen, 1965 · HANS-JOACHIM GEHRKE, Kleine Geschichte der Antike, 1999 · EDUARD MEYER, Geschichte des Altertums, 1884 ff./1975 · FRIEDRICH VON SCHILLER, Die Gesetzgebung des Lykurgus und Solon, 1789/1946 · WILLIAM W. TARN, Alexander der Große, 1948/1968

4. Das Imperium Romanum

JOCHEN BLEICKEN, Verfassungs- und Sozialgeschichte des Römischen Kaiserreichs, I/II, 1978 · JACOB BURCKHARDT, Die Zeit Constantin's des Großen, 1853/1991 · KARL CHRIST, Geschichte der römischen Kaiserzeit, ⁴2002 · ALEXANDER DEMANDT, Die Spätantike. Römische Geschichte von Diocletian bis Justinian 284 bis 565 n. Chr., 1989 · EDWARD GIBBON, The History of the Decline and Fall of the Roman Empire, 1776 ff./1995 · DIETMAR KIENAST, Augustus. Prinzeps und Monarch, 1992 · FRANK KOLB, Rom. Die Geschichte der Stadt in der Antike, 1995 · ERNST MEYER, Römischer Staat und Staatsgedanke, 1948/75 · THEODOR MOMMSEN, Römische Geschichte, 1854 ff./1984 · RONALD SYME, The Roman Revolution, 1939/1952

5. Die Völker Europas

PHILIPPE DE COMMYNES · Memoiren (1524), Europa in der Krise zwischen Mittelalter und Neuzeit, hg. von Fritz Ernst, 1972 · JOACHIM EHLERS (u. a. Hg.), Die französischen Könige des Mittelalters, 1996 · LUDO MORITZ HARTMANN, Geschichte Italiens im Mittelalter, 1897 ff. · WALTER POHL, Die Germanen, 2003 · KRZYSZTOF POMIAN, Europa und seine Völker, 1990 · LEOPOLD VON RANKE, Geschichten der romanischen und germanischen Völker von 1494 bis 1514, 1824/1973 · BIRGIT U. PETER SAWYER, Die Welt der Wikinger, 2002 · LUDWIG SCHMIDT, Geschichte der deutschen Stämme bis zum Ausgang der Völkerwanderung, 1937 ff. · HERWIG WOLFRAM, Die Goten, ³1990 · ERICH ZÖLLNER, Geschichte der Franken bis zur Mitte des sechsten Jahrhunderts, 1970

6. Die Welt des Islam

FIKRET ADANIR, The Ottomans and the Balkans, 2002 · DAVID AYALON, The Mamluk Military Society, 1979 · FRANZ BABINGER, Mehmet der Eroberer und seine Zeit, 1953 · FRANTS BUHL, Das Leben Muhammeds, 1903/54 · ULRICH HAARMANN (Hg.), Geschichte der arabischen Welt, 1987 · HEINZ HALM, Der Islam, 2000 · PETER M. HOLT (u. a. Hgg.), The Cambridge History of Islam, 1970 ff. · IBN ISHAQ, Das Leben des Propheten. Aus dem Arabischen übertragen und bearbeitet von Gernot Rotter, 1976 · Der Koran. Aus dem Arabischen von Max Henning, eingeleitet von Ernst Werner u. Kurt Rudolph, 1968 · HANS-HEINRICH SCHAEDER, Der Mensch in Orient und Okzident, 1960

7. Kaiser und Papst im Mittelalter

HARTMUT BOOCKMANN, Stauferzeit und spätes Mittelalter. Deutschland 1125 bis 1517, 1994 · DERS., Das Mittelalter. Ein Lesebuch aus Texten und Zeugnissen des 6. bis 16. Jahrhunderts, 1997 · ARNO BORST, Lebensformen im Mittelalter, ²1999 · JOACHIM EHLERS, Geschichte Frankreichs im Mittelalter, 1987 · JOSEF FLECKENSTEIN, Karl der Große, 1990 · FERDINAND GREGOROVIUS, Geschichte der Stadt Rom im Mittelalter, 1859/1991 · JOHANNES HALLER, Die Epochen der deutschen Geschichte, 1922/61 · KARL HAMPE, Geschichte des Abendlandes von 900–1250, 1932/1977 · ERNST KANTOROWICZ, Kaiser Friedrich der Zweite, 1927/92 · KURT KLUXEN, Englische Verfassungsgeschichte, 1987 · Lexikon des Mittelalters, 1999

8. Die Großreiche Asiens

PAUL DEUSSEN, Sechzig Upanishad's des Veda, 1897 · Die geheime Geschichte der Mongolen, deutsch von E. Haenisch, hg. v. W. Heissig, 1981 · HELMUTH VON GLASENAPP, Die fünf großen Religionen, 1952 · DERS., Die Philosophie der Inder, 1974 · KUNG-FUTSE, Gespräche (Lun Yü), verdeutscht und erläutert von Richard Wilhelm, 1910 · Malaiische Chronik. Hang Tuah. Übersetzt von Hans Overbeck, hg. von Otto Karow, 1922/1976 · MANFRED POHL, Geschichte Japans, 2002 · ALBERT SCHÄFER (Hg.), Die Kulturen der asiatischen Großreiche und Rußlands, 1963 · HELWIG SCHMIDT-GLINTZER, Das Alte China, 1995 · MICHAEL WITZEL, Das Alte Indien, 2003

9. Renaissance und Reformation

KARL BRANDI, Die deutsche Reformation, 1941 · DERS., Kaiser Karl V., 1937/1997 · JACOB BURCKHARDT, Die Kultur der Renaissance in Italien, 1860/1989 · JAN HUIZINGA, Herbst des Mittelalters, 1924/2001 · NICCOLO MACHIAVELLI, Geschichte von Florenz, 1525/1987 · HERFRIED u. MARINA MÜNKLER, Lexikon der Renaissance, 2000 · HORST RABE, Reich und Glaubensspaltung. Deutschland 1500 bis 1600, 1989 · LEOPOLD VON RANKE, Deutsche Geschichte im Zeitalter der Reformation, 1839 ff./1956 · HEINZ SCHILLING, Aufbruch und Krise. Deutschland 1517 bis 1648, 1994 · DAVID FRIEDRICH STRAUSS, Ulrich von Hutten, 3 Bde., 1858–60/1927

10. Das Zeitalter der Entdeckungen

CHRISTOPH COLUMBUS. Bordbuch, Briefe, Berichte, Dokumente, ausgewählt, eingeleitet u. erläutert v. Ernst Gerhard Jacob, 1968 · INGE LANGENBERG, Die Vinland-Fahrten, 1977 · THOMAS BABINGTON MACAULAY, Lord Clive and Warren Hastings, 1840/1876 · SAMUEL E. MORISON, Christopher Columbus. Admiral of the Ocean Sea, 1942 · MARINA MÜNKLER, Marco Polo: Leben und Legende, 1998 · WILLIAM H. PRESCOTT, Die Eroberung von Mexiko, 1843/1927 · DERS., History of the Conquest of Peru, I/II, 1847 · WOLFGANG REINHARD, Geschichte der Europäischen Expansion,

I/II, 1983/85 · BERTHOLD RIESE, Die Maya, 2002 · HENRY YULE/HENRI CORDIER, The Book of Ser Marco Polo, 1903/1929

11. Vom Absolutismus zur Aufklärung

OLIVIER BERNIER, Louis XIV, 1987 · GIACOMO CASANOVA, Geschichte meines Lebens, hrsg. v. E. Loos, übers. v. H. v. Sauter, I–XII, 1965 ff. · HEINZ DUCHHARDT, Das Zeitalter des Absolutismus, 1992 · THOMAS HOBBES, De Cive/Vom Bürger, 1642/1967 · WALTER HUBATSCH, Das Zeitalter des Absolutismus 1600–1789, ^{3}1970 · FRANZ KUGLER, Geschichte Friedrichs des Großen, 1840/1994 · JOHN LOCKE, Two Treatises of Government, 1690 · THEODOR SCHIEDER, Friedrich der Große. Ein Königtum der Widersprüche, 1996 · ERNST SCHULIN, Die Französische Revolution, 1990 · ALBERT SOBOUL, Die große Französische Revolution, 1988 · FRITZ WAGNER (u. a. Hg.), Europa im Zeitalter des Absolutismus und der Aufklärung, 1975

12. Rußland und Amerika

WILLI PAUL ADAMS, Die USA vor 1900, 2000 · JOHN EDWIN FAGGN, Latin America. A general history, 1977 · MANFRED HELLMANN (Hg.), Handbuch der Geschichte Rußlands, 5 Bde., 1981/2002 · GEOFFREY A. HOSKING, Rußland. Nation und Imperium 1552 bis 1917, 2000 · THOMAS JEFFERSON, Writings, 1984 · MARGARITA MATHIOPOULOS, Amerika: Das Experiment des Fortschritts, 1987 · HANS-CHRISTOPH SCHRÖDER, Die amerikanische Revolution, 1982 · BARBARA A. TENENBAUM (ed.), Encyclopedia of Latin American History and Culture, 5 Bde., 1996 · HANS-JOACHIM TORKE, Einführung in die Geschichte Rußlands, 1997 · REINHARD WITTRAM, Peter I., Czar und Kaiser, I/II, 1964

13. Nationalstaat und Imperialismus

OTTO VON BISMARCK, Gedanken und Erinnerungen, 1893/1912–1922 · BENEDETTO CROCE, Geschichte Europas im 19. Jahrhundert, 1935 · EGON FRIEDELL, Kulturgeschichte der Neuzeit, 1927–1931 · LOTHAR GALL, Bismarck. Der weiße Revolutionär, 1993 · OTTO HINTZE, Soziologie und Geschichte, 1964 · JÜRGEN KOCKA, Das lange 19. Jahrhundert, 2001 · JÜRGEN OSTERHAMMEL, Kolonialismus, 2001 · HAGEN SCHULZE, Phoenix Europa. Die Moderne. Von 1740 bis heute, 1998 · MICHAEL STÜRMER, Das ruhelose Reich. Deutschland 1866 bis 1918, 1983 · HEINRICH AUGUST WINKLER, Der lange Weg nach Westen, Bd. I: Deutsche Geschichte vom Ende des Alten Reiches bis zum Untergang der Weimarer Republik, ^{3}2001

14. Die Weltkriege

MARTIN BROSZAT/HELMUT HEIBER (Hgg.), dtv-Weltgeschichte des 20. Jahrhunderts, 1968 ff. · JOACHIM C. FEST, Hitler: Eine Biographie, 1973 · KLAUS HILDEBRAND, Das Dritte Reich, 2003 · DETLEF JUNKER, Franklin D. Roosevelt, 1979 · HEINZ-

Dietrich Löwe, Stalin: der entfesselte Revolutionär, 2002 · Ernst Nolte, Der Faschismus in seiner Epoche, 1995 · Georg von Rauch, Geschichte der Sowjetunion, 1969 · Hagen Schulze, Weimar. Deutschland 1917 bis 1933, 1994 · Robert W. Service, Lenin: a Biography, 2000 · Albert Speer, Erinnerungen, 1969

15. Demokratie global?

Franz Ansprenger, Geschichte Afrikas, 2002 · Fritz Hartung, Die Entwicklung der Menschen- und Bürgerrechte von 1776 bis zur Gegenwart, 1964 · Hans-Hermann Hertle, Der Fall der Mauer, 1996 · Dietmar Herz, Die Europäische Union, 2002 · Martin Malia, The Soviet Tragedy. A History of Socialism in Russia 1917–1991, 1994 · Gregor Schöllgen, Geschichte der Weltpolitik von Hitler bis Gorbatschow, 1941–1991, 1996 · Konrad Seitz, China: eine Weltmacht kehrt zurück, 2000 · Gerhard u. Nadja Simon, Verfall und Untergang des sowjetischen Imperiums, 1993 · Bernd Stöver, Der Kalte Krieg, 2003 · Helmut Volger, Geschichte der Vereinten Nationen, 1995

16. Aus der Gegenwart in die Zukunft

Alexander Demandt, Endzeit? Die Zukunft der Geschichte, 1993 · Francis Fukuyama, The End of History and the Last Man, 1998 · Samuel P. Huntington, The Clash of Civilizations and the Remaking of World Order, 1996 · Hermann Lübbe, Modernisierung und Folgelasten. Trends kultureller und politischer Evolution, 1997 · Herfried Münkler, Die neuen Kriege, 2002 · Konrad Seitz, Wettlauf ins 21. Jahrhundert. Die Zukunft Europas zwischen Asien und Amerika, 1998 · Joseph Silk, Die Geschichte des Kosmos: Vom Urknall bis zum Universum der Zukunft, 1999 · Joseph E. Stiglitz, Die Schatten der Globalisierung, 2002 · Emmanuel Todd, Weltmacht USA. Ein Nachruf, 2002/2003 · Edward O. Wilson, Die Zukunft des Lebens, 2001

Register

Im Folgenden sind die wesentlichen Stichworte verzeichnet. Namen von Gebäuden (z. B. Kreml) finden sich unter dem Namen der jeweiligen Stadt (Moskau). Herrscher ohne Spezifizierung (Karl V) beziehen sich in der Regel auf Deutschland. Städtenamen, die im Text für Regierungen oder Staaten (z. B. Washington) stehen, werden nicht aufgeführt.

A

Aachen, Karlsbüste 147
–, Krönungsort 145, 148
–, Pfalz 140 f
Abaelard 137, 176
Abbas d. Gr. 152
Abbasiden 119 ff
Abdul Hamid II 130
Abessinien, italienisch 292, 308
Ablaß 176 f, 182 f, 188
Aborigines 31, 205
Abraham 42, 113 ff
Absolutismus, Begriff 207 f
Abu Bekr 118
Abu Talib 113
Abukir 255
Abul Abbas 119
Achäer 49
Achaimenes 46
Achaimeniden 44
Achäischer Bund 65, 74
Achill 49 f
Achse Berlin-Rom 291
Achse des Bösen 331
Ackerbau 24
Action française 293
Actium 79
Adelheid 143
Aden, britisch 272
Adenauer, Konrad 318, 325 f
Ädil 71
Adler 197
Adoptivkaiser 81
Adrianopel (Edirne) 86, 126, 128
Aeneas 70, 177
Aëtius (Heermeister) 86
Affe 19
Affenkönig 157
Afghanistan, Antike 158
–, britisch 162, 272
–, Russen 238

Afghanistan, Russenkrieg 310, 316, 320
Afrika, Entwicklungshilfe 337
–, Kolonien 273
–, Konferenz 273
–, Kriminalität 333
–, postkolonial 310
–, Ptolemäer 66
–, Umseglung 41
–, Urmensch 19 ff
–, Wassermangel 334
Agamemnon 50, 134
Agrippa von Nettesheim 177
Ägypten, arabisch 118, 123 ff
–, autonom 308, 310
–, britisch 130
–, Code Napoléon 255
–, koptisch 89
–, Mönche 86
–, persisch 45
–, pharaonisch 30, 35 ff
–, ptolemäisch 64
Ahriman 46
Ahuramazda 44 ff
Aichylos 53
Aida 266
AIDS 338
Aijub 124
Aïscha 115
Aiwasowski 238
Akbar 156, 159
Akkadisch 34, 38
Akkon 145 ff
Al Biruni 122
Alamannen 83
Alarich 86, 91, 175
Alaska 238, 246, 248, 274
Alba, Herzog 203
Albaner, Griechenland 107
–, Sprache 89, 106
Albanien, Demokratisierung 321

Albanien, italienisch 292
Alberti, Leon Battista 178
Albertus Magnus 137
Albigenser 97
Alboin 90
Albrecht von Brandenburg 215
Alcazar 121
Aldebaran 131
Aleppo 128
Alexander d. Gr., Babylon 47
–, Gog 166
–, Herrschaft 62 f
–, Indien 157
–, Koran 63, 123
–, Mosaik 64
–, Persien 47
–, Roman 63, 104, 123
Alexander I, Zar 235, 254
Alexander II, Zar 238 f
Alexander Newski 230
Alexander VI Borgia 177, 196
Alexander von Plock 232
Alexandria, arabisch 118
–, Bibliothek 66, 118
–, Gründung 62
–, Indienhandel 158
–, Museion 66
–, ptolemäisch 64
–, römisch 79
Alexandros 50, vgl. Páris
Alexei 233
Alexios 109
Alfred d. Gr. 99
Algerien, autonom 308
–, französisch 130, 259, 273, 308
–, Islamismus 311
–, osmanisch 119
Algol 131
Ali 114, 118
Alkibiades 61
Alkuin 140

Allah 115 ff
Alluvium 24
Almagest 122
Almagro, Diego 202
Almohaden 121
Almoraviden 121
Alp Arslan 126
Alphabet, griechisch 41, 47, 49
–, Morse 270
–, phönizisch 41, 47
Alphabetisierung 135
Altamira 20, 23
Altdorf 150
Altsteinzeit 20
Altstoffe 339 f
Alvares Cabral, Pedro 195
Amarna 38
Amazonas 31
Ameise 187
Amenophis IV 38
Amerika, Einwanderung 271
–, Franziskaner 198 f
–, Kolonisierung 239 ff
–, Landbrücke 22
–, Name 196
–, normannisch 102
Amiterasu 168
Ammianus Marcellinus 271
Amos 43
Amselfeld (Kosovo) 126, 321
Amsterdam 98, 203
Amun 38
Amundsen, R. 274 f
Amur 237
Anagni 97
Anatomie 66
Anaximander 54
Anaximenes 54
Andalusien 90, 119 ff
Andrea Doria 129
Angeln 99

Register 349

Angkor Vat 161
Angola, autonom 308 ff
Anjou 106
Anjou-Plantagenet 99
Ankara 292
Anna Komnena 109
Anna von England 212
Annam (Vietnam) 170, 272
Annaten 182
Ansbach-Bayreuth 254
Ansgar von Bremen 102
Antarktis 275
Antigone 53
Antigoniden 64
Antiochia 64, 145
Antisemitismus s. Juden
Antonius, Marcus 79
Antwerpen 98
Apartheid 308
Apella 55
Aphrodite 50
Apis-Stier 39
Apollon 52 f
Appeasement-Politik 296
Apuleius, Eselsroman 67
Aquileia 139
Ara Pacis 80
Araber 91, 113 ff vgl. Irak, Palästina, Syrien
Arafat 311
Aragon 91
Aramäer 35
Aramäisch 46
Arbeiter- und Soldatenräte 283
Arbeiterbewegung 267
Arbeitsschutz 271
Arbogast 86
Archangelsk 204, 230
Archimedes 66
Archipoeta 147
Ardschuna 157
Areopag 58
Arethas 108
Argentinien 241, 255
Argiver 49
Argonauten 53, 181
Arianer 85
Arier, Begriff 44
–, Einwanderung 27
–, Indien 154
–, Persien 154
Ariost 140
Ariovist 80
Aristarch 66
Aristogeiton 59

Aristophanes 61
Aristoteles, Akademie 62
–, Alexander 123
–, islamisch 121 f
–, Panhellenismus 52
–,–Solon 59
–, Weberschiffchen 14
Arizona 247
Arktika 274
Arktis 274
Arles 149
Armada 204
Armagh 98
Ärmelkanal 22
Armenien, sassanidisch 108
–, Sprache 89
–, Völkermord 282
Arminius 80
Arndt, Ernst Moritz 258 f
Arnim, Achim von 133
Arnold von Brescia 176
Arpad 106
Artaxerxes I 44
Artaxerxes III 47
Artemis 52
Artensterben 338
Arthur s. Artusdichtung
Artusdichtung 97, 98, 100
Ashoka 158
Askalon 41
Assassinen 123, 333
Assientovertrag 214
Assur 35
Assurbanipal 36
Assyrer 34
Asturien 92, 119
Asylbewerber 330, 335
Atahualpa 202
Atatürk (Mustafa Kemal) 292
Athanasios 85
Athen, Akademie 62
–, Akropolis 49, 58
–, Demokratie 58 ff
–, Residenz 259
–, Tyrannis 55, 59
Athena 50, 52
Äthiopien, autonom 308
–, christlich 273
Athos 107
Atlantik 14, 17
Atlantik-Charta 306
Ätolischer Bund 65
Atombombe vgl. Einstein, Hiroshima, Nagasaki
–, Israel 312

Atombombe, Nordkorea 312
–, Nürnberg 307
–, Stalin 312
Atomenergie 337, 339
Atomtheorie 14
Aton 38
Attila 86
Augsburg, Lechfeld 106, 143
–, Reichstag 187
–, Religionsfriede 187, 191
–, Selbstverwaltung 138
–, Tizian 181
August der Starke 233
Augustus, Ehegesetze 335
–, Herrschaft 74, 79 ff
–, Inder 158
–, Seide 193
Aurelian 83, 107
Auschwitz 299 f
Austerlitz 254
Australien, autonom 308
–, Beschneidung 41
–, Besiedlung 22
–, Entdeckung 205
–, Kulturstufe 31
Australo-Pithecus 16, 19
Auto 251, 270
Averroes 121
Avesta 46
Avicenna 122
Avignon, Burgund 149
–, Papst 97, 149 f, 182
Awaren 106, 126, 139
Azoren 194
Azteken 196 ff

B
Baal 43
Babelsberg 265
Babenberger 146
Babeuf 226
Babur 159
Babylon, Alexander 63
–, Chaldäer 35
–, Hammurabi 33
–, Palast 63
–, persisch 45 ff
–, Turm 36, 122, 336
Babylonische Gefangenschaft 43
Bach, Johann Sebastian 224
Bacon, Roger 137
Bacon, Francis 175
Bagdad, Abbasiden 119 ff

Bagdad, Bahn 279
–, Mustansaria 122
–, Türken 126
–, Universität 123
Bahamas 193, 195
Baibars 125
Baiern, Erbfolge 218
–, fränkisch 96
–, Herzogtum 139, 146
–, Kurwürde 189
–, Schreibweise 258
–, Wittelsbacher 146
Baktrien 157
Bakunin, M. 239
Balance of power 278
Balboa, Vasco de 202
Balfour-Erklärung 311
Balkankrieg 278
Ball, Hugo 287
Balten, Preußen 105
–, Sprache 27, 105
Baltikum, demokratisch 320
–, protestantisch 187
–, russisch 297
Baltimore 239
Balzac, H. 259
Bamberg 143
Bandkeramik 25
Bär 20, 22
Bar Kochba 81
Barbarossa, Bologna 137
–, Herrschaft 145 f
–, Mailand 179
–, Renovatio 175
–, Rom 176
–, Sage 148
Barcelona, Emirat 140
–, Westgoten 92
Bardiya 45
Barents, Willem 274
Barmakiden 122 f
Barock 178
–, Lateinamerika 227
Bartholomäusnacht 189
Basel, Druckort 176
–, Konzil 182
–, Selbstverwaltung 138
Basileios der Bulgarentöter 108
Basiliken 109
Basken 27, 89, 140
Bataver 30
Batavia 203
Bathseba 42
Batista 315
Batu 230

350 Register

Baudelaire, Ch. 261
Bauernkrieg 186
Bauhaus 287
Bayern (Schreibweise) 258
Bayeux 101
Bayreuth 265
Beatrix 146
Bebel, August 267
Beck, Ludwig 299
Beda Venerabilis 99
Bedr 115
Beecher-Stove, Harriett 248
Beethoven 224
Behaim, Martin 194
Belgien, Autonomie 260
–, habsburgisch 203
–, Neutralität 279
Belgrad 220
Belisar 90
Belle Alliance 256
Bellingshausen, F. G. von 275
Bellum iustum 73
Belsazar 35
Ben Gurion 311
Benedikt von Nursia 135
Benelux 323
Benevent 90
Bengalen 204
Benin 273
Benjamin 43
Benl, Oskar 173
Beowulf 101
Berber 119
Beresina 256
Bergamo 227
Bergen 138
Bergpredigt 84, 306
Bering, Vitus 231, 274
Berlichingen, Götz von 186
Berlin, Akademie 178, 216, 219
–, Blockade 318
–, Bombardierung 300
–, Brandenburger Tor 321
–, Hanse 138 f
–, Kongreß 237, 268, 277 f
–, Kontrollrat 317
–, Märzrevolution 262
–, Mauer 314, 321 f
–, Obertribunal 218
–, Olympische Spiele 296
–, Pei-Bau 336
–, Pergamon-Museum 35, 64, 119

Berlin, Republik 283
–, Residenz 215
–, Schloß 215
–, Siebzehnter Juni 313
–, slawisch 105
–, Universität 255
–, Freie Universität 318
Bern 151
Bernadotte 253
Bernhard von Clairvaux 136, 144
Bernstein 22
Berossos 66
Beschneidung, arabisch 116
–, australisch 116
–, Hadrian 81
–, jüdisch 41, 109
–, türkisch 126
Bessarabien 235
Bessarion 180
Bestattung 22 f
Beteigeuze 131
Bethlehem 42
Betran de Born 97
Bhagavadgita 157
Biafra 310
Bibel vgl. Daniel, Esther, Ezra
Bibel, Altes Testament 110
–, Begriff 41
–, Deuteronomium 43 f
–, deutsch 183 f
–, englisch 182
–, Entstehung, 43 f
–, Evangelien 84
–, Gideon 42
–, gotisch 92
–, Gutenberg 176
–, Hiob 122
–, Hosea 43
–, Isaak 42
–, Jehu 43
–, Jeremia 43
–, Jerobeam 43
–, Jesaja 43
–, lateinisch 89
–, Mittelalter 135
–, Moses 40
–, Neues Testament 85
–, Psalmen 42
–, Salomo 43
–, schwedisch 104
–, Septuaginta 66
–, Thora 110
–, Urtext 185
–, Vulgata 89

Biedermeier 261
Big Bang 14
Big Stick 248
Bilderstreit 108, 140
Bill of Rights 214
Birma 272
Birmingham 270
Bismarck 265 ff
Blaugrünalgen 18
Blitzkrieg 297
Blücher 256
Blumenkriege 200
Bobbio 98, 136
Boccaccio 91, 178
Bodenreform, DDR 318
Bodenschätze 339 f
Bodh-Gaya 155
Bodin, Jean 208
Boghazköy 35
Bogumiler 97
Böhmen, Hussiten 182
–, Kurfürst 149
–, slawisch 105
Bojaren 225 f, 232
Bokassa 310
Boleslaw I 105
Bolivar, Simon 247
Bologna, Gonzaga 181
–, Universität 90, 137, 208
Bolschewiki 239, 288
Bonaventura 137
Bonhoeffer, Karl 299
Bonifatius 135
Bonifaz VIII 97, 136 f
Bonn, keltisch 30
–, Regierungssitz 318
Bopp, Franz 26
Bora, Katharina von 185
Bordeaux 279
Borgia, Alexander 177
–, Cesare 177
Boris III von Bulgarien 293
Borneo 161
Borobudur 161
Borodino 255
Bosnien 278
Bossuet 212
Boston, Akademie 178
–, Gründung 242
–, Hafen 239
–, Teaparty 244
–, Wikinger 102
Botha 274
Bourbonen 259
Bouvines 97

Boxeraufstand 272
Boyen 255
Bragadino, Marcantonio 129
Brahma 155, 159
Brahmanen 155 f, 157
Bramante 177, 179
Brandenburg, Bistum 143
–, Hohenzollern 215
–, Karl IV 149
–, Kurfürst 149
–, Zisterzienser 136
Brandt, Willy 319
Brasilia 336
Brasilien, Entdeckung 195
–, Kaiserreich 259
–, Karthager 41
–, portugiesisch 241
–, Faschismus 293
Braunschweig 146
Brecht, Bertolt 287
Breisgau 148
Breitenfeld 190
Brennus 74
Breschnew 316
Breslau 105, 138
Brest-Litowsk 283, 289
Bretagne 99, 139
Bretton Woods 307
Breughel, P. 122
Briand, Aristide 286
–, Kellogg-Pakt 307
Bristol 242
Britannien, Caesar 78
–, Christianisierung 135
–, Karthager 41
–, Frühmittelalter 98
British Empire 272, 308
Bronzezeit 29, 34
Brügge 98, 151
Brumaire 226, 253
Brunellesco 178
Bruno, Giordano 189
Brüssel, habsburgisch 203
–, Ministerrat 326
–, Revolte 260
Brussilow 282
Brutus, Marcus Junius, d. Ä. 70
Buchara 193, 238
Buchen 27
Buchmalerei s. Kalligraphie
Büchner, Georg 259
Buddha 155 f, 170
Buddhismus, Japan 169 f
Bug 235

Bukephalos 124
Bukowina 312
Bulé 59
Bulgarien, autonom 278
–, Christen 108
–, Demokratisierung 321
–, Einwanderung 106
–, Warnakultur 28
Bülow, Bernhard von 277, 279
Bundeslade 41 f
Burckhardt, Jacob 188, 209, 277, 303, 330
Buren 274
Bürgel, Ch. 124
Bürgerkönig 259
Bürgerrechte 306
Burgund, französisch 186, 211
–, Herzogtum 98
–, Karl der Kühne 151
–, merowingisch 96
–, salisch 143
–, staufisch 146
Burgunder (Stamm) 102
Burma s. Birma
Bursa (Prusa) 126, 128
Burschenschaft 258 f
Burundi 310
Buschleute 31
Bush, G. W. 331
Byblos 40
Byzanz s. Konstantinopel

C

Caboto 204
Cadiz 255
Caere (Cerveteri) 70
Caesar, Julius 78, 110
Calais 97
Calderon 202
Caledonia 100
Callot, Jacques 190
Calvin, Jahann 187
Calvinismus, Augsburg 191
–, Preußen 216
–, Puritaner 242
Camaldoli 341
Camillus 74
Campanella 189
Canada s. Kanada
Canal du Midi 211
Canaletto 180
Candia (Chania) 129
Cannae 74
Canossa 143

Canterbury 99
Capitolium 70
Cappa 96
Carmina Burana 147
Carolina (USA) 242
Carter, Howard 37
Casablanca 317
Casanova, Giovanni 222
Cassiodor 136
Cassius 79
Castel del Monte 147
Castlereagh 257
Castro, Fidel 314
Catilina 75, 333
Catlin, George 249
Cato d. Ä. 71, 74, 244
Cauchemar des coalitions 278
Caudillo 291
Cavour 263
CDU (Christlich Demokratische Union) 319
Ceausescu 321
Cefalù 91
Cellini, Benvenuto 178
Celtis, Konrad 105, 183
Censor 72
Centurien 72
Cervantes 202
Ceylon (Sri Lanka), britisch 194, 258, 272, 308
Chadidscha 113 f
Chair ed-Din Barbarossa 129
Chaironeia 62
Chaldäer 35, 43
Chalkedon 86
Champollion, f. 36
Charta der Vereinten Nationen 306, 331
Chartres 97
Che Guevara 314, 319
Chefren 40
Cheops 40
Chichen Itza 198
Childerich 93
Chile 315
Chiliasten 329
China, Atombombe 312
–, Eisen 163, 165
–, Großreich 162 f
–, heute 322 f
–, Hundert Blumen 323
–, Hunnen 166
–, Jesuiten 153, 231
–, Kolonien 272
–, Mauer 164 f

China, Schrift 162
–, Seide 193
–, Urmensch 21
Chios 129
Chlodwig 93 ff
Chopin, F. 259
Chorasan 122, 126
Chorin 136
Chrétien de Troyes 98
Christenverfolgungen 85
Christian II von Dänemark 104
Christian IV von Dänemark 104
Christogramm 83
Christus, Begriff 43, 84
–, Messias 43
–, Pilatus 84
–, Zeitenwende 31
Chrustschow, N. 313 f, 315 f, 318
Chrysoloras, Manuel 177
Chumbaba (Ungetüm) 34
Churchill, Atombombe 302
–, Bombenkrieg 300
–, Casablanca 317
–, Dresden 300
–, Feindstaatenklausel 306
–, Seekrieg 282
CIA (Central Intelligence Agency) 315
Cicero, bellum iustum 73
–, Catilinarier 75 ff
–, Erdumdrehung 106
–, Gladiatoren 71
–, homo novus 71
–, Vernunftrecht 306
Cid 92
Cimabue 178
Cincinnati 246
Cioran, Emil 305, 328
Clades Variana 80
Clairvaux 144
Claudia, gens 75
Clausewitz 165
Clemens VII 151
Clemens von Alexandria 85
Clermont 144
Clinton, Bill 331
Clive, R. 204
Club of Rome 339
Cluny 136
Code Civil 255
Code Napoléon 255

Codex Cospianus 197
Codex Euricianus 92
Codex Theodosianus 86
Colbert 211
Coligny 189
Colorado 247
Columban (Heiliger) 98, 136
Comecon 312, 319 f
Commonwealth 308
Commune, Paris 267
Compostela 92
Computer 87, 327, 337
Comte, Auguste 259
Concentration camps 274
Condé 211
Condottiere 179
Confessio Augustana 187
Constantin, Fälschung 137
–, Herrschaft 83 ff
–, Kirchen 137
–, Milvische Brücke 291
Containment 312, 315
Cook, James 195, 205, 275
Cooper, J. F. 243
Corday, Charlotte 220
Cordoba, Emirat 140
–, islamisch 92, 119
–, kastilisch 92
Corneille 212
Cornwall 99
Corpus Iuris Civilis 87, 137
Cortes 93
Cortez, Fernando 196 ff
Corvey 136
Cosimo de' Medici 177
Coventry 300
Cranach, Lucas 185
Crassus 78
Cromagnon 16, 22
Cromwell, Oliver 213
Cuba, Aufstand 248
–, kommunistisch 314 f
–, Konzentrationslager 274
–, Krise 315
–, Las Casas 241
Cuczco 199 ff
Cursus honorum 71, 79
Cypern, Assyrer 35
–, englisch 272
–, Phönizier 40
–, Seevölker 51
–, Staufer 147
–, venezianisch 129
–, Zucker 131
Cyrene 158

Register

D
D'Alembert 223
Dadaismus 287
Dädalus 14, 53
Dagobert 96
Dahn, F. 90
Daimyo 173
Dakien 107
Dalai Lama 161
Dalmatien 80
Damaskus, arabisch 118 ff
–, David 42
–, osmanisch 128
–, Papier 165
–, Papst 85
Damnatio memoriae 81
Dampfmaschine 270
Dampfschiff 270
Danaer 49
Dänemark vgl. Kopenhagen
–, Bronzezeit 29
–, Danewerk 102
–, Hanse 138
–, Königtum 104
–, Schleswig 265
–, Sprache 104
–, Wikinger 99, 102
Daniel, Buch 35, 44, 139, 305
Dante, Heinrich VII 148 f
–, Mohammed 113
–, Sprache 91, 178
Danton 223
Danzig, Deutscher Orden 105
–, Hussiten 182
–, Korridor 297
–, Werften 320
–, Freie Stadt 283
Dao (Tao) 163, 165
Dardanellen-Offensive 282
Darius I 44 ff
Darius III 47, 62
Darwin, Charles 18 f, 54, 270, 294, 329 f
David (König) 42
David, J. L. 61, 220
DDR (Deutsche Demokratische Republik) 318 f, 321 f
Deborah 43
Decius 85
Defoe, Daniel 215
Dekabristen-Aufstand 235
Delaware 241

Delft 166
Delhi 159, 205
Delisch-Attischer Seebund 60
Delos 52, 60
Delphi 52, 61, 85
Demagogenverfolgung 259
Demandtberg 342
Demeter 58
Demokrit 14, 49, 54
Demontage 312, 318
Demosthenes 62
Demotisch 36
Derbent 123
Derwische 117, 126
Descartes 210
Deshima 204
Deukalion 17
Deutsch, Begriff 27, 142
–, Staatsname 142
Deutsche Reichspartei 267
Deutscher Bund 258, 266
Deutscher Nationalverein 265
Deutscher Orden 105, 147, 215, 230
Deutschland vgl. DDR
–, Bundesrepublik 318 ff
–, drittes 266
–, Drittes Reich 294 ff
–, Kaiserreich 266 ff
–, saturiert 277
–, Weimarer Republik 284 ff
–, Wiedervereinigung 322
Deutsch-Österreich 284
Deutsch-Südwest s. Namibia
Devanagari 154
Devon 18
Dezimalsystem 26
Diadochen 63 ff
Diaz, Bartholomeo 194
Dickens, Charles 261
Dictator 71
Dictatus Papae 137
Diderot 223
Digesten 208
Dinosaurier 18, 340
Diocletian 83, 85, 87
Diogenes 328
Dionysos 52 f
Diskobol 53
Disraeli, Benjamin 272
Dissidenten 316
Djakarta 203

Djemal Pascha 292
Dnjepr 229
Dodona 52
Dolchstoß 285
Dollar 307
Dollfuß 293
Domagnano 92
Domesday Book 99
Dominicus 136
Dominikaner 136 f
Dominikanische Republik 315
Domitian 81
Don Juan d'Austria 129
Donatello 178
Dönitz 301, 307
Doorn 283
Dorier 27, 51
Dostojewski, F. 238
Drake, Francis 204
Drakon 58
Dravida 154
Dreibund 268, 278
Dreifelderwirtschaft 151
Dreikaiser-Abkommen 237, 268
Dreikaiser-Vertrag 278
Dreißigjähriger Krieg 189 f
Dresden, slawisch 105
–, Zerstörung 300 f, 333
–, Zwinger 221
Dreyfus-Affaire 311
Drittes Reich, Begriff 294
Drittes Rom 230
Droysen, J. G. 65
Drusen 124
Dschafar 122
Dschelal ed-Din Rumi 126
Dschihad 115
Dschingis-Khan 166
Dschuangdse 165
Dublin 99
Duce 291
Duma 232, 239
Dunant, Henri 263
Duncan 100
Düngung 270
Dunkelmännerbriefe 183
Dünkirchen 297
Düppel, Schanzen 265
Dürer, Albrecht 175, 184

E
Ebert, Friedrich 285
Ebla 34
Echnaton 38, 40

Edda 103
Edessa (Urfa) 145
Edinburgh 100
Edirne (Adrianopel)126, 128
Edison, Th. A. 250
Eduard der Bekenner 99
EFTA (European Free Trade Association) 326
EG (Europäische Gemeinschaft) 326
Egbert von Wessex 99
Eger 190
Egmont, Graf 203
Eichstätt 135
Eider 102, 139
Eidgenossenschaft s. Schweiz
Einsatzgruppen 300
Einstein, Albert 14, 270, 287, 301
Eisenbahn 269
Eisenbeton 270
Eisenhower, D. 298
Eisenzeit 30, 51, 54, 163, 165
Eiserne Garde 293
Eiserne Krone 140
Eiserner Vorhang 314
Eiszeit 21, 340
Ekbatana, medisch 44
–, persisch 46
–, Schatz 63
Ekklesia 59
El Greco 202
El Hakim 124
El Salvador 315
Elamiter 44, 46
Elba 69, 256
Elbe 80
Elefant 20, 63, 74, 141, 330
Elektromotor 270
Elektronik 337
Eleusis, Mysterien 58, 85
Elfter September 308, 311, 331, 333
Elgin Marbles 49
Elias, Prophet 43
Elisabeth I von England 204, 213, 242
Elsaß, Habsburger 148
Elsässischer Städtebund 138
Elsaß-Lothringen, deutsch 267
–, französisch 190, 210, 283
–, Hitler 297

Register

Elsaß-Lothringen, Kriegsgrund 277
–, Wien 258
Elysée-Vertrag 325
Empedokles 54
Emser Depesche 266
Endlösung 299 f
Engels, Friedrich 176, 261, 264
England, Absolutismus 213 ff
–, Heinrich der Löwe 146
–, Landbrücke 22
–, Reformation 187
–, rotten boroughs 261
–, Sprachen 99
Enkidu 34
Entente Cordiale 278
Entkolonialisierung 307 ff
Entnazifizierung 307
Entropie 341
Entwicklungsdiktatur 328
Entwicklungshilfe 337 ff
Enver Pascha 292
Epaminondas 58
Ephesos, Kirche 87
Ephoren 55
Epikur 49, 66
Erasmus 183 ff, 188
Eratosthenes 50, 66
Erdöl s. Rohstoffe
Erfurt, Bistum 135
–, Fürstentag 254
–, Universität 150
Erhard, Ludwig 318
Erich der Rote 102
Eritrea 308
Ermächtigung 295
Ernst, Max 287
Escobar, Maria de 202
Escorial, Madrid 211
Eskimos 31, 340
Esther, Buch 46
Estland 105
Estremadura 188
Etemenanki 35
Etrusker 27, 66, 69 ff, 89
EU (Europäische Union) 326
Euböa 51
Eugen von Savoyen, Prinz 130, 212, 220
Eugenie, Kaiserin 266
Euklid 66 f
Eule 52, 60, 197
Eupen und Malmedy, 283
Euratom 323

Eurich 92
Euripides 53
Euro 326
Europa, Königstochter 47
Eusebios von Caesarea 85
Euthanasie 300
Evangelien 84
Evans, A. 51
EWG (Europäische Wirtschaftsgemeinschaft) 323
Ewigkeit 14, 342
Expressionismus 287
Exquemelin, A. O. 204
Eyck, Brüder van 98
Ezra 43

F

Fakire 117
Falkenjagd 147
Famagusta 129
FAO (Food and Agriculture Organization) 307
Farfa 136
Fasces 71
Faschismus 291 ff
Faschoda 273
Fatima 118, 124
Fatimiden 123
Faunenschnitt 18
Faustus, Doktor 177
Fegefeuer 183, 188
Fehrbellin 216
Feigenbaum 155
Feindstaatenklausel 306
Fénélon 212
Fenni 102
Ferdinand I 187 f
Ferdinand II 189
Feudalismus, Abschaffung 223
–, China 162, 165
–, Europa 134
–, Inkas 199
–, Japan 173
Feuer 20
Feuerstein 21
Fidschi-Inseln 195
Finnland, autonom 283
–, russisch 235, 258
–, Volk 27, 104 ff
–, Winterkrieg 297, 307
Firdusi, Königsbuch 122
–, Schach 131
Fisch 18, 54
Flandern 98, 279

Flint 21
Florenz, Kanonen 182
–, Renaissance 177 ff
Florida 247
Flottenpolitik 278
Flußnamen 28
Flußpferd 20 f
Folter, Abschaffung 218
–, Napoleon 255
Fontainebleau 210
Fontane, Theodor 262, 269
Forchheim 142
Ford, Henry 251
Formosa (Taiwan), japanisch 273, 296
Franco, Francisco 292
Franke, Peter Robert 60
Franken (Stamm) 83
Frankfurt, Automobilausstellung 317
–, Bundeshauptstadt 258 f
–, Kaiserwahl 221
–, Königswahl 145, 148
–, Märzrevolution 262
–, Messe 151
–, Paulskirche 262
–, Pfalz 140
–, Synode 140
Frankfurt/Oder, Universität 219
Franklin, Benjamin 244
Franklin, John 274
Frankreich, Absolutismus 209 ff
–, Frühmittelalter 93 ff
Franz I von Frankreich 151, 186, 210
Franz I von Österreich 254
Franz II von Österreich 222
Franz II, Kaiser 254
Franz von Lothringen 221
Franziskaner, Amerika 198 f
Franziskus von Assisi 136
Französische Revolution 207 ff
Frauen, Indien 155 f, 158
–, Inkas 200 f
–, Islam 117
–, Lebenserwartung 327
–, Morus 187
–, Naturrecht 306
–, NS 295
–, Schleier 117
–, Studium 219

Frauen, Wahlrecht 285
Freiburg im Breisgau, 219
Freimaurer 39, 222, 246
Freising 135
Freud, Sigmund 287
Friaul 139
Friedensnobelpreis 286, 311
Friedrich der Weise 183
Friedrich I s. Barbarossa
Friedrich I, König in Preußen 216
Friedrich II d. Gr. 179, 216 ff
Friedrich II, Kaiser , Jerusalem 125
–, Absolutismus 208
–, Falkenjagd 147
–, Herrschaft 147
–, Mantel 149
–, Sizilien 91
Friedrich III von Hohenzollern, Kaiser 269, 278
Friedrich III von Habsburg, Kaiser 151, 183
Friedrich von der Pfalz 189
Friedrich von Hohenzollern 215
Friedrich Wilhelm I 153, 216
Friedrich Wilhelm III 254
Friedrich Wilhelm IV 262
Friedrich Wilhelm, der Große Kurfürst 215 f
Friesen 135, 142
Fritzlar 135
Frobenius, Leo 23
Fronde 211
Frontier Movement 248
Frosch 51
Fruchtbarer Halbmond 24
Fudjiwara 173
Fudji-Yama 169
Fugger 151
Fulda 135 f
Fundamentalismus 332 ff
Fürth 269

G

Gabriel 114
Gaddhafi 310
Gagarin 316
Galatien 30, 64
Gälen (Irland) 98
Galen, Graf 299

Register

Galenos (Arzt) 67
Galerius (Kaiser) 83
Galileo Galilei 189
Galizien 282
Gallien 30, 78
Gallienus 83
Gallus (Heiliger) 98
Gama, Vasco da 194
Gandhara 157
Gandhi, Mahatma 305, 308
Ganges 157
Garibaldi 264
Gaugamela 62, 64
Gaulle, Charles de 325 f
Gaumata 45
Gautama 155
Gaza 41
Gedrosien 63
Geheimallianzen 277
Geiserich 90
Geißler 150
Gelasius 137
Gelbe Turbane 166
Gelnhausen 146
Generalplan Ost 298
Generalstände 223
Genf, Calvin 187
–, Konvention 263, 306
–, Völkerbund 283
Genji, Prinz 173
Gent 98
Genua, Kolumbus 194
–, Marco Polo 194
–, Selbstverwaltung 138
–, Sforza 179
–, Sklaven 242
–, Türken 129
Genzmer, Felix 103
Geoffrey of Monmouth 98
Geopolitik 305
Georg I, II, III von England 214
Georgia 242
Gepiden 106
Germanen, Begriff 30
–, Kinderreichtum 335
–, Sprache 80
Germanicus 81
Gerusia 55
Gettysburg Adress 250
Geusen 203
Geyer, Florian 186
Geza von Ungarn 106
Ghibellinen 147 ff
Gibbon, E. 81, 96

Gibraltar, englisch 212, 272
–, Name 119
Gideon 42
Giftgas 283 f
Gigantenkampf 64
Gilgamesch 30, 34
Giraffe 20
Gironde 223
Gladiatoren 71
Glasnost 320
Glauberg 30
Globalisierung 305 ff, 327, 332
Glorious Revolution 214
Gnesen (Bistum) 105
Goa 194
Goebbels, Joseph Paul 294 ff, 302
Goerdeler 299
Goethe, Cellini 178
–, Divan 113, 123, 131
–, Eckermann 275
–, Egmont 203
–, Faust 254, 341
–, Hospital 330
–, Kaiserwahl 221
–, Mahomet 113
–, Napoleon 254
–, Reineke 213
–, Sakuntala 159
–, Theriak 327
–, Weimar 225, 227
Gog und Magog 123, 166
Goldene Horde 167, 230
Goldküste, spanisch 273
Goldsmith, Oliver 215
Golkonda 161
Gonzaga 181
Gorbatschow 316, 320, 322
Gordischer Knoten 62
Gorilla 41
Göring, Hermann 295, 307
Goten 82, 86, 91 f, 102
Gotik 97
Gottfried von Bouillon 145
Göttinger Sieben 259
Gracchus, Gaius 75
Gracchus, Tiberius 74
Graia 49
Gräko-Baktrien 64
Gral 98
Granada 92, 121, 182
Granikos 62
Grant, Ulysses 250
Gravamina 182
Great Britain, Name 213

Gregor VII 136 f, 143
Gregor IX 136 f
Grenada 315
Greuelpropaganda 282
Griechen, Name 49
Griechenland, Autonomie 130, 259
–, Bürgerkrieg 312
–, Kriegseintritt 282
–, Slawen 107
–, türkisch 128
Grimm, Brüder 159
–, Göttingen 259
–, Jakob 80
–, Märchen 260, 342
Grimma 185
Grimmelshausen 190
Grönland 102, 340
Großbritannien 213, vgl. British Empire
Großdeutsch-Kleindeutsch 262
Großmoguln 156, 159 ff
Großraumlehre 305
Grotefend, G. F. 33
Grotius, Hugo 203
Grundgesetz 318
Grüne 319
Guadalcanal 301
Guadalquivir 119
Guam 248
Guatemala 198, 315
Guderian 297
Guelfen 147
Guerilla 256
Guinea 308
GULAG 289
Gupta 158
GUS 320
Gustav Adolf 104, 190, 210
Gutenberg, Johannes 176
Gymnasion, Begriff 52
Gymnosophisten 157

H

Haag, Friedenskonferenzen 307
–, Strafgerichtshof 307
Habeas Corpus-Akte 214
Habsburger 148 ff
Hadith 117
Hadrian 81, 110
Hadschi 117
Häduer 78
Haeckel, Ernst 20, 270
Haenisch, E. 167
Hafis 123

Hagia Sophia 87, 127
Hahn, Otto 301
Hakenkreuz 294
Halder 299
Halle, Universität 219
–, Wolff 153
Haller, Johannes 142, 303
Halltstattkultur 30
Halys (Kleinasien) 45
Hambacher Fest 259
Hammurabi 33, 34
Han 165 f
Han Yü 166
Hannibal 74
Hannover, Dynastie 214
Hanse 98, 104, 138
Hanuman (Affenkönig) 157
Harakiri 170
Harald von Dänemark 102
Harappa 153 f
Hardenberg 255, 257
Harmodios 59
Harold 99, 101
Harris, Arthur 300
Hartmann von Aue 148
Harun al Raschid 121 f, 141
Harzburger Front 287
Hasmonäer (Makkabäer) 64
Hastings 99
Hastings, Warren 204
Hatschepsut 38
Hattin 125
Hattusa 35, 51
Havel, Vaclav 320
Havelberg 142
Hawaii 195, 248, 297
Hawkins, Stephen 15
Hedin, Sven 274
Hedschra 115
Heermeister 86
Hegel, Asien 172
–, Dialektik 54
–, Idealismus 255
–, Mittelalter 133
–, Neuzeit 151
Heidegger, M. 287
Heidelberg, Universität 150
–, Zerstörung 209, 212
Heilige Allianz 235, 258
Heiliges Römisches Reich Deutscher Nation 142
Heimatvertriebene s. Ostflüchtlinge
Heimwehr 293

Heine, Heinrich 111
Heinrich der Löwe 146
Heinrich der Seefahrer 194
Heinrich I 142
Heinrich II 143
Heinrich II von England 99
Heinrich III 143
Heinrich IV 143
Heinrich IV von Frankreich 189
Heinrich V 144
Heinrich VI 133, 146 f
Heinrich VII 148
Heinrich VIII von England 187 f, 213
Heisenberg, W. 287
Hekataios 47
Helena 50
Helgoland 258, 278
Héliaia 59
Hellenismus 62 ff
Helmold von Bosau 147
Heloten 55
Helsinki 316
Helvetier (Stamm) 78
Helvetische Republik 254
Hengist und Horsa 99
Hephthaliten 159
Hera 50, 52
Herakleios 108
Herakles 53
Heraklit 19, 54
Herculaneum 50
Herder, Aufklärung 227
–, Cid 92
–, Naturvölker 31
–, Orient 33, 47
Hermannstadt 106
Herodes d. Gr. 64
Herodot 33, 41, 45, 60, 69
Hersfeld 136
Heruler (Stamm) 83, 102
Herzen, A. 239
Herzl, Theodor 111, 311
Hesiod 49
Heß, Rudolf 307
Hesse, Hermann 287
Hethiter 30, 35, 39
Hexen 208, 219, 226
Hidalgo 93
Hideyoshi Tokugawa 171
Hieratisch 36
Hierodulen 134
Hieroglyphen 36
Hieronymus (Heiliger) 89

High Church 214
Hildesheim 147
Himalaya, Begriff 26
Himmelpfort 136
Himmler, H. 295, 299
Hindenburg, Feldmarschall 282
–, Reichspräsident 287, 294 f
Hinduismus 154
Hinterpommern 342
Hintze, Otto 253
Hiob 124
Hippalos, Monsune 158
Hipparch 66
Hippias (Sophist) 59
Hippokrates (Arzt) 67
Hira 14
Hirohito 296, 301, 307
Hiroshige 171
Hiroshima 301, 333
Hirsch 20, 23
Hiskia 43
Hitler, Aufstieg 287
–, Briefmarken 291
–, Ende 301
–, Herrschaft 394 ff
–, Kolonialpolitik 294
–, Mein Kampf 294
–, Rienzi 176
–, Stalinpakt 297
Hiung-nu 166
Hoangho 162
Hobbes, Thomas 208
Hochdorf 30
Hochkulturen 335
Hodler, Ferdinand 256
Hofer, Andreas 256
Hofmannsthal 287
Hohe Pforte 127
Höhlenmalerei 23
Hokusai 171
Holbein, Hans, d. J. 185, 188
Holberg, Baron 104
Holland s. Niederlande
Holländer, Japan 171
Hölle, islamisch 114
Hollywood 338
Holocaust 299 f
Holstein 145
Holstein-Gottorp, Dynastie 234
Hölzernes Pferd 50, 65
Homer, Arktos 274
–, Epen 49 f
–, Peisistratos 59

Homo erectus 20, 21
– habilis 20
– heidelbergensis 21
– novus 71
– sapiens 16, 22
Honecker, Erich 319, 322
Hongkong, britisch 272
–, chinesisch 323
–, japanisch 297
Hopliten 55
Horaz 80
Horn, Gyula 320
Horthy, Admiral 293
Horus, 39
Hosea 43
Hottentotten 31
Hubertusburg, Friede 218
Hudson, Henry 274
Hudson-Bay 247
Hugenberg 294
Hugenotten, Calvin 187
–, Coligny 189
–, Frankreich 210
–, Preußen 216
–, Vertreibung 212
Hugo, Victor 133, 259
Huhn 341
Huizinga, J. 98
Hulagu 123, 125
Humann, C. 119
Humboldt, Alexander von 259, 274
Humboldt, Wilhelm von 49, 255, 257
Hume, David 191, 214, 278
Hund 24
Hundert Blumen 323
Hundertjähriger Krieg 97
Hunnen 86, 106, 126, 166
Huris 115
Huronen 243
Hus, Jan 182, 184
Hussein, Saddam 118, 310, 331
Hutten, Ulrich von 183 f
Hy (Iona) 98
Hyakinthos 53
Hygiene 270
Hyksos 38

I
Ibn Khaldun 121
Ibrahim 113
Iden des März 79
Idi Amin 310
Ieyasu Tokugawa 171
Ignatius von Loyola 189

Igor, Fürst 229
Ikarus 53
Ikonen 230
Ikonoklasmus 108
Ilias 49
Ilion 50, vgl. Troja
Il-Khane 123, 167
Illyrisch 89
Imperia (Kurtisane) 177
Index Librorum Prohibitorum 189
Indianer, Bürgerrecht 240
–, Hilfstruppen 243
–, Kanada 247
–, Kriege 250
Indien, Aufstand 272
–, autonom 308
–, hellenistisch 64, 65
–, Kaiserreich 272
–, Schach 131
–, Seeweg 194
Indochina 272, 308, 315
Indogermanen, Albanien 89
–, Balten 105
–, Griechen 50
–, Latiner 69
–, Seevölker 38 f
–, Slawen 104
–, Sprache 33
–, Ursprung 26 ff
Indonesien 161, 168, 297
Indra 155
Indus 46, 63, 153
Industrialisierung 270 ff
Inflation 286
Ingelheim 140
Inka 199 ff
Innitzer, Kardinal 293
Innozenz III 97, 147
Inönü 292
Inquisition 137, 191, 241, 255
Internet 327
Interregnum 148
Investiturstreit 143
Iona (Hy) 98
Ioner 51
Ionischer Aufstand 59
Irak (Tiefland) 284, 298, 310, 331
Iran, achsenfreundlich 298
–, islamistisch 310
–, Meder 35
–, Name 44
Irene (Kaiserin) 140

Register

Irland, Auswanderung 242
–, Christianisierung 135
–, englisch 213
–, Frühmittelalter 98
–, Neutralität 306
Irminsul, 139
Irokesen 243
Iroschotten 98
Isaak 42
Isabella von Kastilien 121, 195 f
Ischtar (Göttin) 34
Ischtar-Tor 35
Isfahan 122, 162
Isidor von Sevilla 92
Isis (Göttin) 39
Iskandar 123
Islam, Begriff 117
Islambul 127
Islamismus 130, 310 f
Island 102 f, 328
Isokrates 62
Isoldes Liebestod 265
Isonzo 282
Israel vgl. Juden
–, Antike 40 ff
–, Gründung 311
–, Strafgerichtshof 307
Issos 62
Istanbul vgl. Konstantinopel
Istrien 139
Italia, Name 69
Italien, Frühmittelalter 90 f
–, Sprachen 89
Italiker 27
Ithaka 50
Iwan III 230
Iwan IV der Schreckliche 230
Iznik (Nicaea) 127

J

Jagiellonen 105, 230
Jahn, Turnvater 259
Jahwe 39, 41, 43
Jakob I von England 213
Jakob II von England 214
Jakob, Erzvater 42
Jakobiner 223, 333
Jalta, Konferenz 317
Jamaika 213
Jamestown 242
Janitscharen 126, 129
Jansenisten 212

Japan, Besiedlung 22
–, Entwicklungshilfe 337
–, Geschichte 168 ff
–, Holländer 203
–, Militarismus 296
Jaroschenko 238
Java 20, 161, 203, 272
Jazygen (Stamm) 106
Jeanne d'Arc 97 f
Jebusiter (Stamm) 40, 42
Jefferson, Thomas 223, 244 ff, 250
Jehu 43
Jelzin, Boris 320
Jemen 116
Jena und Auerstedt 254
Jena, Aula 256
–, Burschenschaft 258
Jeremia 43
Jericho 25
Jerobeam 43
Jérôme Bonaparte 253
Jerusalem, Aelia Capitolina 81
–, Al Aksa Moschee 118
–, arabisch 118
–, byzantinisch 108
–, David 42
–, Felsendom 42, 118
–, Friedrich II 147
–, Jebusiter 40
–, Kolumbus 194
–, Königreich 145
–, Kreuzzüge 144 f
–, Mohammed 114 f
–, Nebukadnezar 35
–, Patriarch 141
–, Saladin 124, 146
–, Tempel 42
–, Titus-Krieg 81
–, Zerstörung 35, 43, 81
Jesaja 43
Jesuiten, China 153, 231
–, Frankreich 212
–, Gründung 189
–, Lateinamerika 241
–, Preußen 217
Jesus 35, vgl. Christus
–, Fundament 332
–, Koran 114, 116
–, Predigt 84
–, Reformer 181
–, Sprache 35, 63
–, Weltende 329
Jiddisch 110
Jimenez 121, 137
Johann Ohneland 99

Johanna von Kastilien 151
Johanna von Orléans 97 f
Johannes-Apokalypse 166
Johanniter 147
Jordanes 102
Joseph Bonaparte 247, 253
Joseph II, Kaiser 217, 221
Josephus, Flavius 110
Juda 42 f
Juden, Ägypten 123
–, Arabien 114
–, Bagdad 121
–, Bar Kochba 81
–, Caesar 110
–, Endlösung 299 f
–, Europa 109 ff
–, Faschismus 291 ff
–, Hebräisch 89
–, Hitlerzeit 294 ff
–, Johannes 110
–, Nero 110
–, Paris 111
–, Pest 150
–, Polen 293
–, Preußen 255
–, Rom 335
–, Rußland 110
–, Spanien 93
–, Sprachen 110
–, Talmud 110
–, Thora 110
–, Titus 81
–, Ungarn 293
–, Vertreibungen 110
–, Wien 111
Jugendstil 287
Jugoslawien, Entstehung 284
–, Zerfall 322
Jugurtha 75
Julia 335
Julian (Kaiser) 85, 96
Julikrise 279
Julirevolution 259
Julius II, Papst 177
Jünger, Ernst 187
Jungpaläolithikum 22
Jungtürken 279, 292
Junker 218
Juppiter 69
Juppiter Latiaris 73
Justinian 87, 90
Jüten (Stamm) 99

K

Kaaba 113 ff
Kabylen (Stamm) 307

Kadesch 39
Kafka, P. 31
Kahlenberg 129
Kairo, Gründung 124
–, Kurschid 113
–, osmanisch 128
–, Tausend und eine Nacht 122
–, U-Bahn 336
Kairuan 119
Kaiserkrone 144
Kaiserkrönung, Barbarossa 146
–, Bokassa 310
–, Friedrich II 147
–, Heinrich VII 149
–, Karl d. Gr. 139
–, Karl V 186
–, Ludwig der Baier 149
–, Napoleon 253
–, Otto d. Gr. 143
Kalahari 31
Kalaschnikow 338
Kalender, gregorianisch 78, 227
–, julianisch 78, 231
–, Maya 201
Kalevala 104
Kalidasa 159
Kalif 118 ff
Kalifornien 247 f
Kalligraphie, irisch 98, 100
–, islamisch 116, 124, 128, 161
–, Japan 168
Kalmarische Union 104
Kalter Krieg 311 ff
Kältetod 342
Kamakura 169 f
Kamasutra 159
Kambodscha 161, 272, 316
Kambrium 18
Kambyses (Perserkönig) 45 f
Kamikaze (Götterwind) 168
–, (Piloten) 301
Kamtschatka 234
Kanaan, 40, 42
Kanada 246 f, 313
Kanagawa 248, 273
Kanarische Inseln 194
Kandahar 158
Kanischka 158
Kannibalismus 21, 26, 31, 198

Register

Kansas 19
Kant, Aufklärung 191, 207
–, Ewiger Friede 227, 329
–, Vernunftkritik 227
–, Völkerbund 330
Kanton 168, 195
Kap der Guten Hoffnung 194, 204
Kapern, Begriff 204
Kapetinger 97
Kapilavastu 155
Kapitalismus 305, 310, 331, 333, 339
Kapitularien 141
Kapland 258
Kapp-Putsch 285
Kapverdische Inseln 194
Kara Mustafa 129
Karakorum 167
Karbon 18
Karelien 312
Karibik 195, 204
Karl d. Gr., Genealogie 87
–, Heiligsprechung 146
–, Herrschaft 139 ff
–, Klöster 135
–, Renovatio 175
–, Vater Europas 323
–, Spanien 92
Karl der Kahle 142
Karl der Kühne 98, 151
Karl I von England 213
Karl II von England 214
Karl IV 138, 149 f
Karl Martell 96, 119
Karl V, Carolina 208
–, Herrschaft 183 ff
–, Kaiserkür 151
–, Tunis 129
–, Übersee 194 ff
Karl VI 220 f
Karl von Anjou 91
Karl XII von Schweden 104, 234
Karl, Kaiser von Österreich 283
Karlsbader Beschlüsse 258
Karma 155
Karnak 38
Karolinger 96 ff
Karthago, Äneas 70
–, arabisch 119
–, Hellenismus 66
–, Name 40
–, Phönizier 40
–, Punische Kriege 73
–, Sizilien 55

Karthago, Sprache 89
Kartoffel 202, 219
Kaschmir 308
Kaspar 158
Kastenordnung 154, 156
Kastration 36
Katalaunische Felder 86
Katalonien 92
Katharer 97, 181
Katharina II d. Gr. 234
Katharina von Medici 189
Katyn 297
Kaukasus, Erster Weltkrieg 282
–, Prometheus 20
–, Republiken 289
–, russisch 235, 237
Kautilya 157
Kaziken 199
Keilschrift 33
Kells 100
Kelten, Brennus 74
–, Hallstatt 30
–, Hellenismus 66
–, Seide 193
–, Sprache 27, 89
Keltiberer 92
Kemal, Mustafa (Atatürk) 292
Kenia 308
Kennan, G. F. 303, 312
Kennedy, J. F. 314 f
Keramik 25
Kerbela 118
Kerenski 288
Kernkraft 337, 339
Khomeini, Ayatollah 310
Khorsabad 35
Kiautschou 272
Kiel 283
Kiew, polnisch 292
–, Stadtrecht 138
–, Waräger 229 f
Kildare 98
Kilian (Heiliger) 98
Kimbern (Stamm) 75
Kinderkreuzzug 147
Kindersoldaten 310
Kipling, Rudyard 272
Kirchenstaat, Franken 91, 140
–, Revolte 260
–, Wiener Kongreß 258
Kirgisistan 238
Kirow 290
Kisch 34
Kitchener, Lord 274

Klabund 166
Klausenburg 106
Kleisthenes 59
Kleopatra, Antonius 79
–, Caesar 78
Klytaimnestra 50
Knossos 51
Knox, John 187
Knut d. Gr. 99
Knute, Begriff 233
Kobe 301
Kohl, Helmut 319
Kojiki 170
Kolberg, Bistum 105
Köln, Autonomie 138
–, Dominikaner 183
–, Erzbistum 98
–, Kurfürst 149
–, preußisch 258
–, Universität 150
–, Wikinger 102
Kolonen 87
Kolonialismus 271 ff
Kolonialwaren 272
Kolonisation, griechische 51
Kolophon (Kleinasien) 17
Kolumbien 241, 248, 333
Kolumbus 194 f
Komintern 289
Kommissarbefehl 298
Kommunismus 271
Kommunistisches Manifest 262, 264
Komödie 61
Kompaß 194
Konfuzius 153, 163 ff, 173
Kongo 310
König, Begriff 134
Königgrätz 266
Königsberg 219, 255, 317
Königsheil 134
Konkordat, Hitler 296
–, Mussolini 291
Konrad I 142
Konrad II 143
Konrad III 144 f
Konstantin VII Porphyrogennetos 108
Konstantin XI 126
Konstantinopel, Araber 119
–, byzantinisch 107 ff
–, Dolma Bagtsche 129
–, Gründung 85
–, Hagia Sophia 87
–, Osmanen 126 f

–, Ottonen 143
–, Pockenimpfung 131
–, türkisch 126
–, Venezianer 180
Konstanz, Konzil 182, 184, 215
Konstanze (Kaiserin) 146
Konsul 71
Konsumterror 333
Kontinentalsperre 255
Konya (Iconium) 126
Konzentrationslager 295, 299 f
Kopelew 316
Kopenhagen 102, 255
Kopernikus 106
Kopten 59, 89, 114
Koran 63, 114 ff
Korea, Atombombe 312
–, chinesisch 165
–, japanisch 273, 296
Krieg 313, 318
–, Kultur 171
–, Mongolen 168
–, Rußland 238
–, Tigerstaat 337
Korinth, Bund 62
–, Hierodulen 34
–, römisch 74
–, Tyrannis 55
Koriusai 173
Korridor 297
Korsika, römisch 74
Kosmopolitismus 306
Kosmos 13 ff, 341 f
Kosovo (Amselfeld) 126, 321
Kossuth, Ludwig 235
KP (Kommunistische Partei) 320
Krähe 185
Krakau, Bistum 105
–, Hanse 138
–, Stadtrecht 138
–, Universität 105
Kranker Mann am Bosporus 237
Kresilas 59
Kreta, deutsch 298
–, Europa 47
–, minoisch 51
–, venezianisch 129
Krethi 42
Kreuzzug, dritter 146
–, erster 110, 144 f
–, Metapher 256, 298, 316, 331

Kreuzzug, vierter 109
—, zweiter 144 f
Kriegsflüchtlinge 317
Kriegsschuldparagraph 283
Kriegsverbrecher 283, 307
Krim, deutsch 298
—, Jalta 317
—, russisch 234
—, türkisch 128
Krimkrieg 237
Krimtataren 298
Krishna 157
Kroatien, karolingisch 139
—, Napoleon 254
—, slawisch 105 f
—, Ustascha 293
Kroisos 45, 54
Krone 134, 144
Kronstadt, Siebenbürgen 106
Kroton (Italien) 69
KSZE 316
Ktesiphon (Mesopotamien) 121
Ku Klux Klan 250
Kubilai-Khan 168, 193
Kufa (Mesopotamien) 116
Kuh 54
Kühe, heilige 155
Kulaken 290
Kulturkampf 267
Kulturrevolution, proletarische 323
Kupfer 28, 34
Kurden 121, 282, 333
Kurfürsten 149
Kurilen 312
Kurland 234
Kuschan 158
Kuwait 310
Kyffhäuser 148
Kymrisch 89
Kyniker 306
Kyoto 170
Kyoto-Protokoll 339
Kyrene s. Cyrene
Kyrillos (Heiliger) 229
Kyropädie 45
Kyros (Perserkönig) 35, 43 ff

L
La Fontaine 212
La Rochelle 189
La Tène 30
Labyrinth 51

Lafayette 222, 246
Lagasch (Mesopotamien) 34
Lama (Tibet) 200
Lamaismus 161
Landa, Diego de 199
Landeshoheit 147, 207
Landsberg 294
Langobarden 90 f, 106, 140
Laokoon 64 f
Laos 272, 316
Laotse 164 f
Lappen 102
Las Casas 241
Las Cases 257
Lascaux (Höhle) 23
Lassalle, Ferdinand 267
Lastenausgleich 318
Latein 27, 89 f
Lateinamerika, Barock 227
—, Besiedlung 240
—, Jesuiten 241 f
—, Republiken 241
Laterankonzil, viertes 110
Latium 69, 73
Lausanne 287
Lebensraum 294, 298
Leberschau 69
Lechfeld 106, 143
Lederstrumpf 243
Lee, Robert 250
Legion 72
Lehnin (Kloster) 136
Lehnswesen s. Feudalismus
Leibeigenschaft, Baltikum 235
—, Österreich 221
—, Preußen 255
—, Rußland 238
Leibniz, G. W. von 216, 231, 234
Leif Erikson 102
Leipzig, Demonstrationen 322
—, Iskra 288
—, slawisch 105
—, Universität 150
—, Völkerschlacht 256
Lenin 239, 288 ff
Leo III 139 f
Leo X, Medici 177
Leon der Isaurier 108
Leonardo da Vinci 175, 179
Leonidas 60
Leopold I 220

Leopold von Sachsen-Coburg 260
Lepanto 129
Lesbos 129
Lessing Nathan 125, 227
—, Aufklärung 191
—, Laokoon 53, 65
Letten 105
Leukipp 54
Leuktra 58
Leuschner, Wilhelm 299
Lex Hortensia 70
Lex Salica 96
Lhasa 161
Li Tai-po 166
Libanon 124, 308
Libanonzedern 41
Liberalismus 259
Libyen, islamistisch 310
—, italienisch 298, 308
Licht, elektrisches 270
Lictor 71
Liebig, Justus von 270
Liebknecht, Karl 279, 285
—, Wilhelm 267
Liegnitz 167
Ligurisch 89
Lille 211
Lima 202
Limburg, Dom 147
Limes 81
Lincoln, Abraham 250
Linear B 51
Linné, Karl von 18
Lippi 178
Liselotte von der Pfalz 209
Litauen 105, 230, 235, 320
Littmann, Enno 122
Litus Saxonicum 98 f
Liudprand von Cremona 143
Liukiu-Inseln 273
Liverpool 242
Livingstone, David 274
Livius 246
Livland 105, 230
Livorno 178
Locarno, 286
Locke, John 191, 214
Lokomotive 270
Lombardei, italienisch 263
—, langobardisch 90 f
Lombardischer Städtebund 146
Lomonossow 234
London, Akademie 178
—, Flottenabkommen 296

London, Hanse 138
—, keltisch 30
—, Messe 151
—, Olympiade 60
—, Parlament 213 f
—, Residenz 99
—, Sklavenhandel 242
—, Söldnerfirmen 338
—, Weltausstellung 263
Longos, Daphnis und Chloë 67
Lönnrot, E. 104
Lorchakrieg 272
Lorenzo il Magnifico 177 f
Lorsch 136
Lothar, Kaiser 142
Lothringen, ostfränkisch 98
—, ottonisch 142
—, französisch 187, 190
Louis Bonaparte 253
Louis Napoleon (III) 261
Louis Philippe von Orléans 259, 261
Louisiana 247
Löwe 331
Loyalisten 246
Lubbe, van der 295
Lübeck, Gründung 146
—, Hanse 138
—, Napoleon 254
Lüda 238
Ludendorff 282
Lüderitz 273
Ludovico il Moro 179
Ludwig d. Gr. von Ungarn 106
Ludwig der Baier 149
Ludwig der Deutsche 142
Ludwig der Dicke 97
Ludwig der Fromme 141
Ludwig I von Bayern 258
Ludwig II von Bayern 265
Ludwig VII von Frankreich 145
Ludwig XIII 210
Ludwig XIV 209 ff
Ludwig XV 222
Ludwig XVI 222 ff
Ludwig XVIII von Frankreich 258
Luftbrücke 318
Luftkrieg 300
Lügenkönige 46
Luise, Königin von Preußen 254
Lully, J. B. 212

Register

Lüneburg 146
Luren 30
Lusitania (Schiff) 282
Lusitanien 92
Luther, Koran 114
Luther 177, 181 ff
Lüttich 96
Lützen 190
Lützow, Freischar 258
Luxemburg, Dynastie 148 f
–, französisch 266
Luxemburg, Rosa 285
Luxeuil 98
Luxor 38
Lyder 45, 54
Lykurg 55
Lyon 30, 241
Lysipp 62

M

Ma'at 38
Maastricht, Vertrag 326
Mabinogion 100
Macao 195
Macbeth 100
Machiavelli 157, 175, 179
Machtergreifung 294
Mackensen 282
Macpherson, J. 215
Madagaskar, autonom 308
Madeira 194
Maecenas 80
Mafia 291
Magadha 157 f
Magdeburg, Otto I 143
–, preußisch 215
–, Stadtrecht 138
–, Tilly 190
Magellan, Fernando 195
Maghreb 119
Magna Charta Libertatum 99 f
Magyaren 106
Mahabharata 157
Maharadscha, Begriff 27
Mahdi 124, 173
Mahmud von Ghasni 122
Mähren 105
Mailand, Erzbistum 143
–, faschistisch 291
–, habsburgisch 179, 220
–, Karl V 186
–, keltisch 30
–, Napoleon 253
–, Renaissance 179
–, Residenz 83

Mailand, Städtebund 146
Mainz, Erzbistum 135, 143
–, Hoffest 146
–, keltisch 30
–, Kurfürst 149
–, Sklaven 241
–, Wikinger 102
Majdanek 300
Makedonien 46, 74, 106
Makkabäer (Hasmonäer) 64
Malaien 161, 195
Malakka 203
Malalas 108
Malaysia 337
Malcolm 100
Mallia 51
Malta, Antike 40
–, britisch 258, 272
Mameluken 40, 125, 130
Mammut 20 f
Mana 194
Mandarine 162
Mandatsgebiete 307 f
Mandela, Nelson 308
Mandschu-Dynastie 168
Mandschurei 166, 238, 296
Manetho 66
Manhattan 203
Manichäer 166
Manifest Destiny 240
Mann, Thomas 279, 287
Mannerheim 297
Manstein 297
Mansur 121
Mantineia 58
Mantua 256
Mantzikert 126
Manuel Chrysoloras 177
Mao Tse-tung, Aufstieg 297
–, Gewaltlehre 315
–, Sun-tzu 165
–, Tibet 161
–, Volksrepublik 322
Maori 345
Marat 220, 223
Marathon 46, 60
Marathonläufer 60
Marburg, Elisabethschrein 147
–, Universität 186, 234
Marc Aurel 81 f, 216, 218
Marco Polo 168, 193
Marduk 34 ff, 45
Mare nostro 292
Maria (Gottesmutter) 116

Maria die Blutige 204
Maria Laach 136
Maria Stuart 204, 213
Maria Theresia 218, 221
Maria von Burgund 151
Marianen 301
Marie Antoinette 67, 226
Marienburg 105
Marius 71, 75
Mark, Deutsche 267, 318
Markomannen 82
Marlborough 212, 218
Marne 279
Marokko, autonom 308
–, islamisch 119
–, Kolonie 307
–, spanisch 273
–, Sultan 219
Marokkokrisen 278
Marseillaise 223
Marshallplan 318
Martin Luther King 250
Martin von Tours 93
Marx, Aufstieg 261
–, Demokrit 54
–, Griechen 49, 67
–, Lehre 264
–, Taufe 111
Märzrevolution 261 ff
Massachusetts 242
Masuren 282
Matthias I Corvinus 107
Mau-Mau 308
Maurya-Dynastie 157 f
Maxentius (Kaiser) 83
Maximilian I 151, 186
Maximilian von Baiern 189
Maximilian, Kaiser von Mexiko 264
May, Karl 287
Maya (Blendwerk) 155, 159
Maya (Mittelamerika) 198
Mayflower 242
Mazarin 210
Mecklenburg 146
Meder 35, 44
Mediatisierung 254
Medici 177 ff
Medina 114 ff
Megalithkultur 26
Megasthenes 65, 158
Megiddo 42
Mehmed Ali 125, 129
Mehmed II 126 f
–, Taufe 177
Meji-Ära 171, 273, 296

Mekka, Kaffee 131
–, Pilgerzentrum 113 ff
Melanchthon 184, 187
–, Koran 114
Melville, H. 248
Memel 105, 283
Memnonkolosse 38
Memphis 37, 62
Mendelssohn Bartholdy 111
Mendelssohn, Moses 111
Menelaus 50
Menes 30, 37
Mennoniten 249
Mensch, Begriff 19
Menschenopfer, Azteken 198
–, China 163
–, Germanen 102
–, Inkas 200
–, Maya 198
Menschenrassen 22
Menschenrechte 223, 305 f, 331, 333
Menschewiki 239
Menuett 213
Menzel, Adolph von 268
Merkantilismus 211
Merlin (Zauberer) 98
Messel, Grube 18
Messeorte 151
Messias (der Gesalbte) 84
–, Christus, s. o.
–, Bar Kochba 81
–, islamisch 116, 124
–, jüdisch 43 f, 110
Messina 69, 74
Metallzeit 28
Meteora 107
Meter 267
Methodios (Heiliger) 229 f
Metöken 66
Metternich 257 f
Metz 96, 149, 187
Mexiko, Einwanderung 240 f
–, Eroberung 196 ff
–, Inquisition 191
–, Kaisertum 264
–, USA 248
Michael I 140
Michael Psellos 108
Michelangelo 177 f
Midway-Inseln 248, 300
Mikado 168
Mikroben 341
Milano s. Mailand

360 Register

Milchstraße 15, 16
Milet, Tochterstädte 51
–, Tyrannis 55
Milinda (Menander) 157
Millet 127
Miltiades 60
Milton, John 215
Milvische Brücke 83, 291
Ming-Dynastie 168
Ministerialen 134
Minnesänger 97, 133, 148
Minos 51
Mir 238
Mirabeau 223
Mississippi 244
Missouri 247
Mistra 107
Mithradates VI 75
Mittelpaläolithikum 22
Moguln 159 ff
Mohacs 107, 128
Mohammed 113 ff
Mohenjo Daro 153 f
Moldau (Landschaft) 107, 128
Molière 212
Molotow 298
Moltke, Helmuth von 129, 266
Molukken 195
Mommsen, Theodor 262
Mond, Begriff 19
Mondlandung 316, 334
Mongolen 123, 166 ff
Mongolische Volksrepublik 312
Monismus 270
Monophysiten 86, 118
Monreale 91
Monroe-Doktrin 247, 305, 331
Monsune 158
Montagne 223
Montague, Lady 131
Montanisten 181
Montan-Union 323
Monte Cassino 135
Montenegro, autonom 278
Montesquieu 128, 161, 222
Montezuma II 198
Montgelas 255
Monticello 244
Montreal 242, 246 f
Monza 179
Moral bombing 300 f, 333

Morgan, P. 251
Morgarten 150
Mörike, E. 67
Moritz von Sachsen 187
Morse-Alphabet 270
Morus, Thomas 187 f
Mos maiorum 73
Mosambik 308
Moses, Bibel 40
–, Koran 114
Moskau, Akademie 286
–, Brand 255
–, Handel 204
–, Hauptstadt 288
–, Kreml 230
–, Universität 234
Moskowien 231
Mount Vernon 246
Mozambique s. Mosambik
Mozart 39, 46, 53, 224
Mschatta s. Muschatta
Muawija 118 f
Mukden 238
Müll 338
Mumien 39
München, Abkommen 296, 299
–, Feldherrnhalle 294
–, Gründung 146
–, schwedisch 190
Münster, Friede 90, 190
–, preußisch 258
–, Täufer 186
Müntzer s. Münzer
Münzen, Lyder 54
Münzer, Thomas 186
Murad I 126
Murasaki 173
Murat 253
Musailima 114
Muschatta 118
Mussolini, Benito 291 ff, 298
Mussorgski 238
Muwatallis 39
My Lai 307
Mykene 26, 50
Mykerinos 40
Myron 53, 60
Mystik, christlich 136
–, indisch 159
–, islamisch 126

N
Nablus 43
Nabob (Indien) 204

Nagasaki, Atombombe 301 f
–, Holländer 171, 204
Nahua 197
Namibia 308
Nancy 151
Nanda 157
Nanking 296 f
Nansen, Fridtjof 274
Nantes, Edikt 189, 212
Napalm 315 f
Napoleon, Ägypten 36, 125
–, Herrschaft 253 ff
–, Italien 226
Napoleon III 261 ff
–, Krimkrieg 237
Nara 170
Narodniki 239
Narses 90
Nashorn 20 f
Nasser 310
Nathan 42
Nationalkommunismus 312, 321
Nationalliberale Partei 267
Nationalsozialismus 294 ff
NATO (North Atlantik Treaty Organization) 313, 318
Naturrecht 306
Naturvölker 30
Naumburg 182
Nautilus 274
Navarino 259
Navigationsakte 214
Neandertaler 17, 22
Neapel, Erhebung 259
–, griechisch 69
–, Größe 180
–, Napoleon 253
–, normannisch 91
–, spanisch 91
Neapolis (Nablus) 43
Nebukadnezar 35, 36, 43
Necho (Pharao) 41, 46
Necker 222
Nehemia 43 44
Nelson 255
Neolithikum 24
Neolithische Revolution 337
NEP 290
Nero 81, 84 f
–, Juden 110
Nestor (Pylos) 50

Nestor-Chronik 230
Nestorianer 114, 166, 282
Neu-Mexiko 247
Neu-Amsterdam 203
Neu-Guinea 31
Neunter November 321
Neuseeland 205, 308
Nevada 247
New York, Börsenkrach 287
–, Kontintalkongreß 243
–, Neu-Amsterdam 242
–, UNO 306
–, World Trade Center 308, 311, 331, 333
Newa 230
Newcastle upon Tyne 270
Newport (Rhode Island) 251
Newton, Isaac 90, 215
Nibelungenlied 147
Nibelungentreue 279
Nicaea (Iznik), Fayencen 127
–, byzantinisch 109
–, Konzil 85
Niederlande, habsburgisch 220
–, lothringisch 98
–, selbständig 190
–, spanisch 188
–, Sprache 98, 221
Niemöller, Martin 299
Nietzsche 175, 191
Nigeria 310
Nihavend 118
Nihonga 170
Nikephoros I 108
Nikolaus I, Zar 38, 235
Nikolaus II, Zar 239
Nikolaus V, Papst 176
Nikomedien 83
Nimrud 35
Nimwegen 140
Ninive 35, 36
Ninus 35
Nirvana 155
Nisam al-Mulk 123
Nisami 123 f
Nixon, R. 316
Nizza 263
Noche triste 198
Nofretete 38
Nordatlantik Pakt s. NATO
Norddeutscher Bund 266
Nordenskjöld, A. E. 274

Register 361

Nordischer Krieg 234
Nordkorea 307
Nordpol 274
Nord-Süd-Gefälle 339
Normandie 102
Normannen vgl. Wikinger u. Waräger
–, Byzanz 109
–, Sizilien 91
Norwegen 102, 297
Nostradamus 177
Notstandsgesetze 319
Notverordnungen 285, 287
Novalis 133
Novemberrevolution 285
Nowaja Semlja 274
Nowgorod 138, 229 f, 232
NSDAP (National-Sozialistische Deutsche Arbeiter-Partei) 287
Nubien 38
Null 131
Numidien 75
Nürnberg, Eisenbahn 269
–, Hoftag 149
–, Kriegsverbrecher 307
–, Papier 165
–, Rassegesetze 296
–, Reformation 184
Nystad 234

O

Ochrana 239
Octavian (Augustus) 79
Oder-Neiße-Grenze 317, 319
Ödipus 53
Odorico da Pordenone 194
Odovacar 86, 90
Odyssee 49
Odysseus 50
Ogusen 126
Okakura, Kakuzo 170
Okinawa 301
Ökoterrorismus 333
Oktoberrevolution 283, 289
Okzitanien 97
Oleg, Fürst 229
Oliva, Friede 216
Olmützer Punktation 263
Olympische Spiele, Antike 52 f, 85
–, Neuzeit 53, 60, 296, 307
Omajaden 118 ff
Omar der Zeltmacher 123

Omar, Kalif 118
Onkel Toms Hütte 248
Onon 166
Ontario 246
Opiumkrieg 272
Orang-Utan (Waldmensch) 19
Orchestra 53
Orff, Carl 147, 159
Orient-Dreibund 278
Origenes (Kirchenvater) 85
Orlando Furioso 140
Ortega y Gasset, J. 69, 82, 87
Orwell, George 329
Osaka 301
Oskisch 89
Osman 126
Osnabrück, Friede 190
Osris 39
Ossian 215
Ostblock 312
Osterinsel 195, 331, 340
Österreich, Absolutismus 219
–, Anschluß 293, 296
–, Bosnien 239
–, Erstnennung 143
–, Erzherzogtum 219
–, Habsburg 148
–, Herzogtum 146
–, Maximilian 151
–, Napoleon 253 f
–, Staatsvertrag 318
Osterweiterung der EU 326
Osteuropa, Frühmittelalter 104 ff
Ostflüchtlinge 317 f
Ostgoten 90
Ostia 73
Ostpreußen, Hohenzollern 216
–, lutherisch 215
–, sowjetisch 317
Ostrakismos 59
Othman 118
Ottawa 247
Otto I, d. Gr. 106, 142 f, 144
Otto II 143
Otto III 105 f, 143, 175
Otto von Freising 113, 139, 147
Otto von Wittelsbach 259
Ottokar von Böhmen 148, 216

Ötzi 28
Overkill 312
Ovid 47, 53, 67, 80
Oxford, Universität 137

P

Pacioli, Luca 175
Paderborn 140 f
Palaiologen 109
Paläolithikum 20
Palast, Begriff 134
Palästina, arabisch 144
–, Autonomie 311
–, britisch 284
–, Judenstaat 111
–, Mongolen 125
–, Name 41
–, Terrorismus 333
Palermo 91, 147
Palladio 180
Palmerston 237
Pampadour 222
Panama, Intervention 315
–, spanisch 202
Panama-Kanal 242
Panbabylonismus 47
Pandschab 27, 157 f
Pangäa 17
Panhellenen 49
Panslawismus 237, 268, 278
Pantschatantra 159
Pantschen-Lama 161
Papier 165
Papiergeld 168, 243
Papinian 82
Papsttum 91, 85, 137
Papua 31
Papyrus 36, 41
Paracelsus 177
Paradies, Begriff 46
–, islamisch 115
Paraguay 189
Páris (Alexandros) 50
Paris, Akademie 178
–, Bastille 223
–, Belagerung 277
–, Bluthochzeit 189
–, Commune 267
–, Emigranten 260
–, Februarrevolution 261
–, Friede 237
–, Invalidendom 257
–, Julirevolution 235, 259
–, keltisch 30
–, Louvre 210
–, Merowinger 96

Paris, Meter 267
–, Napoleon 256 f
–, Notre Dame 97, 226, 253
–, Preis 189
–, Revolution 223 ff
–, Sorbonne 90, 121, 137, 150
–, Weltausstellung 263
–, Wikinger 102
Parma 147
Paros 87
Parther 64, 79
Parzival 147
Pasargadae 45
Pascal, Blaise 212
Pataliputra (Patna) 65, 157
Patna 65
Patrick (Irland) 98
Patrimonium Petri s. Kirchenstaat
Patrizier (Rom) 70
Paulus, Apostel 84
–, Juden 110
–, Luther 184
–, Schleier 117
Paulus, Jurist 82
Paulus, General 298
Pauperismus 271
Pausanias, Spartaner 60
Pavia (Ticinum) 90, 140
Pax Americana 327, 331
Pax Augusta 80
Pax Britannica 372
Pax Japonica 296
Pax Romana 87
Pazifik, Amerika 248
–, Name 195
–, Rußland 231
Pearl Harbor 297 f
Peisistratos 55, 59
Peking 166, 168, 193, 272
Pekingmensch 21
Pelasger 50
Pella 64
Peloponnesischer Krieg 61
Pennsylvanien 243
Pentagon 331
Pentarchie 226, 257, 330
Pentekontaëtie 60
Peres 311
Perestroika 329
Pergamon, byzantinisch 119
–, hellenistisch 64
–, römisch 74
Pergamonaltar, Berlin 64

362 Register

Perikles, Akropolis 49, 60
–, Peloponnesischer Krieg 61
–, Totenrede 58
Periöken 55
Perm 18
Perrault, Charles 213
Perry 248, 273
Persepolis 46, 63
Persien vgl. Iran
–, Achämeniden 44 ff
–, Besiedlung 27
–, islamisch 121 ff
–, Russen 238
–, Sassaniden 82 ff
–, Sprache 27
Persis 44
Personenkult 289
Peru 199, 202, 340
Pétain 297
Peter d. Gr. 229 231 ff
Peter III, Zar 219, 234
Peters, Carl 273
Petersburg, Akademie 178, 234
–, Hauptstadt 233
–, Winterpalais 288
Petition of Right 213
Petrarca 91, 149, 175 ff
Petron, Satyrikon 67
Petrus, Apostel 136 f
Pfahlbauten 25
Pfälzerkrieg 212
Pfalzgraf, Kurfürst 149
Pfalzstaat 285
Pferd 20, 24, 38
Pflug 28
Phaistos 51
Phallosverehrer 154
Phanarioten 127
Pharsalus 78
Phidias 49, 60
Philadelphia 244
Philipp der Großmütige von Hessen 186
Philipp der Schöne 151
Philipp II August von Frankreich 97
Philipp II von Makedonien 62
Philipp II von Spanien 188, 195 ff
Philipp IV der Schöne von Frankreich 97
Philippi (Makedonien) 79
Philippinen 195, 248, 274
Philister 41 f, 51

Philon von Alexandria 110
Phönizier 40
Photios 108
Photographie 270
Phryger 27, 39
Phylogenese 18
Piasten 105
Picasso 287
Piccolomini, Aeneas Silvius 177
Pietismus 153
Pilgerväter 242
Pilsudski 292 f
Pippin der Kurze 96, 137, 140
Piräus 58
Pisa 147, 149
–, Konzil 182
Pithecanthropus 20
Pitt, W. 204
Pius II 177
Pius IX 264
Pizarro, Francesco 199, 202
Planck, Max 270, 287
Planeten 47
Plataä 157
Platon 51 f, 61 f, 108
Plattentektonik 17
Platz an der Sonne 277
Plebejer 70
Plebiszit 72
Plechanow, G. 239
Plethi 42
Plinius d. J. 69
Plutarch 60
Pockenimpfung 131
Poeta laureatus 183
Pogrome 110
Pol Pot 316
Polarzonen 274 f
Polen, Aufstände 237
–, autonom 283 f
–, Diktatur 292
–, Erhebung 265
–, Gebietsverlust 312
–, Hitlerpakt 296
–, Jagiellonen 105, 230
–, Name 105
–, Oder-Neiße 319
–, Papst 320
–, Potsdam 317
–, Solidarnosc 320
–, Teilung 218, 222, 235, 297
Police bombing 284
Polis 51

Politbüro 290
Polo s. Marco
Poltawa 234
Polybios 67, 72 f
Polygamie, arabisch 116
–, Inkas 199
–, Israeliten 42
–, Perser 47
–, türkisch 127
Polyklet 60
Polynesien 338
Pommern 146, 258, 342
Pompeianus 82
Pompeius 74 ff
Pompeji 64
Poniatowski, Stanislaus 234
Pontius Pilatus 84
Pöppelmann, Daniel 221
Populus, Begriff 72
Porcaro, Stefano 176
Poros (Indischer König) 63, 157
Port Arthur 238, 273
Port Royal 212
Portugal, Japan 171
–, Kolonien 308
–, Königtum 92
–, Seefahrt 194
–, Wiener Kongreß 257
Porzellan 166
Poseidon 65
Post 227
Potemkin 234
Potsdam, Edikt 216
–, Konferenz 317
Prag, Fenstersturz 189
–, Frühling 316
–, Hus 182
–, Petrarca 176
–, Residenz 149
–, Universität 90, 149
Pragmatische Sanktion 221
Präkambrium 18
Prätor 71
Prawda 290
Praxiteles 62
Presbyterianer 187
Prescott, William 196
Preußen s. Pruzzen
–, Absolutismus 215 ff
–, Ende 318
–, Landrecht 218
–, protestantisch 186
Primaten 19
Primo de Rivera 292

Princess Royal 278
Prinz Eugen 129
Prinzenmord 127
Priscianus 108
Priscillianisten 181
Prokop 87
Proletarii 72, 75, 264
Prometheus 20
Propheten 43
Proskynese 83
Protagoras (Sophist) 61
Protestanten, Begriff 186
Protoplasma 18
Protoslawen 105
Provençalisch 96
Provence, staufisch 146
Providence (USA) 242
Pruzzen 105
Psalmen 42
Psammetich I, 39
Psellos 108
Ptah (Gott) 37
Ptolemäer 64, 74
Ptolemaeus, Geograph 122
Ptolemaios II 66
Puerto Rico 248
Punische Kriege 73 f
Purim-Fest 46
Puritaner 214
Purpur 40
Pursuit of happiness 240, 332
Puschkin 238
Pygmäen 31
Pylos 50
Pyramiden 39, 40
Pyrenäen 21
Pyrrha 17
Pyrrhos (König von Epirus) 73
Pythagoras 54
Pytheas (Seefahrer) 65
Pythia (Delphi) 52

Q

Quaden (Stamm) 82
Quäker 249
Quantenmechanik 270
Quartär 21, 24, 340
Quästor 71
Quebec 204, 242, 246
Quedlinburg 147
Quérelle 213
Quetzalcoatl 198
Quinctilius Varus 80
Quintär 340
Quipu 200

Register 363

R
Rabin, I. 311
Racine 212
Raffael 177 f
Raleigh, Walter 204, 242
Ramadan 114 f
Ramayana 157
Ramses II 39
Ramses III 39
Ranke, L. von 89, 96, 111
Rapallo 286
Rasputin 288
Rassenwahn 294 ff
Rastatt 263
Rathenau, Walther 286, 303
Ratte 341
Raubkatze 20
Ravana 157
Ravenna, Exarchat 91
–, gotisch 90
–, Kirchen 87
–, Residenz 86
–, San Vitale 141
Re (Sonnengott) 37
Reconquista 92 f, 121
Regensburg 254
Regionalismus 336
Rehabeam 43
Reichenau 136, 144
Reichsarbeitsdienst 295
Reichsautobahn 295
Reichsdeputationshauptschluß 254
Reichsinsignien 134, 144, 149
Reichskristallnacht 296
Reichskrone 144
Reichstagsbrand 295
Reichswehr 285
Reims 97
Reinsch, R. 109
Relativitätstheorie 270
Remarque, R. M. 287
Rembrandt 203
Remigius von Reims 93
Renaissance, Begriff 175
Renovatio Imperii 175
Rentenmark 286
Rentier 20
Reparationen 285 ff
Repin, Ilja 237 f
Republikflucht 319
Ressourcen s. Rohstoffe
Reuchlin, Johannes 183
Reuter, Ernst 318
Reuter, Fritz 259

Reutersruh 22
Reval (Tallin) 105, 234
Rhein, Caesar 78
Rheinbund 254
Rheingrenze 211, 254, 266
Rheinische Republik 285
Rheinlandbesetzung 295
Rhens, Kurverein 149
Rhetra 55
Rhodes, Cecil 273
Rhodesien 273, 308
Rhodos, dorisch 51
–, italienisch 284
–, türkisch 129
Richard Löwenherz 125, 146
Richelieu 189 f, 210
Richthofen, F. von 193
Rienzo, Cola di 149, 176
Riga, Deutscher Orden 105
–, russisch 234
Rigel (Stern) 131
Rigveda 154
Rikimer (Heermeister) 86
Rilke, R. M. 287, 279
Rind 20, 24
Ringmann 196
Risorgimento 263
Riukiu s. Liukiu
Robespierre 223, 225 f
Rockefeller, J. 251
Roderich 92, 119
Roger II von Sizilien 91, 149
Rogier van der Weyden 98
Röhm 295
Rohstoffe 306, 331 f, 339 f
Rök 103
Roland 139
Rolandslied 97
Rollsiegel 34
Rom, Akademie 178
–, Bevölkerung 335
–, Cincinnatus 246
–, Colosseum 81
–, Engelsburg 151
–, Garibaldi 264
–, Krönungsort 149
–, Kurtisanen 177
–, Lateran 137
–, Luftangriffe 298
–, Mons Caelius 244
–, Mussolini 291
–, Peterskirche 177 f
–, Sacco 151
–, Sistina 177 f

Rom, Universität 177
–, Untergang 294
–, Vatikan 136 f, 176 ff
Roma, Name 70
Romanische Sprachen 90
Romanows, Dynastie 231, 234
Rommel, E. 298, 299
Romulus 70
Romulus Augustulus 86
Roosevelt, Franklin Delano
–, Atombombe 301
–, Casablanca 317
–, Vier Freiheiten 306
Roosevelt, Theodore 248
Rosenkranz 156
Rosette 36
Roskilde 102
Roßbach 219
Rostoptschin 255
Rote Armee 289
Rote Armee Fraktion 319
Rote Khmer 316
Roter Terror 289
Rotes Kreuz 263, 307
Rotfront 287
Rothschild, M. A. 111
Rotterdam, Eroberung 300
Rouen 97
Rousseau, J. J. 58, 191, 223
Roxane 63
Royal Airforce 300
Ruanda 310
Rubens 203
Rubikon 78
Rückversicherungsvertrag 268, 278
Rudolf von Habsburg 148
Rugier (Stamm) 102
Ruhrkampf 286
Rum (Kleinasien) 126
Rumänien, autonom 278, 293
–, Demokratisierung 320
–, Siebenbürgen 106
–, Sprache 90, 107
Runen 102 f
Rurikiden, Dynastie 231
Rußland, Adel 240
–, Aufstände 235
–, Mittelalter 229 ff
–, Staatsname 231
–, Universitäten, 238
–, Volksname 229
Rustem 129

Rüstungsexport 310
Rutilius Namatianus 175

S
SA (Sturmabteilung) 287, 295
Saargebiet 283, 295
Saba, Königin 42
Sachalin 312
Sacharow 316
Sachs, Hans 184
Sachsen, Britannien 99
–, heidnisch 139
–, Herzogtum 146
–, Kaiserhaus 142 ff
–, Kurfürst 149
–, Stamm 83
Sachsenspiegel 208
Sacro egoismo 291
Sadat 310
Safawiden 162
Sahara 308
Saigon 316
Saint Denis 96 f
Saint Germain-des-Prés 136
Saint Germain-en-Laye 284
Saïs 39
Saken 158
Sakralprostitution 34
Säkularisierung 254 f
Sakuntala 159
Saladin 124 f
Salamis 60
Salazar, Antonio Oliveira 292
Salbung 96, 134
Saleph 146
Salier, Kaiserhaus 143 f
Sallust 75
Salomo 42 f
Saloniki s. Thessalonike
Salzburg, Erzbistum 135
–, Protestanten 217
Salzmarsch 305
Samaria 43
Samarkand 165, 168, 238
Samarra 122
Samniten 73
Samoa 195, 248, 278
Samojeden 106, 230
Samos, Tyrannis 55
Samuel 42
Samurai 170, 173
San Fransisco 306
San Martin, José de 247

364 Register

San Remo 284
Sandrakottos 157 f
Sankt Gallen 98, 136
Sankt Helena 256 f
Sankt Petersburg s. Petersburg
Sanskrit 26, 44, 154, 161
Sanssouci 217
Santiago de Compostela 92
Saoschyant 46
Sarajewo 279, 283
Sarastro 46
Saratoga 246
Sardanapal 36
Sardinien, arabisch 91
–, mykenisch 51
–, römisch 74
–, Piemont 263
Sargon I von Akkad 34
Sargon II von Akkad 43
Sarmaten 106
Sassaniden 82, 108, 158
Satan 43, 97, 208
Satrapen 46
Säuberung, Große 290
Säugetiere 18
Saul 42
Säulenheilige 86
Savonarola, Girolamo 177
Savoyen, französisch 263
Schaf 24
Schamanismus 23, 249
Schamasch 33, 34
Scharnhorst 255
Scheherasade 122
Schengen 335
Scherbengericht 59
Schierling 61
Schießbogen 23
Schießpulver 182
Schiiten 118
Schill 256
Schiller, Jubiläum 265
–, Jungfrau 98
–, Niederlande 203
–, Sparta 58
–, Wallenstein 227
Schimpanse 18, 19
Schiraz 123
Schisma, Großes Abendländisches 150
Schlange 65
Schleier 117
Schlesien, habsburgisch 220
–, Karl IV 149

Schlesien, katholisch 189
–, polnisch 283, 317, 319
–, preußisch 218
–, vandalisch 90
Schleswig-Holstein 263, 266
Schlieffen-Plan 279
Schliemann, H. 50
Schmalkaldischer Bund 187
Schmid, Carlo 318
Schmitt, Carl 295
Schnurkeramik 26
Schokolade 202
Scholl, Geschwister 299
Schopenhauer, A. 159
Schottland, calvinistisch 187
–, englisch 214
–, Königreich 100
Schrift, ägyptisch 36
–, arabisch 41
–, babylonisch 33
–, chinesisch 162
–, etruskisch 70
–, griechisch 41, 49
–, hebräisch 41
–, japanisch, 168
–, kyrillisch 41, 230
–, lateinisch 41, 292
–, persisch 46
–, phönizisch 41
Schulaufsicht, staatlich 267
Schulpflicht, England 272
–, Preußen 216
–, Rußland 231
Schurkenstaat 331
Schuschnigg 293
Schutzgebiete 271 ff
Schwabenspiegel 208
Schwäbischer Städtebund 138
Schwarz, Berthold 182
Schwarzbuch des Kommunismus 289
Schwarzer Tod 149
Schwarz-Rot-Gold 258, 262
Schwarz-Weiß-Rot 267
Schweden, Gustav Adolf 190
–, Karl XII 104, 234
–, Napoleon 253
–, Völkerwanderung 102
–, Wasa 104
–, Wiener Kongreß 257

Schwein 20, 24
Schweinebucht 315
Schweinekrone 262
Schweinephilosophie 291
Schweiz, Bauernkrieg 186
–, Demokratie 328
–, Grenzen 258
–, Habsburger 148
–, Helvetier 78
–, Helvetische Republik 254
–, Napoleon 254 f
–, Neutralität 306
–, Reformation 186
–, Rousseau 223
–, Rüstungsexport 310
–, selbständig 190
–, Urkantone 150
Schwerin 146
Scipio Africanus 13, 74
Scott, R. F. 275
Scott, Walter 133
Scribonio 177
SED (Sozialistische Einheitspartei Deutschlands) 318
Sedan 211, 266
Seevölker 27, 39, 51
Seide, China 162, 165
–, Frankreich 211
–, Normannen 91
Seidenstraße 193 f
Seldschuken 126
Seleukiden 64
Seleukos I 65, 158
Selim I 125, 128
Semiramis 35
Semiten 27, 34, 40
Sempach 150
Semstwo 238
Senat 71
Seneca 14, 71
Senussi 308
Septuaginta 66
Serbien 105 f, 126, 278 f
Sesostris III 38
Seßhaftigkeit 24
Sevilla, arabisch 121
–, kastilisch 92
Sèvres 284
Sewastopol (Krim) 237
Sforza, Francesco 179
Shakespeare 100, 186, 215
Shankara 159
Shin-Buddhismus 170
Shinto (Götterweg) 168 f
Shiva 155

Shogun 170
Sibirien, Erschließung 234
–, russisch 230 f, 308
–, Strafort 235, 239, 288 ff, 298
Sichem 43
Sicherheitsrat 306
Sickingen, Franz von 186
Siddhartha 155
Sidney, Name 205
Sidon 40
Sieben Weise 55, 58
Siebenbürgen, Besiedlung 106
–, habsburgisch 220
–, osmanisch 128
Siebenjähriger Krieg 218, 246
Siebentagewoche 47
Sigismund 182, 215
Silur 18
Simbabwe 273
Simeon von Bulgarien 108
Simson (Richter) 42
Sinai, Katharinenkloster 87
Sinan (Architekt) 126
Sind 157
Singapur 297, 337
Sintflut 13, 17, 34
Sita 157
Siwa, Oase 62
Sixtus IV 177
Sizilien, arabisch 91
–, griechisch 69
–, karthagisch 40, 55
–, mykenisch 51
–, normannisch 91
–, römisch 74
–, spanisch 91
–, staufisch 146 f
–, Vesper 91
Skagerrak 282
Skanderbeg 128
Skandinavien, evangelisch 187
–, Frühmittelalter 102 ff
Sklaven, Afrika 194
–, Amerika 240
–, Assiento 214
–, Begriff 105
–, Benin 273
–, Bürgerrecht 250
–, Cuba 241
–, England 242
–, Frankreich 242
–, Genua 242

Sklaven, Griechen 54
–, Indien 154, 158
–, Indios 196 f, 241
–, Inkas 199
–, Irland 213
–, Islam 116 f, 125
–, Juden 110
–, Kolonien 272
–, Lyon 241
–, Mainz 241
–, Maya 198
–, Mittelalter 241
–, Naturrecht 306
–, Peru 340
–, Rom 74 f
–, Rußland 229
–, Spanien 241
–, Spätantike 87
–, Südstaaten 248
–, Türkei 241
–, Verdun 241
–, Wiener Kongreß 250
Skopje 127
Skulptur 23
Skythen 44, 66, 158
Slawen, Aufstand 143
–, Expansion 229 ff
–, Frühmittelalter 104 ff
–, Griechenland 107
–, Indogermanen 27
–, Mission 108, 142 ff
Slowaken (Mähren) 106
Slowenen 105 f
Smerdis 45
Smith, Adam 214
Smyrna 292
Sobieski, J. 129
Societas leonina 331
Socius Populi Romani 73
Sokrates 61
Soldatenkaiser 82
Solferino 263
Solon 58
Solowjew, W. 239
Solschenizyn 316
Somalia 310
Sonne 15 16, 341
Sonnenfinsternis 45
Sonnenjungfrauen 200
Sonnenkult, Ägypten 37 f
–, Babylon 34
–, Bronzezeit 29
–, griechisch 53
–, Inkas 199 f
–, Japan 168
Sophie Charlotte 216

Sophie von Anhalt-Zerbst 234
Sophisten 61
Sophokles 53, 306
Sorbische Mark 139
Sotatsu 171
Souveränität 208
Sowjet, Begriff 288
Sowjetunion vgl. Kalter Krieg
–, Annexionen 312
–, Gründung 290 ff
–, Weltmacht 330
Sozialdemokratie 267, 287, 295, 319 vgl. Arbeiterbewegung
Sozialistengesetz 267
Spalato (Split) 83
Spanien, arabisch 119 f
–, Caesar 78
–, Cuba-Krieg 248
–, Erbfolgekrieg 212, 220
–, Franco 292
–, Frühmittelalter 91 f
–, Guerilla 256
–, habsburgisch 151
–, Inquisition 137
–, Karl V 187
–, Karolingische Mark 92, 140
–, Liberalismus 259
–, Napoleon 253
–, römisch 74
–, Sprachen 89, 92
–, Thronfolge 266
–, Wiener Kongreß 257
Sparta, Doppelkönigtum 55
–, mykenisch 50
–, Peloponnesischer Krieg 61
–, Rousseau 223
Spartacus 75
Spartakus-Aufstand 285
Spartiaten 55
SPD (Sozialdemokratische Partei Deutschlands) s. Sozialdemokratie
Speer, Albert 307
Spengler, O. 193, 287, 329
Speyer, Reichskammergericht 151
–, Reichstag 186
–, Salier 144
–, Zerstörung 212
Sphinx 40

Spinoza, B. 203
Spitzbergen 274
Spitzhörnchen 19
Spoleto 90
Sprachenschwund 336
Sprachgrenze, Frankenreich 96
Spruchkammer 307
Sputnik 316
Srebrenica 322
Sri Lanka s. Ceylon
SS (Schutzstaffel) 295
Stablo 136
Städtebünde, Mittelalter 138
Stalin, Herrschaft 289 ff
–, Schwerindustrie 312
–, Teheran 317
Stalingrad 298
Ständekämpfe 70
Starhemberg, R. von 129
Staufer, Kaiserhaus 144
Stauffenberg, Claus Graf Schenk von 299
Staurogramm 83
Steiermark 146, 148
Stein, Aurel 154
Stein, Freiherr vom 255
Stempelakte 243
Stephan der Heilige 106
Stephenson, George 270
Sterne, Lawrence 215
Steuben, Wilhelm von 246
Stilicho (Heermeister) 86
Stoa 66, 216 f, 306
Stockholm, Akademie 178
–, Blutbad 104
–, Umweltkonferenz 339
Stonehenge 25, 26
Straßburg, Europa-Parlament 326
–, Selbstverwaltung 138
–, französisch 211
Streitaxtkultur 26
Streitwagen 35, 38, 42, 154, 162
Strelitzen 231
Stresemann, Gustav 286
Stromtalkulturen 153, 162
Stuart 100
Studentenbewegung 319
Stupa 155
Südaffe 16
Südafrika, Apartheid 308
–, britisch 274
Südamerika, Autonomie 259

Sudan 124, 273, 310
Süddeutscher Städtebund 138
Süderweiterung der EG 236
Sudetendeutsche 296
Südkorea 337
Südpol 275
Südsee, Kolonien 273
Südtirol, italienisch 284
–, Mussolini 293
Suezkanal, britisch 272
–, Erbauung 266
–, persisch 46
Suez-Krise 308
Sufet 74
Sufi 126
Suleiman der Prächtige 127 f, 210
Sulla 75
Sultanat, Ende 284, 292
Sumatra 161
Sumerer 33
Sun Yat-sen 297
Sung-Dynastie 166
Sunniten 117 f
Sun-tzu 165
Surinam 203
Susa 46, 63
Sutton Hoo 101
Sweben (Stamm) 92
Swift, Jonathan 213
Sybaris 69
Synagoge 110
Syphilis 202
Syrakus, griechisch 69
–, Peloponnesischer Krieg 61
–, Tyrannis 55
Syrien, autonom 308
–, Sprache 89
–, französisch 284

T

Tabak 202
Tabari 122
Täbris 128
Tabu 195
Tabula Peutingeriana 84
Tacitus 80, 102
Tadj Mahal 156
Tadschikistan 238
Tahiti 195
Taipingaufstand 272
Taiwan 306, 322, 337
vgl. Formosa
Talat Pascha 292

366 Register

Taliban (Koranschüler) 310, 316, 331
Talleyrand 257
Tallin (Reval) 105, 234
Talmud 110
Tamerlan 168
Tang-Dynastie 166
Tannenberg 105, 282
Tannhäuser 148
Tantrismus 159
Tanzimat 129
Tao (Dao) 163, 165
Tao-te-king 164
Tarent 69
Tarik 119
Tarquinia 70
Tartaren s. Tataren
Taschkent 238
Tasman 205
Tasmanien 205
Tassilo von Baiern 139
Tataren 165 f, 231
Täufer 186
Tausend und eine Nacht 122
Taxila 157
Tecumseh 246
Teddybär 248
Tee 170
Tee-Zeremonie 170
Teheran, Konferenz 317
Telefon 270
Telegraph 270
Tell, Wilhelm 150
Tempelbau 52
Templerorden 97, 147
Tenno 168 ff
Terra Australis 275
Terreur 333
Terrorismus 308 ff, 332 f
Tertiär 18, 19, 20, 21
Tertullian 85
Tethys-Ozean 17
Tetrarchie 83
Teufel s. Satan
Teuta 27, 142
Teutoburger Wald 80
Teutonen (Stamm) 75
Texas 247, 249
Thailand 337
Thales 45, 54
Thälmann, Ernst 287
Theater (Athen) 52
Theben (Ägypten) 38
Theben (Böotien) 58, 62
Themenverfassung 109
Themistokles 60

Theoderich d. Gr. 90
–, Reiterstatue 141
–, Rök 103
Theodosius I 85
Theodosius II 86
Theokrit 67
Theopantismus 159
Theophano 143
Thermidor 226
Thermopylen 60
Thersippos (Marathonläufer) 60
Theseus 58
Thessalonike 230
Theudebert (Frankenkönig) 96
Thomas (Apostel) 158
Thomas Becket 99
Thomas von Aquino 137
Thomasius 219
Thora 110
Thorn 105
Thrakisch 89
Thron und Altar 235, 258
Thukydides 30, 58, 60, 329
Thüringen, Erbteilung 134
–, merowingisch 96
Thurn und Taxis 227
Thusnelda 81
Thutmosis III 38
Tiara 136
Tiberias 145
Tiberius (Kaiser) 81
Tibet 161, 238
Ticinum (Pavia) 90, 140
Tierkreiszeichen 47
Tiflis 290
Tigerstaaten 337
Tilly 190
Tilsit 254
Timor (Borneo) 161
Timur (Tamerlan) 126, 159, 168
Tirpitz 278
Tiryns 50
Titanic 277
Tito 312
Titus 81, 110
Tizian 180 f
Tocharer 27
Tocqueville, Alexis de 229, 240, 251, 259
Tojo, Hideki 301
Tokugawa 171
Tokyo 171, 297, 301, 307
Toledo, arabisch 121
–, gotisch 92

–, kastilisch 92
–, Übersetzer 131
Toleranz, Amerika 242
–, China 166
–, Frankreich 212
–, Galerius 83
–, Indien 158, 161
–, Islam 117
–, Japan 169 f
–, Kanada 246
–, Österreich 221
–, Preußen 217
–, Rußland 231
Tolstoi 238
Tolteken 199
Töpferscheibe 34
Topkapi-Serail 127
Tordesillas 196
Tories 214 f
Torii 169
Toronto 247
Toscana 91, 146, 221
Toscanelli, Paolo 194
Toul 187
Tournai 93
Tours und Poitiers 96
Toyokuni 171
Trafalgar 255
Trajan 68 f, 81, 107
Transsibirische Eisenbahn 238
Traum der Roten Kammer 168
Trautmann, R. 230
Treblinka 300
Trias 18
Trient, Konzil 188
Trier, Kurfürst 149
–, preußisch 258
–, Residenz 83
–, Ritterkrieg 186
Tripolis (Syrien) 145
Tripolitanien (Libyen) 130
Trois Frères 21, 23
Troja, Äneas 70
–, Ausgrabung 50
–, Homer 30, 49
–, Zerstörung 39, 51
Trotzki, L. 288 ff
Troubadouren 97
Truman, Harry 312
Trundholm, 29
Truxillo 202
Tsai-lun 165
Tschaikowski 238
Tschandragupta 157
Tschechen (Böhmen) 106

Tschechisch 182
Tschechoslowakei, autonom 284
–, Demokratisierung 320
Tscheka 289
Tscherkessen 237
Tschernobyl 320
Tschesme 235
Tschetschenen 298, 333
Tschiang Kai-schek 297, 322
Tschou En-lai 323
Tschou-Dynastie 163 ff
Tsin (Yin, Qin, Chin)-Dynastie 164
Tsingtau s. Kiautschou
Tsong-kha-pa 161
Tsunami 169
Tsushima 238, 273
Tuc d'Audoubert 23
Tudor, Dynastie 213
Tughra 128
Tunesien, autonom 308
Trier, französisch 130, 273
Tungusen 166, 230
Tunis 91, 119
Turenne 218
Turfan 63, 157
Turgot 222
Türken 122, 126 ff, 292
Turkestan 238
Turkmenistan 238
Turnvater Jahn 259
Tutanchamun 37 f
Tyrannenmörder 59
Tyrannis 55
Tyros, 40

U
U-Boot-Krieg 282
Ucheidir 122
UdSSR, Name 290
Uganda 310
Uhr 270
Ukraine, autonom 283
Ulbricht, Walter 318
Ulfilas (Wulfila) 92
Ulm 138
Ulpian 82, 208, 306
UNESCO (United Nations' Educational Scientific and Cultural Organization) 307
Ungarn, autonom 284
–, Bauernbefreiung 235
–, Calvinismus 187
–, Demokratisierung 320
–, Erhebung 313

Register

Ungarn, habsburgisch 220
–, Magyaren 106
–, Pfeilkreuzer 293
–, türkisch 128
UNICEF (United Nations' International Childrens' Emergency Fund) 307
UNO (United Nations Organization) 306 f, 310 f, 330
Upanishaden 155
Uppsala 102, 104
Ur (Mesopotamien) 34
Ural 105
Urban II 144
Urchristen 332
Urfa s. Edessa
Urknall 14 f
Urmensch 20
Urnenfelder 29
Uruk (Mesopotamien) 34
Urukagina 34
USA (Vereinigte Staaten von Amerika)
–, Defizit 331 f
–, Entwicklungshilfe 337
–, Erster Weltkrieg 282 ff
–, Geschichte 239 ff
–, Israelpolitik 311
–, Kriminalität 330
–, Name 244
–, Rüstungsexport 310
–, Weltmacht 330
–, Zweiter Weltkrieg 298 ff
Usbekistan 238
Ustascha 293
Utah 247
Utamaro 171
Utrecht, Bistum 135
–, Frieden 212
Utrechter Union 203

V

Valmy, Kanonade 225
Vancouver 247
Vandalen, Heiraten 90
–, Herkunft 102
Vandalismus 226
Vanderbilt, C. 251
Vargas, Getulio 293
Varus, Quinctilius 80
Vassy, Hugenotten 189
Vatikan 136 f, 176
Veda 154, 156
Vedanta 159
Vega, Lope de 202

Veji 70
Velazquez 202
Venedig, byzantinisch 140
–, Entstehung 91
–, Ghetto 110
–, italienisch 264
–, Marco Polo 193
–, Renaissance 180
–, San Marco 109
–, Tetrarchen 83
Veneter 105
Venetien 96
Venetisch 89
Ventris, M. 51
Venus von Willendorf 13, 23
Verdi 266
Verdun, Eunuchen 241
–, Festung 279
–, französisch 187
–, Vertrag 142
Vereinigte Staaten s. USA
Vereinte Nationen s. UNO
Vergil 69, 80, 177, 305
Verkehrstote 338
Vernunftrecht 306
Versailles, Friede 283
–, Kaiserproklamation 266
–, Revolution 223
–, Schloßbau 211
Versicherungen 268
Vespasian (Kaiser) 81, 110
Vespucci, Amerigo 196
Veto-Recht 306
Vicenza, Palladio 180
Vichy 298
Victor Emanuel II 264, 266
Victoria, Queen 272
Viehzucht 24
Viererbande 323
Vietcong 315 f
Vietnam vgl. Annam
–, Tee 170
Vietnam-Krieg 315, 319
Virginia Declaration of Rights 306
–, Bill of Rights 244
–, Sklaven 242
Visconti 321
Vishnu 155, 157,161
Vitruv 175, 178
Vivarium 136
Vix (Keltengrab) 30
Vlies, Goldenes 181
Vögel 18

Volaterra 70
Volgare 91
Volk, Begriff 72
Völkerbund 207, 227, 283, 286, 296
Volksrechte 96
Volkstribun 71
Volkswagen 295, 317
Volsinii (Orvieto) 70
Voltaire, Antimachiavell 179
–, Aufklärung 191
–, Katharina 234
–, Kirche 223
–, Mohammed 113
–, Potsdam 217
Vormensch 19
Vorsokratiker 54
Vulgata 89

W

Waffenhandel s. Rüstungsexport
Wagen 28
Wagenrad 34
Wagner, Richard 176, 262, 265
Wagram 254
Wahlrecht 55, 59, 72, 238, 247, 261, 267, 285, 290
Währungsreform 318
Walachei 107, 128
Waldemar IV von Dänemark 138
Waldenser 181
Waldersee 273
Waldseemüller 196
Wales 89
Walesa, Lech 320
Wallenstein 190
Walther von der Vogelweide 142, 148
Walzer 256
Wannsee-Konferenz 300
Waräger 229, 231
Warlords 338
Warna 58
Warschau, Aufstände 235, 237
–, Eroberung 297, 300
–, habsburgisch 222
–, König 234
Warschauer Pakt 312
Wartburg 183
Wartburgfest 258
Wasa (schwedische Dynastie) 104

Washington D. C., Sklavenmarkt 250
–, Hauptstadt 246
Washington, G. 241, 244 ff
Wassermangel 334
Waterloo 256
Watt, James 270
Watteau 67
Wayang 161
Weber, Max 279
Webstuhl, mechanischer 270
Weichsel 292
Weimar, Klassik 227
–, Verfassung 285
Weimarer Republik 284 ff
Wein, Islam 115, 123
Weiße Rose 299
Weißer Berg, Schlacht 189
Weißgardisten 289
Welfen 146
Wellington 256
Weltära 231
Weltausstellung 306
Weltbank 307
Weltbevölkerung 334 f
Weltbund 306
Weltende 329, 341
Weltfeind 294, 306, 331
Weltgeschichte 7 ff, 172, 253, 331, 341
Weltgesellschaft 306, 336
Weltherrschaft 294
Weltkonflikt 331
Weltkriege 337
Weltmacht 294
Weltmarkt 320, 337
Weltmarschall 273
Weltordnung 305
Weltpolizei 333
Weltpostverein 307
Weltraum 316 vgl. Kosmos
Weltreichsidee 35, 63, 69, 199, 305
Weltrevolution 261, 264, 285, 288 f, 305
Weltstaat 253
Weltwirtschaft 295
Weltwirtschaftskrise 287
Weltwunder 40, 47
Wenden 105, 145
Wenzel 179
Werkzeug 20
Westfälischer Friede 90, 190, 215
Westpreußen 218, 283
Wheeler, Mortimer 154

Whigs 214
WHO (World Health Organization) 307
Wichmann von Magdeburg 232
Wiclif, John 182
Widukind (Sachsenherzog), 139
Wiedergutmachung 311
Wiedertäufer 186
Wiedervereinigung 322
Wien, Achtundvierzig 262
–, Kaiserinsignien 144, 149
–, keltisch 30
–, Kongreß 256 f
–, Reichsinsignien 144
–, Residenz 148
–, Schlösser 220
–, Stephansdom 293
–, Türken 128 f, 220
Wiener Kongreß 235
Wikinger 99, 102 f vgl. Normannen, Waräger
Wildbeuter 23, 31
Wilhelm d. Eroberer 99
Wilhelm I 148, 265 ff
Wilhelm II, Anrede 38
–, Briefmarke 284
–, Exil 283
–, Neuer Kurs 269
–, Persönliches Regiment 278
–, Türkei 130

Wilhelm I von Nassau-Oranien 203
Wilhelm III von Nassau-Oranien 211 ff
Wilhelm von Rubruk 167
Wilhelm von Tyrus 145
Wilhelmshaven 283
Wilhelmshöhe 266
Willendorf, Venus 13, 23
Williamsburg 242
Wilson, Woodrow 282 f, 306
Windsor 60
Winfried (Bonifatius) 135
Winterhilfswerk 295
Winterpalais 288
Wirbeltiere 18
Wirtschaftswunder 317 f
Wisent 20, 22
Wittelsbacher 146, 258 f
Wittenberg 184
Witwenverbrennung 155, 272
Wladiwostok 238
Wojewoden 232
Wolf 208
Wolff, Christian 153, 219
Wolfram von Eschenbach 148
Wolfsschanze 299
Wolga 106

Wolgadeutsche 234
Worms, Dom 147
–, Konkordat 144
–, Pfalz 140
–, Reichstag 151, 183
–, Wikinger 102
–, Zerstörung 212
Wulfila (Ulfilas) 92
Würzburg 135

X
Xenophanes 17, 54
Xenophon 45
Xerxes 47, 60, 157
Ximenez s. Jimenez

Y
Yasa 167
Yemen s. Jemen
Yin und Yang 165
Yoga 155, 159
York (Eburacum) 30, 99
Yorktown 246
Yüan-Dynastie 167, 168
Yucatan 198 f

Z
Zar, Begriff 230
Zarathustra 46, 82, 114
Zauberflöte 39, 46
Zen-Buddhismus 170
Zeno, Kaiser 90
Zentrumspartei 267
Zeugen Jehovas 300

Zeus Ammon 62
–, Blitz 20
–, Dodona 52
–, Stier 47
–, Vater Alexanders 63
Ziege 24
Ziegenhain 22
Zigeuner 300
Zikkurat 34, 36
Zimbabwe s. Simbabwe
Zionismus 110
Zisterzienser 136
Zivilehe 267
Zivilreligion 305
Zollverein, deutscher 262
Zonen 317
Zopf 216
Zoroaster s. Zarathustra
Zubeidah 122
Zülpich 93
Zürich, keltisch 30
–, Lenin 288
–, Manesse 133
–, Vorort 151
Zuse, Konrad 237
Zwanzigster Juli 299
Zweibund 268, 278
Zweikaiserproblem 140
Zwei-plus-Vier-Vertrag 322
Zwingli 186
Zwölftafelgesetz 70
Zypern, s. Cypern

S. D. G.